应用技术型高校汽车类专业规划教材

Qiche CAD/CAM
汽车 CAD/CAM

王良模　杨　敏　**主　编**
蔡隆玉　羊　玢　霍有朝　**副主编**

人民交通出版社股份有限公司
China Communications Press Co.,Ltd.

内 容 提 要

本书是应用技术型高校汽车类专业规划教材，共分为六章，主要内容包括：建立CAD/CAM技术的基本概念与汽车设计制造过程及其软件应用的联系；强调CAD/CAM技术中图形编程、几何建模和曲面建模的基本知识、理论与CATIA软件应用之间的联系，提供汽车工业中软件应用的案例；结合汽车工业的特点介绍了先进制造技术及其在汽车工程实践中的应用，为进一步理解无纸化设计奠定理论和实践基础。本书的工程应用部分介绍了汽车工业中基于建模的逆向工程应用、工程分析应用、人机工程和汽车数字化工厂等实践应用技术，给读者指出汽车CAD/CAM应用的前景和学习方向。

本书可作为高等院校车辆工程专业应用型人才培养的教材，也可作为从事计算机辅助设计制造、计算机集成制造和现代制造系统技术的专业工程技术人员使用参考。

图书在版编目(CIP)数据

汽车CAD/CAM / 王良模,杨敏主编. —北京：人民交通出版社股份有限公司, 2014.11
应用技术型高校汽车类专业规划教材
ISBN 978-7-114-11707-7

Ⅰ.①汽… Ⅱ.①王… ②杨… Ⅲ.①汽车—计算机辅助设计—应用软件—高等学校—教材 Ⅳ.①U462-39

中国版本图书馆CIP数据核字(2014)第215379号

应用技术型高校汽车类专业规划教材

书　　名：	汽车CAD/CAM
著 作 者：	王良模　杨　敏
责任编辑：	夏　韡
出版发行：	人民交通出版社股份有限公司
地　　址：	(100011)北京市朝阳区安定门外外馆斜街3号
网　　址：	http://www.ccpress.com.cn
销售电话：	(010)59757973
总 经 销：	人民交通出版社股份有限公司发行部
经　　销：	各地新华书店
印　　刷：	北京市密东印刷有限公司
开　　本：	787×1092　1/16
印　　张：	19.5
字　　数：	448千
版　　次：	2014年11月　第1版
印　　次：	2014年11月　第1次印刷
书　　号：	ISBN 978-7-114-11707-7
定　　价：	45.00元

(如有印刷、装订质量问题的图书由本公司负责调换)

应用技术型高校汽车类专业规划教材编委会

主　任
　　于明进(山东交通学院)

副主任(按姓名拼音顺序)
　　陈黎卿(安徽农业大学)　　　　　　陈庆樟(常熟理工学院)
　　关志伟(天津职业技术师范大学)　　何　仁(江苏大学)
　　唐　岚(西华大学)　　　　　　　　于春鹏(黑龙江工程学院)

委　员(按姓名拼音顺序)
　　曹金梅(河南科技大学)　　　　　　慈勤蓬(山东交通学院)
　　邓宝清(吉林大学珠海学院)　　　　邓　涛(重庆交通大学)
　　付百学(黑龙江工程学院)　　　　　姜顺明(江苏大学)
　　李　斌(人民交通出版社股份有限公司)　李学智(常熟理工学院)
　　李耀平(昆明理工大学)　　　　　　廖抒华(广西科技大学)
　　柳　波(中南大学)　　　　　　　　石传龙(天津职业技术师范大学)
　　石美玉(黑龙江工程学院)　　　　　宋长森(北京理工大学珠海学院)
　　宋年秀(青岛理工大学)　　　　　　谭金会(西华大学)
　　尤明福(天津职业技术师范大学)　　王慧君(山东交通学院)
　　王良模(南京理工大学)　　　　　　王林超(山东交通学院)
　　吴　刚(江西科技学院)　　　　　　吴小平(南京理工大学紫金学院)
　　谢金法(河南科技大学)　　　　　　徐　斌(河南科技大学)
　　徐立友(河南科技大学)　　　　　　徐胜云(北京化工大学北方学院)
　　杨　敏(南京理工大学紫金学院)　　衣　红(中南大学)
　　赵长利(山东交通学院)　　　　　　赵　伟(河南科技大学)
　　周　靖(北京理工大学珠海学院)　　訾　琨(宁波工程学院)

秘　书
　　夏　韡(人民交通出版社股份有限公司)

当前随着汽车行业的快速发展,汽车人才需求激增,无论是汽车制造企业对于汽车研发、汽车制造人才的大量需求还是汽车后市场对于汽车服务型人才的大量需求,这些都需要高校不断地输送相关人才。而目前,我国高等教育所培养的大部分人才还是以理论知识学习为主,缺乏实践动手能力,在进入企业一线工作时,往往高不成低不就,一方面企业会抱怨招不到合适的人才,另一方面毕业生们又抱怨没有合适的工作可找,主要问题就在于人才培养模式没有跟上社会发展实际需求。

《国家中长期教育改革和发展规划纲要(2010—2020年)》中明确指出,要提高人才培养质量,重点扩大应用型、复合型、技能型人才培养规模。培养理论和实操兼具的人才,使之去企业到岗直接上手或稍加培养即可适应岗位。2014年2月26日,李克强总理在谈到教育问题时指出要建立学分积累和转换制度,打通从中职、专科、本科到研究生的上升通道,引导一批普通本科高校向应用技术型高校转型。可见国家对于应用型技术人才的培养力度将持续加大。

教材建设是高校教学和人才培养的重要组成部分,作为知识载体的教材则体现了教学内容和教学要求,不仅是教学的基本工具,更是提高教学质量的重要保证。但目前国内多家高校在应用型人才培养过程中普遍缺乏适用的教材,现有的本科教材远不能满足要求。因此,如何编写应用型本科教材是培养紧缺人才急需解决的问题。正是基于上述原因,人民交通出版社经过充分调研,结合自身汽车类专业教材、图书的出版优势,于2012年12月在北京组织召开了"高等教育汽车类专业应用型本科规划教材编写会",并成立教材编写委员会。会议审议并通过了教材编写方案。

本系列教材定位如下:

(1)使用对象确定为拥有车辆工程、汽车服务工程或交通运输等专业的二三本院校;

(2) 设计合理的理论与实践内容的比例,主要解决"怎么做"的问题,涉及最基本的、较简单的"为什么"的问题,既满足本科教学设计的需要,又满足应用型教育的需要;

(3) 与现行汽车类普通本科规划教材是互为补充的关系,与高职高专教材有明显区别,深度上介于两者之间,满足教学大纲的需求,有比较详细的理论体系,具备系统性和理论性。

《汽车CAD/CAM》教材根据"高等教育汽车类专业应用型本科规划教材编写会"会议精神编写。CAD/CAM技术涉及内容十分广泛,学习和掌握这项技术需要具备一定的工程技术背景和计算机图形知识基础,因此建立起CAD/CAM技术建模理论与图形软件运用、工程技术之间的联系是掌握这项技术的关键。汽车工业是CAD/CAM技术的工程应用最为典型和全面的产品制造行业之一。本书借助汽车设计制造过程中对CAD/CAM技术的应用实例,建立起图形软件CATIA中绘图工具与建模理论之间的联系,进而通过汽车工程实践应用实例深化读者对建模理论和软件工具操作的理解,最后根据汽车工业工程系统应用,提出在建模基础上CAD/CAM技术中逆向工程技术、工程分析技术、人机工程技术和汽车数字化工厂等实践应用方向,给读者指出汽车CAD/CAM应用的前景和学习方向。

在编写本书过程中,编者搜集整理了汽车设计制造企业的案例,结合车辆工程专业教学改革的经验。在基础知识方面,考虑到学生前期的基础和汽车制造行业对应用型本科人才的能力需求,重点突出建模理论及其软件实现的操作基础,强调对基本理论和操作的理解前提下的应用;在实践方面,从集成的角度详细阐述了CAD/CAM的各种核心技术,强调应用中对整体概念的认知,明确各个应用环节在汽车设计制造中地位和关系,介绍了CAD/CAM前提下的先进制造技术体系,计算机辅助设计、制造、加工以及生产管理,CIMS总体方案设计以及CAD/CAM相关概念和新技术的发展等知识。在内容安排上,软硬件结合以软件应用为主,理论与应用相结合,以汽车产品设计制造过程为主线进行编写,实例应用与理论基础相结合。

本书由南京理工大学王良模,南京理工大学紫金学院杨敏主编。参加本书编写的有南京理工大学王良模(第1章),南京理工大学紫金学院杨敏(第2、3、5章),蔡隆玉(第4章,第6章的6.1节),南京林业大学羊玢(第6章的6.2、6.3节),南京开瑞汽车设计公司张虓(第6章的6.4、6.5、6.6节),北京3D动力学院霍有朝(第2、3、4章部分案例)。全书由杨敏统稿。

本书由南京工业大学殷晨波教授、南京农业大学鲁植雄教授审稿,他们对本书提出了许多宝贵意见,在此谨表示衷心的感谢。

由于编著水平所限,书中难免存在缺点、错误和不足,恳请广大读者和师生批评指正。

应用技术型高校汽车类专业规划教材编委会

2014年3月

第1章 CAD/CAM 技术概述 ········· 1
1.1 引言 ········· 1
1.2 CAD/CAM 的概念 ········· 3
1.2.1 CAD/CAM 技术原理及内涵 ········· 3
1.2.2 CAD/CAM 系统构成及配置 ········· 8
1.2.3 CAD/CAM 系统集成技术 ········· 16
1.2.4 CAD/CAM 系统工作过程 ········· 19
1.2.5 CAD/CAM 系统的发展趋势 ········· 23
1.3 CAD/CAM 在汽车设计制造中的应用 ········· 25
1.3.1 现代汽车设计制造过程概述 ········· 26
1.3.2 汽车设计过程中的理论和方法 ········· 28
1.3.3 CAD/CAM 的工程应用 ········· 31
1.4 CATIA 软件系统基础实践 ········· 33
1.4.1 CATIA 软件发展与应用 ········· 33
1.4.2 CATIA 的软件构架简介 ········· 34
1.4.3 CATIA 用户操作基础 ········· 42
1.5 本章小结 ········· 52
思考与练习 ········· 53

第2章 图形编程基础与应用 ········· 54
2.1 图形编程基本概念 ········· 54
2.1.1 图形库理论 ········· 54
2.1.2 坐标系 ········· 56
2.1.3 窗口与视区 ········· 59
2.1.4 基本输出实体与图形输入 ········· 60
2.1.5 X 窗口系统 ········· 61
2.1.6 CATIA 草图设计工作台 ········· 62

2.2 图形绘制系统 ··· 64
2.2.1 绘图设置 ··· 64
2.2.2 基本绘图工具 ··· 68
2.2.3 图形元素的约束 ··· 71
2.3 图形编程运算 ··· 73
2.3.1 图形变换 ··· 73
2.3.2 图形剪裁运算 ··· 76
2.3.3 图形参数化方法 ··· 78
2.4 CATIA 草图设计应用实例 ··· 80
2.5 本章小结 ··· 82
思考与练习 ··· 83

第3章 产品建模技术与应用 ··· 84
3.1 几何建模技术 ··· 85
3.1.1 几何建模基础理论 ··· 85
3.1.2 线框建模系统 ··· 88
3.1.3 表面建模系统 ··· 89
3.1.4 实体建模系统 ··· 91
3.1.5 几何特征建模系统 ··· 97
3.1.6 边界建模系统 ··· 103
3.2 零部件建模技术 ··· 105
3.2.1 模型存储的数据结构 ··· 105
3.2.2 产品特征建模概念 ··· 108
3.2.3 CATIA 特征建模工具 ··· 110
3.2.4 模型的特征显示工具 ··· 116
3.3 产品装配建模 ··· 119
3.3.1 装配建模概念 ··· 119
3.3.2 装配建模技术 ··· 120
3.3.3 CATIA 装配建模工具 ··· 123
3.3.4 产品设计典型方法 ··· 130
3.4 工程设计图样 ··· 132
3.4.1 工程图样工作台 ··· 132
3.4.2 工程图样绘制工具 ··· 134
3.4.3 图形与尺寸标注修改工具 ··· 137
3.5 产品建模应用 ··· 139
3.6 本章小结 ··· 150

思考与练习 ·· 150

第4章 曲面建模基础与应用 ·· 152
4.1 曲线的表示与处理 ·· 152
4.1.1 CAD/CAM 中曲线曲面的基本理论 ································ 152
4.1.2 曲线类型及其数学表达式 ·· 155
4.2 曲面的表示与处理 ·· 159
4.2.1 孔斯曲面 ·· 159
4.2.2 贝塞尔曲面 ··· 159
4.2.3 B 样条曲面 ··· 160
4.3 曲面建模应用工具 ·· 161
4.3.1 曲面基本元素创建工具 ··· 161
4.3.2 基于曲面的创建工具 ·· 172
4.3.3 曲面曲线编辑工具 ·· 175
4.3.4 曲面分析工具 ·· 179
4.4 曲面在产品建模中的应用 ··· 184
4.5 本章小结 ··· 193
思考与练习 ·· 194

第5章 先进制造技术基础 ·· 195
5.1 先进制造体系 ·· 196
5.1.1 制造、制造系统和先进制造技术 ··································· 196
5.1.2 先进制造技术体系结构 ··· 198
5.1.3 先进制造技术的特点和发展趋势 ··································· 200
5.2 先进制造技术原理 ·· 203
5.2.1 成组技术 ·· 203
5.2.2 计算机集成制造 ··· 207
5.2.3 并行工程 ·· 210
5.3 汽车生产管理技术 ·· 214
5.3.1 制造资源计划与企业资源计划 ······································ 214
5.3.2 质量管理体系 ·· 218
5.3.3 精良生产与准时生产 ·· 221
5.3.4 敏捷制造 ·· 224
5.4 工程设计方法和先进制造工艺 ··· 227
5.4.1 现代工程设计方法概要 ··· 227
5.4.2 先进制造工艺概要 ·· 230
5.4.3 快速成形制造技术 ·· 235

5.5 制造系统的支撑技术 ……………………………………………………… 239
　5.5.1 计算机网络技术基础 ……………………………………………… 239
　5.5.2 工程数据库 ………………………………………………………… 241
　5.5.3 产品数据库管理 …………………………………………………… 244
　5.5.4 产品数据交换标准 ………………………………………………… 245
5.6 汽车虚拟设计制造 ……………………………………………………… 248
　5.6.1 汽车虚拟设计技术 ………………………………………………… 248
　5.6.2 汽车虚拟制造技术 ………………………………………………… 251
5.7 汽车协同制造网格 ……………………………………………………… 255
　5.7.1 网格的概念和体系结构 …………………………………………… 255
　5.7.2 协同设计、制造网格 ……………………………………………… 257
5.8 本章小结 ………………………………………………………………… 259
思考与练习 …………………………………………………………………… 260

第6章 汽车 CAD/CAM 应用 …………………………………………… 261
6.1 汽车逆向设计基础 ……………………………………………………… 261
　6.1.1 逆向工程基本理论 ………………………………………………… 262
　6.1.2 逆向设计案例 ……………………………………………………… 266
6.2 计算机辅助工程分析 …………………………………………………… 268
　6.2.1 有限元分析基本理论 ……………………………………………… 268
　6.2.2 汽车零件静态分析 ………………………………………………… 271
6.3 汽车产品优化设计 ……………………………………………………… 273
　6.3.1 优化设计基本理论 ………………………………………………… 273
　6.3.2 某车身结构的拓扑优化 …………………………………………… 276
6.4 人机工程应用设计 ……………………………………………………… 279
　6.4.1 视野校核理论基础 ………………………………………………… 279
　6.4.2 视野校核应用 ……………………………………………………… 283
6.5 计算机辅助工艺设计和数控加工 ……………………………………… 283
　6.5.1 计算机辅助工艺设计 ……………………………………………… 283
　6.5.2 数字化加工技术 …………………………………………………… 287
6.6 数字化工厂 ……………………………………………………………… 289
　6.6.1 数字化工厂技术 …………………………………………………… 289
　6.6.2 数字化工厂在汽车开发制造中的应用 …………………………… 291
6.7 本章小结 ………………………………………………………………… 297
思考与练习 …………………………………………………………………… 298

参考文献 …………………………………………………………………… 299

第1章　CAD/CAM技术概述

教学目标

1. 了解CAD/CAM系统的基本原理、功能和工作过程。
2. 知道汽车设计制造过程中CAD/CAM技术的应用。
3. 掌握汽车设计用CATIA软件的构架和工作台功能。
4. 学会CATIA中数字模型的存储与读取和数据交换。

教学要点

知识要点	掌握程度	相关知识
CAD/CAM基本概念	了解	CAD、CAE、CAPP、CAM
产品设计制造过程	了解	CAD/CAM系统工作过程
汽车工业中的CAD/CAM应用	知道	汽车设计制造中的CAD/CAM
CATIA软件应用基础	掌握	CATIA文件操作,环境设置

随着计算机科学、电子技术和信息技术的发展,计算机技术与机械制造技术相互结合与渗透,产生了计算机辅助设计与辅助制造(Computer Aided Design and Manufacturing)这样一门综合性的应用技术,简称CAD/CAM。该技术以电子计算机为主要技术手段,极大地减轻了科技人员的脑力和体力劳动,甚至能够完成人力所不及的工作,从而促进科学技术和生产的发展,具有数字化、知识密集、综合性强、效益高等特点,被视为20世纪最杰出的工程成就之一。

本章主要介绍汽车行业中运用的CAD/CAM技术概念、CAD/CAM系统的构成、CAD/CAM技术在汽车行业的应用与发展,初步建立起运用CAD/CAM技术进行数字化建模设计的概念,结合CATIA软件理解上述概念,掌握CATIA软件的基本操作。

1.1　引言

随着信息、电子及软件技术的飞速发展,CAD/CAM已经成为这些领域工程技术人员必备的基本工具之一,其内涵也围绕着产品开发周期的变革快速地变化和发展。因此要理解掌握CAD/CAM的原理必须首先了解产品的开发流程。传统的产品开发流程如图1-1所示,各阶段的内容相互紧密关联。

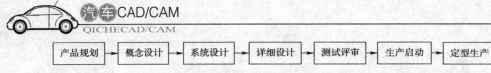

图1-1 产品开发过程

产品规划阶段通过对技术开发和市场目标的评估,明确产品开发的方向和产品概念。产品规划的内容包括产品使用目的、基本功能、产品大致轮廓和制造方法等。市场需求是开发新产品的出发点,产品构思主要来自市场有关的用户、销售者和研发人员。产品构思的其他一些来源包括中间商、企业生产人员和管理人员,乃至竞争对手产品所给予的启发等。

概念设计阶段的主要任务是确定目标市场的需求,产生多个概念设计的备选方案,形成产品草图和功能特征的基本描述,并对其进行评估。在对备选方案进行评估时必须考虑两个重要因素:①构思的新产品是否符合企业的目标,如利润目标、销售稳定目标、销售增长目标和企业总体营销目标等;②企业是否具备足够的实力来开发所构思的新产品,这种实力主要包括经济和技术两个方面。

在产品开发的前两个阶段,虽然在产品规划阶段提出了开发新产品的方向和途径,在概念设计阶段对产品概念进行了评估,但截至系统设计前,研发中的产品概念仍是抽象产品。要把抽象产品具体化,就需要从原理、结构、外形、性能等方面,对产品概念进行评估,并选择一个或几个概念进行深入的开发和设计。系统设计阶段包括对产品体系的定义,把产品分解至子系统和部件,并针对生产系统的最终装配方案通常也在这一阶段确定。

详细设计阶段在系统设计阶段的基础上,对新产品方案进行详细的设计,这是进一步决定产品取舍的重要环节。此阶段包括完全确定产品中所有非标准件的几何尺寸、材料和公差,并确定所有从供应商处购买的标准件。

测试评审阶段,主要是对产品的多个与生产版本进行构建和评估。该阶段主要解决产品概念能否转化为在技术和商业上可行的产品这一问题。主要通过对开发中产品原型机进行大量的内外部评估来完成的。

生产启动阶段,需要考虑何种预订的生产系统制造产品。启动的目的在于培训工人和解决在生产工艺中存在的问题。在生产启动阶段生产出来的产品,有时将提供给特定的客户试用,让其对产品进行仔细评估,以便解决产品可能存在的缺陷和不足。

定型生产阶段,也称之为批量生产阶段,该阶段的产品主要以提高质量和降低成本为目标,要针对使用过程出现的可靠性、耐久性等问题加以改进,并通过生产过程中的质量控制和提高生产效率等方式逐步降低产品的成本。

以机械产品的设计为例,传统的机械产品设计方式如图1-2所示,要在产品的物理样机测试阶段,即生产启动阶段才能发现问题,修改设计并重新制造样机。这个过程已经不能适应当今高效益、高效率、高科技竞争的时代,用户对各类产品的质量,产品更新换代的速度以及产品从设计、制造到投放市场的周期都提出了越来越高的要求,产品呈现出的特点为:知识→技术→产品的时间越来越短、结构越来越复杂。CAD/CAM 技术的运用把产品设计制造过程中各项任务通过计算机软件有机地结合起来,用统一的程序来组织各种信息的读取、交换、共享和处理,以保证系统内信息流的畅通并协调各系统有效的运行。

航空、汽车、船舶和机床制造等领域为了适应市场要求,提高产品质量,降低成本,加快上市速度,缩短生产周期,是应用 CAD/CAM 技术较早和较成功的领域。CAD/CAM 技术的应用,不仅改变了人们设计、制造各种产品的常规方式,有利于发挥设计人员的创造性,还将提高企业的管理水平和市场竞争能力。它是制造工程技术与计算机信息技术紧密结合、相互渗透和影响而发展起来的一项综合性应用技术，它通过计算机辅助产品设计和制造，将计算机迅速、准确地处理信息和图形化运算的特点巧妙地结合在一起，具有知识密集、学科交叉、综合性强、应用范围广等特点。世界各国十分重视发展制造业信息化与先进制造技术，许多跨国公司应用一些高新技术实现了设计、制造、管理和经营一体化，加强在国际市场的垄断地位。美国通用汽车公司应用先进集成制造系统技术，将轿车的开发周期由原来的48个月缩短到24个月，碰撞试验的次数由原来的几百次降到几十次，应用电子商务技术降低了销售成本的10%。可见，先进的制造与信息技术应用已经成为带动制造业发展的重要推动力。CAD/CAM技术是先进制造技术的重要组成部分，它的发展和应用使传统的产品设计、制造内容和工作方式等都发生了革命性的变化。

图1-2 传统机械产品开发过程

　　CAD/CAM技术涉及的内容随着其内涵的不断扩展和延伸，也在不断的增加，学习该项技术必须首先对CAD/CAM技术在产品生命周期中的基本原理、功能和任务有所了解，进一步掌握其在现代工业设计制造过程中的作用和工作模式，根据行业和具体设计制造环节的使用特点，从熟悉数字模型的建立开始逐步深入。其次，充分认识现代工业产品应用计算机辅助设计创建数字模型的过程不同于简单的三维图形绘制，而是包含了零件的特性、结构信息、加工工艺信息以及参数化信息在内的多元化信息综合体，作为产品数字化开发的数据基础。最后应认识到，CAD/CAM技术实现了产品信息在其设计和制造进程中信息传递与共享，熟练掌握这一技术，需要不断将制造技术的理论与方法与数字化设计制造工具的使用相结合，通过规范的建模丰富数字模型内涵，使之成为表达工程设计意图的工程语言。

　　当前是我国汽车工业快速发展时期，但是由于我国工业化进程起步较晚，制造业和制造技术与国际先进水平相比还存在着阶段性差距。这些差距包括产品结构不合理且附加值不高，制造业能耗大且污染严重，产品创新能力较差且开发周期较长，制造工艺装备落后，成套能力不强，生产自动化和优化水平不高，资源综合利用率低，企业管理粗放，国际市场开拓能力弱，战略必备装备和竞争核心技术的开发相对薄弱等。这些差距使得我国的制造业和制造技术还不能很好地满足参与国际竞争的要求。要使我国制造业在国内、国际市场竞争中立于不败之地，尽快形成我国自主创新和跨越发展的先进制造技术体系，积极发展和应用先进制造技术，用信息技术提升和改造传统制造业已经刻不容缓，CAD/CAM技术应用已经逐渐成为必不可少的基础技术之一。

1.2　CAD/CAM的概念

1.2.1　CAD/CAM技术原理及内涵

　　CAD/CAM技术是以计算机、外围设备及系统软件为基础，综合计算机科学与工程、计

机几何学、机械设计与制造、人机工程学、控制理论、电子技术、信息技术等学科知识,并以工程应用为对象,在机械制造业实现包括二维绘图设计、三维几何造型设计、工程计算分析与优化设计、数控加工变成、仿真模拟、信息存储与管理等相关功能的实用技术。随着计算机技术的迅速发展,设计和生产的方法都在发生显著的变化。CAD/CAM 技术在发展过程中不同的领域有各不相同的定义和解释,这项技术从早期被定义为在制造领域的先进制造加工技术,到 20 世纪 90 年代中期强调用于工程分析的计算机辅助设计分析,再到近年来随着 3D 打印技术的兴起,将 CAD/CAM 技术从计算机的设计辅助地位推向个人制造的主导地位,也有人认为这项技术将计算机的虚拟设计与现实的制造更直接地联系到一起,将成为第三次工业革命。经过半个世纪的发展,在理论、技术和应用等方面都有很大的进展,已经趋于成熟,计算机辅助设计与辅助制造技术在制造行业中的集成应用水平已成为当前衡量一个国家科技现代化和工业现代化水平的重要标志之一。

一般认为,狭义的 CAD/CAM 技术是指利用 CAD/CAM 系统进行产品造型、计算分析和数控程序的编制(包括刀具路径的规划、刀位文件的生成、刀具轨迹的仿真及 NC 代码的生成等)。广义的 CAD/CAM 技术是指利用计算机辅助设计进行产品设计与制造的整个过程以及与之直接和间接相关的活动,包括产品设计(几何造型、分析计算、优化设计、工程绘图等),工艺准备(计算机辅助工艺设计、计算机辅助工装设计与制造、NC 自动编程、工时定额和材料定额编制等),物料作业计划和生产作业计划的运行与控制(加工、装配、检测、输送、存储),生产质量控制,工程数据管理。简而言之,这种利用计算机来达到的高效化、高精度化的目的,实现自动化设计、生产的方法称为 CAD 和 CAM。将 CAD 和 CAM 合写成 CAD/CAM,并非是将两者简单的组合在一起,而是表示它是计算机辅助设计、计算机辅助工程分析、工艺过程设计和制造等一系列技术的有机结合,此外还包括产品设计中必需尽早考虑下游制造、装配、检测和维修等各个方面的技术,是进一步提高设计和生产效率的综合技术。

一、计算机辅助设计(Computer Aided Design,CAD)

CAD 技术是电子计算机技术应用于工程领域产品设计的新兴交叉技术。其定义为:CAD 是计算机系统在工程和产品设计的整个过程中,为设计人员提供各种有效工具和手段,加速设计过程,优化设计结果,从而达到最佳设计效果的一种技术,它利用计算机强大的计算功能和高效率的图形处理能力,辅助工程技术人员进行产品设计和分析优化,以达到理想的目的或取得创新成果的设计技术。计算机辅助设计内容包括:概念设计、工程绘图、三维设计、优化设计、有限元分析、数控加工、计算机仿真、产品数据管理等。

在不同时期、不同行业中,计算机辅助设计技术所实现的功能不同,工程技术人员对 CAD 技术的认识也有所不同,因此,很难给 CAD 技术下一个统一的、公认的定义。1950 年配置在美国麻省理工学院(MIT)的旋风Ⅰ号(WhirlwindⅠ)计算机上,类似于示波器仅能显示一些简单图形的显示器,以及此后 10 年间出现的滚筒式绘图仪、平板绘图仪等设备,为 CAD 系统提供了软、硬件基础,并由此形成明确的 CAD 概念;1960 年 Ivan Sutherland 的博士论文"Sketchpad - 人机交互的图形系统"中提出的计算机图形学、交互技术、分层存储的数据结构等新思想,成为 CAD 应用的理论基础;此后,IBM 公司与美国通用汽车公司(GM)合作开发 DAC-1 汽车计算机辅助设计系统,洛克希德飞机公司和麦克唐纳飞机公司开发的用于飞机设计制造的二维绘图系统等计算机辅助设计越来越多地被制造业所采用;1972 年 10

月国际信息处理联合会(International Federation of Information Processing,IFIP)在荷兰召开的"关于 CAD 原理的工作会议",1973 年国际信息处理联合会(IFIP)对 CAD 系统做了重新定义。到 20 世纪 80 年代初,第二届国际 CAD 会议上认为 CAD 是一个系统的概念,包括计算、图形、信息自动交换、分析和文件处理等方面的内容。此后召开的国际设计及综合讨论会上,认为 CAD 不仅是设计手段,而且是一种新的设计方法和思维。

随着 CAD 技术的实用化,CAD 技术理论也经历了几次重大的创新,针对飞机和汽车制造中遇到的大量自有曲面问题,美国 MIT 的 Coons 和法国雷诺(Renault)公司先后提出了曲面算法;1977 年法国达索飞机公司开发出计算机三维曲面造型系统 CATIA(Computer-Aided Three-dimension Interactive Application)推动了 CAD 技术从二维走向三维;1979 年 SDRC(Structure Dynamic Research Corp)公司推出能实现实体造型的软件 I-DEAS,标志着 CAD 技术发展史上的又一次革命;这个过程中 CAD 技术的概念增加了曲面造型、实体造型新的概念。

从 20 世纪 80 年代开始,随着 PC 的普及,参数化设计及变量化设计等技术的不断发展,形成了诸如 STEP、Para solid 等图形格式标准。1982 年 John Walker 创立了 Autodesk 公司;1985 年,PTC(Parametric Technology Corp)公司成立,开发了参数化设计软件 Pro/Engineer;1986 年,Unigraphics 吸取了与 STEP 标准兼容、为实践所证实的三维实体建模核心 Parasolid。此后,CAD 厂商群雄并起,推动了 CAD 技术产业格局的巨大变化,许多大型公司均开始基于 Windows 操作系统的 CAD 软件的开发;如今,面向制造业的 CAD 软件产品已经被兼并成四大谱系:IBM/Dassault、Siemens NX、PTC 和 Autodesk。这些 CAD 系统已做到设计与制造过程的集成,不仅可进行产品的设计计算和绘图,而且能实现自由曲面设计、工程造型、有限元分析、机构仿真、模具设计制造等各种工程应用。CAD 技术已全面进入实用化阶段,广泛服务于机械、建筑、电子、宇航、纺织等领域的产品总体设计、造型设计、结构设计、工艺过程设计等各环节。显然,CAD 技术的内涵将会随着计算机技术的发展和应用领域的扩大而不断扩展。

二、计算机辅助工程分析(Computer Aided Engineering,CAE)

CAE 技术准确地讲,就是指工程设计中的分析计算、分析仿真和结构优化。CAE 是从 CAD 中分支出来的,其起源可以追溯到 1943 年数学家 Courant 第一次尝试用定义在三角形区域上的分片联系函数的最小位能原理来求解 St. Venant 扭转问题时所提出的有限元概念。20 世纪 60 年代以后,随着计算机技术的广泛应用和发展,有限元依靠数值计算方法迅速发展起来,在被证明有限元法是基于变分原理的里兹(Ritz)法的另一种形式之后,其理论和算法经历了从蓬勃发展到日趋成熟的过程,成为处理连续介质问题的一种普遍方法。随着有限元应用的范围不断的扩大,已由简单的弹性力学的平面问题扩展到空间问题、板壳问题,由静力问题扩展到稳定性问题、动力学问题和波动问题。分析对象从目前弹性材料扩展到塑性、黏塑性和复合材料;从固体力学扩展到流体力学、传热学、电磁学等连续介质力学领域。CAE 技术已被广泛应用于国防、航空航天、机械制造、汽车制造等各个工业领域。1963 年 MSC 开发结构分析软件 ADSAM(Structural Analysis by Digital Simulation of Analog Methods),在参与美国国家航空及宇航局(NASA)计算结构分析方法研究之后更名为 MSC/NASTRAN;1970 年,SASI(Swanson Analysis System,Inc)公司成立,后来重组成为 ANSYS 公司,开

发了著名的 ANSYS 有限元软件;1971 年,SDRC 公司推出商用有限元分析软件 Super tab(I-DEAS);此后陆续出现致力于发展用于高级工程分析通用有限元程序的 MARC 公司;致力于机械系统仿真软件开发的 MDI 公司;针对大结构、流固耦合、热及噪声分析的 CSAR 公司;致力于结构、流体及流固耦合分析的 ADIND 公司等。

分析是设计的基础,设计与分析集成是必然趋势,随着计算机技术的不断发展,CAE 系统的功能和计算精度都有很大提高,各种基于产品数字建模的 CAE 系统应运而生,并已成为工程和产品结构分析、校核及结构优化中必不可少的数值计算工具。CAE 技术和 CAD 技术的结合越来越紧密,MSC/NASTRAN 在 1994 年收购 PARTRAN 作为自己的前后处理软件,并先后开发了与 CATIA、UG 等 CAD 软件的数据接口;ANSYS 也拓展了前后处理功能的软件 ANSYS/PREPOST;SDRC 公司则利用 I-DEAS 自身 CAD 功能的优势,先后开放了与 Pro/ENGINEER、UG、CATIA 等软件的接口。现在,MSC、ANSYS 等公司通过开发与并购均在 CAE 领域形成了能将 CAD 与 CAE 技术良好融合,将有限元分析技术逐渐由传统的分析和校核扩展到优化设计,并与其他计算机辅助技术结合实现互动设计的 CAE 技术格局。CAE 技术作为设计人员提高工程创新和产品创新能力的得力助手和有效工具,能够对创新的设计方案快速实施性能与可靠性分析;进行虚拟运行模拟,及早发现设计缺陷,实现优化设计;在创新的同时,提高设计质量,降低研究开发成本,缩短研发周期。

三、计算机辅助工艺过程设计(Computer Aided Process Planning,CAPP)

CAPP 技术的作用是利用计算机来进行零件加工工艺过程的制订,把毛坯加工成工程图样上所要求的零件。CAPP 技术中常用的制造规划(manufacturing planning)、材料处理(material processing)、工艺工程(process engineering)以及加工路线安排(machine routing)等在很大程度上都是指工艺过程设计,它是通过向计算机输入被加工零件的几何信息(形状、尺寸等)和工艺信息(材料、热处理、批量等),由计算机自动输出零件的工艺路线和工序内容等工艺文件的过程。计算机辅助工艺规划属于工程分析与设计范畴,是重要的生产技术准备工作之一。

在制造自动化领域,CAPP 的开发、研制是从 20 世纪 60 年代末开始的。1969 年,CAPP 研究始于挪威,并推出世界上第一个 CAPP 系统 AUTOPROS,1973 年正式推出商品化的 AUTOPROS 系统。在 CAPP 发展史上具有里程碑意义的是 1976 年 CAM-I 推出的 CAM-I'S Automated Process Planning 系统。目前对 CAPP 这个缩写法虽然还有不同的解释,但把 CAPP 称为计算机辅助工艺过程设计已经成为公认的释义。早期的 CAPP 系统一般以成组技术为基础,把零件分类归并成族,制订出各类零件相应的典型工艺过程,再按有关零件的具体工艺信息生成加工该零件的工艺规程,1980 年英国曼彻斯特大学 AUTOCAP 系统属于此类系统,但是这类系统针对性强,只适用于特定的工厂,可移植性差、局限性大、适应能力差;由此产生了开发周期短、费用低和易于取得实际效益的派生式 CAPP 系统,但是此类系统以成组技术为基础,在回转类零件中应用普遍,继承和应用了企业较成熟的传统工艺,但柔性较差,对于复杂零件和相似性较差的零件难以形成零件族;为克服这些缺点,许多学者开展对创成式 CAPP 的研究,它不存储典型零件工艺过程,而是采用一定的逻辑算法,对输入的几何要素等信息进行处理并确定加工要素,从而自动生成工艺规程,1983 年由美国普渡大学和宾州大学联合开发出 TIPPS 系统属于此类系统。但是这些 CAPP 系统均存在较多的限制条件,因此 CAPP 系统的研究转向具有人工智能的专家系统方面,目前各国学者均致力于使 CAPP 专家系统实用化和工具化。

随着计算机集成制造系统(CIMS-computer integrated manufacturing system)的出现,计算机辅助工艺规划上与 CAD 相互衔接,下与计算机辅助制造(CAM)相连,是连接设计与制造之间的桥梁,设计信息只有通过工艺设计才能生成制造信息,设计只有通过工艺设计才能与制造实现功能和信息的集成,因此 CAPP 在实现生产自动化中具有非常重要的地位。

四、计算机辅助制造(Computer Aided Manufacture,CAM)

制造过程包括工艺设计、新工具的设计与采购、材料的订购、数控(NC)编程、质量控制、包装等一系列活动。CAM 技术有广义和狭义之分,狭义的 CAM 是利用电子数字计算机通过各种数值控制机床和设备,自动完成离散产品的加工、装配、检测和包装等制造过程。国际计算机辅助制造组织(CAM-I)关于计算机辅助制造广义的定义:"通过直接的或间接的计算机与企业的物质资源或人力资源的连接界面,把计算机技术有效地应用于企业的管理、控制和加工操作。"按照这一定义,计算机辅助制造包括企业生产信息管理、计算机辅助设计和计算机辅助生产、制造 3 部分;计算机辅助生产、制造又包括连续生产过程控制和离散零件自动制造两种计算机控制方式。这种广义的计算机辅助制造系统又称为整体制造系统(IMS)。

CAM 技术的核心是计算机数值控制(简称数控),是将计算机应用于制造生产过程的过程或系统。1952 年美国麻省理工学院(MIT)首先研制成数控铣床,此后发展了一系列的数控机床,包括称为"加工中心"的多功能机床,能从刀库中自动换刀和自动转换工作位置,连续完成铣、钻、铰、攻螺纹等多道工序,通过程序指令控制运作,只要改变程序指令就可改变加工过程,数控的这种加工灵活性称之为"柔性"。加工程序的编制不但需要相当多的人工,而且容易出错,最早的 CAM 便是计算机辅助加工零件编程工作。麻省理工学院于 1950 年研究开发数控机床的加工零件编程语言 APT,它是一种类似 FORTRAN 的高级语言,增强了几何定义、刀具运动等语句,APT 的应用使编写数控程序变得简单。采用计算机辅助制造零件、部件,可改善对产品设计和品种多变的适应能力,提高加工速度和生产自动化水平,缩短加工准备时间,降低生产成本,提高产品质量和批量生产的劳动生产率。

五、CAD/CAM 技术的集成

在 CAD/CAM 技术发展过程中,越来越多的专项技术需要与其他相关技术共享数据,相互传递参数才能完成设计制造过程,由此产生了针对不同的应用领域、用户需求和技术环境实现不同的构造模式,各项技术在相当长的时间内按照各自的轨迹独立发展,这种发展的不均衡制约了 CAD/CAM 技术的发展。在 20 世纪 80 年代后期,CAD/CAM 集成技术的提出,有力推动了 CAD/CAM 技术向着一体化集成化的方向发展,对产品的设计制造提高到系统化的层面,此后出现的特征造型技术从根本上解决了各子系统间的数据传递,使得 CAD/CAM 真正意义上的实现集成,使得该系统发挥出更高的效益。

DFX 技术是在 CAD/CAM 系统集成的前提下提出的,面向产品全生命周期的集成化的设计技术,其综合了计算机技术、制造技术、系统集成技术和管理技术,充分体现了系统化思想。利用 DFX 技术,可以在设计阶段尽早考虑产品的性能、质量、可靠性、可装配性、可测试性、产品服务和价格等因素,对产品进行优化设计或者再设计。目前 DFX 技术主要包括:面向装配的设计(Design for Assembly, DFA)、面向制造的设计(Design for Manufacturing, DFM)、面向性能的设计(Design for Compatibility, DFC)、面向方案的设计(Design for Variety, DFV)、绿色设计(Design for Green, DFG)和后勤设计(Design for Logistics, DFL)等。

六、虚拟制造(Virtual Manufacturing, VM)

虚拟现实(Virtual Reality, VR)技术可以使人们"沉浸"在计算机创建的虚拟环境中,并以自然的交互方式与虚拟环境交换信息。虚拟现实技术具有多感知性、沉浸感、交互性和自主性的重要特征,这些特征应用在加工制造过程中,实现了在计算机中完成产品的制造任务,由现实和模拟的实体、活动和过程组成,通过计算机集成制造信息,提高制造过程中各环节决策和控制能力。它提供一个可视化的、交互的、从生产线到企业级的生产过程、生产规划、作业计划、装配计划、后勤保障以及加工过程和装配过程的计算机模型和仿真工具。VM虽然不生产物理意义上的产品,但是产生与产品相关的制造过程、过程控制与管理、产品性能数据等所有信息,在大规模生产过程中起到越来越重要的作用。

概括起来,CAD/CAM 技术的发展经历了三个主要时期。20 世纪 50 年代至 70 年代中期,这个阶段完成了初始理论准备与图形系统的研制试验;20 世纪 70 年代末至 20 世纪 90 年代,这个阶段 CAD/CAM 系统逐步形成系统化的软件并出现了应用于飞机和汽车制造等商业用途的 CAD/CAM 系统,系统的内涵不断延伸为系统集成奠定基础;20 世纪 90 年代至今,在系统集成思想的指引下,CAD/CAM 系统软件厂商不断更新完善 CAD/CAM 软件的系统功能,向制造业用户提供性能稳定、系列化以及包含良好售前和售后服务的商业软件系统。同时,CAD/CAM 系统也向着标准化、智能化及网络协同的方向发展,其基本概念也随之进一步得到扩展和延伸。

1.2.2　CAD/CAM 系统构成及配置

在了解 CAD/CAM 系统的基本概念之后,进一步探索 CAD/CAM 系统的组成和功能有利于更有效的运用 CAD/CAM 系统。如图 1-3 所示,完整的 CAD/CAM 系统中,硬件、软件和人是组成系统必不可少的部分。硬件系统作为系统的基础,软件系统作为系统的驱动,两者协同使人类能够从简单烦琐的事务中解脱出来,更好地发挥创造性思维,从而更好地实现产品的设计和制造。软、硬件技术的不断发展给人们提供了更好的工具和更大的发挥创造性思维的空间,通过人机之间交互式图形处理实现人与系统的信息传递。系统总体与外界进行信息传递与交换的基本功能是依靠硬件实现的,而系统所能解决的具体问题是由软件解决的,这就决定了当前 CAD/CAM 软件的多元化。本节将介绍 CAD/CAM 系统的硬件设备和软件系统,结合行业应用说明 CAD/CAM 系统功能,讨论系统选择的基本准则。

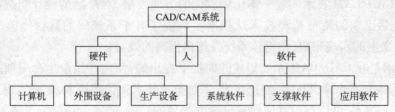

图 1-3　CAD/CAM 系统组成

一、CAD/CAM 系统的硬件

CAD/CAM 系统硬件的组成如图 1-4 所示。硬件是 CAD/CAM 系统运行的物质基础，主要由计算机主机、输入设备、输出设备、存储器、生产设备以及计算机网络通信设备等几个部分组成，其中生产设备和计算机网络在特定的 CAD/CAM 系统中可能有不同的要求；不同的处理对象，CAD/CAM 系统对硬件的配置和选型也各不相同，所选择的支撑软件也各不相同，对系统功能的要求也有所不同，要在众多的软件中选择适合的 CAD/CAM 系统需要全面了解系统的组成、功能及其工作过程，然后根据特点以及硬件条件来选择。

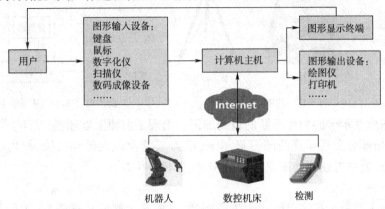

图 1-4　CAD/CAM 系统硬件组成

在 CAD/CAM 系统中，输入设备泛指用于向计算机输入信息的设备。输出设备是将计算机中的信息展示给用户的设备。结合 CAD/CAM 系统的特点，可以把输入/输出设备分为图形输入设备、图形输出设备和图形显示设备。

1. 输入设备

输入设备包括通常 PC 上所使用的键盘、鼠标。在 CAD/CAM 系统中键盘可以直接与 CPU 通信，计算机通过不断扫描剪片各节点的状态来判断按键的状态并据此进行相应的处理。鼠标则是 CAD 作业中常用的图形设备之一，属于一种定位输入设备，通常在 CAD/CAM 系统软件中完成定位、拾取和选择功能，随着软件由二维转变为三维，鼠标的三键均被定义成不同的用途。在本书所介绍的汽车 CAD/CAM 软件 CATIA 中，鼠标中键滚轮定义成为与其他两键共同配合使用的按键。此外键盘作为输入的设备，承担了数值输入和快捷按键的作用等，详细内容将在本章 1.4 节中介绍。

除了上述通常所用的输入设备之外，CAD/CAM 系统中还会采用数字化仪、图形扫描仪和数码成像设备，如图 1-5 所示。数字化仪根据制作原理不同而有多种类型，通常采用的数字化仪是将图像（胶片或像片）和图形（包括各种地图）的连续模拟量转换为离散的数字量的装置，是在专业应用领域中一种用途非常广泛的图形输入设备，通常由电磁感应板、游标和相应的电子电路组成。在许多的专业应用领域中，用户需要绘制大面积的图样，仅靠 CAD 系统是无法完全完成图样绘制，并且在精度上也会有较大的偏差，因此必须通过数字化仪来满足用户的需求。计算机辅助设计（CAD）中的扫描仪可以分为平面扫描仪和三维扫描仪，其中三维通过计算机软件和计算机处理系统，应用于逆向工程、质量管理等领域。

2. 计算机主机

主机是 CAD/CAM 系统的硬件核心，主要由中央处理器（CPU）和内存储器（也称内存），如图 1-6 所示。CPU 包括控制器和运算器,控制器按照从内存中取出的指令指挥和协调整个计算机的工作,运算器负责执行程序指令所要求的数值计算和逻辑运算。CPU 的性能决定着计算机的数据处理能力、运算精度和速度。内存储器是 CPU 可以直接访问的存储单元,用来存放常驻的控制程序、用户指令、数据及运算结果。衡量主机性能的指标主要有两项:CPU 主频及核心数量和内存容量。

a)数字化仪　　　　b)扫描仪　　　　c)三维扫描仪

图 1-5　CAD/CAM 系统中的输入设备　　　　图 1-6　CAD/CAM 系统主机结构

近年来图形显示卡的功能不断的得到加强。出现了由图形处理器(GPU)作为显示输出核心,同时承担部分主机运算的图形显示卡,成为三维设计主机和二维设计主机的主要区别,因此当前衡量主机性能的主要根据 CPU、内存和 GPU。

3. 输出设备

输出设备主要用于在输出媒介上生成图像,这些输出媒介包括图样、聚酯薄膜、感光胶片等。输出设备包括显示设备、绘图设备等。其中显示设备包括阴极射线管 CRT(Cathode Ray Tube)显示器、激光显示器、光二极管显示器、等离子显示器、液晶显示器(Liquid Crystal Display)等。

目前使用较为广泛的显示器主要是评价显示设备的指标主要由分辨率和刷新率,分辨率指屏幕上可识别的最大光点数,通常用水平方向光点数与垂直方向光点数乘积形式表达显示器的分辨率;刷新率指屏幕的刷新速度,刷新率越低,视觉图像闪烁、抖动,会引起眼睛疲劳、酸疼,头晕目眩等不适。显示器性能的实现依赖于图形显示卡,刷新率不仅受到显示器硬件的限制,还与图形显示卡的 GPU 核心运算能力有关;分辨率的提高对显示器提升要求的同时,分辨率越高图形显示卡的存储器容量也越大。对于 CAD/CAM 系统来说,由于图形显示过程中大量的浮点与矢量运算需要通过图形显示卡完成,作为 CAD/CAM 系统中输出设备首先应该考虑图形显示卡的 GPU 运算能力,其次考虑输出设备分辨率的要求来选择图形显示卡的存储容量。

随着硬件设备计算和存储能力的不断提升,虚拟现实技术得以在 CAD/CAM 系统中应用,出现了提供三维视觉的立体显示器,让用户可以最大限度的沉浸在虚拟环境中。立体显示设备包括头盔显示器(HMD)、立体眼镜及三维投影仪等。如谷歌推出的立体视觉眼镜就是典型的头盔显示器产品。

绘图设备不同于显示设备在屏幕上显示图形,而是将图形绘制在图纸上,形成工程图样,也称之为硬拷贝设备。常用的绘图输出设备包括:打印机(Printer)和绘图仪(Plotter)。打印机以打印文字为主,也可以输出图幅较小的图样,通常适用于 A3 和 A4 图幅的图样输出,根据打印原理的不同分为激光打印机(Laser Printer)、喷墨打印机(Ink-jet Printer)和点阵打印机(Dot-matrix Printer)。绘图仪则是将利用换能器泵出墨水通过聚焦系统汇聚成射线,借助偏转系统控制的喷嘴在打印纸上移动,在纸上形成浓淡不一的各种单色或彩色图形、图像及文字符号,一般用于输出图幅为 A0 图纸或更大幅面的图样,部分输出设备如图 1-7 所示。

打印机　　　　　　　绘图仪　　　　　　立体视觉眼镜

图 1-7　CAD/CAM 系统中的部分输出设备

4. 通信与网络设备

网络适配器(Network Adapter),也称为网卡,它在计算机管理下,按照相互约定的协议,将计算机内信息按照网络线缆的通信协议要求的格式进行双向变换,控制信息传递及网络通信。网络传输的介质主要有双绞线、同轴电缆和光纤。双绞线常用于短距离网络信号传输,屏蔽双绞线的传输范围在百米以内,其安装方便;同轴电缆有内部铜线、中间绝缘层和作为地线的屏蔽层及外部保护层围裹而成,适用于传输数据、声音和图像信号;光纤有折射率不同的内芯和外芯光导纤维组成,封装在防护缆中,这种以光作为信号传送载体的形式,具有抗磁干扰能力强、安全可靠、保密性好、高速率和远距离传输衰减小等优点,广泛用于长距离通信。根据不同的网络环境,保障局域网内、局域网之间或不同网络之间相互有效传输信息的需求,构成网络的设备还根据具体情况选用集线器(HUB)、调制解调器(Modem)、中继器(Repeater)、网桥(Bridge)、路由器(Router)等设备。

硬件系统根据传统的划分方式,CAD/CAM 硬件系统有如下四种基本配置形式。

(1)集中式计算机系统(Mainframe Base System)。这种系统采用具有大容量的存储器和极强计算功能的大型通用计算机为主机,一台计算机可以用分时方式连接几十个甚至几百个图形终端和字符终端及其他图形输入和输出设备。主机一般采用巨型机或大型机,计算速度极快,同时系统具有一个集中的大型数据库,可以对整个系统的数据实行综合管理和维护。但集中式计算机系统的配置价格昂贵,一般都用在大型的飞机制造和船舶制造等公司,一般中小企业不可能承受。

(2)小型机成套系统(Turnkey System)。这类系统是具有较强针对性的软硬件配套系统。供应商按用户需求提供,无需用户进行新的开发工作,因而称交钥匙系统。其优点是软件不需要变更,可在其系列产品中通用。在 CAD/CAM 发展历史上的一段时期中,该种配置曾非常流行,但硬件技术的发展使得小型机系统的局限性也越来越突出的表现出来,系统扩展能力差,数据存储分散,分析计算能力弱以及不同的系统之间数据交换比较困难等。随着工作站的出现和互联网技术的成熟,为原来意义下的交钥匙系统提供了明确的发展方向,即从独立的小系统向分布式网络的节点发展,从自我封闭式变为开放式结构,从使用各自独立的基础软件变成向工业界标准化的软件开发环境靠拢。

(3)分布式网络系统。这种系统把多个独立工作的工作站组织在局域网中形成分布式计算机网络,这种局域网通过网关(Gateway)还可以和其他局域网和大型主机,构成远程计算机网络,网络上的各个站点是工作站和外围设备,系统通常采用基于客户(Client)/服务器

(Server)的体系结构。分布式系统的特点是系统的软硬件资源分布在各个站点上,每个节点都有自己的 CPU 和外围设备,使用速度不受网络上其他节点的影响。通过网络软件提供的通信功能,每个节点上的用户可以享受其他节点上的资源,如大型绘图机、激光打印机等硬件设备,也能共享网络应用软件及公共数据库中的数据。CAD/CAM 软件也可在网络中实现共享,用户只需购买一套 CAD/CAM 软件,同时根据需要购买多个网络节点的使用权即可。这样研发可分块进行,由小到大,由简到繁,逐步投资,符合投资者的心理。这种系统因其优良的性能、开放式的结构、低廉的价格而具有很强的竞争力,成为 20 世纪 90 年代 CAD/CAM 系统的主流配置方案。

（4）个人计算机系统。早期的个人计算机系统由于其性能的限制,在 CAD/CAM 中只适用完成诸如计算机绘图或者简单几个造型、NC 编程等工作。但随着其硬件的迅速发展,目前微机已采用多核心的 64 位芯片,主频普遍达到 2GHz 以上,内存达到 4G 或者更大,硬盘可以达到 500G 以上,其性能已经远远超过了 20 世纪 90 年代的工作站水平,随着 PC 性能的不断提高,许多原先在工作站上运行的 CAD/CAM 软件也被移植到微机上,个人计算机 CAD/CAM 系统正在发挥着越来越大的作用。

随着互联网技术的发展,目前微机完全可与大型机、小型机和工作站联网,成为计算机网络的一个节点,共享大型机和工作站等的资源。这样,大型机系统、工作站系统和 PC 系统就不再相互割裂,而成为一个有机的整体,在网络中发挥各自的优点。因此,个人使用的微机通过网络可以形成上述的分布式网络系统,这也成为当前中小汽车设计公司的主要的 CAD/CAM 系统组成形式。

二、CAD/CAM 系统的软件

为了充分发挥计算机硬件的作用,CAD/CAM 系统必须配备功能齐全的软件,软件配置的档次和水平是决定系统功能、工作效率及使用方便程度等关键因素。根据执行任务和处理对象的不同,CAD/CAM 系统的软件可分系统软件、支撑软件和应用软件三个不同层次,如图 1-8 所示。系统软件与计算机硬件直接关联,起着扩充计算机的功能和合理调度与运用计算机硬件资源的作用。支撑软件运行在系统软件之上,是各种应用软件的工具和基础,包括实现 CAD/CAM 各种功能的通用性应用基础软件。应用软件是在系统软件及支撑软件的支持下,实现某个应用领域内的特定任务的专用软件。

图 1-8　CAD/CAM 软件系统

1. 系统软件

系统软件是用户与计算机硬件连接的纽带,是使用、控制、管理计算机的运行程序的集合,通常由计算机制造商或软件公司开发。系统软件有两个显著的特点:一是通用性,不同应用领域的用户都需要使用系统软件;二是基础性,即支撑软件和应用软件都需要在系统软件的支持下运行。系统软件首先是为用户使用计算机提供一个清晰、简洁、易于使用的友好界面;其次是尽可能使计算机系统中的各种资源得到充分而合理的应用。系统软件主要包括三大部分:操作系统、编程语言系统和网络通信及其管理软件。

操作系统是系统软件的核心,它控制和指挥计算机的软件资源和硬件资源。其主要功能是硬件资源管理、任务队列管理、硬件驱动程序、定时分时系统、基本数学计算、日常事务管理、错误诊断与纠正、用户界面管理和作业管理等。操作系统依赖于计算机系统的硬件，用户通过操作系统使用计算机，任何程序需经过操作系统分配必要的资源后才能执行。目前流行的操作系统有 Windows、UNIX、Linux 等。

编程语言系统主要完成源程序编辑、库函数及管理、语法检查、代码编译、程序连接与执行。按照程序设计方法的不同，可分为结构化编程语言和面向对象的编程语言；按照编程时对计算机硬件依赖程度的不同，可分为低级语言和高级语言。目前广泛使用面向对象的编程语言，如 Visual C++、Visual Basic、Java 等。

网络通信及其管理软件主要包括网络协议、网络资源管理、网络任务管理、网络安全管理、通信浏览工具等内容。国际标准的网络协议方案为"开放系统互连参考模型"（OSI），它分为七层：应用层、表示层、会话层、传输层、网络层、数据链路层和物理层。目前 CAD/CAM 系统中流行的主要网络协议包括 TCP/IP 协议、MAP 协议、TOP 协议等。

2. 支撑软件

支撑软件是 CAD/CAM 软件系统的重要组成部分，一般由商业化的软件公司开发。支撑软件是满足共性需要的 CAD/CAM 通用性软件，属知识密集型产品，这类软件不针对具体的应用对象，而是为某一应用领域的用户提供工具或开发环境。支撑软件一般具有较好的数据交换性能、软件集成性能和二次开发性能。根据支撑软件的功能可分为功能单一型和功能集成型软件。

功能单一型支撑软件只提供 CAD/CAM 系统中某些典型过程的功能，如交互式绘图软件、三维几何建模软件、工程计算与分析软件、数控编程软件、数据库管理系统等。

（1）交互式绘图软件。这类软件主要以交互方法完成二维工程图样的生成和绘制，具有图形的编辑、变换、存储、显示控制、尺寸标注等功能；具有尺寸驱动参数化绘图功能；有较完备的机械标准件参数化图库等。这类软件绘图功能很强、操作方便、价格便宜。在微机上采用的典型产品是 AutoCAD 以及国内自主开发的 CAXA 电子图板、PICAD、高华 CAD 等。

（2）三维几何建模软件。这类软件主要解决零部件的结构设计问题，为用户提供完整准确地描述和显示三维几何形状的方法和工具，具有消隐、着色、浓淡处理、实体参数计算、质量特性计算、参数化特征造型及装配和干涉检验等功能，具有简单曲面造型功能，价格适中，易于学习掌握。这类软件目前在国内的应用主要以 MDT、SolidWorks 和 SolidEdge 为主。

（3）工程计算与分析软件。这类软件的功能主要包括基本物理量计算、基本力学参数计算、产品装配、公差分析、有限元分析、优化算法、机构运动学分析、动力学分析及仿真与模拟等，有限元分析是核心工具。目前比较著名的商品化有限元分析软件有 SAP、ADINA、ANSYS、NASTRAN 等，仿真与模拟软件有 ADAMS 等。

（4）数控编程软件。这类软件一般具有刀具定义、工艺参数的设定、刀具轨迹的自动生成、后置处理及切削加工模拟等功能。应用较多的有 MasterCAM、SurfCAM 及 CAXA 制造工程师等。

（5）数据库管理系统。工程数据库是 CAD/CAM 集成系统的重要组成部分，工程数据库管理系统能够有效地存储、管理和使用工程数据，支持各子系统间的数据传递与共享。工程数据库管理系统的开发可在通用数据库管理系统基础上，根据工程特点进行修改或补充。目前比较流行的数据库管理系统有 ORACLE、SYBASE、FOXPRO、FOXBASE 等。

(6)网络系统。基于网络的 CAD/CAM 系统已成为目前 CAD/CAM 主要使用环境之一。在基于网络的 CAD/CAM 系统中,网络系统软件是必不可少的。常见的网络系统软件有 Windows NT、NetWare 等,它包括服务器操作系统、文件服务器软件、通信软件等。应用这些软件可进行网络文件系统管理、存储器管理、任务调度、用户间通信、软硬件资源共享等项工作。常见的网络系统包括 Internet(国际互联网)和 Intranet(企业内部网)。

Internet 始建于 1969 年,它的原形最初是美国国防部高级研究计划署的一个分组交换广域网 ARPANET,最初的 ARPANET 只连接了美国西部的 4 所大学的计算机,即仅有 4 个节点,经过 30 余年的发展,迅速演变为一个世界上最大的国际互联网,它的应用范围极广、资源极为丰富。利用 Internet 可以快速而廉价地获取各种有关政治、新闻、产品、科研、市场与服务等各种最新信息,对于人们包括企业的各种活动将是至关重要的。

Intranet 泛指企业内部网,是企业将 Internet 中的 Web 技术、浏览器服务器模式应用于本企业的网络形成的企业"内联网",Intranet 的概念是在 Internet 在全球发展到一定程度的背景下提出的。它是指在有限的范围内,利用 Internet 的系列成熟标准构筑企业内部的网络系统,它充分利用 Internet 的软硬件技术,以 TCP/IP 协议和 Web 模型作为标准平台,构建起企业内的各类业务信息系统。

功能集成型支撑软件提供了设计、分析、造型、数控编程以及加工控制等综合功能模块。功能集成型支撑软件结构如图 1-9 所示,这类软件功能比较完备,是进行 CAD/CAM 工作的主要软件。表 1-1 所示为 CAD/CAM 各相关技术涉及的部分支撑软件,目前比较著名的功能集成型支撑软件主要有以下几种。

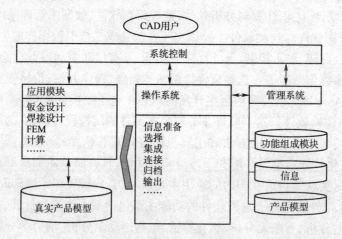

图 1-9 功能集成的支撑软件

CAD/CAM 系统设计的部分支撑软件　　　　表 1-1

功　能	应用领域	软件名称
绘图	二维绘图	CADAM,AutoCAD,MicroCAD,VersaCAD 等
实体建模	造型、制造	Solid Edge,Solidworks,SolidDesigner,Mechanical Desktop 等
数控编制	数控加工、制造	BravoNCG,Vericut,DUCT,Comand,Mastercam,PowerMILL,RoboCAD,Delmia

续上表

功　能	应用领域	软件名称
有限元计算	工程分析	ANSYS,MSC 系列(Nastran、Marc、Dytran、Patran、Fatigue 等)、LS_Dyna(大变形)、Abaqus(耦合)等
模拟仿真	运动学、动力学分析	ADAMS,DADS,SIMPACK,RecurDyn 等
数字计算	仿真控制	MATLAB,EASY5 等
虚拟现实	虚拟制造,视景仿真	VRML,OPENGL,Vege,3DMAX,Creator 等
集成系统	多领域应用	Pro/Engineer,Unigraphics,CATIA,I-DEAS,I/EMS 等

(1) Pro/Engineer(简称 Pro/E,现在开发的新产品为 CORE)是美国 PTC(Parametric Technology Corporation)公司的著名产品。PTC 公司提出的单一数据库、参数化、基于特征、全相关的概念,改变了机械设计自动化的传统观念,这种全新的观念已成为当今机械设计自动化领域的新标准。基于该观念开发的 Pro/E 软件能将设计至生产全过程集成到一起,让所有的用户能够同时进行同一产品的设计制造工作,实现并行工程。Pro/E 包括 70 多个专用功能模块,如特征建模、有限元分析、装配建模、曲面建模、产品数据管理等,具有较完整的数据交换转换器。

(2) UG 是美国 UGS(Unigraphics Solutions)公司的旗舰产品,目前被西门子公司收购更名为 Siemens NX。UG 软件突破传统 CAD/CAM 模式,为用户提供全面的产品建模系统。UG 采用将参数化和变量化技术与实体、线框和表面功能融为一体的复合建模技术,其主要优势是三维曲面、实体建模和数控编程功能,具有较强的数据库管理和有限元分析前后处理功能以及界面良好的用户开发工具。UG 汇集了美国航空航天业及汽车业的专业经验,现已成为世界一流的集成化机械 CAD/CAM/CAE 软件,并被多家著名公司选作企业计算机辅助设计、制造和分析的标准。

(3) I-DEAS 是美国 SDRC(Structure Dynamics Research Corporation)公司(现已归属 UGS 公司)的主打产品。SDRC 公司创建了变量化技术,并将其应用于三维实体建模中,进而创建了业界最具革命性的 VGX 超变量化技术。I-DEAS 是高度集成化的 CAD/CAE/CAM 软件,其动态引导器帮助用户以极高的效率,在单一数字模型中完成从产品设计、仿真分析、测试直至数控加工的产品研发全过程。I-DEAS 在 CAD/CAE 一体化技术方面一直雄居世界榜首,软件内含很强的工程分析和工程测试功能。

(4) CATIA 由法国 Dassault System 公司与 IBM 合作研发,是较早面市的著名的三维 CAD/CAM/CAE 软件产品,目前主要应用于机械制造、工程设计和电子行业。CATIA 率先采用自由曲面建模方法,在三维复杂曲面建模及其加工编程方面极具优势。

3. 应用软件

应用软件是在系统软件和支撑软件的基础上,针对专门应用领域用户的具体需要而开发的程序系统。如机械零件设计软件、机床夹具 CAD 软件、冷冲压模具设计软件、塑料模具设计软件等。这类软件通常由用户结合当前设计工作需要自行开发或委托软件开发商进行开发。能否充分发挥 CAD/CAM 系统的效益,应用软件的技术开发是关键,也是 CAD/CAM

工作者的主要任务。应用软件开发可以基于支撑软件平台进行二次开发,也可以采用常用的程序设计工具进行开发。目前集成的支撑软件均提供了二次开发工具,如 AutoCAD 的 Auto lisp、UG 的 GRIP 等。由于支撑软件在应用过程中,根据行业的需求不断地将使用效果良好的应用软件添加到支撑软件中,因此,应用软件和支撑软件之间并没有本质的区别,当某一行业的应用软件逐步商品化形成通用软件产品时,也可以称之为一种支撑软件。由此形成了支撑软件中的功能模块化趋势,这种模块化的结构不尽可以方便进行调试和管理,而且可以提高软件的柔性、可靠性和经济性。按照系统运行时设计人员的介入的程度以及系统工作方式,应用软件可以分为交互型、自动型和智能型应用软件系统。本书中介绍的 CATIA 系统是典型的集成系统、模块化结构的支撑软件,适应从不同领域设计制造的需求。

CAD/CAM 系统功能的强弱,不仅与组成该系统的硬件和软件的性能有关,而且更重要的是与它们之间的合理配置有关。因此,在评价一个 CAD/CAM 系统时,必须综合考虑硬件和软件两个方面的质量和最终表现出来的综合性能。在具体选择和配置 CAD/CAM 系统时,应考虑以下几个方面的问题。

(1) 软件的选择应优于硬件,且软件应具有优越的性能。

软件是 CAD/CAM 系统的核心,一般来讲,在建立 CAD/CAM 系统时,应首先根据具体应用的需要选定最合适的、性能强的软件;然后再根据软件去选择与之匹配的硬件。若已有硬件而只配置软件,则要考虑硬件的性能选择与之档次相应的软件。

系统软件应采用标准的操作系统,具有良好的用户界面、齐全的技术文档。支撑软件是 CAD/CAM 系统的运行主体,其功能和配置与用户的需求及系统的性能密切相关,因此,CAD/CAM 系统的软件选型首要是支撑软件的选型。支撑软件应具有强大的图形编辑能力、丰富的几何建模能力,易学易用,能够支持标准图形交换规范和系统内外的软件集成,具有内部统一的数据库和良好的二次开发环境。

(2) 硬件应符合国际工业标准且具有良好的开放性。

开放性是 CAD/CAM 技术集成化发展趋势的客观需要。硬件的配置直接影响到软件的运行效率,所以,硬件必须与软件功能、数据处理的复杂程度相匹配。要充分考虑计算机及其外围设备当前的技术水平以及系统的升级扩充能力,选择符合国际工业标准、具有良好开放性的硬件,有利于系统的进一步扩展、联网、支持更多的外围设备。

(3) 整个软硬件系统应运行可靠、维护简单、性能价格比优越。

(4) 供应商应具有良好的信誉、完善的售后服务体系和有效的技术支持能力。

(5) 为高质、高效地充分发挥 CAD/CAM 软件作用,通常都需要进行二次开发,要了解所选软件是否具有二次开发的可能性。

1.2.3 CAD/CAM 系统集成技术

CAD/CAM 集成技术是各计算机辅助单元技术发展的必然结果。自 20 世纪 70 年代中期以来,出现了很多计算机辅助的分散系统,如 CAD、CAE、CAPP、CAM 等,分别在产品设计自动化、工艺过程设计自动化和数控编程自动化等方面起到了重要作用。但是这些各自独立的系统不能实现系统之间信息的自动交换和传递。例如,CAD 系统的设计结果不能直接为 CAPP 系统所接受,若进行工艺过程设计,仍需要设计者将 CAD 输出的图样文档转换成

CAPP 系统所需要的输入信息。所以,随着计算机辅助技术日益广泛的应用,人们很快认识到,只有当 CAD 系统一次性输入的信息能为后续环节(如 CAE、CAPP、CAM)继续应用时才能获得最大的经济效益。为此,提出了 CAD 到 CAM 集成的概念,并首先致力于 CAD、CAE、CAPP 和 CAM 系统之间数据自动传递和转换的研究,以便将已存在和使用的 CAD、CAE、CAPP、CAM 系统集成起来。

随着信息技术、网络技术的不断发展和市场全球化进程的加快,出现了以信息集成为基础的更大范围的集成技术,譬如将企业内经营管理信息、工程设计信息、加工制造信息、产品质量信息等融为一体的计算机集成制造系统(Computer Integrated Manufacturing System,CIMS)。CAD/CAM 集成技术是计算机集成制造系统、并行工程、敏捷制造等先进制造系统中的一项核心技术,不论何种计算机辅助软件,其软件功能不同,其市场定位不同,但其发展方向却是一致的,这就是 CAD/CAE/CAPP/CAM 的高度集成。

一、CAD/CAM 系统集成的方法

CAD/CAM 集成技术的关键是 CAD、CAPP、CAM、CAE 各系统之间的信息自动交换与共享。集成化的 CAD/CAM 系统借助于工程数据库技术、网络通信技术以及标准格式的产品数据接口技术,把分散于机型各异的各个 CAD、CAPP、CAM 子系统高效、快捷地集成起来,实现软、硬件资源共享,保证整个系统内信息的流动畅通无阻。目前国内外对 CAD/CAM 集成研究的报道很多,归纳起来主要有以下几种方法。

1. 基于数据交换接口的方法

这种方法通过标准格式(IGES,STEP)数据交换接口来实现数据共享。目前,几乎世界上所有的 CAD/CAM 系统都配置了原始图形交互规范 IGES 接口。IGES 处理数据是以图形描述数据为主,已不适应信息集成发展的需要,其局限性表现在:数据交换效率低,仅提供一个总的规范,对不同领域的应用不能确定相应的子规范,规范的可扩充性差等。

STEP 标准是一个关于产品数据的计算机可理解的表示和交换的国际标准,它能够描述产品整个生命周期中的产品数据。STEP 标准规定了产品设计、开发、研制及产品生命周期中包括产品形状、解析模型、材料、加工方法、组装分解程序、检验测试等必要的信息定义和数据交换的外部描述,能解决设计制造过程中的 CAD、CAPP、CAM、CAT、CAQ 等子系统的信息共享,从根本上解决了 CAD/CAM 系统和 CIMS 信息集成问题,并为企业内外的互连与集成提供了可能。

2. 基于特征的方法

该方法通过引入特征的概念,建立特征造型系统,以特征为桥梁完成系统的信息集成。基于特征的产品建模将特征作为产品定义模型的基本构造单元,并将产品描述为特征的有机集合。特征兼有形状(特征元素)和功能(特征属性)两种属性,具有特定的几何形状、拓扑关系、典型功能、绘图表示方法、制造技术和公差要求等。基本的特征属性包括尺寸属性、精度属性、装配属性、工艺属性和管理属性。这种面向设计和制造过程的特征造型系统,不仅含有产品的几何形状信息,而且也将公差、表面粗糙度、孔、槽等工艺信息建在特征模型中,所以有利于 CAD 与 CAPP 的集成。

基于特征的集成方法有两种,即特征识别法和特征设计法。特征识别法又分为人机交互特征识别和自动特征识别。前者由用户直接拾取图形来定义几何特征所需的几何元素,

并将精度等特征属性添加到特征模型中。后者是从现有的三维实体中自动地识别出特征信息,这种集成方法对简单的形状识别比较有效,而且开发周期短,也符合人们产品与工艺设计的思维过程。但对产品形状复杂一些非几何形状信息进行特征识别就比较困难,要靠交互补充辅助获取。基于特征设计的方法与传统的实体造型方法截然不同,它是按照特征来描述零件,应用特征进行产品设计。特征设计是以特征库中的特征或用户定义的特征实例为基本单元,建立产品特征模型,通过建立特征工艺知识库,可以实现零件设计与工艺过程设计的并行。基于特征的设计与制造一体化流程通常通过建模的规范得以实现,将在本书的特征建模部分结合实例说明。

3. 面向并行工程的方法

面向并行工程的方法可使产品在设计阶段就可进行工艺分析和设计、PPC/PDC(生产计划控制/生产数据采集),并在整个过程中贯穿着质量控制和成本控制,使集成达到更高的程度。每个子系统的修改可以通过对数据库(包括特征库、知识库)的修改而改变系统的数据。它在设计产品的同时,同步地设计与产品生命周期有关的全部过程,包括设计、分析、制造、装配、检验、维护等。设计人员都要在同一个设计阶段同时考虑这一设计结果能否在现有的制造环境中以最优的方式制造,整个设计过程是一个并行的动态设计过程。这种基于并行工程的集成方法要求有特征库、工程知识库的支持。

二、CAD/CAM 集成的关键技术

1. 参数化建模技术

参数化设计是新一代智能化、集成化 CAD 系统的核心内容,也是当前 CAD 技术的研究热点。参数化设计技术以其强有力的草图设计、尺寸驱动修改图形的功能,成为初始设计、产品建模及修改、系列化设计、多种方案比较和动态设计的有效手段。利用参数化设计可以极大地提高产品的设计效率。参数化建模方法大致可分为三种形式,即基于几何约束的变量几何法、基于几何推理的人工智能法和基于生成历程的过程构造法。

2. 特征建模技术

特征是 20 世纪 80 年代中、后期为了表达产品的完整信息而提出的一个新概念。特征是一组具有特定属性相互关联的几何形体,是零件形状、工艺和功能等特征信息集的综合描述。它能携带和传送有关设计和制造所需要的工程信息。对于机械制造领域,非几何信息包括尺寸与公差、表面粗糙度、材料与热处理、刀具、夹具和机床等信息。其中,形状特征是携带某些特征信息的主要载体。

3. 产品数据管理(PDM)技术

PDM 技术是在数据库基础上发展起来的一门新的数据管理技术,致力于 PDM 技术和计算机集成技术研究的 CIMdata 公司总裁 Ed Miller 在"PDM Today"一文中给出了 PDM 的定义:"PDM 是一门用来管理所有与产品相关信息(包括零件、配置、文档、CAD 文件、结构、权限信息等)和所有与产品相关过程(包括过程定义和管理)的技术。"PDM 是以软件为基础的技术,它将所有与产品有关的信息和所有与产品有关的过程集成在一起。与产品有关的信息包括属于产品的所有数据,如 CAD/CAE/CAM 的文件、材料清单(BOM)、产品配置、事务文件、产品订单、电子表格、生产成本、供应商状况等。与产品有关的过程包括有关的加工工序、加工指南、有关批准和使用权、安全、工作标准和方法、工作流程、机构关系等所有过程处理程序。PDM 能有效地将产品整个生命周期内各阶段的相关数据,如概念设计、计算分析、详细设计、工艺流程设计、制造和销售维护等,按照一定的数学模式加以定义、组织和管理,使产品数据在其整个生命周期内保持一致、最新、共享及安全。PDM 包括了产品生命周期的各个方面,它能把最新的数据提供给全部有关的用户,包括工程设计人员、数控机床操作人员、财会人员及销售人员等使用,并都能按照要求,方便地存取使用有关数据。将 CAD/CAM 系统集成产品设计制造过程与传统产品开发过程相比较(图 1-10),其优势显而易见,节省人力的同时大幅度提高了效率。

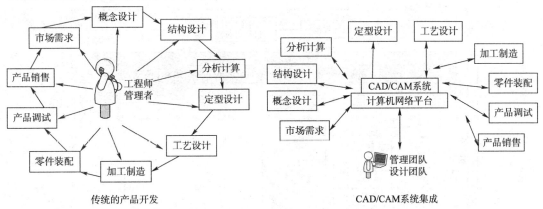

图 1-10　产品生命周期过程中的 CAD/CAM 技术应用范畴

1.2.4　CAD/CAM 系统工作过程

通过上述 CAD/CAM 系统的基本原理、组成以及集成技术的基本概念介绍,可以将 CAD/CAM 系统运用到通用产品的开发过程中,从图 1-11 中可以看出,产品从开发到制造的不同阶段,CAD/CAM 系统中的各项技术的界线分明,CAD 技术涉及设计构思、初步设计和详细设计;CAPP 技术涉及生产计划、工艺设计;CAM 技术涉及加工数据生成、加工过程、装配和检验等。CAD/CAM 系统对于一个顺序的过程不利于 CAD/CAM 技术的集成应用,将产品设计和制造过程中必须完成的各种活动所构成的产品周期按照产品设计过程和产品制造过程加以区分,得到图 1-12 中所展示的产品周期。在这个产品周期中核心是产品数据库,产品的数据化形式是产品的数字化技术,即通过 CAD/CAM 工具建立产品的数字模型。产品数字化模型的出现改变了传统的产品周期,形成基于数字化的虚拟设计与验证的过程,改变传统的产品周期(图 1-12),取而代之的是图 1-13 所示的创新产品的设计过程。在这个过

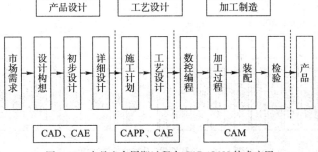

图 1-11　产品生命周期过程中 CAD/CAM 技术应用

程中CAD/CAM集成技术不断与制造企业融合,完整的CAD/CAM系统包括工程设计与分析、生产管理与控制、财务与供销诸多方面,成为分级的计算机结构的网络,如图1-14所示。它通过计算机分级结构控制和管理制造过程的多个方面工作,其目标是开发一个集成的信息网络来监测更为广阔的相互关联的制造作业范围,并根据总体的管理策略控制每项作业。其中,中央计算机控制全局,提供经过处理的信息;主计算机管理某一方面的工作,并对下属的计算机发布指令和进行监控,再由下属计算机承担单一的工艺过程控制或管理工作。从图1-14可以看出,CAD/CAM系统的功能全面而广泛,涉及制造企业的全部运转过程。

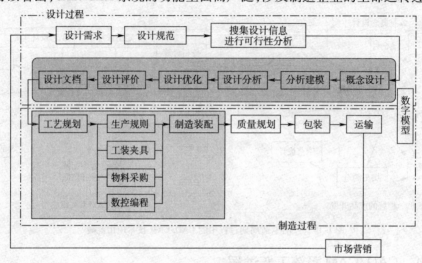

图1-12 产品周期

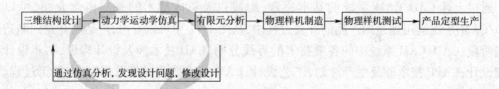

图1-13 创新产品的设计过程

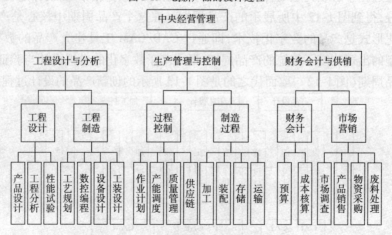

图1-14 CAD/CAM系统的分级结构

根据上述产品周期和分级结构,可以归纳出 CAD/CAM 系统的工作过程为:

(1)设计人员根据市场需求调查以及针对用户对产品的要求,向 CAD 系统输入要求,利用几何建模功能,构造出产品的几何模型,计算机将此模型转换为内部的数据信息,存储在系统的数据库中。

(2)调用系统程序库中的各种应用程序对产品的模型进行详细设计计算及结构方案优化分析,以确定产品总体设计方案及零件结构、主要参数,同时,调用系统中的图形库将设计的初步结果以图形的方式输出在显示设备上。

(3)根据显示的内容,对设计初步结果作出判断,经过人机交互的方式进行修改,直至满意为止,并将修改后的数据存储在数据库中。

(4)系统从数据库中提取产品的设计制造信息,在分析几何形状特点及有关技术要求的基础上,对产品进行工艺过程设计,设计的结果存入数据库,同时显示。

(5)用户可以对工艺过程设计的结果进行分析、判断,并通过人机交互接口修改。最终结果存入数据库,并形成工艺卡片。

(6)利用外围设备输出工艺卡片,成为车间生产加工的指导性文件,或计算机辅助制造系统从数据库中读取工艺规程文件,生成 NC 加工指令,或以数据接口文件的形式存入数据库,供后继模块读取。

(7)有些 CAD/CAM 系统在生成产品加工工艺规程之后,进行仿真、模拟,验证可行性,甚至可以据此对工厂生产线进行设计。

(8)投入生产。

从工作过程中可以看出 CAD/CAM 系统的主要功能和任务,这些功能和任务将是学习集成的 CAD/CAM 软件中应该关注的重点。

一、CAD/CAM 系统的功能

1. 图形显示功能

CAD/CAM 是一个人机交互的过程,从产品的造型、构思、方案的确定,结构分析到加工过程的仿真,系统随时保证用户能够观察、修改中间结果,实时编辑处理。用户的每一次操作,都能从显示器上及时得到反馈,直到取得最佳的设计结果。图形显示功能不仅能够对二维平面图形进行显示,还应当包含三维实体的处理。

2. 输入输出功能

在 CAD/CAM 系统运行中,用户需不断地将有关设计的要求、各步骤的具体数据等输入计算机内,通过计算机的处理,能够输出系统处理的结果,且输入输出的信息既可以是数值的,也可以是非数值的(例如图形数据、文本、字符等)。

3. 存储功能

由于 CAD/CAM 系统运行时,数据量很大,往往有很多算法生成大量的中间数据,尤其是对图形的操作以及交互式的设计、结构分析中网格划分等。另外,工程数据库系统的运行也必须有存储空间的保障。为了保证系统能够正常的运行,CAD/CAM 系统必须配置容量较大的存储设备,支持数据在各模块运行时的正确流通。

4. 交互功能(人机接口)

在 CAD/CAM 系统中,人机接口是用户与系统连接的桥梁。友好的用户界面,是保证用

户直接而有效地完成复杂设计任务的必要条件,除了软件中界面设计外,还必须有完善的交互设备实现人与计算机之间的不断通信。

二、CAD/CAM 系统的主要任务

CAD/CAM 系统需要对产品设计、制造全过程的信息进行处理,包括设计、制造中的数值计算、设计分析、绘图、工程数据库的管理、工艺设计、加工仿真等方面。

1. 几何造型

在产品设计构思阶段,系统能够描述基本几何实体及实体间的关系;能够提供基本体素,以便为用户提供所设计产品的几何形状和大小,进行零件的结构设计以及零部件的装配;系统还应能够动态地显示三维图形,解决三维几何建模中复杂的空间布局问题;同时,还能进行消隐、彩色浓淡处理等。利用几何建模的功能,用户不仅能构造各种产品的几何模型,还能够随时观察、修改模型或检验零部件装配的结果。几何建模技术是 CAD/CAM 系统的核心,它为产品的设计、制造提供基本数据,同时,也为其他模块提供原始的信息,例如,几何建模所定义的几何模型的信息可供有限元分析、绘图、仿真、加工等模块调用。在几何建模模块内,不仅能构造规则形状的产品模型,对于复杂表面的造型,系统可采用曲面造型或雕塑曲面造型的方法,根据给定的离散数据或有关具体工程问题的边界条件来定义、生成、控制和处理过渡曲面或用扫描的方法得到扫视体、建立曲面的模型。例如:汽车车身、飞机机翼、船舶等设计制造,均采用此种方法。

2. 计算分析

CAD/CAM 系统构造了产品的形状模型之后,能够根据产品几何形状,计算出相应的体积、表面积、质量、重心位置、转动惯量等几何特性和物理特性,为系统进行工程分析和数值计算提供必要的基本参数。另一方面,CAD/CAM 中的结构分析需进行应力、温度、位移等计算;图形处理中变换矩阵的运算;体素之间的交、并、差计算等;在工艺规程设计中有工艺参数的计算。因此,要求 CAD/CAM 系统对各类计算分析的算法正确、全面、数据计算量大,有较高的计算精度。

3. 工程绘图

产品设计的结果目前往往是以机械图样的形式来表达和交流的,CAD/CAM 中的某些中间结果也是通过图形表达的。CAD/CAM 系统一方面应具备从几何造型的三维图形直接向二维图形转换的功能,另一方面,还需有处理二维图形的能力,包括基本图元的生成、标注尺寸、图形的编辑(比例变换、平移、图形拷贝、图形删除等)以及显示控制、附加技术条件等功能,保证生成符合生产实际要求,也符合国家标准的机械图样。

4. 结构分析

CAD/CAM 系统中结构分析常用的方法是有限元法,这是一种数值近似解方法,用来解决结构形状比较复杂零件的静态、动态特性;强度、振动、热变形、磁场、温度场强度、应力分布状态等计算分析。在进行静、动态特性分析计算之前,系统根据产品结构特点,划分网格,标出单元号、节点号,并将划分的结果显示在屏幕上;进行分析计算之后,将计算结果以图形、文件的形式输出,例如应力分布图、温度场分布图、位移变形曲线等,使用户能够更方便、直观地看到分析的结果。

5．运动学动力学分析

利用CAD/CAM系统中的动力学分析系统，建立系统动力学方程，对机械系统进行静力学、运动学和动力学分析，输出位移、速度、加速度和反作用力曲线，以用于预测机械系统的性能、运动范围、碰撞检测、峰值载荷以及计算有限元的输入等。

6．优化设计

CAD/CAM系统应具有优化求解的功能，也就是在某些条件的限制下，使产品或工程设计中的预定指标达到最优。优化包括总体方案的优化、产品零件结构的优化、工艺参数的优化等。优化设计是现代设计方法学中的一个重要的组成部分。

7．计算机辅助工艺规程设计

设计的目的是为了加工制造，而工艺设计是为产品的加工制造提供指导性的文件。因此，CAPP是CAD/CAM的中间环节。CAPP系统应当根据建模后生成的产品信息及制造要求，自动决策加工该产品所采用的加工方法、加工步骤、加工设备及加工参数。CAPP的设计结果一方面能被生产实际所用，生成工艺卡片文件，另一方面能直接输出一些信息，为CAM中的NC自动编程系统接收、识别，直接转换为刀位文件。

8．NC自动编程

在分析零件图和制订出零件的数控加工方案之后，采用专门的数控加工语言（例如APT语言），制成加工控带或机代码输入计算机。其基本步骤通常包括：①手工编程或计算机辅助编程，生成源程序。②前处理将源程序翻译成可执行的计算机指令，经计算，求出刀位文件。③后处理将刀位文件转换成零件的数控加工程序，最后输出数控加工纸带、磁带或磁盘数据机代码。

9．模拟仿真

在CAD/CAM系统内部，建立一个工程设计的系统模型，例如机构、机械手、机器人等。通过运行仿真软件，代替、模拟真实系统的运行，用以预测产品的性能、产品的制造过程和产品的可制造性。如数控加工仿真系统，可以从软件上实现零件试切的加工模拟，避免了现场调试带来的人力、物力的投入以及加工设备损坏的风险，减少了制造费用，缩短了产品设计周期。通常有加工轨迹仿真，机构运动学模拟，机器人仿真，工件、刀具、机床的碰撞和干涉检验等。

10．工程数据管理

由于CAD/CAM系统中数据量大、种类繁多，既有几何图形数据，又有属性语义数据；既有产品定义数据，又有生产控制数据；既有静态标准数据，又有动态过程数据，结构还相当复杂，因此，CAD/CAM系统应能提供有效的管理手段，支持工程设计与制造全过程的信息流动与交换。通常，CAD/CAM系统采用工程数据库系统作为统一的数据环境，实现各种工程数据的管理。

1.2.5　CAD/CAM系统的发展趋势

CAD/CAM技术还在不断的发展完善，发展趋势主要集中在集成化、智能化、网络化、标准化、虚拟化和绿色化等方面。

1．集成化

随着计算机技术的发展，CAD/CAM系统已从简单、单一、相对独立的功能发展成为复

杂、综合、紧密联系的功能集成系统。集成的目的是为用户进行研究、设计、试制等各项工作提供一体化支撑环境,实现在整个产品生命周期中各个分系统间信息流的畅通和综合。集成涉及功能集成、信息集成、过程集成与动态联盟中的企业集成。为提高系统集成的水平,CAD 技术需要在数字化建模、产品数据管理、产品数据交换及各种 CAX(CAD、CAE、CAM 等技术的总称)工具的开发与集成等方面加以提高。

计算机集成制造是一种集成,是一种现代制造业的组织、管理与运行的新哲理,它将企业生产全部过程中有关人、技术、设备及经营管理四要素及其信息流、物流、价值流有机地集成,并实现企业整体优化,以实现产品高质、低耗、上市快、服务好,从而使企业赢得竞争。CIM 强调企业生产经营的各个环节,从市场需求、经营决策、产品开发、加工制造、管理、销售到服务都是一个整体,这便是系统观点;CIM 认为企业生产经营过程的实质是信息的采集、传递和加工处理的过程,这一观点为企业大量采用信息技术奠定了认识上的基础。CIMS 是基于这种哲理的集成制造系统,通过生产、经营各个环节的信息集成,支持了技术的集成,进而由技术的集成进入技术、经营管理和人、组织的集成,最后达到物流、信息流、资金流的集成并优化运行,最终使企业实现整体最优效益,从而提高了企业的市场竞争能力和应变能力。

2. 网络化

网络技术的飞速发展和广泛应用,改变了传统的设计模式,将产品设计及其相关过程集成并行地进行,人们可以突破地域的限制,在广域区间和全球范围内实现协同工作和资源共享。网络技术使 CAD/CAM 系统实现异地、异构系统在企业间的集成成为现实。网络化 CAD/CAM 技术可以实现资源的取长补短和优化配置,极大地提高企业的快速响应能力和市场竞争力,"虚拟企业"、"全球制造"等先进制造模式由此应运而生。目前基于网络化的 CAD/CAM 技术,需要在能够提供基于网络的完善的协同设计环境和提供网上多种 CAD 应用服务等方面提高水平。

3. 智能化

设计是含有高度智能的人类创造性活动。智能化 CAD/CAM 技术不仅是简单地将现有的人工智能技术与 CAD/CAM 技术相结合,更要深入研究人类认识和思维的模型,并用信息技术来表达和模拟这种模型。智能化 CAD/CAM 技术涉及新的设计理论与方法(如并行设计理论、大规模定制设计理论、概念设计理论、创新设计理论等)和设计型专家系统的基本理论与技术(如设计知识模型的表示与建模、知识利用中的各种搜索与推理方法、知识获取、工具系统的技术等)等方面。智能化是 CAD/CAM 技术发展的必然趋势,将对信息科学的发展产生深刻的影响。

4. 标准化

随着 CAD/CAM 技术的发展和应用,工业标准化问题日益越来越显得重要。目前已制定了一系列相关标准,如面向图形设备的标准计算机图形接口(CGI)、面向图形应用软件的标准 GKS 和 PHIGS、面向不同 CAD/CAM 系统的产品数据交换标准 IGES 和 STEP,此外还有窗口标准以及最新颁布的 CAD 文件管理、CAD 电子文件应用光盘存储与档案管理要求等标准。这些标准规范了 CAD/CAM 技术的应用与发展,例如 STEP 既是标准,又是方法学,由此构成的 STEP 技术深刻影响着产品建模、数据管理及接口技术。随着技术的进步,新标准还会出现。CAD/CAM 系统的集成一般建立在异构的工作平台之上,为了支持异构跨平台的环境,要求 CAD/CAM 系统必须是开放的系统,必须采用标准化技术。完善的标准化体系是我国 CAD/CAM 软件开发及技术应用与世界接轨的必由之路。

5. 虚拟化

虚拟化主要是指虚拟制造,是以制造技术和计算机技术支持的系统建模技术和仿真技术为基础,集现代制造工艺、计算机图形学、并行工程、人工智能、虚拟现实技术和多媒体技术等多种高新技术为一体,由多学科知识形成的一种综合技术。在虚拟环境下模拟显示制造环境及制造过程的一切活动和产品的制造全过程,并对产品制造及制造系统的行为进行预测和评价。它主要包括虚拟现实(VR)、虚拟产品开发(VPD)、虚拟制造(VM)、虚拟企业(VE)等。

6. 绿色化

资源、环境、人口是当今人类面临的三大主要问题。绿色制造是一种综合考虑环境影响和资源效率的现代制造模式,其目标是让产品从设计、制造、包装、运输、使用到报废处理的整个产品周期,对环境的影响(副作用)最小,资源利用率最高。绿色制造、面向环境的设计制造、生态工厂、清洁化工厂等概念是全球可持续发展战略在制造技术中的体现,是摆在现代 CAD/CAM 技术前的新课题。

目前,CAD/CAM 技术正向着集成化、网络化、智能化和标准化的方向不断发展。未来的 CAD/CAM 技术将为新产品开发提供一个综合性的网络环境支持系统,全面支持异地的、数字化的、采用不同设计哲理与方法的设计工作。

1.3 CAD/CAM 在汽车设计制造中的应用

从前述 CAD/CAM 技术概念及应用不难看出,21 世纪的产品特点是:知识→技术→产品的时间越来越短、结构越来越复杂。我国的制造业近年来的持续高速发展体现出制造业作为国民经济支柱产业的重要地位,在德勤全球制造业团队和美国竞争力协会发布的"2013 年全球制造业竞争力指数"报告中,中国以 10 分获得参与评比的 38 个国家的第一位,许多行业和产品列于世界前列。但是,由于我国的制造装备和制造技术与国际先进水平还存在着阶段性差距。这些差距包括产品结构不合理且附加值不高,制造业能耗大且污染重,产品创新能力较差且开发周期长,制造工艺装备落后,成套能力不强,生产自动化和优化水平不高,资源综合利用率低,企业管理粗放,国际市场开拓能力弱,战略必备装备和竞争核心技术的开发相对薄弱等。这些差距使得我国制造业和制造技术不能很好地满足参与国际竞争的要求。要使我国制造业能在国际竞争中立于不败之地,形成我国自主创新和跨越发展的先进制造技术体系,积极发展和应用先进制造技术,用 CAD/CAM 技术和信息技术提升和改造传统制造业已经刻不容缓。

在制造行业中,汽车工业在 2009 年产销突破 1300 万辆成为世界上第三个达到千万级生产规模的国家之后,2010 年之后持续高速增长,2013 年中国的汽车工业再次取得良好成绩:全国汽车产销 2211.68 万辆和 2198.41 万辆,比上年分别增长 14.8% 和 13.9%,比上年分别提高 10.2 和 9.6 个百分点,增速大幅提升,高于年初预计。产销突破 2000 万辆创历史新高,再次刷新全球纪录,已连续五年蝉联全球第一。国产汽车市场占有率已经达到98.4%,彻底改变了改革开放初期进口汽车横行国内的局面。不可否认,我国成为汽车产销大国得益于改革开放政策的实施,通过合资企业大大提高了我国汽车的制造技术和生产能力。但是,要成为汽车工业的强国不能单纯依靠合资,而是要正视我国制造业和制造技术限制导致的汽车工业与许多汽车工业跨国公司的差距。与跨国汽车公司相比,我国汽车工业在制造业信息化和先进制造技术方面较为落后,许多跨国公司应用系统的CCAD/CAM技术实现了设计、制造、管理和经营一体化,加强在国际市场的垄断地位。美国通用公司应用先进集成制造系统技术,将轿车的开发周期由原来的48个月缩短到24个月;碰撞试验的次数由原来的几百次降低到几十次,应用电子商务技术降低了销售成本的10%。

1.3.1 现代汽车设计制造过程概述

汽车工业是一个技术高度成熟的产业,产品开发是其工业技术的核心,这本身也是一项重要技术。当代的汽车新产品开发技术,从其基本概念、组织形式到实施步骤和开发手段,都已经形成一个完成规范的过程。后期国家的汽车工业发展,不仅要通过CKD(购进散件,组装整车)生产,引进和学习发达国家汽车大批量生产的先进技术和工艺,提高零部件和整车国产化水平,更重要的是通过不断学习和积累,逐步掌握汽车设计和大批量生产专用设备、工装的制造技术,掌握在CAD/CAM系统技术基础上形成的先进制造和信息技术,从而形成本国自主的技术开发能力,成为汽车制造业发展的推动力。这些技术极大地促进了汽车工业企业的数字化进程,渗透到汽车从设计,到制造,到市场销售,再到售后服务的各个方面,是民族汽车工业自立的根基所在。现代汽车产品设计制造过程如图1-15所示。

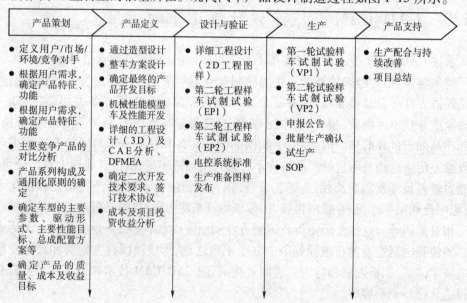

图1-15 汽车产品周期

在汽车设计初始,为预测和评价产品概念设计的特性,需要以直观的方式对概念化设计模型进行描述,包括总布置草图设计、造型设计和油泥模型制作;油泥模型阶段数据冻结之后进入产品工程设计阶段,这个阶段包括:

(1)在总布置草图的基础上,细化总布置设计,精确地描述各部件的尺寸和位置,为各总成和部件分配准确的布置空间,确定各个部件的详细结构形式、特征参数、质量要求等条件。主要的工作包括:发动机舱详细布置图、底盘详细布置图,内饰布置图、外饰布置图以及电器布置图。

(2)油泥模型完成后,使用专门的三维测量仪器(ATOS)对油泥模型进行测量,生成点云数据,工程师根据点云使用汽车 A 面制作软件来构建外表面,获得车身造型三维数据。车身造型数据完成后,通常要用这些数据来重新铣削一个树脂模型,用于验证车身数据。

(3)白车身设计,内外饰设计和主断面设计是整车设计中相互协作完成的一项重要工作,被越来越多的车身设计团队认可,通过主断面设计可以前瞻性的将白车身结构的设计方案呈现出来,最大限度地指导内外饰详细设计。

产品数字化建模为分析创造了条件,分析是产品设计的重要组成部分,汽车产品建模也越来越注重汽车产品分析软件的需求,经过设计人员对模型分析、优化和评价后,决定工程样车的设计方案。在制造过程开始前,对工程样车的零部件进一步分析,包括应力分析、装配中的干涉分析、运动学分析等,从而得出零部件制造过程中所需要达到的技术要求,由此确定制造工艺,生成设计文档、图样、材料明细表以及成本分析等其他文件,为产品制造过程做准备。在汽车制造准备阶段,通过零部件的数字化模型建立制造工厂的数字模型,生成生产的工艺规划、产能规划等试制生产文件。在试制生产过程中,通过样机制造、样机实验,结合虚拟现实实验检验设计图样的正确性,并进行成本核算,最后通过样机评价鉴定。这个阶段设计师跟踪制造的各个工序,及时修正设计图样,在原有数字模型数据基础上完善产品设计。最后进行批量生产,由于数字模型的存在,这个阶段根据样机试验,使用、鉴定所暴露出的问题,结合质量管理验证工艺的正确性,进一步对设计的数字模型进行修改,从而提高生产效率,确保成批生产的质量。

各大汽车公司的汽车开发设计制造过程大同小异,都分为商品计划、产品开发、生产准备和市场销售及反馈改进四个阶段。产品开发的基本思路是通过市场调查,详细掌握客户需求,对已有车型的意见,并定量地反映到产品设计中;再根据产品定位确定产品的准确市场定位,从而确定市场售价,由此作为整车主要部件选择的依据;通过整车车身设计和总布置确定汽车产品的设计目标和开发方案,有些汽车产品为满足不同地域、不同消费层次消费者的需求,要考虑部分部件可以实现可选的配置。同时还要掌握竞争对手的产品状况,确保产品开发周期,以求在新产品问世时保障应有的市场份额。在产品开发方式和组织形式上,目前通行的做法是按车型形成标杆车设计平台,形成项目组。每个项目组不仅有传统的产品开发人员,还有产品计划、工艺、生产、财会、采购与销售等专业人员。项目经理负责纵向管理,应用并行工程(STEP)和面向制造和装配(DFM、DFA)的科学管理;在产品数据库(PDM)基础上,产品项目组全体成员互相配合,交叉作业。计算机和互联网技术的普及,使得项目组可以跨区域实现资料甚至生产资源的共享,按照既定的工作程序互通信息,解决造型、工艺和生产中的问题。

在产品开发中,国外汽车集团还大量地采用了超前概念车的做法,即把众多科研项目成果汇集到一个车上,并不断地把其中的成熟技术应用到新开发即将投放市场的车型上,实现车型的换代升级。这种开发模式的改革,让计算机技术和并行工程最大限度地融合,发挥最大效能,极大地缩短汽车产品开发周期,将基于CAD/CAM的产品数据库数字化技术用于制造过程和质量管理提高了产品质量,同时降低了生产制造成本,并逐步形成了以计算机辅助设计(CAD)、计算机辅助工程分析(CAE)为基础的数字化设计(Digital Design,DD)技术和以计算机辅助制造(CAM)为基础的数字化制造(Digital Manufacturing,DM)技术为核心的汽车设计制造的数字化技术。

以CAD/CAM技术为基础的汽车设计数字化技术出现,意味着以直觉、经验、图样、手工计算等为特征的产品开发模式正逐渐淡出历史舞台。汽车产品周期也包含着设计过程和制造过程(图1-12),设计过程源于客户及市场需求,止于产品的设计文档,包括产品工程图、三维模型等;制造过程从产品的设计文档开始,直到实际产品包装、运输为止。在整个汽车产品周期过程中充分发挥CAD/CAM技术集成的特点,形成基于网络的CAD/CAM集成技术紧密连接起企业业务流程,基于产品数据库与企业资源计划、供应链管理、客户关系管理相互结合的企业信息化总体架构,基于虚拟现实技术构建产品数字化技术的三大主要发展趋势。

在汽车设计制造过程中CAD/CAM技术与先进的设计理论、方法和数字化设计手段相互结合,形成了一系列以计算机为工作平台的数字化设计工具,从而提高了设计效率、设计水平和设计质量。设计理论是对设计过程的系统行为和基本规律的科学总结;设计方法是指导产品设计的具体实施指南,是使产品满足设计原则的依据;设计手段是实现人的创造性思想的工具和技术。

1.3.2 汽车设计过程中的理论和方法

1. 几何建模理论

汽车产品要实现数字化产品周期,首先需要完成产品数字化建模工作,数字化建模是数字化制造的基础,其核心是产品的几何建模。几何模型一般是由数据、结构和算法三部分组成。几何建模理论要求建模系统能够定义、描述、生成几何实体,并能交互编辑的系统,在计算机内部几何表达方式包括二维和三维。二维模型几何表达的基本元素是点、线、面或符号,主要用于细节部分的设计和工程图样绘制;三维几何造型是几何建模的发展趋势,包括模型的线框、表面和实体,描述和表达了产品的几何信息和拓扑信息,几何信息一般是指物体在欧氏空间的形状、位置和大小,主要讲点、线、面的信息由二维拓展到三维空间,并形成体的信息,拓扑信息则是描述这些几何信息之间的连接关系。因此,三维几何模型建模过程所定义、描述的几何实体必须是完整的、唯一的,并且能够从该模型上提取实体生成过程中的全部信息。CAD/CAM几何建模理论所研究的内容是产品几何数据模型在计算机内部的建立方法、过程及采用的数据结构和算法。人们把能够定义、描述、生成几何实体,并能交互编辑的软件系统称为几何建模系统。CAD/CAM系统的水平很大程度上取决于其三维几何建模系统的功能。

由此形成了可视化技术,可视化是一种用图形化来表现数据集的技术。当数据非常复杂或抽象的时候,可视化的图形更容易让人理解和接受。可视化技术包含了科学计算可视化、数据可视化、信息可视化、可视化编程等。在汽车CAD/CAM技术中,可视化技术集中体现在产品模型的可视化,并逐渐形成了图形可视化建模技术。

2. 优化设计理论

在汽车产品的发展过程中，汽车产品不断的追求满足人们的需求和期望的最好结果，为了实现这种期望，需要对产品做出预测并做出决策。优化方法是各类设计决策方法中普遍采用的一种方法，是以优化数值计算方法为基础，借助计算机等先进技术和手段，来求得工程设计中的最优化设计方案的一种先进设计方法。通过上述方法所求得到的结果是最优方案，这一方案可以使设计的某一项指标达到最小（如质量）或最大（如效率）。通常汽车产品的设计是多因素相互作用的复杂模型，求极值问题并不能用微分方法直接求解，而是借用数学规划理论中提供的诸多求优的数值方法，借助计算机建立设计模型，将复杂模型抽象成为复合计算要求的数学模型，利用分析软件中可实现大量数值迭代的算法求取极值，可以代替传统设计方法中所采用的分析、试凑和经验类比等方法来确定复杂结构参数的方式，从而避免设计周期长、设计质量差和设计成本高等缺陷，达到"人慢我快，人无我有，人有我新，人新我优"的目标，用优化设计达到减低整车质量，降低行驶油耗等目标已经成为国内外汽车企业的竞相研究的重要方向。

3. 可靠性设计理论

可靠性理论是近几十年发展起来的一门新兴学科。从20世纪60年代以来，逐渐进入机电产品设计领域，使机电产品发生了深刻的变化。可靠性包括管理和技术两个方面，贯穿汽车产品由开发到生产、销售以及售后服务全过程。可靠性是指一部机器、一个零件是否可靠，使用寿命内能否稳定实现其正常功能，是否会出现早期失效，这都是用户最关心的问题，是汽车产品中的一些关键部件必须考虑的因素。但是，对可靠性的认识从定性到现在的定量计算研究经历了漫长的发展过程。它将概率论、数理统计引入机械设计中形成一套设计理论，将物理量视为按某种规律分布的随机变量，用概率统计的方法确定零部件的主要参数和尺寸，使机电产品满足所提出的可靠性指标。可靠性的主要指标包括可靠度 $R(t)$、不可靠度（或故障概率）$F(t)$、故障密度函数 $f(t)$ 和故障率 $\lambda(t)$。为了提高汽车的可靠性，企业建立了汽车可靠性信息系统，储存整车质量抽查试验、整车可靠性试验、发动机台架试验、售后服务信息以及使用跟踪调查中得到的大量可靠信息。在系统中，根据可靠性数据的特点，建立相应的数学模型，编制可靠性分析软件，借助计算机强大的数据库功能对可靠性的变化规律（整车的累积故障强度函数、零件的故障分布密度函数）及相关的可靠性特征量，从而对汽车的设计完善改进、售后服务的零部件提供参考。

4. 数值分析仿真

汽车产品设计过程的一个重要环节是分析、计算，包括对产品几何模型进行分析、计算，通过应力变形进行结构分析，对设计方案进行分析、评价等。传统的分析方法一般比较粗略，尤其是结构分析对象的力学模型往往经过了较大的简化，引入各种不同的假设，致使有些分析结果不甚可靠。因此，这种传统的分析方法只能用来定性地比较不同方案的好坏，很难对所分析的对象做出精确的定量评价。为了能适应现代产品向高效、高速、高精度、低成本等发展的要求，人们将计算机引入汽车产品分析领域，对产品的静、动态特性进行深入的分析。这些分析过程将汽车产品中的重要部分抽象成为数学模型，建立起与几何模型的关键，通过图形之间的联系建立多元函数关系，根据力学、电学以及控制理论实现控制系统和机械结构的动态仿真，甚至利用场的概念对

5. 知识工程理论

随着各类技术尤其是信息技术的高速发展,知识和信息跃升到与传统经济杠杆(如人、财力和物力)同等重要,甚至更为重要的地位。目前,不少发达国家的 GDP 中知识产品已占一半以上。典型企业中有 90% 的交换过程都涉及数据交换,而这其中又有大约 75% 可以归类为知识或信息,知识正成为最重要的资本和生产力。对知识和信息的开发、获取和运用程度的高低直接决定一个企业的整体实力和水平,出现了基于知识工程的设计理论。基于知识工程(knowledge based engineering,KBE)的基本思想就是重复利用知识和经验,相对于传统的 CAD 技术无法支持方案的分析、推理和决策,KBE 技术能够贯穿于整个设计过程,并且把一些成熟的经验知识、理论公式、设计规范等直接应用到设计过程中的各个环节,并形成一系列的设计标准,使设计有各种约束条件,并且为推理提供依据。除此之外,KBE 可以将每次的设计实例与获得的知识和经验积累起来,以便重复利用,因此在许多汽车设计企业形成了"标杆车型"和车型设计平台的设计模式,这种模式是 CAD/CAM 技术与知识工程理论相互结合的结果。

6. 并行工程理论

并行工程最早于 1988 年,由美国国家防御分析研究所(institute of defense,IDA)完整地提出了并行工程(concurrent engineering,CE)的概念,并行工程是集成地、并行地设计产品及其相关过程(包括制造过程和支持过程)的系统方法。这种方法要求产品开发人员在一开始就考虑产品整个生命周期中从概念形成到产品报废的所有因素,包括质量、成本、进度计划和用户要求。并行工程的目标为提高质量、降低成本、缩短产品开发周期和产品上市时间。并行工程是在 CAD、CAM、CAPP 等技术支持下,将原来分别进行的工作在时间和空间上实现交叉、重叠,充分利用了原有技术,并吸收了当前迅速发展的计算机技术、信息技术的优秀成果,使其成为先进制造技术中的基础。目前国内还没有掌握并行工程在汽车工业中应用的核心技术,尤其是汽车开发的核心技术缺乏必要的积累,仍然以车身改型开发为主,在汽车的涂装、总装等生产线,依赖于其通用性强的特点,只是在国外原有生产线基础上进行调整,而缺乏自主设计的全局规划。

7. 逆向工程理论

在工程技术人员的一般概念中,产品设计过程是一个从无到有的过程:设计人员首先构思产品的外形、性能和大致的技术参数等,然后利用 CAD 技术建立产品的三维数字化模型,最终将这个模型转入制造流程,完成产品的整个设计制造过程。逆向工程(Reverse Engineering,RE)是对产品设计过程的一种描述,即对一项目标产品进行逆向分析及研究,经过设计得出该产品的处理流程、组织结构、功能特性及技术规格等设计要素,以制作出功能相近,但又不完全一样的产品。逆向工程源于商业及军事领域中的硬件分析,其主要目的是,在不能轻易获得必要的生产信息下,直接从成品的分析,推导出产品的设计原理。逆向工程理论是建立在多领域、多学科协同的基础上的,它包括了测量数据的采集、处理、CAD/CAM 系统处理和融入产品数据管理系统的过程。因此,逆向工程是一个多领域、多学科的系统工程,其实施需要人员和技术的高度协同、配合。在汽车设计过程中,逆向工程被广泛应用,除了我国目前应用普遍的对整车及零部件运用逆向工程设计之外,在汽车设计由概念设计向工程设计转化过程中,试验车的测量、试制车的质量控制等方面都承担着重要的角色。

8. 协同制造网格理论

协同制造是以虚拟企业的形式迅速而高效地制造出产品的方式,通过计算机网络组织和协调分布在多个企业中的人力、设备和信息资源,将复杂产品(如汽车)的设计、制造、装配、分析、试验和工艺等过程通常由不同工程领域和企业部门,甚至在地理空间上分布距离很大的多个小组协作完成,这就需要与之相适应的分布式计算解决方案。网格计算是当前较为先进的分布式设计计算方案,网格技术可以通过对网格计算环境中的资源的有效整合形成动态的协同制造平台,为设计者提供统一的安全的访问机制、巨大的计算能力、丰富的信息处理和可视化工具等来达到信息的充分共享,数据的统一访问和安全管理等,从而实现完善的协同制造过程。依据系统制造网格理论建立起来的汽车产品制造过程,充分发挥网络的作用,实现了一些汽车制造企业跨地区、跨国度的汽车产品制造,实现了汽车款型的全球同步发售等成功商业案例。

1.3.3　CAD/CAM 的工程应用

汽车设计制造过程中涉及的理论、方法,在汽车设计制造过程中形成了一些典型的工程应用技术,为汽车制造企业所广泛采用。

1. 参数化建模技术

CAD/CAM 集成建模技术的工程应用主要体现在一些具有集成特点的软件中,如前文所述,CAD/CAM 所涉及的软件数量众多,但是能够满足汽车工程的需求的系统集成软件数量并不多。目前应用于汽车设计的建模软件主要是达索公司的 CATIA 和西门子收购的 UG。在建模过程中为了满足并行设计和制造网格的需要,要求时限参数化设计(parametric design)。参数化设计采用尺寸驱动的方式改变约束构成的几何图形,设计人员将工程要求以参数的形式形成关联,建立模型时就设置在模型数据中。在参数化设计的模型数据中,尺寸值称为可变参数,各图形元素之间的关系称为不变参数,改变尺寸值之后由软件系统通过不变参数来完成模型的计算是参数化建模的核心思想。因此,汽车设计过程中参数化建模技术就是将各种约束关系建立在 CAD 模型中,借助模型体现设计意图。

2. 产品数据库管理技术

在产品设计过程,经常会出现反复更新和修改的数据,这些数据长期积累起来既是设计参考和产品的技术积累,也成为造成设计错误的根源之一,由于重复、冗余的数据大量存储于系统内,往往导致最终数据的变更变得异常复杂,由此产生的判断和决策失误在所难免。因此,汽车企业的工程数据库技术要求不仅满足设计工作的需求,而且要具有能满足工程系统设计系统数据管理、工程综合管理系统、ERP 系统和 OA 系统的分布式数据库管理管理的要求。因此,出现了管理工程数据库(即数字模型数据库)的产品数据管理技术(product data management,PDM)。PDM 技术解决了大量工程图样、技术文档以及 CAD 文件的计算机化的问题,也扩展到产品开发整个生命周期的产品数据管理。由于各个汽车制造企业有各自的数据库标准,这些数据库标准由专门从事 PDM 和 CIM 技术咨询服务的企业协助完成,真正意义上的 PDM 并非是三言两语的"定义"可以"简而言之"的,也就没有纯粹的、抽象的"PDM 系统"。因此,PDM 不是拿来就能用的工具,它与企业的应用背景和文化密切相关,通常是在商用的 CAD/CAM 集成软件基础上结合企业特点制定的一系列标准和对软件的二次开发长期积累形成的。这就要求不能将不同层次的 PDM 应用技术混为一谈,不同层次的 PDM 技术应用于企业不同层次的需求,而企业的最终目标是企业信息集成。

3. 数值仿真分析技术

汽车产品的试验要求广泛而全面,无论是新设计或是现实产品、无论在设计制造上考虑得如何周密,都必须经过试验来检验。通过试验来检验设计的思想是否正确,设计意图如何实现,设计产品是否符合使用要求。同时,由于汽车是使用条件复杂,汽车工业所涉及的技术领域又极为广泛,许多理论问题研究还不够充分,不少设计问题还不能根据现有的理论,做出可信赖的预期。汽车数值仿真分析技术的发展史汽车生产发展的需要,也是相邻工业、相邻科学的发展和渗透的结果。例如汽车空气动力特性分析、车辆地面多体动力学仿真分析、车辆载荷与结构强度的有限元分析、车辆实际工作过程机电液一体化仿真与优化等涉及动力学理论、有限元理论、系统分析、相似理论、误差理论和随机数据处理等。通常数值仿真分析的模型需要经过将分析结果与试验数据对比定标,通过调整模型最终确认建立数字模型符合实物样机工作情况,才具有实践指导意义。因此,数值仿真分析应用技术不仅依赖于数值计算软件、有限元分析软件以及虚拟样机软件等,还是与产品试验和试验数据处理密不可分的系统工程。

4. 逆向工程应用技术

从逆向工程的理论可以知道,逆向工程的实施过程是多领域、多学科的协同过程,整个过程从测量数据采集、处理到常规 CAD/CAM 系统,最终与产品数据库管理系统(PDM)融合,要求逆向工程实施的工程人员和专业技术的高度协同和融合。逆向工程技术主要应用于工程设计中基于实物模型的产品外形设计,对已有产品的局部修改实施反求,对经过反复修改、试制或者需要通过实验测定才能定型的零部件重建 CAD 模型,查找已有产品的基准点和对产品质量加以控制。逆向工程技术在汽车设计的初期车身设计,汽车车身制造过程中的模具、夹具和检具设计,汽车产品试验和质量检测都起到了重要作用。逆向工程技术的应用技术体现在逆向设计软件中,多数逆向工程软件都作为主流的 CAD/CAM 系统的第三方软件,逐渐被整合到主流的 CAD/CAM 软件中。随着制造技术的进一步发展,逆向设计的技术还将被应用到快速成型制造中去。

5. 数控加工制造技术

数字控制(Numerical Control,NC)是指经过编码的数字信息来自动控制生产设备进行工作。具体一些就是将零件生产步骤以程序代码的形式存储在数控设备中。数控设备将代码读入,在无人干预的状态下驱动机床工作自动生产出所需的零件。数控加工技术对机床而言,数控的对象可能是引导刀具的运动,或者零件相对于旋转刀具运动,甚至可以更换刀具等。CAM 技术在早期被看作是数控加工技术,但是随着制造装备的发展,数控加工技术的概念已经从对机床的控制发展到对工业机器人的控制等领域之后,CAM 的含义也随之变得更为广泛。在 CAD/CAM 集成技术中,数控加工制造技术主要指根据 CAD 模型编制数控加工代码,或者借助 CAPP 系统编制数控加工的编码,再导入数控设备中实现加工制造的技术。

6. 数字化工厂技术

数字化工厂技术分为广义和狭义两个方面。广义的数字化工厂是以制造产品和提供服务的企业为核心,由核心企业以及一切相关联的成员构成的、是一切信息数字化的动态组织方式,是对产品生命周期的各种技术方案和技术策略进行评估和优化的综合过程;狭义的数字化工厂是以资源、操作和产品为核心,将数字化的产品设计数据,在现有实际制造系统所映射的虚拟现实环境中,对产品生产过程进行计算机仿真和优化的虚拟制造方式。因此,数字化工程是以产品全生命周期的相关数据为基础,根据虚拟制造原理,在虚拟环境中,对整个生产过程进行规划、仿真、优化和重组的新的生产组织方式。在汽车制造过程中,由于汽车产品的特点要求首先在数字领域进行制造,其内容包括:工厂和车间层面的数字化,生产线的规划与仿真,数字化冲压、焊接、涂装和总装仿真,数字化质量管理与检测。通过对虚拟数字化制造过程的优化,实现产品在真实制造时达到最优化的产品制造过程、最小的制造系统投入、缩短产品的上市时间并提高产品质量。

本书将结合汽车 CAD/CAM 技术的工程应有要求,借助集成的 CAD/CAM 软件 CATIA 将汽车产品数字建模的基础理论与实践应用相结合,为广大读者提供参与到汽车 CAD/CAM 技术应用的基础知识和软件应用能力。

1.4 CATIA 软件系统基础实践

CATIA 是英文 Computer Aided Tri-Dimensional Interface Application(计算机辅助三维设计应用程序)的缩写,是世界上一种主流 CAD/CAE/CAM 一体化软件。CATIA 是全球唯一一家将软件开发商与计算机厂商结合起来的 CAD/CAM/CAE/PDM 集成化应用系统。CATIA 起源于航空工业,被广泛应用于大规模制造的航空航天、汽车制造、造船、机械制造、电子、电气以及消费品行业,它的集成化解决方案基本覆盖所有的产品设计与制造领域,能较好的满足工业领域中各类大、中、小型企业的数字化设计需求。

1.4.1 CATIA 软件发展与应用

法国 Dassault 宇航公司 1960~1965 年开始引进 IBM 计算机和使用数控加工机床;1967 年用自主技术的 Bezier 曲线建立飞机外形数学模型;1970 年用批处理方式全面展开"幻影"战机数字化设计;1975 年以 100 万美元购入 CADAM 源代码,谋求自主开发的 CAD/CAM 软件;1978 年第一套 CATIA 软件投入使用,在 20 世纪 70 年代 Dassault Aviation 成为了第一个用户,法国 Dassault Aviation 是世界著名的航空航天企业,其产品以幻影 2000 和阵风歼击机最为著名,CATIA 也应运而生。CATIA 的产品开发商 Dassault System 成立于 1981 年,专门负责 CATIA 的技术开发,并将 CATIA 作为 CAD/CAM 集成系统软件推向市场,由 IBM 负责全球技术服务和支持。

从 1982 年到 1988 年,CATIA 相继发布了 1 版本、2 版本、3 版本,应用于 200 多个国家的 2000 多台图形终端,其中 1/3 用户是飞机行业,1/3 用户是汽车行业,其余是机械、电气、造船、模具、建筑、医学等行业;1993 年发布了功能强大的 4 版本,现在的 CATIA 软件分为 V4 版本和 V5 版本两个系列,V4 版本应用于 UNIX 平台,V5 版本应用于 UNIX 和 Windows 两种平台。为了使软件能够易学易用,Dassault System 于 1994 年开始重新开发全新的 CATIA V5 版本,新的 V5 版本界面更加友好,功能也日趋强大,开创了 CAD/CAE/CAM 软件的全新风格；1997年斥资3.1亿美元收购Solidworks；1999年收购Smart Solutions的Smart Team业务；在剖析了PC版Solidworks后，1998年推出Catia V5的Windows NT环境和UNIX版。CATIA V4有146个模块，直到2003年CATIA V5R11才将运行于IBM主机和工作站环境的V4版本彻底移植到Windows NT环境中。目前，CATIA已发展到V5R22版本并发布了基于网络的版本CATIA V6。如今其在CAD/CAE/CAM以及PDM领域内的领导地位，已得到世界范围内的承认。CATIA销售利润从最开始的100万美元增长到现在的近20亿美元，雇员人数由20人发展到2000多人。

CATIA最大的标志客户是美国波音公司，波音公司借助CATIA建立了一整套无纸化飞机生产系统，取得了重大成功。波音公司在波音777项目中，应用CATIA设计了除发动机以外的100%的机械零部件，并将包括发动机在内的所有零件进行了预装配。波音777也是迄今为止唯一进行完全数字化设计和装配的大型喷气式客机。参与波音777项目的工程师、工装设计师、技师以及项目管理人员超过1700人，分布于美国、日本、英国的不同地区，他们通过1400套CATIA工作站联系在一起，展开并行工作。波音飞机公司宣布波音777项目中，与传统设计和装配流程相比较，由于应用CATIA节省了约50%的重复工作和错误修改时间。尽管首架波音777的研发时间与传统设计流程的其他机型相比，节约的时间并不十分显著，但是其后续机型的开发至少可节约50%的时间。CATIA的后参数化处理功能在波音777的设计中也显示出了其优越性和强大功能，为迎合特殊客户的需求，利用CATIA的参数化设计，波音公司不必重复设计和建立物理样机，只需进行参数修改，就可以得到满足用户需要的电子样机，用户可以在计算机上进行预览。

CATIA也是汽车工业的事实标准，是欧洲、北美和亚洲顶尖汽车制造商所用的核心系统。CATIA在造型风格、车身及发动机设计方面有独特的长处，为各种车辆的设计和制造提供了End to End的解决方案。CATIA涉及产品、加工和人三个关键领域，它的可伸缩性和并行工程能力可显著缩短产品的上市时间。各种车辆，如方程式赛车、跑车、轿车、商用车、有轨电车、地铁列车和高速列车在CATIA上都可以得到数字化产品，从而在数字化工厂内，通过数字化流程，可进行数字化工程实施。CATIA的技术在汽车工业领域内的领先地位是其他产品所不可及的，被世界各国的汽车零部件制造商所认可。从近年来一些著名汽车制造商所做的采购决定，如Renault、Toyota、Karman、Volvo、Chrysler等，足以看出数字化车辆发展的动态。

在中国，CATIA也取得了令人瞩目的成绩，值得一提的是，作为2008年北京第29届奥林匹克运动会的主会场的鸟巢堪称建筑史上的奇观，鸟巢不仅具有完美的曲线，同时也在看似复杂的钢结构下隐藏着力学的规律，设计师在筛选多款软件之后决定采用CATIA来将外观和结构的数字模型建立起来，作为建造的基础。哈尔滨、沈阳、西安、成都、景德镇、上海、贵阳等航空飞机厂无一例外地都选用CATIA作为其核心设计软件。包括一汽集团、一汽大众、沈阳金杯、上海大众、北京吉普、武汉神龙在内的许多汽车公司都选用CATIA开发他们的新车型，以提高他们的市场竞争力。

1.4.2 CATIA的软件构架简介

CATIA V5在开发时就遵循面向对象的设计思想(O-O)，构建了完全基于组件的体系结构(Products,Process,Resource,PPR),有效地解决了维护、管理、扩展的困难,并大量使用了最新的计算机技术和标准以及软件工程技术,其中包括基于组件架构思想的 JAVA BEAN、COM/OLE、CORBA 技术和 Web 技术、C++语言、Visual Basic Journaling、STEP-SDAI、XML、OpenGL 等,这使 CATIA V5 具有与众不同的鲜明的特点:数据结构单一,各个模块全相关,某些模块之间还是双向相关;端到端的集成系统,拥有强大的专业应用扩展能力。CATIA 的构架分为四部分:①主程序:作为核心,所有的设计、制图、加工和模拟等操作都在此构架下完成。②在线帮助:包含所有主程序模块的时用说明、技术文件和操作实例。③CAA:CAA(Component Application Architecture)提供用户再开发的接口,使用户可以通过 API 调用程序核心进行开发。④CATIA LUM:是 CATIA 的 License(许可)管理工具,可以管理 CATIA 的许可使用,并建立 License Server(许可服务器)。

CATIA 主程序部分采用软件组件结构(Software Component Infrastructure,SCI),这种结构是软件工程继过程模型和面向对象模型的下一代逻辑模型。面向对象技术只能通过重用类库已有的类来实现有限的重用,而软件组件结构(SCI)提供了最高层次的代码重用。因此,CATIA 主界面菜单栏如图 1-16 所示,在主界面的 Start 菜单下可以看到多个功能分组模块,每个模块又包含更细分的功能模块,每个功能模块可以看作是专业的工作台,在每个工作台中界面所显示的工具各不相同,但由于软件的特点不同模块之间可以无缝跳转切换,集中体现了该软件的混合建模技术和产品周期的并行工程设计思想。在使用 CATIA 过程中尽管有一些中文版本,但是为了表述的准确性本书统一用英文版本说明,以下是 CATIA V5R21 版本的模块介绍。

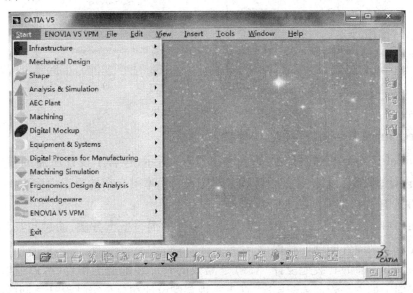

图 1-16　CATIA 软件界面

一、Infrastructure(基础结构)模块

Infrastructure(基础结构)提供管理整个 CATIA 构架的功能,包括 Product Structure(产品结构)、Material Library(材料库)、Catalog Editor(目录编辑)、Rendering(实时渲染)、CATIA V4、V3、V2(不同版本数据转换)、Delmia D5 Integration(与 Delmia 智能集成)、Photo Studio

（图片工场）、Immersive System Assistant（沉浸系统助手）、Real Time Rendering（实时渲染）、Product Data Filtering（产品数据过滤）、Feature Dictionary Editor（特征字典）等通用库编辑工作台，如图 1-17a）所示。

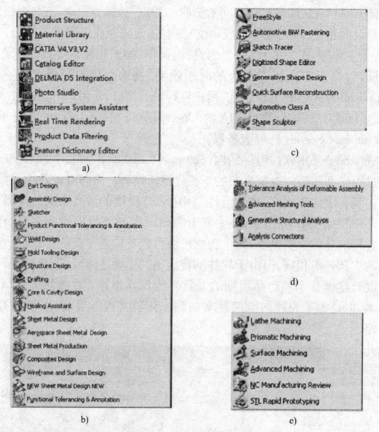

图 1-17 CATIA 各子模块

二、Mechanical Design（机械设计）模块

Mechanical Design（机械设计）模块如图 1-17b）所示，包含了设计所需的多个工作台。其中，草图设计、零部件设计、装配设计和工程图设计是本书介绍的重点内容之一，也是学习和运用 CATIA 建立数字模型的入门基础。

（1）Part Design（零件设计，PDG）提供设计零件的混合造型方法，通过与其他工作台的相互切换完成复杂零件的设计过程。

（2）Assembly Design（装配设计，ASS）是高效的管理装配的工作台，可以通过使用自顶向下和自底向上的方法管理装配层次，真正实现装配设计和单个零件设计之间的并行工程，并提供了装配的干涉和缝隙检查，此外还提供了标准零件或装配件的目录库、爆炸视图生成、BOM 表等节省设计时间和提高设计质量的工具。

（3）Sketcher（草图设计，SKE）并不直接产生可存储的文件，却是其他工作台的基础。

（4）ProductFunctional Tolerancing & Annotation（三维公差标注与说明，FTA）允许将设计尺寸和技术要求在空间模型上标注说明。

（5）Weld Design（焊接设计，WDG）是针对焊接零部件设计时需要添加的焊接工艺和焊口特征设置了建模工具合集的工作台。

（6）Mold Tooling Design（模具工装设计，MTD）是管理模具定义的模块。它可以与CATIA V5当前和未来的设计、仿真和制造应用产品协同工作，支持包括凸凹模固定板定义、组件实例化、注射和冷却特征定义等模具设计的所有工作，包含模具设计的零部件目录库可供选择。

（7）Structure Design（结构设计，STD）利用标准的或用户自定义的截面图形可以简单快捷的创建直的、弯曲的及板状的结构零部件。在全相关的设计环境下，用户利用优化的用户界面能够轻易地创建并修改结构，通常用于重型机械设备、工装夹具、船舶建造和厂房建造等。

（8）Drafting（工程绘图，GDR）提供从3D零件或装配件生成相关联的标准工程图样的投影图、断面图、局部视图和透视图等二维图样，建立起与零部件、钣金和曲面等三维数据模型实现交互修改，并生成标准工程图样。

（9）Core & Cavity Design（凸凹模设计，CCV）提供了快速分模工具，使用户可以快速和经济地设计模具生产和加工中用到的凸模和凹模。

（10）Healing Assistant（修复助手，HAT）提供调节和缝合工具对模具成型零件进行修复，以达到后续制造过程的要求。该工作台协助用户用V5标准检查外部导入模型的正确性，并改进所分析对象的几何拓扑关系，实现与其他CAD建模软件的数据共享。

（11）Sheet Metal Design（钣金设计，SMD）是基于特征的造型方法提供了高效和直观的设计环境，允许在零件的折弯和展开之间实现并行工程，该工作台与零部件、装配以及工程图工作台相互切换和共享数据。

（12）Aerospace Sheet metal Design（航空钣金设计，ASL）专门用于设计航空业钣金零件，可用于定义航空业液压成型或冲压成型的钣金零件。该工作台以特征造型技术为基数，使用为航空钣金件预定义的一系列预定义的规范化特征进行设计，由此建立的零部件符合液压成型的航空零部件制造加工的要求。

（13）Sheet Metal Production（钣金加工设计，SHP）与钣金产品设计（SMD）相结合，提供了覆盖钣金零件从设计到制造的整个流程的解决方案，包含了钣金零件可制造性的检查工具，并拥有与其他外部钣金加工软件的接口，加强了OEM和制造承包商之间的技术交流，满足钣金零件加工的准备工作需求。

（14）Composites Design（复合材料设计）是以复合材料设计流程为中心的解决方案，协助制造商尤其是航空航天企业，减少设计复合材料零件所用的时间。该解决方案提供的工具覆盖从初始设计到详细设计的全过程，并在概念设计阶段充分考虑了有限元和制造方面的需求，具有以知识工程为基础的智能化设计的特点。

（15）Wireframe and Surface Design（线框与曲面设计，WSF）允许在设计的初步阶段创建线架模型的结构元素，是现有的三维机械零部件设计的线架特征和曲面特征的丰富。

（16）Generative Sheet Metal Design（创成式钣金设计）允许不借用零部件模型建立钣金设计的模型。

（17）Functional Molded Part（功能建模）允许将一些零部件必须具备的特征参数化，可以与后续的三维模型自动运算得到结果，形成参数化特征，极大地缩减了产品设计过程中重复设计的工作。

（18）在不断更新的CATIA版本中，机械设计模块的工作台随着使用客户的需求不断地添加针对企业定制的工作台，形成符合行业需求的专业化工作台，由于CATIA自身的软件结构特点，允许该软件不断的更新发展。

三、Shape（曲面造型）模块

Shape（曲面造型）模块如图1-17c）所示，该模块提供给用户有创意、易用的产品设计组合，方便用户进行构建、控制和修改工程曲面和自有曲面。通过该模块的工作台组合运用可以设计任何类型的曲面，如物理样机、逆向工程得到的外形曲面、从初步设计到详细设计的一系列机械产品曲面、描述装配的机械外形曲面，如汽车白车身紧固结构中的车身面板。通过自由曲面软件可创建美观、和谐的外形，借助A级曲面设计实现车身外覆盖件的设计，最终通过实时渲染工具产生高质量的效果图。

（1）Free Style（自由曲面造型设计，FSS）提供方便的基于曲面的工具，用以创建符合审美要求的外形。通过草图和数字化的数据，设计人员可以高效的创建和修改3D曲线和曲面，在保证连续性规范的同时调整设计，借助工作台中大量的曲线和曲面诊断工具进行实时质量检查，确保曲面修改时与关联曲线及曲面之间的关联性。

（2）Generative Shape Design（创成式曲面设计，GSD）帮助设计者在线架、多种曲面特征的基础上，进行机械零部件外形设计。工作台中的完整的曲线操作工具和最基础的曲面构造工具，除了可以完成所以曲线操作以外，可以完成拉伸、旋转、扫描、边界填补、桥接、修补碎片、拼接、凸点、裁剪、光顺、投影和高级投影、倒角等功能，连续性最高达到G2，生成封闭片体Volume，完全达到普通三维CAD软件曲面造型功能。

（3）Quick Surface Reconstruction（快速曲面重构，QSD）可以根据数字化数据，方便快速地重建曲面。这些数字化数据可以通过逆向工程的扫描或者测量的数据加以编辑得到。快速曲面重构是CATIA中应用与逆向工程的重要工具之一。

（4）Sketch Tracer（草绘追踪）工作台提供了借助图片勾勒设计曲线和曲面的工具，允许设计者将具有创意的设计手稿转为曲面的线架，得到曲面设计的基础。

（5）Digital ShapeEditor（数字化外形编辑器，DSE）工作台是配合上述QSD工作台对扫描或者测量得到的点云数据的处理工具，属于逆向设计模块的工作台之一。

（6）Shape Sculpture（外形雕塑产品，DSS）提供了快速造型工具，可以从概念设计或现有的物理模型快速生成、编辑或提高产品外形，也可以用于由曲线和曲面生成外形，在模型上增加细节，对现有模型进行雕刻，然后把这些特征复制并粘贴到另一个模型上，或简单地在由DSE得到的多边形模型上进行工作。这种生成直觉外形和概念外形的新方法使汽车和消费品行业的非CAD专家能熟练地处理并测试3D虚拟模型。

（7）Automotive BiW Fastening（汽车白车身结合设计）工作台针对汽车车身的焊接工艺的特点，为设计人员提供直观的工具来创建和管理焊点的结合位置。为满足数据输出的要求，将焊点的3D点的形状定义为半球形状，以满足设计流程中的规范需求，并未后续的工艺分析和工艺规划提供设计参考，此外还支撑焊接技术、铆接技术以及胶粘、密封等。在设置结合位置的同时，还可以从应用中发布报告，列出结合位置坐标和每个接合位置的连接件属性，如接合厚度和翻边材料、翻边标准、连接件叠放顺序等，并在零部件设计或装配改变时，借助创成式特征实现接合位置的关联更新。

（8）Image & Shape（想象力造型）工作台提供的工具不同于其他曲线、曲面工具，可以像捏橡皮泥一样拖动、拉伸、扭转产品外形。通过增加"橡皮泥块"等方式以达到理想的设计外形，可以极其快速地完成产品外形概念设计。

（9）Automotive Class A（汽车 A 级面，ACA）用于设计汽车产品的 A 级表面。所谓 A 级曲面是必须满足相邻曲面间间隙（Gap）在 0.005mm 以下（有些汽车厂甚至要求到 0.001mm），切率改变（Tangency Change）在 0.16°以下，曲率改变（Curvature change）在 0.005°以下，符合这样的标准才能确保钣金件的环境反射满足要求。汽车行业的 A 级表面指的是车身外表面及白车身，B 级表面指的是不重要表面，比如内饰表面等，C 级表面指的是不可见表面；现在随着现代美学的发展及舒适性要求的日益提高，对汽车内饰件也提到了 A 级面的要求，在新的 CATIA V5 版本中还出现了达索公司新收购的 ICEM Surf 工作台，作为更专业 A 级曲面处理工具。

四、**Analysis & Simulation**（分析与仿真模块）

Analysis & Simulation（分析与仿真模块）。如图 1-17d）所示，该模块只提供了基本的分析仿真工具。当需要实现复杂产品的分析仿真时，通常需要另外安装 CATIA 软件与其他分析软件的接口程序，将 CATIA 建立的模型数据导出到其他模型中去，如与 MSC 公司产品相互衔接的 MSC.Simdesign，通过 CATIA V5 Associative Interface 与 Abaqus 实现数据共享等。分析仿真模块中包括如下一些工作台：

（1）Tolerance Analysis of Deformable Assembly（变形公差分析，TAA）用于创建公差分析元素，实现对零件几何变化分析和公差灵敏度分析，对产品公差分析过程中会考虑装配中的产品、流程和资源等因素。

（2）Advanced Meshing Tools（高级网格划分工具，AMT）用于对 CATIA 建立的模型，或者其他软件建立的模型，快速地进行有限元分析的前处理，对有限元计算模型的生成加以控制，通过与其他工作台的切换共享数据，实现几何设计的变化直接反映到相应的分析模型中。

（3）Generative Structure Analysis（创成式结构分析，GPS）允许设计者进行快速、准确的应力分析和变形分析，该工作台具有明晰、自动的模拟和分析功能，使得在设计的初始阶段，就可以对零部件进行反复多次的设计和分析计算。

（4）Analysis Connections（分析模型数据连接）工作台作为将分析模型与专业分析软件相互传递数据的工作台，通常需要安装一些数据转换的插件来实现其功能。

五、**Machine 加工模块**

Machine 加工模块，提供了数控加工模拟仿真的功能，如图 1-17e）所示。

（1）Lathe Machining（车床加工，LMG）提供两轴或四轴（双主轴双刀架车床）的 CAM。

（2）Prismatic Machining（2.5 轴加工）提供一般铣床两轴半 CAM，提供孔加工、铣槽、外型轮廓加工、点到点加工等多种加工模式。

（3）SurfaceMachining（3 轴曲面加工，SMG）提供一般铣床加工 CAM，根据工艺要求制定粗加工等高降层粗铣、外形引导加工、Z 轴等高线加工等。

（4）AdvancedMachining（高阶面加工，AMG）用于 4/5 轴的加工 CAM。

（5）STL Rapid Prototyping（快速成型加工，STL）提供适用与快速成型机的 CAM 工具组合。

六、其他功能模块的工作台中英文对照

（1）AEC Plant 提供工厂布局设计，包括工作台 Plant Layout（工厂布置，PLO）。

（2）Digital Mockup（数字化样机，DMU）包括：

①DMU Navigator：数字化样机漫游器。

②DMU Kinematics Simulator：数字化样机运动机构模拟。

③DMU Space Analysis：数字化样机空间分析。

④DMU Fitting Simulator：数字化样机装配模拟。

⑤DMU Optimizer：数字化样机优化器。

⑥DMU Engineering Analysis Review：数字化样机工程分析审查。

⑦DMU Space Engineering Assistant：数字化样机空间工程助手。

（3）Equipment & Systems 设备与系统，提供各种系统设备的建置，管路和电线的配置以及电子零件配置等功能的子模块。

①ElectricalCabling Discipline（电气布线规范，ECD）子模块，包括6个工作台：

a. Electrical Connectivity Diagrams（电气连接原理图设计，ELD）。

b. Conduit Design（导线管设计，CDS）。

c. Raceway Design（线槽设计，RDS）。

d. Electrical Cableway Routing（电气缆线布线设计，ECR）。

e. Waveguide Diagrams（波导设备原理图设计，WVD）。

f. Waveguide Design（波导设备设计，WAV）。

②Electrical Harness Discipline（电气线束展开规范，EHD）包含8个工作台：

a. Electrical Assembly Design（电气设备装配设计，EAD）。

b. Electrical Part Design（电气设备零部件设计，EPD）。

c. Electrical HarnessAssembly（电气线束装配设计，EHA）。

d. Electrical HarnessInstallation（电气线束安装，EHI）。

e. Electrical Wire Routing（电气线束布线设计，EWR）。

f. Electrical Harness Flattening（电气线束展平设计，EHF）。

g. Electrical 3D Design Assembly（电气三维装配设计）。

h. Electrical 3D Design Part（电气三维部件设计）。

③HVAC Discipline（暖通空调系统设计规范）子模块包括 HVAC Design（暖通空调系统设计）和 HVAC Diagrams（暖通空调系统图表设计）两个工作台。

④Multi-Discipline（复合设计规范）子模块包括 Equipment Arrangement（设备布置设计，EQT）和 Hanger Design（支架设计，HGR）两个工作台。

⑤Preliminary Layout（预布置设计）子模块包含 Systems Space Reservation（系统空间预留设计，SSR）和 Systems Routing（系统布线设计，SRT）两个工作台。

⑥Piping Discipline（管路设计规范）子模块包含 Piping & Instrumentation Diagrams（管路和设备原理图设计，PID）和 Piping Design（管线部件设计，PIP）两个工作台。

⑦Tubing Discipline（管线设计规范）子模块包括 Tubing Diagrams（管线原理图设计，TUB）和 Tubing Design（管线设计，TUD）两个工作台。

⑧Structure Discipline(结构设计规范)子模块多数原来用于船舶设计,包括8个工作台:

a. Structure Preliminary Layout(结构初步布置设计,SPL)。

b. Structure Functional System Design(结构系统功能设计,SFS)。

c. Structure Functional Object Design(结构系统功能部件设计,SFO)。

d. Structure Detail System Design(结构系统详细设计,SDE)。

e. Structure Detail Object Design(结构系统详细部件设计,SDE)。

f. Compartment and Access(房间和出入设计,CAC)。

g. Equipment Support Structures(设备配套结构设计,ESS)。

h. Circuit Board Design(电路板设计,CBD)工作台。

(4) Digital Process for Manufacturing(数字加工流程,DPM)模块不是CATIA中的主要模块,当安装了Delmia后会增加若干加工过程设计的工作台,在CATIA中该模块包括的工作台为:

①DPM-Process and Resource Definition(DPM流程与资源定义)。

②Process Tolerancing & Annotation(流程公差与标注)。

(5) Ergonomic Design & Analysis(人机工程学设计与分析,EDA)模块包含了人体建模和人机工程分析的工作台:

①Human Builder(人体模型构造器,HBR)。

②Human Measurements Editor(人体模型测量编辑,HME)。

③Human Posture Analysis(人体姿态分析,HPA)。

④Human Activity Analysis(人体动作分析,HAA)。

(6) Knowledge ware(知识工程)模块提供了基于知识工程的设计工具,包括7个不同的工作台环境:

①Knowledge Advisor(知识工程顾问,KWA)。

②Knowledge Expert(知识工程专家,KWE)。

③Product Engineering Optimizer(产品工程优化,PEO)。

④Product Knowledge Template(产品知识模板,PKT)。

⑤Business Process Knowledge Template(业务流程知识模板,BKT)。

⑥Product Function Optimization(产品功能优化,PFO)。

⑦Product Functional Definition(产品功能定义,PFD)。

(7) ENOVIA V5 VPM(产品生命周期并行过程及开发管理工具)模块包含工作台VPM Navigator(产品周期导航)。ENOVIA V5 VPM是Dassault PLM品牌系列(Smart Team/Matrix One/VPM)中定位比较高端的一种,它针对产品本身复杂度非常高,同时在制造过程中资源复杂度和相互关联性高,例如:汽车、飞机、轮船这些机电液集成的产品,推荐ENOVIA VPM去实现并行工程解决方案。通常业务复杂推荐Smart Team,流程复杂推荐Matrix One,产品复杂推荐VPM,而对于业务复杂,产品也复杂,也是DassaultSystemes未来的方向。

综上所述,CATIA累计至少有78个工作台,如果安装DPM产品DELMIA后将增加更多的工作台和工具。由于CATIA软件构架的特点,整个系统随着产品设计的需求在不断地增加新的模块、工作台以及工具,对比CATIA V5从R16到R21的版本,虽然总体框架和操作没有明显改变,但是具体到模块和工作台却在不断整合和出现新的工具。因此要掌握该软件不仅需要对软件的基础操作熟悉,更需要不断将软件的操作,设计理论和方法加以综合才能真正将该软件作为得心应手的设计工具。

1.4.3 CATIA用户操作基础

CATIA V5 交互操作界面主要介绍软件界面、文档存储、基础操作、视图显示、操作对象及环境变量的简单配置等。结合本章 CAD/CAM 软件的概念及 CATIA 软件的构架,理解 CATIA V5R17 基本操作,初步了解和掌握文件的基本操作、鼠标的作用及软件工作环境的设置等,以便读者在具体模块学习是能具备熟练的操作基础,顺利掌握各个模块的内容。

一、CATIA 用户界面

目前 CATIA 有 V4、V5 和 V6 三个应用与不同平台的版本。各个版本应用的平台有一定差异,V4 主要用于工作站,其运行的软件环境是 Linux、Unix;V5 是移植到 Windows 平台的版本,适应视窗操作环境的要求;V6 则是基于网络的版本,可以应用在是为了满足跨国公司网络平台的要求所产生的版本。目前较为广泛使用的 V5 版本又有从 R4 到 R18 不同的版本,每个版本使用特点不同,功能模块都有相应调整,且高版本文件向低版本转换时需要相关的协议来完成。

CATIA 各个版本的界面又分为 P1、P2、P3 三种不同界面。不同用户界面提供给的工具数量不同:P1 是最低的用户界面,P3 是最高的用户界面。P1 界面具有最少的模块,功能较少,仅有 20 多个模块,但价格便宜,适用于小规模、要求不高的用户。P1 界面可以在 Windows95/98 系统运行;P2 属于较新的用户界面,比 P1 界面功能丰富,大大提高了 CATIA 的设计功能;P3 用户界面是目前最新的用户界面,具有全部的模块,其工作界面也更具立体感,但对计算机硬件要求很高。CATIA 各个版本的界面变化不明显,为了案例文件可以顺利打开,本书对软件的介绍基于 CATIA V5R17 版本 P2 界面,如图 1-18 所示零部件建模时 CATIA 软件主窗口内包含了零件建模的活动窗体。

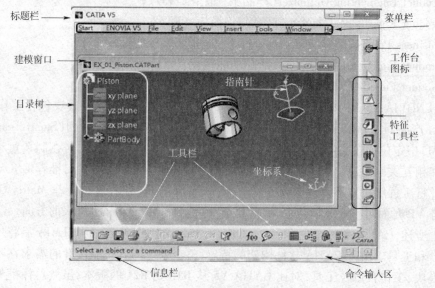

图 1-18 CATIA 零件建模界面

1. 标题栏

标题栏显示视窗当前已经打开的模型文件的名称、软件版本等信息。CATIA 允许同时打开多个文件时,这些文件分别显示在独立的视中,但只有一个文件处于可编辑的状态,可编辑的视图的文件名列于主标题栏后的中括号中,标题栏具有深蓝色的背景。将指定视窗设置为当前视窗可以直接单击该视窗的标题栏或在窗口选项中选择。

2. 菜单栏

位于窗口的上部,用于放置系统的主菜单。不同的模块,显示的菜单和菜单中的内容有所不同。如图 1-19 所示。各菜单栏的选项说明见表 1-2,其中菜单栏中有下划线的字母为快捷键参考,例如选择【Start】菜单时,除了鼠标单击之外,还可以通过键盘的 Alt 键与 S 键同时按下调出菜单内容。

<u>S</u>tart E<u>N</u>OVIA V5 <u>F</u>ile <u>E</u>dit <u>V</u>iew <u>I</u>nsert <u>T</u>ools <u>W</u>indow <u>H</u>elp

图 1-19 CATIA 菜单栏

菜 单 栏 说 明   表 1-2

菜　　单	功　　能
Start(S)	调用工作台,实现工作台之间的转换
ENOVIA V5	连接到并行数据库服务器
File(F)	实现文件管理,包括 New、Open、Save 等常用操作
Edit(E)	对文件进行复制、删除等常规操作
View(V)	控制特征树、指南针、模型的显示等操作
Insert(I)	主要的工作菜单,大部分绘图工具都包含在该菜单子项
Tools(T)	用户自定义工具栏、修改环境变量等高级操作
Windows(W)	管理多个窗口
Help(H)	实现在线帮助

(1)【Start】(开始)菜单包括 1.4.2 中介绍的所有工作台之间的选择和切换操作,是 CATIA 在完成 CAD/CAM 系统工作过程中的总控制中心。

(2)【File】(文件)菜单包含与文件操作有关的命令。菜单内容及使用方法和一般的 Windows 操作软件中的"文件"菜单类似。除了通常使用的文件【New】(新建)、【Open】(打开)、【Save】(保存)、【Save as】(另存为)、【Close】(关闭)和【Print】(打印)等常规操作之外,CATIA 还增加了针对装配文件设置了【New from】(新建自)实现在原有文件模板基础上修改保存时,保持原有文件的原始状态,避免误操作;【Save Management】(保存管理)用于对装配模型中的零部件的同时保存到相同目录下,避免文件错漏;【Desk】(桌面)用于查找缺失文件;【Sent to】(发送至)提供了将已保存文件发送到其他文件夹或者邮箱的快捷操作;【Document Properties】(文档属性)功能主要是提供各个特征或整个模型的属性,包括机械、特征属性、图形的属性修改选项卡。【File】(文件)菜单如图 1-20 所示,部分功能在工具栏中以图标方式显示。

(3)【Edit】(编辑)菜单是对零件、特征等进行编辑和设置。同样,与一般的 Windows 操作菜单也大致相同,都是一般软件中的基本功能。在 CATIA 中有一些特殊功能【Paste Special】(特殊粘贴)、【Search】(搜索)、【Selection sets】(选择集设置)、【Selection sets edition】

（选择集编辑）、【Find Owning selection sets】（查找拥有的选择集）、【Properties】（属性）和【Scan or Define In Work Object】（扫描或在工作对象中定义）等比较特殊的功能，【Edit】（编辑）菜单如图1-21所示。

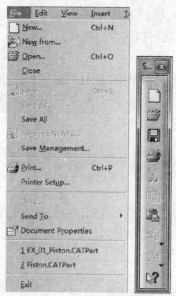

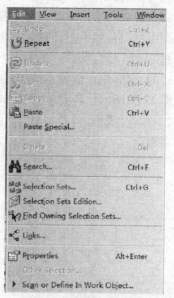

图1-20 【File】（文件）菜单　　　　　图1-21 【Edit】（编辑）菜单

【Paste Special】（特殊粘贴）包含了简单粘贴和带链接粘贴两种复制模式，简单粘贴只是对原有图形文件的复制，但是带链接复制却保持了粘贴的目标与被复制对象之间的数据关联关系，被复制对象的任何变动都会与粘贴对象同步改变，由此实现数字模型建立过程中的模型之间并行设计功能。

【Search】（搜索）功能可以查找模型中具有同一属性的或名称的对象。由于图形建模过程中的属性众多，如颜色属性、线型属性等，要统一选择和管理这些属性，只能借助搜索工具同时选择有相同的某个属性的所有元素加以编辑。

【Selection sets】（选择集设置）、【Selection sets edition】（选择集编辑）、【Find Owning selection sets】（查找拥有的选择集）选项则可以将搜索到的元素归集为一类保存，以便随时调出修改。

【Scan or Define In Work Object】（扫描或在工作对象中定义）提供了查看模型建立过程中不同阶段特征的工具。在实体模型建立过程中，CATIA中模型特征具有顺序的特点，使用该功能可以避免后续模型对前置修改的干扰，也可以借此工具回放几何模型的设计过程。

(4)【View】（视图）分为工具栏图标显示控制，建模区域中辅助部件显示控制，模型视图控制，视图名称定制和模型显示效果控制几个区域。【View】（视图）菜单的部分命令也可以在工具栏中找到相对应的图标，如图1-22所示。

【Toolbars】（工具栏）显示出当前工作台操作界面中的所有可以显示图标组的列表，可以在列表中选择显示和隐藏的工具组，工具组列表随工作台变化而变化。

【Command List】（命令列表）提供了CATIA中所有的命令名称。

辅助部件显示控制包括：【Geometry】（几何图形显示/隐藏）、【Specifications】（目录树显示/隐藏,快捷键 F3)、【Compass】(指南针显示/隐藏)、【Reset Compass】(重设指南针)、【Tree Expansion】(目录树显示深度设置)。

模型视图控制包括:【Specification Overview】(目录树单独显示)、【Geometry Overview】(模型单独显示);【Fit All In】(显示全部模型),【Zoom Area】(局部缩放),【Zoom In Out】(模型缩放操作),【Pan】(平移操作),【Rotate】(旋转模型),【Modify】(调整视角)等。

【Named Views】(预设置视图),提供预先设置不同视图,方便快速切换。

模型显示效果包括:【Render Style】(显示效果)可以根据建模要求选择合适模型的显示方式;【Navigation Mode】(观察模式)提供除了轴侧视图外,还有 Walk(行走模式)和 Fly(飞行模式)两种观察模型的方式;【Lighting】(灯光设置)提供模型显示的光线调整工具,【Depth Effect】(模型深度效果)提供模型的立体视觉深度调整,【Ground】(地面)提供模型的地面参考,【Magnifier】(局部放大选择)提供模型局部视图,【Hide/Show】(隐藏/显示)是建模过程常用的命令之一,【Full Screen】(全屏显示)。

(5)【Insert】(插入)菜单提供建模工具,不同工作台提供的工具各不相同。

(6)【Tools】(工具)菜单提供了建模环境的设置工具,如图 1-23 所示,包括:

【Formula】(公式)提供参数化建模时输入参数和公式的工具,【Image】(图像)提供截图工具,【Macro】(宏工具)提供宏录制和调用功能,【Utility】提供二次开发和外部程序接口,【Show】/【Hide】提供选择隐藏/显示的指定元素、【Parameterization Analysis】(参数化分析)、【Parent/Children】(模型子代关系)、【Delete Useless Elements】(去除无效元素)、【Work on Support 3D】提供空间网格面参考、【Catalog Browser】零件库列表查阅、【Customize】定制用户界面工具集、【Visualization Filter】可视元素过滤、【Options】(选项)用于设置环境参数、【Standards】标准设置、【Conference】用于设置联机会议、【Publication】(发布)用于将重要元素发布共享。

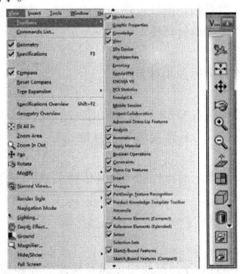

图 1-22 【View】(视图)菜单　　　图 1-23 【Tools】(视图)菜单

(7)【Windows】视窗操作与其他软件的视窗操作类似。

(8)【Help】提供查询版本信息,查阅帮助文件等功能。

3. 工具栏

工具栏将菜单中的大部分功能用图标显示出来，方便调用。CATIA 不同功能模块的工具栏组成的内容有所不同，每个模块的工具栏包含了各种各样的子工具栏，有些不需要用到的工具栏可以隐藏，在需要的时候通过点击鼠标右键，在弹出菜单中选取需要的图标，与【View】中【Toolbars】得到的菜单相同。

4. 特征工具栏

特征工具栏中布置了常用特征操作命令的图形按钮，其内容与【Insert】菜单内容一样会随着工作模块的变化而变化。系统允许用户通过右键菜单选择来自定义工具栏的数量，通过拖动调整工具栏的位置和结构，另外用户还可以根据使用习惯随意放置工具栏位置。

5. 目录树

目录树是 CATIA 软件建模过程中的一个重要概念，它记录了生成当前产品所有特征及过程，这些特征是可以展开的，大部分特征也是可以进行编辑、修改的。特征树中是以层次的关系进行管理的，类似与 Windows 操作文件时的目录树的结构特点，第一层是树的主干，其他子目录层可以看作是树的枝叶。目录树是可以隐藏的，可以按 F3 键隐藏和显示切换；在操作目录树时，当点击了特征树上的连接线，系统会默认仅对特征树进行操作，将模型冻结变成灰色，可以通过再次点击模型树的连接线恢复模型操作。

6. 信息提示栏

该区域是用户和计算机进行信息交流的主要场所。在设计过程中，系统通过信息提示栏向用户提示当前正在进行的操作以及需要用户继续执行的操作。

7. 指南针

在 CATIA 建模窗口绘图区的右上角有个指南针（Compass），如图 1-18 所示。这个指南针代表当前的工作坐标系，当物体旋转时可以看到指南针也随着物体旋转。在绘图工作中，可以通过指南针明确绘制图形的位置，并利用指南针调整图形。

8. 坐标系

用于表示当前模型的绝对坐标，关于绝对坐标和相对坐标。

9. 命令输入区

作为建模工具的补充，在对一些复杂模型进行操作时，通常会用到建模的命令输入的方式，可以在此区域直接输入建模命令。所有的命令前需要加"C:"才能执行。

10. 信息栏

通常在操作过程中提示当前操作内容，并提示对操作的一些具体要求，具体选择工具和命令操作顺序不同，提示内容也随之改变。

二、CATIA 基本操作

1. CATIA 文档类型

文档作为一种容器，用于保存用户在 CATIA 各种模块中创建及修改的各种模型，不同类型模块中的工作一般有相应的文件类型，常用的文件类型包括：

（1）Sketcher（草绘）、Part Design（零部件设计）、Wireframe & Surface（线框曲面）：创建 3D 零件设计模型文件，其文件名后缀格式（*.CATPart）。

(2) Assembly Design（装配件设计）：创建 3D 零件模型装配文件，其文件名后缀格式（*.CATProduct）。

(3) 各种数控加工制造：其文件名后缀格式（*.CATProcess）。

(4) Drafting（绘图）工作台：创建 2D 工程图，其文件名后缀格式（*.CATDrawing）。

(5) generative Structure Analysis（创成式结构分析）：对模型结构进行分析（*.CATAnalysis）。

CATIA 支持单个软件环境内打开多个相同或者不同的文档。用户可自如的在窗口之间进行切换，随着文档类型的切换，模块和工具栏也会相应变化。需要注意是 CATIA 文件名称均只能以英文字符和字母组成，可以包含部分符号。通常在系统建模过程中为了检索方便，会制定一系列的命名规则，所有模型在初始建立时必须按照命名规则命名再进行建模。

例如：大众公司对数据模型的命名规则要求名称长达 64 位，包括项目名称（14 位）、模型数据类型（3 位）、产品数据（3 位）、版本（3 位）、可选参数（3 位）、零件名称（18 位）和备注信息（20 位），每个部分之间通过下划线隔开。

2. 文档操作

(1) 新建模型文件，可以通过三种方式实现

① 选择【File】→【New】，系统将弹出图 1-24a）所示对话框，选择新建的文件类型得到图 1-24b）所示命名文件名称对话框，按照命名规则确定命名。

② 运用快捷键 Ctrl + N 调出图 1-24a）对话框。

③ 通过【Start】菜单选择相应的建模工作台，同样弹出图 1-24b）所示命名对话框。

(2) 文件打开，通过【File】→【Open】或快捷键 Ctrl + O 打开文件导航器，查找文件所在目录并选择打开的文件，通常显示的是文件的图标，文件图标与文件的扩展名相互对应。在查找文件所在目录的模型文件量较大的情况下，可以选在对话框底部分【显示预览】选项显示预览图像，如图 1-25 所示。

a)

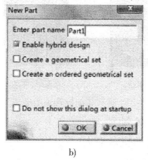
b)

图 1-24　新建模型文件对话框

图 1-25　新建模型文件对话框

打开文件时在文件类型一栏，提供了多种格式文件的选择。CATIA 在版本升级过程中，不断增加对其他建模软件所生成数据文件的兼容性，除了满足 CAD/CAM 集成的 *.igs、*.step 格式之外，还包括一些模型轻量化的格式，如：*.cgr 在模型数据量较大的情况下，可以明显的压缩文件大小；*.3dxml 提供了快速预览的轻量化格式等。

(3) 文件保存提供了三种方式：

① 选择【File】→【Save】直接保存。

②选择【File】→【Save as】选择新的名称和保存路径保存。

③选择【File】→【Save Management】方式通常用于保存装配文件，由于装配文件只包含了零部件的装配关系。当单独保存装配文件之后，如果改变了文件位置会造成无法检索到的情况。因此在保存时需要将装配文件和零部件文件存储在同一文件夹目录下，借助 Save Management 可以快速地将装配模型的所有零部件转存至同一目录下。

3. 模型操控

模型操控包括鼠标和键盘对模型的操控。

在模型设计过程中除了选择菜单栏和工具栏中的工具之外，为了满足三维模型设计过程中对模型操作频繁的需求，通常设置了鼠标的快捷操作模式，而键盘则是通过快捷键快速的选择命令，避免鼠标频繁移动所造成的误操作。

1) 鼠标操作

(1) 借助鼠标操作时，注意进行图形设计的鼠标通常是三键鼠标，如图1-26 所示。

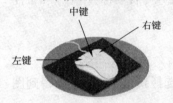

图1-26 通过指南针移动图形

左键用于选择需要操作的目标，目标包括模型中的几何元素，当某个元素被选中时在 CATIA 中显示为橘黄色，称为高亮显示。

右键用于调出右键菜单，根据右键选择位置的不同右键菜单也各不相同。

中键用于移动模型和目录树。

旋转模型：先按中键确定模型旋转中心，再按右键或左键不放，移动鼠标即可实现模型在空间内的旋转。

缩放模型：按中键，再单击一下右键或左键，移动鼠标向上是放大物体，向下是缩小。

(2) 通过操作指南针实现对模型的操作，如图1-27 所示。

绕Y轴旋转　　　自由旋转　　　在XZ面移动　　　沿Z轴移动

图1-27 通过指南针移动图形

自由旋转：鼠标左键抓住指南针 Z 轴顶点。

绕某一轴旋转：左键按住与该轴垂直的弧线。

平面移动：选中该平面，按住左键移动。

沿某一轴移动：左键抓住该轴移动。

此外，用鼠标将指南针放到模型上，可以拖动模型改变绝对坐标的位置，还可以用于点云的取点定位等操作。

2) 键盘快捷键

在进行建模设计过程中，键盘的快捷键是提高建模效率不可缺少的重要工具。在开始建模工作前应该预先了解软件已经具有的快捷键，根据工作需要将经常使用到的命令在环境设置中设置为快捷键，详细设计见建模环境设置。

4. 建模环境设置

对于企业用户,特别是飞机、汽车等大规模产品制造的用户来说,不同使用者的使用习惯和地域文化差异将决定建模过程中的参数存在一定的偏差,这些偏差往往会导致数据结合时的错误。针对使用环境参数,各大集团用户都制定了自己的环境包。使用软件之初首先应该对环境参数加以设置,这些参数包括:企业要求的标准环境设置,定制界面和工作环境设置等。

1)标准环境设置

以大众公司和一汽大众公司在中国的环境包为例,环境包中包含了标准图框、初始模型(Start Model)和重复使用的文字等。设置了环境包之后,会在桌面生成该环境下的快捷方式。以建立零部件模型为例,都必须使用【New From】命令从 Start Model 模板上新建模型。对于产品设计工程师而言,最重要的是首先熟悉作为企业的内部文件的标准环境包的要求。

2)界面定制

CATIA 是一个十分复杂的应用程序,选项菜单和工具按钮众多,为了让界面简单明了,并非所有工具按钮都显示出来,用户需要根据自己的工作需要对界面加以定制,以方便自己的操作。

选择【Tools】→【Customize】得到如图 1-28 所示对话框,对话框中包括【Start Menu】(开始菜单设置)、【User Workbenches】(用户工作台)、【Toolbars】(工具栏)、【commands】(命令)和【Options】(选项)5 个选项卡,提供对界面的设置选项。

(1)【Start Menu】选项卡设置。

将经常使用的 Part Design 和 Assembly Design 工作台从图 1-28 中左侧列表中选中,添加到右侧列表中,在选择工作台的同时在对话框右下方的 Accelerator 文本框处设置 Part Design 对应的快捷键为 Ctrl + 1,Assemble Design 工作台对应的快捷键为 Ctrl + 2。关闭选项卡后选择【Start】菜单可以看到在模块的上方增加了一段快捷工作台选项,对应每个工作台的快捷键也显示在其中,实现了工作台的快速切换功能(图 1-29)。

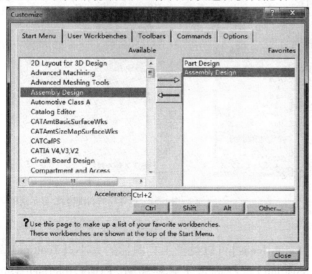
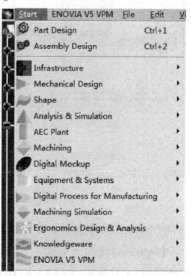

图 1-28 【Start Menu】用户定制界面　　　　图 1-29 设置后的【Start】菜单

(2)【User Workbenches】选项卡设置。

该选项卡设置可以创建新的工作台,通常可以根据用户在使用CATIA过程中对不同工作台工具使用需求,将从事某项设计的常用工具栏集中在用户新创建的工作台中形成新的工作台,避免不同工作台的切换。创建新工作台要求针对具体设计过程,并对CATIA的模块和工具非常熟悉前提下进行设置,常用的工作台可以完全满足初级用户的需求,这里不作详细介绍。

(3)【Toolbars】选项卡设置。

从上述对CATIA的介绍不难理解,工作台是工具栏的集合,工具栏是建模工具的集合。在设计过程中经常会遇到反复用几个工具建立重复类型的模型的情况,为了提高效率,除了将常用的工具栏设置在新的工作台中之外,可以在该选项卡中多个常用的命令设置在同一个工具栏中。当对工具栏的操作过多时,往往会导致工具栏的混乱,影响正常的建模工作,此时通过该选项卡中的【Restore All Contents】和【Restore Position】恢复工具栏的初始状态。

(4)【Commands】选项卡设置。

通过【Commands】选项卡可以设置常用命令的快捷键。打开该选项卡,在左侧的命令列表中选择"All Commands",右侧的列表中将所有的命令名称按照字母顺序排列。以显示/隐藏命令的快捷键设置为例,产品设计建模过程中经常需要隐藏一些元素,该命令在任何工作台都是具有很高的使用频率,符合设置快捷键的需求。在列表中查找"Hide/Show",选择该命令,点击选项卡中的【show properties】,选项卡如图1-30所示。选择【Others】在弹出的Key窗口中选择"Space",即选择空格键作为快捷键,关闭按后可以看到右键菜单中的Hide/Show处出现space作为快捷键(图1-31)。

图1-30 【Commands】选项卡

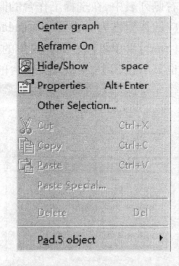
图1-31 设置后的右键隐藏/显示菜单

(5)【Options】选项卡设置。

【Options】选项卡如图1-32所示,【Large Icons】可以设置工具图标的大小,【Tooltips】设置是否显示工具提示,【Lock Toolbar Position】选择固定工具栏位置,【User Interface Language】中选择界面语言,由于中文界面的翻译在各个版本中的命令名称并不统一,在用户使用和设置过程中形成障碍,建议用户使用英文语言的界面。

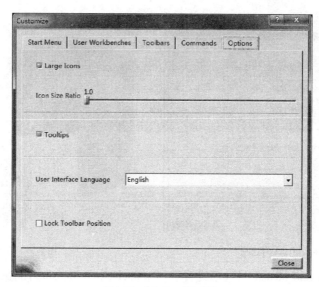

图 1-32 【Options】选项卡

3）工作环境设置

除了对操作界面的设计之外，CATIA 还允许用户对工作环境中的参数进行设置，合理的工作环境设置也是提高用户工作效率的重要因素之一。

选择【Tools】→【Options】，系统弹出如图 1-33 所示的工作环境设置对话框，不同的 CATIA V5 版本所包含的选项卡不同，高版本的选项卡更多，设置更为详细，使用更方便。

通常，对话框左侧的目录树类似于【Start】菜单中的目录结构，第一个子目录为【General】（常规），目录下包括【Display】（显示），【Compatibility】（兼容性），【Parameters and Measure】（参数与测量），【Devices and Virtual Reality】（设备和虚拟现实）4 项，第二个子目录开始对应【Start】菜单的各模块分类设置，每个工作台选项在右侧都对应多个选项卡，由于篇幅有限本书仅介绍部分常用选项的设置。

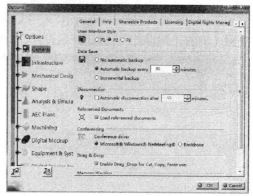

图 1-33 【Options】选项

(1)【General】选项设置。"User Interface Style"中可以选择 CATIA 界面样式，分别为 P1、P2、P3，从 P1 到 P3 用户权限一次增大，功能增多，对计算机的要求也随之提高。

"Date Save"中可以设定是否自动保存，和自动保存的时间周期。选择自动保存后，当 CATIA 发生意外中断后，重启 CATIA 时可以提示用户回复丢失数据，将回复得到意外中断前一次自动保存的文档。

(2)【Display】选项设置。在【Display】选项中包括对目录树的外观、树的操纵、浏览、性能、可视化、字体与线性等均有对应的选项卡提供详细设置。其中在如图 1-34 所示的"Navigation"选项卡中，可以选择"Preselection navigation after"（预选择浏览器）选项中可以设置当鼠标停留在模型上一点时间后，出现如图 1-35 所示的选择器，在同一位置提供多个对象可

51

选的预选浏览模式。

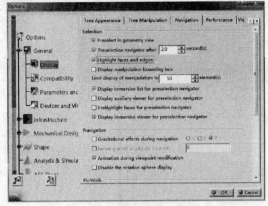

图1-34 【Display】选项

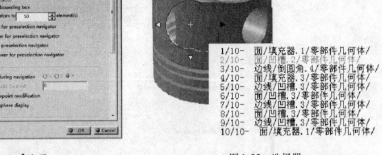

图1-35 选择器

（3）【Parameter and Measure】选项设置。【Parameter and Measure】的选项卡如图1-36所示，提供了对参数化建模过程非常重要的选项卡"knowledge"和"unit"。

"knowledge"选项卡如图1-36所示，选择选项卡中的"with value"和"with formula"为默认开启状态，允许在建模过程中将设置的参数显示在目录树中，该选项选择默认之后还需要将【Infrastructure】中的"Relations"的显示项选择为默认，就可以将设计过程中的参数和参数之间的运算关系完全显示在目录树中。

"unit"选项卡如图1-37所示，运用CAD/CAM软件设计过程中，绝大部分产品设计都是按照1:1的比例设计的，因此开始设计，必须明确输入数值的单位制。

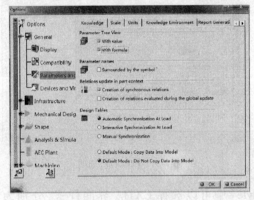

图1-36 【Display】选项卡　　　　　图1-37 预选浏览模式

（4）设置内容恢复。若用户不慎将设置改成了不满意的状态，可以点击【Options】左下角的"reset"图标恢复系统原始设置。

1.5 本章小结

本章从CAD/CAM的基本概念和CAD/CAM系统的软硬件知识开始，逐步深入了解CAD/CAM系统的工作过程和发展趋势，在此基础上进一步介绍了CAD/CAM技术在汽车设计制造过程中的应用,希望借助这些内容启迪读者理解 CAD/CAM 软件的技术发展和应用趋势,进而关注汽车设计制造过程中的 CAD/CAM 软件应用;接下来介绍了 CATIA 软件的发展和特点,详细介绍了 CATIA 软件的构架,应用 CATIA 软件之前应该熟悉的基本操作和环境设置。熟练掌握这些内容有助于读者加快建模速度,在实践中加深对 CATIA 软件应用的理解。

思考与练习

1. 简述 CAD/CAM 中 CAD、CAE、CAPP、CAM 的定义和概念。
2. 简述 CAD/CAM 发展的历程及各阶段的特点。
3. 简述 CAD/CAM 系统的功能、任务和工作过程。
4. 简述 CAD/CAM 系统集成技术,结合汽车产品设计制造的过程说明 CAD/CAM 技术的应用。
5. 简述 CAD/CAM 软硬件组成和选择原则,结合 CATIA 软件构架说明 CATIA 满足 CAD/CAM 系统的哪些要求?
6. 通过市场调研,分析目前企业应用 CAD/CAM 技术的状况。
7. 通过搜集整理资料,分析总计 CAD/CAM 技术发展的趋势。
8. 通过对 CATIA 应用现状的调研,对比其他 CAD/CAM 软件的应用情况和特点,写出简明报告。
9. 练习设置 CATIA 多工作台切换的快捷模式,设置 CATIA 建模环境。
10. 练习用 CATIA 新建、打开和保存零部件、产品装配的文件,尝试使用保存管理功能。
11. 设计 CATIA 中显示/隐藏快捷键,熟悉鼠标与键盘的操作。

第2章　图形编程基础与应用

教学目标

1. 了解图形编程的基本原理、概念和应用。
2. 掌握二维图形建模系统的基本概念、方法。
3. 学会 CATIA 软件的草图工作台操作。
4. 掌握 CATIA 中草图设计的基本思路。

教学要点

知识要点	掌握程度	相关知识
图形编程原理、概念	了解	图形库、坐标系,图形控制
二维图形建模基本概念	理解	图形约束,输入
CATIA草图工作台	掌握	草图绘制工具
草图绘制实例	掌握	二维草图绘制基本思路

在 CAD/CAM 系统中,交互式图形处理起到非常重要的作用,用于创建图形并将其显示在显示器上的程序是 CAD/CAM 软件的基本组成部分,图形之间的运算基于图形库的调用和运算方法得以实现,借助图形库的中简单图形,通过对图形运算创建更为复杂的图形,是一种以图形作为运算符号的图形编程过程,也是对经典的图形编程理论的应用。

本章主要通过介绍图形编程中的专业术语和概念,结合 CATIA 软件通用工具栏的工具,理解 CAD/CAM 软件视图显示的规律;通过对图形编程基本理论的介绍,结合草图绘制工作台,理解图形运算实现建立二维草图过程中的基本思路,掌握 CATIA 软件草图绘制的思路和基本操作。

2.1　图形编程基本概念

2.1.1　图形库理论

"计算机编程"这个词意味着使用一系列计算机命令,根据预先约定的语法规则写出一段语句,形成一个文件。当运行这个文件、输入数字或字符后,将生成所期望的数字和字符,并显示在终端屏幕上或写入数据文件。如今,这种程序文件除了处理数字和字符信息之外,还应该能够接收图形信息作为输入,并生成图形显示作为输出。这种包括图形输入和输出的编程被称为图形编程,与此相关的学科领域则被称为计算机图形学。图形编程过程中除了传统编程所需要的基本软件(如操作系统、编辑器和编译软件)之外,图形编程还需要基础图形软件的支持。基础图形软件可以分成两类:设备驱动程序和图形库。

设备驱动程序可以认为是与机器相关的代码集合,它能直接控制图形设备的显示处理单元,从而使显示设备能在所期望的位置显示。每个设备驱动程序都是依赖于对应的硬件设备,就像固化到特定的图形处理单元一样。因此,图形设备的图形处理单元只有在相应的设备驱动程序的支持下才能正常工作。如某种汇编语言只能被特定类型的计算机所理解一样,用这种汇编语言编写的程序也只能在这种类型的计算机上才能运行。当某个图形程序直接用设备驱动程序来编写时,也是同样的情况,如图2-1所示。也就是说,当使用不同的图形设备时,图形程序必须用相应的设备驱动指令重新编写。此外,每个设备驱动指令只提供了最基本的功能,因此,若要实现复杂任务,用这些命令编写的图形程序将会很长,可读性也会很差。

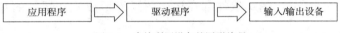

图2-1 直接利用设备的图形编程

目前,考虑到使用低级的设备驱动指令所带来的不便,编程人员都希望用高级语言来编写程序,对于图形编程来说也一样。因此,用带有称之为图形库的等价图形设备的方法来进行图形编程被广泛采用。图形库与传统编程中所使用的数学函数库相似,它也是一些子程序的集合,每个子程序都有具体的目的。例如,画直线的子程序和画圆的子程序等。图形库建立在设备驱动程序的基础之上,如图2-2所示。每个子程序都通过使用设备驱动的命令集合来编写的,例如,用于画圆的子程序可能是由一系列画短直线的设备驱动指令组成的。

图2-2 利用图形库的图形编程

这样,绘制图形就可以像使用数学函数库一样使用图形库中的子程序,也就是说,主程序调用所需的子程序,就像在数学计算时调用数学函数库中 sin 或 cos 函数那样。但是,图形库中的子程序也存在问题:不同的图形库中,子程序的名字和调用方式(例如,输入和输出参数)都是不一样的。当然,若一个图形库能够驱动所有存在的图形设备,上述问题就迎刃而解了。理论上,所有已存在的图形设备都支持某个图形库是可能的。然而,在现实生活中,软件开发商不能或者不想开发出这种能与所有设备驱动对接的图形库,因而,所有图形库都只是与一定数量的不同设备驱动程序捆绑在一起,每一个图形库只能驱动一定数量的图形设备。若要使用许多图形设备图形程序需要用另外的图形库进行重写。

解决这个问题的方法之一,就是图形库开发者在开发图形库时,对同一个子程序集合使用相同的子程序名、参数和功能。采用这种方式,即使是在图形设备变化时,图形程序也不再需要在源代码级对原程序进行修改。1977年,计算机学会(Association for Computing Machinery,ACM)的计算机图形专业组织(Special Interest Group on Computer Graphics,SIGGRAPH)倡导开发的CORE图形系统,就是用这种方法解决这一问题的。然而,CORE图形系统没有提供足够的、使用光栅图形系统所有功能的命令,因此,CORE开发出来后没有得到广泛的推广和应用。大约在同一时期,国际标准组织(International Standards Organization,

ISO)发展了图形核心系统(Graphics Kernel System, GKS)。GKS 被认为是二维图形学的标准,后来,GKS 又被扩展成用于三维图形学的 GKS-3D。

CORE 和 GKS 都缺乏考虑对动态显示和通用用户交互界面的支持,因此,ISO 建议开发了另外一个标准,即程序员层次的交互图形系统(Programmer's Hierarchical Interactive Graphics System, PHIGS)。这种图形交互系统已成为大部分工作站实际上的标准图形库。后来,PHIGS 又被扩展为 PHIGS Extension,称之为 X (PEX),包括了对 X window 系统的操作(例如,创建、维护和关闭窗口等)。因此,用 X (PEX)编写的图形程序可以独立地运行在网络环境下的各种工作站上,继承了 X window 系统的优点。随着标准化组织的独立发展,出现了商业化的图形库 OpenGL。由于 OpenGL 在网络环境下驱动工作站和个人计算机的通用性,受到了广泛欢迎,并得到了普遍应用。OpenGL 是 GL 的扩展,GL 是 Silicon Graphics 公司生产的计算机所带的图形库。由于 Silicon Graphics 计算机在计算机图形学领域的广泛使用,OpenGL 也成为实际上的标准图形库。图形库技术的不断完善为计算机辅助设计的软件提供了理论技术,绝大部分 CAD 软件都在运用图形库形成软件运算的基础,CATIA 也不例外。

2.1.2 坐标系

在图形设备上显示实体的图像需要完成两个基本任务:①指定实体上所有的点在空间中的位置;②确定这些点分别占据显示器上的什么位置。因此,提出了设备坐标系的概念,设备坐标系通过建立参考坐标系来确定一个点在空间和在显示器屏幕上的位置。二维图形系统常使用的坐标系是笛卡儿直角坐标系,在某些特殊情况下,也采用极坐标系。三维图形通常采用三维笛卡儿坐标系。借助设备坐标系和坐标系之间的关系,可以确定三维空间中的点被投影到显示器屏幕上的位置。

设备坐标系是用来确定某点在显示器上的位置的参考系。通常,坐标系由水平方向的 U 轴和竖直方向的 V 轴组成,如图 2-3 所示。图中,坐标系原点的位置可以任意选取。此外,由于对于显示器的显示而言,图形是平面图形,因此,垂直于 U 轴和 V 轴的第三根坐标轴并没有定义,任何位置都是通过 U 和 V 两整型数值来确定,这两个整型数值分别是设备坐标系原点到投影点之间、沿 U 方向和 V 方向的像素的个数。然而,在显示器上的相同点可能会有不同的 U 坐标和 V 坐标,这与坐标系原点的位置、U 轴和 V 轴的方向、表示整个显示器大小的 U 坐标和 V 坐标的范围有关。对于不同的图形设备,这是可以任意设置的,如图 2-3 所示。因此,当同一图形要显示在不同的图形设备上时,需改变显示图形的设备坐标系。

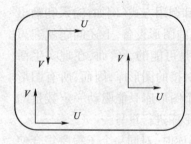

图 2-3　设备坐标系

为解决上述问题,通常采用虚拟设备坐标系统来实现图形在不同显示设备上的显示坐标调整。虚拟坐标系只存在于图形编程人员的想象中,其原点坐标定义在屏幕的左下角,U 轴水平向右、V 轴竖直向上,U 轴和 V 轴的取值范围为 0~1。这样,以虚拟设备坐标系作为参考系指定的点,会占据相同的位置,而不必顾虑图形设备的种类。因此,图形编程人员可以不考虑特定的设备坐标系,而直接地获得具体的形状。在这种情况下,只要系统具备图形设备的驱动,图形程序就可以把虚拟坐标值发送给相应的设备驱动程序,设备驱动程序将会把虚拟坐标值变换成指定图形设备的设备坐标系中的设备坐标值。

无论设备坐标系还是虚拟设备坐标系都是用确定二维显示器上图形显示位置的参考系。对于三维空间的点来说,还需要考虑定义三维空间中的坐标系。这包含了三种坐标系:世界坐标系、模型坐标系和观察坐标系。

世界坐标系(World Coordinate System, WCS),直线是绘制任意图形的基本单元,在两点之间连成线段便构成直线点的位置通常是在一个规定的坐标系中被定义。世界坐标系借助空间三维坐标描述空间中的点和线。例如,教室作为一个空间时,假定坐标原点在某一墙角,可以用这个参考系来描述桌子、椅子、黑板等物体的位置和方向。在汽车模型建立过程,工程师们通常会将该坐标定义为汽车的绝对坐标。参考汽车设计基本要求,汽车绝对坐标的原点设置在两前轮轴线连线的中心点处,汽车整车各部件均参考整车绝对坐标建立相对坐标来展开设计。

相对于世界坐标系的坐标被称为相对坐标,用于描述空间中的每一个物体的位置。空间中物体的形状是由物体上所有点或物体上的特征点的坐标值来定义的,为便于表达和计算通常设置空间物体的坐标系,这种坐标系也被称为模型坐标系(Model Coordinate System, MCS)。当用模型坐标系定义一个物体上点的坐标时,即使该物体在空间被平移或旋转,物体上点相对于物体的相对坐标系或模型坐标系的值也不会改变,它是由物体的形状确定的。也就是说,模型坐标系是随着物体一起运动的。因此,每一个物体的位置和方向,都是通过相对于世界坐标系的模型坐标系中的相对位置和方向来指定的,两个坐标系统的相对位置和方向由变换矩阵来定义。总之,对于空间中的所有物体来说,用世界坐标系统和模型坐标系,就可以完全定义空间的场景(也就是空间中所有物体的布局和形状)。换言之,通过使用相关的变换矩阵,就能求出物体上所有的点在世界坐标系中的坐标值。

接下来的任务就是把这些三维物体或物体上的点投影到显示器屏幕上去,这类似于将它们投影到人眼睛的视网膜上。通常,CAD软件提供两种投影类型,即透视投影和平行投影,这两种投影是计算机图形学中所使用的两种典型投影,如图2-4所示。

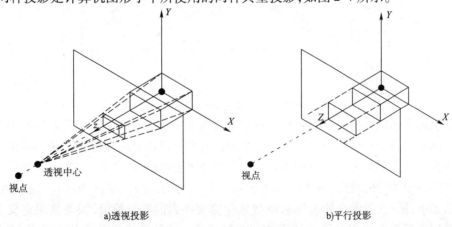

a)透视投影　　　　　　　　　　b)平行投影

图2-4　两种不同类型的投影

对于这两种投影方法,都需要指定它们的视点,此时模型坐标系的中心就成为视中心,也可称为观察定位点,定义观察坐标系的原点。视点被认为是观察者的眼睛,视中心是物体上的一个点，两点之间的连线定义了视线的方向。所以，从视点指向视中心的矢量就是投影方向。在透视投影中，物体上所有的点都连接到模型坐标系原点的透视中心，其他的点到屏幕均可以建立与视线方向平行的线，这些连线与屏幕的交点组成了投影图像，此时屏幕是位于视点与视中心之间的一个平面。在平行投影中，物体上所有的点沿着由视中心和视点所确定的投影方向投射出平行线，这些平行线与屏幕的交点就组成了投影图像。平行投影类似于透视投影屏幕垂直于投影方向，成正交投影。

若被投影物体上所有的点的坐标值用坐标系描述，则上述两种方法所确定的投影点是很容易计算出来的。例如，在平行投影中，投影点可以通过简单地收集物体上相应点的坐标值来生成。因此，以图2-4中的坐标原点为视中心的坐标系被称为观察坐标系（Viewing Coordinate System，VCS），它有助于观察投影。构造观察坐标系应具有以下特征，如图2-4所示，观察坐标系的原点定位于视中心，Z轴由原点指向视点，而且Y轴平行于屏幕的垂直方向，剩下的X轴由Y轴和Z轴的叉积来确定。大多数人习惯地认为空间的竖直方向就是屏幕的竖直方向，因此，Y轴由空间竖直矢量到屏幕的投影来确定。在大多数图形库中，一般由用户用世界坐标值给定这个空间垂直矢量，称之为上矢量。同时，视点和视中心也用世界坐标值确定。一旦定义了观察坐标系，物体上所有点的坐标值便可以由相应的观察坐标系来推导，接下来的任务便是借助图形库和坐标变换矩阵计算来确定它们在屏幕上的投影点的位置，完成图形的显示输出。世界坐标系、模型坐标系和观察坐标系的关系如图2-5所示。

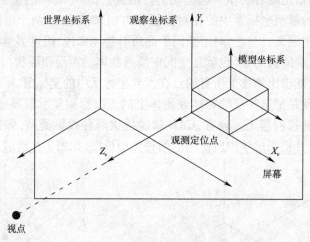

图2-5 坐标系之间的相互关系

模型坐标系和观察坐标系都是建立在世界坐标系的基础之上，坐标系之间的关系由坐标变换矩阵来推导，因此，每一个模型坐标系的位置和方向都会由相应世界坐标系的变换矩阵来具体指定。观察坐标系也由相应世界坐标系的变换矩阵来定义，这个变换矩阵是通过在世界坐标系中给定的视点、视中心和上矢量计算求得的。使用变换矩阵计算投影点的过程可总结如下：第一，投影点的坐标从模型坐标值变换为世界坐标值，需要使用定义世界坐标系与模型坐标系之间相对移动和旋转的变换矩阵。这种变换被称为模型变换，如图2-6所示。第二，该点的坐标值从世界坐标值变换为观察坐标值，需要使用世界坐标系到观察坐标系之间的变换矩阵，这种变换被称为观察变换，如图2-6所示。第三，这个点的观察坐值变换为虚拟设备坐标值,这种变换被称为投影变换,如图2-6所示。最后,虚拟设备坐标值由设备驱动程序转变为设备坐标值。

这些坐标变换通常是在图形库里执行的,图形程序员只需为每一种变换指定必要的信息即可。例如,为模型变换提供物体相对其布局是平移还是旋转;为观察变换提供视点、视中心和上矢量;为投影变换提供投影类型,及其投影中心和屏幕的位置。通常,初级的图形库需要编程者为所有这些变换编写程序代码,CATIA 中已经将这些算法集成在软件中。因此,读者只需要理解和掌握上述坐标系的概念即可。

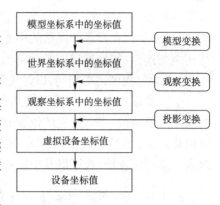

图2-6 坐标系之间的相互关系

2.1.3 窗口与视区

理论上讲,用户所采用的世界坐标系是无穷大的,用户域也是连续无限的。计算机图形学的任务之一,就是把物理世界中最感兴趣的那部分取出来,放在屏幕上或在屏幕的某一指定区域中显示出来。

窗口(Window)一词用在网络计算环境下的含义是指图形工作站显示器上的一个单独区域,用户通过该区域与连接到网络的各种计算资源进行交互。在计算机图形学中,窗口却有不同的含义:窗口是用户图形的一部分,窗口域是用户域中的一个子域。它相当于透过一个矩形窗去观察物理世界中的一部分,或者相当于在用户坐标中透过一个矩形框取出一部分图形。因此,在这个区域之外的任何物体将不会显示在显示器屏幕上。这种情况就类似于一间房子的窗户,房子内的人通过这个窗户只能看到外面世界的一部分,这也是选择窗口这个名字的由来。这里所说的窗口通常是屏幕上的一个矩形,它通过在观察坐标系上指定相应的 X 值和 Y 值来定义,如图2-5所示。这个可见区域与投影类型有关,平行投影和透视投影在屏幕窗口所能获得的显示形状是不同的。透视投影在屏幕上显示的时候表达出模型的远近关系,即近大远小;平行投影中,近平面和远平面的投影所获得的显示结果相同。

视区(Viewport)是显示器屏幕上的一个矩形区域,我们希望将图像投影到该区域进行显示,如图2-7所示。视区是一个由窗口定义的观察体映射上去的区域,对于一个具体显示器来说,屏幕大小是有限的,屏幕域是设备输出图形的最大区域。把从窗口取得的那一部分物理世界(图形)映射到显示屏上的某一区域时,考虑到视区的中心偏离显示器屏幕的中心,以及视区与窗口尺寸的不同,映射将包含平移和比例变换。换言之,根据坐标变换计算得到的

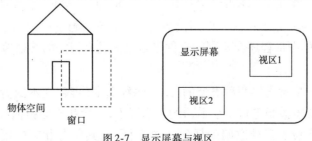

图2-7 显示屏幕与视区

投影点的虚拟坐标值,必须按照一定比例进行放大或缩小,以便使窗口中心显示在视区中心,而不是显示在显示器屏幕的中心。这些坐标形成的图形也必须按照一定的系数,分别进行比例变换,以便使窗口四条边界线上的点变成视区四条边界线上的点。窗口比率(高宽比)也必须与视区比率相同,以避免图像失真,否则,圆可能会显示为椭圆。

交互式设计中,把屏幕分成几个区,每个区作为一个视图,每个视图承担不同的功能。视图是屏幕域的一部分,它的位置和大小与视区一样可以用其左下角的点及右上角的点坐标值来定义。CATIA 中的视图布置参考本章 2.1.6 中的草图设置环境,结合具体软件的界面进一步理解视图、视区以及坐标系的概念。

2.1.4　基本输出实体与图形输入

一、基本输出实体

基本输出实体是指通过图形库能够将其显示在屏幕上的图形元素。对于不同的图形库,其输出显示的内容也有所差异。但是,大多数图形库都支持的基本输出实体包括:直线、多边形、标记符号以及文本等。

1. 直线

当指定了两个端点的坐标值时,一条直线段就被显示出来。端点的三维坐标值也被应用于大多数图形库中,三维坐标值被自动地变换为二维投影点。可以指定线的属性,例如,直线的类型、宽度和颜色等。大多数图形库都支持多种线的类型,例如实线、虚线、点画线等。在计算机辅助绘图系统中,由于这些直线类型被频繁地应用于机械、建筑或电路绘图中,支持这些类型的直线是对 CAD 软件的基本要求。

2. 多折线

计算机辅助设计过程中,多边形函数与多折线函数是相同的。因此,同样的图形输出也可以用多折线函数得到。然而,用多边形函数画出来的多边形包含了内部和外部信息,内部信息表现为用一些图案来填充,多边形内部的颜色(填充颜色)和周边边线的类型、宽度和颜色也可以作为多边形的属性来指定,甚至可以用多边形函数来绘出圆和矩形。绘制圆和矩形的函数需要更少的输入参数(例如,圆只需输入圆心点和半径,矩形则只需要输入对角线的两个端点),大多数图形库都会提供这样的函数,这些函数在内部是通过多边形函数来实现的。CATIA 中在草图绘制中提供了多种多边形的函数工具。

3. 标记符号

标记符号通常用来区分一个图形中的数据点。标记符号的类型被指定为一个属性,与直线相似,在 GKS 和 PRIGS 中多点标记是默认值。OpenGL 并没有显式地支持标记符号,但是提供了一种机制,通过这种机制可以用位图的方式定义、调用任何标记符号。通过这种方法,用 OpenGL 编写的图形程序在不同的硬件平台之间具有很好的移植性。

4. 文本

绝大部分的图形库都支持两种类型的文本:注释文本(屏幕文本或者称之为二维文本)和三维文本。注释文本总是定位于显示器的显示屏上,其形状不会扭曲失真,无须考虑其方向。三维文本可以定位于三维空间的任何一个平面上,其位置和方向用世界坐标值指定。

无论哪种文本,必须指定组成文本的字符串的字体、高宽比例、倾斜角度,以便显示该字符串。此外,还要指定文本的位置和文本行的方向。用于文本的有两种字体:硬件字体和软件字体。通过执行事先存储的相应图形程序,将软件字体显示在屏幕上。软件字体比硬件字体花费更长的运行时间,但其形状比硬件字体要精细得多。硬件字体则被存储为表示每一个字符的直线段的集合,在CATIA中也利用硬件字体来实现在模型上的生成字体。

二、图形输入

图形程序除了能够接收数字和文本作为输入外,还应该能够接收像素点、直线或多边形这样的图形元素的输入。例如,用户想计算并显示屏幕上的一个多边形的面积或者对其放大,便需要在显示屏幕上所有图形元素中指定该多边形。用于指定图形输入的典型物理设备有两种:定位器和按钮。定位器传递其位置或光标对应的位置;按钮传递在当前光标位置处,用户的开或关的动作。鼠标是目前最主要的图形输入设备,可同时实现上述两种功能。机体下部的跟踪球起定位器作用,而上面的按钮则实现其按钮功能。

图形输入设备提供的输入有三种模式:取样、请求和拾取。取样模式持续地读取输入设备的状态,大多数是位置信息。例如,使用处于取样状态的鼠标,实现移动鼠标在屏幕上绘制文本。当鼠标移动时,光标就会随之移动,并在屏幕上绘制其轨迹。在请求模式下,输入设备处只有在收到请求时才转为读的状态,请求通常点击鼠标按钮。在这种情况下,我们移动鼠标直到光标位于适当的位置,点击鼠标按键指定那个位置作为一个顶点。在取样模式下使用鼠标时,随着鼠标的移动,光标也在显示器屏幕上移动。因此,当在请求模式下使用鼠标时,每一个顶点的位置都将提供给图形程序。这两种模式拥有共同的特征:它们将鼠标的位置或光标的相应位置传递给图形程序。在拾取模式下,当鼠标按键被按下时,图形输入设备将识别指针所指向的图形元素。当这些图形元素被编入程序时,我们可以通过图形编程人员指定的图形元素的名称来识别。拾取模式相对于取样和请求,是一种更为方便地编辑屏幕上已有图形的方式,在数字化建模过程中得到广泛的应用。

2.1.5 X窗口系统

除了上述提到的窗口和视图之外,1993年美国麻省理工学院(Massachusetts Institute Technology, MIT)开始开发的ATHENA项目中的提出了X窗口系统,该系统是基于1986年斯坦福大学开发的W窗口系统基础上开发出来的。

X窗口系统可以是一个应用程序,在通过网络连接的各种工作站上打开和关闭窗口,以在网络中为运行在各种工作站窗口上的应用程序提供输入和输出。这里的"窗口"的意义不同于前文所述的窗口,而是指工作站屏幕上一个独立的区域。通过这个区域用户可以与连接在网络上的各种计算资源进行交互。为了实现这类任务,X窗口系统应该能够接受来自被称为客户端的应用程序的请求,并把该请求发送到适当的工作站,然后,在窗口上执行某些图形输入输出任务这个窗口可以设置在网络中的任何一台工作站上。因此,打开窗口的工作站必须有一个X服务程序以完成图形操作。此外,客户端的请求必须用存储在Xlib库中特定的库函数来编写,Xlib库也必须安装在运行应用程序的工作站上。

在CAD软件中,用户通过图形输入和输出进行交互式操作,是现有CAD/CAM软件的基本功能。软件应该有打开窗口(交互式应用的区域)的工具,以便显示菜单或相应的图标,以及定义每个菜单或图标所执行的任务,能够使这些功能实现的软件称之为图形用户界面(Graphical User Interface,GUI)。这些功能也可以通过自定义图形用户界面来实现。但是,这种图形用户界面有一个缺点,就是由于图形库的有限性使得它只能支持几种有限的图形工作站。因此,每当引入一种新的图形工作站时,这种图形用户界面就必须进行重写。

为了避免这类问题,图形用户界面趋向于基于 X 窗口系统,这种窗口系统被目前大部分图形工作站所支持。目前,两种典型的基于 X 窗口系统的图形用户界面分别是:Open Look 和 OSF/Motif。Open Look 得到了 SUN 微系统的支持,而 OSF/Motif 得到了其他计算机公司的支持,如 IBM、Hewlett-Packard、DEC 和 Tektronix 等公司。用 Open Look 或 OSF/Motif 开发一个应用程序,程序员可以轻易地使用图形用户界面的窗口管理器来执行一些这样的功能,如打开窗口、拟订菜单、定义与菜单关联的任务。使用 Open Look 或 Motif 开发应用程序的优点来自于使用 X 窗口系统的优点,因为这两种系统都是建立在 X 窗口系统之上的。

总之,用 X 编写的应用程序有以下优点。第一,运行于一个工作站上的应用程序可以通过网络中不同工作站上的一个窗口进行交互式的图形输入输出。第二,一台工作站上可以开多个窗口,通过每一个窗口可以同时使用多个计算资源。第三,用 X 编写的应用程序通常能独立于操作系统或工作站的类型。这些优点也被 CATIA 应用到图形用户界面,每一个图形用户界面可以被认为是一个应用程序,不同的图形界面之间的切换可以使用相同的数据库正是运用了 X 窗口的原理。

2.1.6 CATIA 草图设计工作台

模型设计过程中,草图设计就是创建平面上的几何图形,其绘制的位置是某个平面,因而在 CATIA 中绘制草图前需要确定绘制的基础平面。草图作为三维模型的基础,草图设计的图形设计根据建立模型的目的不同,要求也各不相同。

选择【Start】→【Mechanical Design】→【Sketch】弹出图 2-8 所示对话框,键入零件名称 Ex_Sketch_01 后进入零部件设计工作台,由于 CATIA 没有单独保存草图的文件格式,草图工作台是零部件、曲面以及其他工作台设计的基础工作台,因此是被包含在建模过程中可以随时调用的工作台之一。

图 2-8 CATIA 的图形用户窗口

选择草图设计工作台后,窗口如图 2-9 所示。草图设计是三维数字模型设计的基础,是在二维平面上绘制的图形。因此,需要进一步选择草图设计所在平面才能开始草图绘制。通过选择模型坐标系上的平面可以进入草图设计工作台。在工作窗口可以看出,CATIA 以目录树的形式记录所有操作,便于查询模型所包含的所有几何元素及建立几何元素的顺序。图中还明确地给出了右下角的世界坐标系,图中心的模型坐标系和右上角 Compass(指南针)所表达的观察坐标系。

第 2 章 图形编程基础与应用

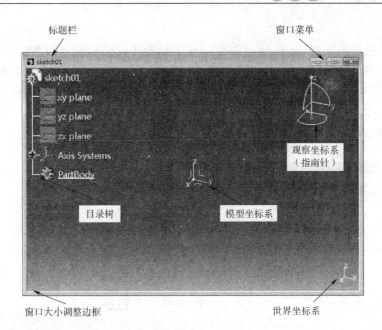

图 2-9 CATIA 的图形用户窗口

选择草图绘制平面后,草图设计界面上所显示的菜单如图 2-10 所示。草图绘制是在二维的平面中实现的,因此界面出现了二维模型坐标系的水平轴和竖直轴,以平行投影的视图显示在显示器上。界面中的工具按钮可以借鼠标移动到任意位置,工作台按钮显示了图中包括了图形选取工具、绘图工具、几何操作工具和草图工具。工作台中所有亮黄色突出显示的部分称之为高亮显示,表示被选择功能。

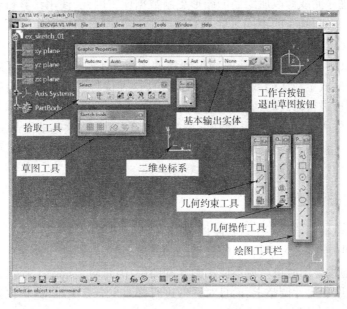

图 2-10 草图绘制界面

草图工作台的工具栏中包含了基本输出和输入的工具集合(图 2-11),除了文字输出之外都列在了 Graphic Properties(图形属性)中提供,包括线的颜色、线性、线宽、标记点以及图层。

拾取工具栏如图2-12所示，通过图表定义了拾取光标指向选择对象时，所选择对象的几何区域将以亮黄色突出显示，并在模型树中高亮显示选择对象的名称。按键选择对象上方的矩形；选择工作窗口中的任意封闭曲线；选择与封闭曲线相交的任意对象；选择多边形封闭曲线；利用光标移动轨迹选取；选择封闭曲线以外的所有对象；选择封闭曲线外部相交的所有对象。

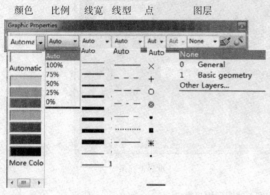

图2-11 图形属性工具栏

图2-12 拾取工具栏

2.2 图形绘制系统

计算机辅助绘图系统是一种可以根据设计者的交互式输入，创建和修改各种类型图形的软件，它可通过存储或修改所绘制的图形更新数据库。因此，使用计算机辅助绘图系统与使用文字处理器类似，唯一的不同之处是它输出的是工程图或数字模型而不是文档。在文字处理系统中，通过对已有文档进行修改就可以很方便地得到新的文档，计算机辅助绘图系统也可以通过对已有的图形进行修改而得到新的图形。不过，若使用文字处理器或计算机辅助绘图软件来生成全新文档或绘制全新图形时，这种优势就无法发挥出来了。但是当用已有的文档或图形进行修改时，它们就是一种相当有效的工具。接下来，本节将对大多数计算机辅助绘图软件所具有的一些共性功能做简要的介绍，并将这些功能与CATIA的软件系统的草图绘制工作台相对应，以此建立起理论与软件实际操作之间的联系，但是详细的操作还需要作者查阅用户手册和反复练习才能熟练掌握。

2.2.1 绘图设置

在使用计算机辅助绘图系统进行绘图之前，首先要设置一些参数，诸如单位、图纸尺寸、栅格以及绘图的图层等。为了精确、快速地绘制图形，我们必须适当地设置这些参数。对于草图绘制而言，通常绘图时也可以不使用图样和图层，但是对于绘制工程图样来说会浪费许多绘图时间在选取和尺寸调整上，而且对图形进行修改也会有困难，这将在工程图样绘制部分介绍。

一、设置单位

绘图之前应选择度量长度和角度的单位格式和精度。例如，长度单位可以设置为科学制、十进制、小数、工程以及建筑学等单位制;角度单位可以设置为百分度、度/分/秒、弧度以及勘测单位等;在 CATIA 中考虑到后续的工程分析计算,还可以设置质量、速度、重力加速度等物理量的单位,以及为参数化设计所提供的数据类型,包括整型、双精度、实数、字符串等。通过【Tools】→【Options】→【Parameters & Measure】→【unit】,在 CATIA 单位设置界面进行设置,如图 2-13 所示。通常,CATIA 中建立模型都按照 1:1 比例建模。

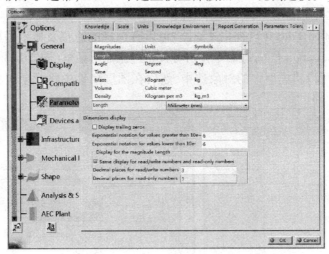

图 2-13　CATIA 单位设置

二、图层

当图形很复杂时,将一幅图形分解绘制到多个不同的图层上是很方便的。例如,若将整栋建筑的管道布局图和楼层平面图分别在不同的图层上进行绘制,可以非常简单明确的根据图层名称找到需要的部分。换言之,每个图层上的绘图任务(包括选择图层),要比绘制一幅复杂的图形所包含的所有需要显示的实体简单得多。然而,你需要同时关注不同图层上的图形,以确定不同图层上实体之间的相关位置(例如,建筑物的管道和墙壁之间的相关位置)。借助图层可以实现重叠,而不增加图形的复杂度。当前绘图的图层处于激活状态,而其他图层则处于非激活状态,就如同背景的作用一样,在非激活状态的图层中,所包含的图形元素对诸如拾取和删除等图形操作是无效的。因而,所显示图形的复杂程度与在激活状态图层上图形的复杂度是相同的。

图层功能被有效地用于绘制多层印制电路板的各层布局图,也被用在模具设计的曲面设计中。在这些应用中,每一层的布局图可以分别绘制出来,相关的电路图层则通过相互关联的定位信息叠合在一起,也可以方便地使用图层功能绘制用于装配体的零件图。若将每一个零件绘制在装配体布局图的不同图层上,则任何一个零件图都可以很容易地通过对应的图层进行修改。CATIA 提供的建模系统中,由于目录树的存在可以借助目录树管理图层,如果结合目录树和图层,图层就类似于不同文件夹中的文件,而目录树则充当了标签的角色,让使用者可以非常快捷地找到图形元素之间的关系。CATIA 的图层设置功能如下。

1. 分配图层

执行【View】→【Tool Bars】→【Graphic Properties】命令,弹出 Graphic Properties(图形属性)工具栏,如图 2-11 所示。默认的状态下没有图层,所有内容均可视化。各个应用该软件的企业有自行制定的图层标准。

2. 添加图层

执行 Graphic Properties 工具栏中的图层下拉菜单,弹出图层列表。选择【Other Layers】选项,弹出已命名层对话框,可以选择【New】按钮,系统自动找列表中添加层。并可以双击层名称定义图层名。如图 2-14 所示。

3. 使用可视化过滤器

通过 Visualization Filters(可视化过滤器)可以有选择的隐藏及显示图层,方便管理。执行【Tools】→【Visualization Filters】命令弹出可视化过滤器对话框(图 2-15),对话框中的图层是默认都可视的,可以将模型中的对象选中,然后在图层属性中将对象定义为另一图层,来实现可视图层的管理。

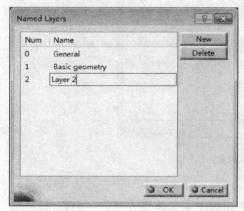
图 2-14 创建图层对话框

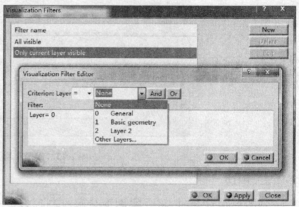
图 2-15 选择显示的图层对话框

三、栅格和捕捉

手工制图的常用做法是绘图之前用丁字尺画出网格底线,这样图形的边界线和其他的线就可以很容易地在其上面统一画出来。计算机辅助绘图系统所提供的栅格线与手工制图中的网格底线具有相同的目的。这样按照一定的间隔画出垂直和水平直线(栅格线))以形成底图,而构成图形的线段就绘制在底图上面。在 CATIA 中除了在草图中存在栅格线的交点之外,在【Drafting】(工程制图)工作台中也可以设置,两者的设置方法相同。

在栅格线的上面画出一条直线,必须指定两个端点的位置。为此,可以通过键盘或者当光标移动到所需位置时按鼠标键来提供端点的坐标值。当鼠标处于定位模式时,取消光标对鼠标移动的跟踪。由后一种方法指定的点的位置可能不准确,这是由人手运动的不稳定或不精确的鼠标机构造成的。为了避免这个问题,可以设置光标去捕捉最近的栅格线交叉点。当按下鼠标键时,返回的坐标值就是那些交叉点的坐标值,因此通过在屏幕上绘制栅格的方法可以确定点坐标的精确值。栅格的大小是可以调整的,这种特性被称为捕捉。CATIA 中栅格开关设置在界面的【Sketch Tools】工具栏中,图 2-16 所示草图工具栏包含的内容非常丰富,它会随着绘图工具的变化而改变显示的内容。设置栅格的间隔大小在【Tools】→【Options】→【Mechanical】→【Sketch】中,除了对栅格大小的设置之外,还可以设置图形元素的颜色规律,为图形编程提供可视化区分的便利工具。

图形编程基础与应用

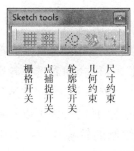
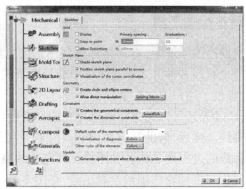

图2-16 草图工具栏和栅格设置

四、轮廓线约束与颜色

草图是实体建模的基础,虽然草图表达的是实体模型的投影图,通常把草图绘制的图形称之为轮廓线。根据草图绘制的轮廓线可以准确地得到空间实体模型,这就对轮廓线的空间位置提出了更多的要求,要求轮廓线与模型坐标系之间的空间位置关系必须确定。为此,对轮廓线的几何元素提出了完整约束的概念。

图2-16中的草图工具栏中除了栅格开关和点捕捉开关之外,还包括了轮廓线选择、几何约束和尺寸约束。实体运算对轮廓线要求非常严格,有些不参与轮廓线运算的图形元素必须区分出来,通常设置为辅助线型,当轮廓线开关被选中时显示为高亮,表示绘制的图形元素不参与实体运算。在草图绘制中图形之间的关系不同于AUTOCAD中仅仅表达图形元素,还包含了图形元素之间的关系,通常称这种关系为约束。通过图形元素之间的尺寸和几何关系建立相互之间的约束,是图形编程的具体表达。因此,必须在草图工具中将几何约束和尺寸约束工具选中,以保持系统对图形元素之间关系的判断。

为了准确描述图形元素之间运算关系和结果,CATIA中借助图形元素的颜色来表达。图形元素与模型坐标系之间的约束关系分为无约束、完整约束、无法变更、错误约束和过约束五种状态。

通过选择图2-16中对草图的颜色设置部分得到如图2-17所示的对话框。其中:Over-constrained(过约束)的图形元素定义为粉红色;Inconsistent(错误约束)的图形元素定义为红色;Not-changed(无法变更)定义为深红色;Iso-constrained(完整约束)定义为绿色;无约束的部分保持线型设置的默认颜色。

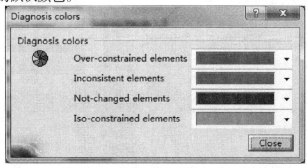

图2-17 图形元素约束颜色

2.2.2 基本绘图工具

在计算机辅助绘图系统中,有许多种绘制图形的方式。不同的绘制方式都应指定端点位置和先后顺序也有许多种方式。在上一节介绍的草图工具栏会随着选择轮廓线绘制工具的变化而变化,提供了用户建立轮廓线的两种途径:输入点的坐标参数和在定位点处按鼠标键。除此之外,CATIA 还可以通过拾取已存在的点来确定点的位置,也可以不精确地指定点画出定义的轮廓线。然后,借助几何约束和尺寸约束将绘制的轮廓线与模型坐标建立约束关系。绘制轮廓线的过程就是将各种图像元素完整约束的过程。

CATIA 中提供了多种轮廓图形绘制工具,在图 2-18 中的绘图工具栏中包含了多个轮廓线工具类型,每个图标按钮下方的黑色三角表示该轮廓类型包含着更多的子类型,展开截图如图 2-19 所示,这些工具也可以在菜单栏的【Insert】中找到对应的工具。

图 2-18 CATIA 中的轮廓线工具

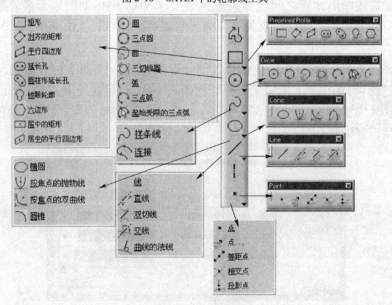

图 2-19 CATIA 中的轮廓线工具

一、连续折线工具

在选择了连续折线工具之后,草图工具栏的变化如图 2-20 所示。使用光标绘制图像,或在"Sketch Tools"工具栏内填入不同点的坐标点,其中 H 为与坐标原点的水平距离(即水平坐标值),V 是与坐标原点垂直的距离(即垂直坐标值),L 代表两点之间的距离,A 代表直线与水平轴的角度。

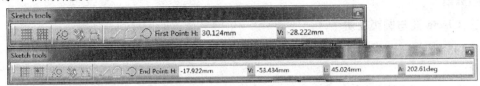

图 2-20　选择轮廓线后的草图工具栏

若要绘制圆弧,可单击"Sketch Tools"中的三点成弧◯或绘制与直线相切的圆弧◯,单击▨可以返回到直线绘制状态。一旦连续折线形成封闭图形,即自动结束连续线的绘制;若绘制不封闭的连续折线,则可单击▨按钮结束绘制;或直接单击其他图标转换绘图方式;也可以在连续折线的最后一点双击,即可完成连续折线的绘制。

二、Predefined Profiles(图形样板)

1. 矩形 Rectangle

进入草图绘制平面后,单击矩形按钮;用单击两点作为矩形的对角点,或在【Sketch Tools】上在 First Point 和 Second Point 文本框内输入坐标值,或在 Width 和 Height 字段输入矩形的宽与高,系统自动生成矩形 U 和 V 约束。

2. 对齐的矩形 Oriented Rectangle

使用单击两点作为矩形的一个边长,再移动鼠标确定另一边。也可以用输入坐标值的方式确定矩形的边点。

3. 平行四边形 Parallelogram

与斜置矩形建立的操作方式一致。

4. 延长孔 Elongated Holes

建立步骤:单击两点,代表延长孔的两个圆心位置,再单击一点,表示两圆公切线上的点;也可以通过在【Sketch Tools】工具条内输入坐标值、圆弧半径的方法确定。

5. 圆柱形延长孔 Cylindrical Elongated Holes

建立步骤:单击一点作为圆形延长孔圆弧的圆心,或在【Sketch Tools】工具栏内的 Circle Center 内填入圆心的坐标值;再单击一点作为圆形延长孔圆弧的起始点,或在【Sketch Tools】工具栏内的 Start Point 内填入起始坐标点;再单击一点作为圆形延长孔圆弧的终止点,或在 Sketch Tools 工具栏内的 End Point 内输入终止点的坐标值;单击圆形延长孔周围边上的任一点,或在【Sketch Tools】工具栏的 Point On Cylindrical Elongated Hole 内输入延长孔周边上一点的坐标值,或直接在工具栏的 Radius 上输入孔半径值。

6. 锁眼轮廓 KyeHole Profile

建立步骤:单击一点作为钥匙孔中大圆的圆心,或在【Sketch Tools】的 Center 项中输入坐标值;单击另一点作为钥匙孔中小圆的圆心,此点同时决定两个圆心的距离;单击一点,决定

小圆的半径;再单击一点决定大圆的半径。

7. 居中的矩形 Hexagon

操作步骤:单击一点作为正六边形的中心,或在【Sketch Tools】中 Hexagon Center 项中输入中心坐标值;单击一点作为正六边形一边的中点,或在工具栏中输入角度和 Dimension 值,角度为六边形中心点与当前要设置边的中点的连线与水平轴的夹角,Dimension 是中心点到边的距离值。

三、Circle 圆与圆弧工具

(1)正圆形、三点成圆、坐标画圆和三切线成圆都比较简单的根据圆心和半径的定义完成绘制。

(2)三点成弧利用三个点成一段圆弧,依次单击圆弧的起点、中间一点和终点。

(3)有限制的三点成弧,依次单击圆弧的起点、终点和圆弧中间的一点,它先决定圆弧的起始、终止距离,再决定圆弧的曲率。

(4)弧形先单击圆弧的中心点,再单击圆弧的起始点,然后单击圆弧的终止点。

四、Spline 样条线

样条曲线的绘制有两种方式,一种是绘制样条线,另一种将两条样条线连接起来。绘制完成样条线之后,可双击样条的一个控制点,则弹出对话框,可以对控制点的坐标值进行修改;或直接用鼠标左键按住所要修改的控制点进行拖动。

五、Conic 圆锥曲线

提供各种绘制圆锥曲线的工具,包括椭圆、抛物线、双曲线与利用5点绘制二次曲线等几种方式。

1. 椭圆 Ellipse

单击一点作为椭圆的中心点,或在【Sketch Tools】工具栏的 Center 中输入坐标值作为中心点;单击一点作为椭圆长轴的端点,或在【Sketch Tools】工具栏中 Major Semi-Axis Endpoint 栏输入坐标值;再单击一点作为椭圆上的点,或在【Sketch Tools】工具栏中 Minor Semi-Axis Endpoint 栏输入坐标值,即可完成椭圆的绘制。

2. 抛物线 Parabola by Focus

单击一点作为抛物线的中心,或在【Sketch Tools】工具栏中的 Focus 输入坐标值作为中心点;单击一点或在【Sketch Tools】工具栏中的 Apex 项中输入坐标作为抛物线的顶点。单击两点作为抛物线的两个端点,或在【Sketch Tools】工具栏中的 Start Point 和 End Point 中输入坐标值,即可完成抛物线的定义。

3. 双曲线 Hyperbola By Focus

单击一点作为双曲线的中心,或在【Sketch Tools】工具栏中的 Focus 输入坐标值作为中心点;单击一点作为双曲线的渐近线交点中心,或在【Sketch Tools】工具栏中的 Center 坐标;单击一点或在【Sketch Tools】工具栏中的 Apex 项中输入坐标作为双曲线的顶点;单击两点作为双曲线的起始点和终止点,或在【Sketch Tools】工具栏中的 Start Point 和 End Point 中输入坐标值,即可完成双曲线的定义。

4. 绘制二次曲线 Creates a Conic

利用5个点(或点与矢量),产生一条圆锥曲线。操作步骤如下:

单击一点作为曲线的第一端点,再单击一点作为曲线的第二端点;下来可以利用确定起始点 First Tangent 的矢量或终止点 Second Tangent 的矢量,也可以利用 Two Tangents 建立与两点都相切的辅助线来帮助建立曲线;也可以单击另外三点作为曲线上的点,确定曲线最后的形状,完成二次曲线的绘制。

六、Line 直线工具

绘制各种直线,包括直线 Line、无穷线段 Infinite Line、公切线 Bi-Tangent Line、角平分线 Bisecting Line 和曲线的法线 Line Normal To Curve 等直线绘制工具。

七、Point 点工具

有单点 Point、坐标点 Point By Using Coordinates、等分点 Equidistant Points、线交点 Intersection Point 和点在线上的投影点 Projection Point 等点建立方式。

八、Axis 轴线工具

可以绘制参考轴线,以虚线显示。

2.2.3 图形元素的约束

上述的轮廓线绘制工具的绘制过程,要关注各轮廓线与草图坐标之间的关系,要求轮廓线绘制完成之后通过约束能够与草图坐标系建立 ISO-Constrained(完整的约束)状态,这样的轮廓才能参与三维实体的运算,因此图形元素的约束是草图绘制的重点之一。约束分为几何约束和尺寸约束两种,尺寸约束类型见表 2-1,几何约束见表 2-2。

尺寸约束类型   表 2-1

名　称	形　式	说　明
Distance 距离	15	两图形元素之间距离
Length 长度	35	线段的长度
Angle 角度	40°	两条非平行线之间的角度
Radius/Diameter 半径/直径	R22　D22	圆弧表示为半径,圆表示为直径

几何约束类型 表2-2

名　　称	形　　式	说　　明
Fix 固定约束		固定约束,图元不再变化
Coincidence 重合		图形上一点与另一元素相合
Concentricity 同心		两圆同心
Tangency 相切		相切约束
Parallelism 平行		两直线平行约束
Perpendicular 垂直		两直线垂直约束
Horizon 水平		直线与水平轴平行约束
Vertical 竖直		直线与竖直周平行约束

显然,通过约束工具栏,可以实现对草图图形的长度、角度、平行、垂直、固定位置、相切等曲线图形加以限制约束,这些约束条件可以表示在图形上。在进行草图约束时,要对所有对象进行完全约束,而又不能重复约束。绘图参数设置中设置的线条颜色可以直接反映出草绘图形的约束状态:

(1)欠约束:显示未白色线条,表示图形的约束不完全。

(2)完全约束:显示未绿色线条,表示对图形的约束完全,而且没有重复。

(3)过约束:显示未紫色线条,表示对图形的约束过多,有重复。

(4)矛盾约束:显示为深红色线条,表示图形添加的多个约束之间互相矛盾,不能同时实现。

建立约束的工具如下：

（1）Constraints Defined in Dialog Box 使用对话框进行约束。通过对话框的约束可以得到如图 2-21 所示的对话框，分为两类约束：

①单一图形对象的约束有：Horizontal、Vertical、Length、Radius/Diameter、Fix、Semi major Axis（椭圆长轴的长度）、Seminar Axis（椭圆短轴的长度）。

②对两个图形对象之间的限制：Angle、Distance、Coincidence（共线、共点）、Concentricity（同心）、Tangency、Parallelism、Perpendicularity、Symmetry（对称）、Midpoint（中点）、Equidistant Point（等距离点）。

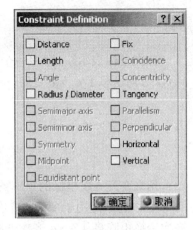

图 2-21　约束对话框

（2）Constraint 创建快速尺寸约束，通过系统判断自动生成对应的图形元素尺寸，这种约束在实际操作中常用于对尺寸的快速约束。

（3）Contact Constraint 创建接触几何约束，在实际操作中常被对话框约束来代替。

（4）Auto Constraint 自动创建约束，用于自动创建不太重要的约束。

（5）Animate Constraint 模拟约束效果，通过尺寸驱动草图变化，也被用于机构设计。

2.3　图形编程运算

在建立空间图形过程中，除了建立图形元素之外，还需要对图形元素进行操作，这种操作包含了对图形元素位置的变换，图形元素之间的相互运算和通过参数化的图形元素约束的设置形成图形程序，实现最终建立的模型在某一参数变化时，所有的参数也都随之按照图形绘制时设定的运算规律进行运算，从而得到新的图形。

2.3.1　图形变换

图形变换是计算机图形学中的基础技术。主要包括图形的变换比例、图形的平移、旋转及对称变换等。坐标值从一种坐标系到另一种坐标系的变换是基础。这就需要计算模型坐标系中物体上的点在世界坐标系中的坐标值，然后根据物体的当前位置通常是这样来指定的，即物体从它的初始位置开始需平移多少和旋转多少才能在新的位置与世界坐标系重合。由此，在当前位置的物体上，点的世界坐标值是物体在初始位置时通过平移和旋转其相应点来获得的。大多数图形库在内部执行这些变换，图形编程者仅需要提供每个物体平移和旋转的量。为了能正确的绘制出物体，并实施图形编程运算，尤其是当物体以复杂的方式移动时，我们需要具备这些变换的基础理论。

一、平移变换

在三维维空间里，一个点可以用两个坐标 x、y、z 表示。这三个值可以指定为一个行矩阵 $[x, y, z]$ 来表示，也可以用一个列矩阵来表示：

$$\begin{bmatrix} x \\ y \\ z \end{bmatrix} \tag{2-1}$$

齐次坐标表示法，即用一个$(n+1)$维的矢量来表示一个n维矢量时，当该坐标沿着想x、y、z方向平移了a、b、c之后，得到新的位置可以下式的矩阵形式表示：

$$\begin{bmatrix} x' \\ y' \\ z' \\ 1 \end{bmatrix} = \begin{bmatrix} 1 & 0 & 0 & a \\ 0 & 1 & 0 & b \\ 0 & 0 & 1 & c \\ 0 & 0 & 0 & 1 \end{bmatrix} \begin{bmatrix} x \\ y \\ z \\ 1 \end{bmatrix} \tag{2-2}$$

用来变换齐次坐标的矩阵被称为齐次变换矩阵，因此，式(2-2)右边的变换矩阵标记为 Trans(a、b、c)，是用于平移的齐次变换矩阵。若二维方式所表达的点需要进行平移变换时，齐次变换矩阵将从4×4齐次变换矩阵中删除第三行和第三列，变成一个3×3的矩阵。这个矩阵将应用于由3×1的列矢量所表示的点的坐标变换，该列矢量是从4×1的三维齐次坐标中减去z坐标得到的。

二、旋转变换

三维旋转变换比较复杂，如图2-22所示。下面首先分析绕x轴旋转、绕y轴旋转、绕z轴旋转的问题，再分析绕空间任意轴旋转的问题。在变换过程中要特别注意旋转角的度量方向，即正负值的确定问题。

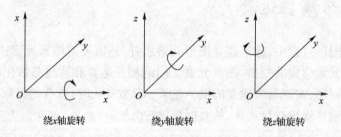

图2-22 绕空间的轴旋转

假定一个点绕坐标系的x轴旋转θ角度。在新的位置，该点的坐标可以按照式(2-3)求得。

$$\begin{bmatrix} x' \\ y' \\ z' \\ 1 \end{bmatrix} = \begin{bmatrix} 1 & 0 & 0 & 0 \\ 0 & \cos\theta & -\sin\theta & 0 \\ 0 & \sin\theta & \cos\theta & 0 \\ 0 & 0 & 0 & 1 \end{bmatrix} \begin{bmatrix} x \\ y \\ z \\ 1 \end{bmatrix} \tag{2-3}$$

该旋转是绕x轴旋转的矩阵，将变换矩阵记为$\mathrm{Rot}(x,\theta)$，以此类推可以得到绕y轴和绕z轴旋转的齐次变换矩阵，见式(2-4)，式(2-5)。

$$\mathrm{Rot}(y,\theta) = \begin{bmatrix} \cos\theta & 0 & \sin\theta & 0 \\ 0 & 1 & 0 & 0 \\ -\sin\theta & 0 & \cos\theta & 0 \\ 0 & 0 & 0 & 1 \end{bmatrix} \begin{bmatrix} x \\ y \\ z \\ 1 \end{bmatrix} \tag{2-4}$$

$$\text{Rot}(z,\theta) = \begin{bmatrix} \cos\theta & -\sin\theta & 0 & 0 \\ \sin\theta & \cos\theta & 0 & 0 \\ 0 & 0 & 1 & 0 \\ 0 & 0 & 0 & 1 \end{bmatrix} \begin{bmatrix} x \\ y \\ z \\ 1 \end{bmatrix} \tag{2-5}$$

到此为止，已经得到绕某一个坐标轴旋转的变换矩阵。接下来，通过组合绕 x、y 和 z 轴的旋转得到绕任意倾斜轴旋转的变换矩阵。因此，绕任意轴旋转的变换矩阵可以通过联合式(2-3)~式(2-5)来获得，这可以通过计算机对矩阵的运算得到。

在 CATIA 建模的过程中也提供了相应的旋转和平移变换工具，在草图设计中平移、旋转变换工具如图 2-23 所示。

图 2-23　绕空间的轴旋转

平移时，选择一个要平移的对象，再单击一点，或在【Sketch Tools】中 Start Point 栏中输入坐标值，建立移动参考点。在移动对话框中的 Instance(s) 输入想要得到移动复制的个数和相对移动的距离 Value 值。

旋转变换操作时，单击一点或在【Sketch Tools】工具栏内的 Center Point 栏内输入坐标，确定旋转中心，在对话框中的 Instance(s) 输入想要得到移动复制的个数；在【Sketch Tools】对话框中输入旋转角度值 Value。

三、缩放变换

让一个物体能分别在 x、y、z 方向上能放大或缩小 Sx、Sy、Sz 倍，可以使用式(2-6)的变换公式：

$$\begin{bmatrix} x' \\ y' \\ z' \\ 1 \end{bmatrix} = \begin{bmatrix} Sx & 0 & 0 & 0 \\ 0 & Sy & 0 & 0 \\ 0 & 0 & Sz & 0 \\ 0 & 0 & 0 & 1 \end{bmatrix} \begin{bmatrix} x \\ y \\ z \\ 1 \end{bmatrix} \tag{2-6}$$

在 CATIA 中可以选择【Transformation】中的缩放工具实现，如图 2-24 所示。同样可以在【Sketch Tools】中输入缩放的原点和方向，在对话框中输入缩放比例。

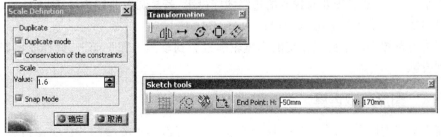

图 2-24　缩放变换

四、对称变换

以 xy 平面作为镜像变换的镜像平面,可以使用式(2-7)的变换矩阵,这种变换只改变 z 坐标的符号。在【Transformation】中选择对称变换,然后选择要对称的对象,在单击轴或面作为对称轴,即可得到对称图形。

$$\begin{bmatrix} x' \\ y' \\ z' \\ 1 \end{bmatrix} = \begin{bmatrix} 1 & 0 & 0 & 0 \\ 0 & 1 & 0 & 0 \\ 0 & 0 & -1 & 0 \\ 0 & 0 & 0 & 1 \end{bmatrix} \begin{bmatrix} x \\ y \\ z \\ 1 \end{bmatrix} \tag{2-7}$$

五、投影变换

投影中心和投影平面的距离为无穷远时为平行投影。若投影方向又垂直于投影平面称正平行投影。三面投影视图,即正视图、俯视图、侧视图就属于正平行投影多面视图的一种。草图设计中经常会利用其他几何体的投影视图获得轮廓线,或者在工程图生成时用三面视图来表达零部件的形状。为了将三个视图展开平画在一张平面图纸上,还需要将投影图旋转重合到一个平面上。

正面投影(正视图),视线与 Y 轴平行,记投影变换矩阵为 TV;水平投影(俯视图)是物体对水平面的正投影,记投影变换矩阵 TH;侧面投影(侧视图),此图所示为左视图,其变换矩阵可写为 TW。投影矩阵见式(2-8)。

$$TV = \begin{bmatrix} 1 & 0 & 0 & 0 \\ 0 & 0 & 0 & 0 \\ 0 & 0 & 1 & 0 \\ 0 & 0 & 0 & 1 \end{bmatrix}, TH = \begin{bmatrix} 1 & 0 & 0 & 0 \\ 0 & 1 & 0 & 0 \\ 0 & 0 & 0 & 0 \\ 0 & 0 & 0 & 1 \end{bmatrix}, TW = \begin{bmatrix} 0 & 0 & 0 & 0 \\ 0 & 1 & 0 & 0 \\ 0 & 0 & 1 & 0 \\ 0 & 0 & 0 & 1 \end{bmatrix} \tag{2-8}$$

此时,由此根据坐标变换矩阵可以很容易地实现图形向任意平面投影的结果。CATIA中也提供了投影工具,如图 2-25 所示。

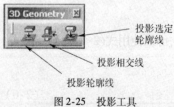

图 2-25 投影工具

1. 投影三维轮廓线 Project 3D Elements

用此功能可以将三维物体的边线投影到草图工作平面上。选择该按钮后,单击欲投影三维物体的边线,则投影后的线条会以鲜黄色表示。此线条与三维物体有关联关系,所以三维物体改变,则线条也作相应改变。

2. 投影相交的边线 Intersect 3D Elements

此功能可以将实体与草图工作平面相交的轮廓投影在草图工作平面上,轮廓必须要有锐利的边缘才能投影,若是圆形曲线边缘,则无法投影。

3. 投影选定轮廓边线 Project 3D Silhouette Edges

可以将与草图工作平面无相交的实体轮廓投影到草图工作平面上,选择要投影的边线即可实现投影。

2.3.2 图形剪裁运算

由窗口观察物理世界,会产生这样的问题,即物理世界中哪些部分位于窗口之内,哪些位于窗口之外。位于窗口之外的那一部分属不可见部分,应该删去。这个判别处理称剪裁

（Clipping），其中对点和直线的剪取算法是最基本的。在二维剪裁算法中，除了点、线的剪裁外，还有对整块面积（Solid area）的剪裁之分。剪取的对象是各种图形元素，如点、线段、曲线和字符等，其中对点和直线的剪取算法是最基本的。除了点、线的剪裁外，还有对整块面积（Solid area）的剪裁，即剪取多边形的算法。这种原本用于窗口显示的剪裁方式也应用于图形元素之间的运算处理。

以一根直线为例，相对于剪裁窗口可能有几种情况，如图2-26所示，I1全部在内；I2起点在内；I3终点的内；I4直线中段部分在屏内；I5全部在屏外；I6直线与屏仅一点相交。上列情况要经过一定的规则来鉴别。国内外学者曾提出多种裁剪算法。复杂的图形可能有成百上千根直线，只有效率高的算法才有现实意义。

这里介绍Dan Cohen和Ivan Sutherland设计的算法。用窗口的边框将平面分成九个区，每个区用四位二进制码表示（图2-27），任一条直线的两个端点的编码都与他们所在的区号相对应。四位代码每一位的意义分别为：①第一位：点在边界之左时为"1"；②第二位：点在边界右侧时为"1"；③第三位：点在边界之下时为"1"；④第四位：点在边界之上时为"1"；⑤其余为"0"。基本思想是，对直线两个端点进行测试，若两个端点的四位代码均为舍弃，整条线位于窗口内；若两个端点处四位代码不全为零，其逻辑乘为零，必须将线段再分。再分的方法是求线段与屏边界的交点，把边框外部分弃掉，保留边框内的部分。

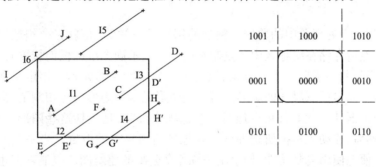

图2-26 剪裁窗口示意图　　　　图2-27 窗口的二进制码

多边形剪裁则是一种面积剪裁。剪取的结果仍然是多边形。进行多边形剪裁时，必须判断多边形在窗内、窗外或是与窗相交。窗内部分应保存；窗外部分应删去；多边形与窗框相交时，要计算与窗口边界交点。根据交点重建多边形顶点的拓扑关系。图2-28介绍的逐边剪裁算法是：取一条窗口的边界，这条直线把二维平面划分成两个区域，包括窗口在内的那个区域认为是窗内，另一个区域认为是窗外；用这条线和多边形相交计算交点，去除窗外部分的顶点，把窗内区域的顶点和交点重新建立拓扑关系，形成新的多边形。重复上述操作，四条边运算结束，多边形剪裁也就完成了。

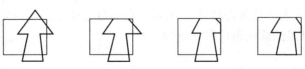

图2-28 逐边剪裁法

CATIA中提供的裁剪方法类似于上面的原理，首先找到端点和交点，再借助选取工具确定剪裁掉的部分，这种思维方式广泛应用于几何模型的设计过程中。CATIA草图设计中所

包含的剪裁工具选择【Operation】→【Relimitations】(重限制)
得到，如图2-29所示，包括修剪(Trim)、分段(Break)、快速修
剪(Quick Trim)、封闭曲线(Close)、互补(Complement)等修
整操作。

图 2-29　CATIA 草图剪裁工具

除此之外，【Operation】还提供 Corner(圆角)工具和 Chamfer(倒角)工具，用于草图设计时候对连接点处的重新限定。以倒角为例，当选择倒角工具时草图工具栏变成如图 2-30 所示，可以选择不同的剪裁模式对草图剪裁。

图 2-30　倒角的草图工具

修剪所有元素(Trim All Elements)　:倒角并除去倒角之外的线段。

修剪第一元素(Trim First Element)　:倒角，但只修剪所选的第一条线段。

不修剪(No Trim)　:倒角但不修剪任何线段。

2.3.3　图形参数化方法

一、复制

复制功能与文字处理器中的剪切和粘贴的用法是一样的(也就是一组绘制完的图形元素可以被选择，然后存储在缓存区中并复制到同一个或不同图纸的任何位置)。通过大小适当的矩形框将要复制的图形元素框进来，以选择要复制的图形元素。用定义视窗时画矩形的方式，在屏幕上画出任意尺寸的矩形。若一些图形元素被矩形边界切割了(即部分在矩形框内，部分在矩形框外)，此时你可以通过一个选项来说明，是包括这些图形元素，还是不包括这些元素。然后，移动光标把所选择的元素拖到所需复制的位置。当一幅图形有重复的图案时，可以方便地使用复制功能，如绘制一栋复杂公寓的建筑图。复制功能也使零件图形的绘制变得简单容易，因为在整个装配图中相关部分可以拷贝，并进一步细化。

作为复制功能的一种特殊形式，镜像功能被用于绘制轴对称图形。也就是说，在对称轴的一侧绘制完成图形，然后将绘制完成的图形元素关于这个对称轴镜像，从而生成另一半图形。这个功能对于绘制有一个或多个对称轴的图形是很有用的。此外，很多计算机辅助绘图系统提供了根据一组给定图形元素，按不同模式生成图形阵列的功能。CATIA 的草图绘制中可以选择【Operation】→【Relimitations】中的 offset 实现阵列的功能。

CATIA 草图设计中除了可以运用简单复制功能外，还提供了用于参数化建模的功能——Power Copy(强力复制)，将一些复杂的图形元素与有限的点和面等参考图形元算关联，当点和面的参考元素满足条件时，可以完成对已有复杂图形元素的定为复制。这些被复制的图形元素需要满足的前提条件是完整约束。

二、测量功能

测量功能允许对已完成的图形或是正在绘制的图形进行测算。换言之，系统可以显示所指定的任意形状的面积、两条直线的夹角或者两个图形元素之间的最小距离等。当在一个计算机辅助绘图系统中同时进行绘图和设计任务时，这项功能是非常有用的。例如，设计

者可以检查设计的结果的截面积是否满足要求,或是设备维修时所需的最小空间等,甚至可以将测量的结果用于参数化设计。

CATIA 中提供的测量工具为工具栏中的【Measure】工具栏,其中包含了距离测量和圆周测量,图 2-31 所示为测量工具对话框,在对话框中可以选择对不同图形元素的测量。

三、宏和参数化编程

宏编程用来把一系列图形命令合并为一个图形命令。把一系列图形命令组成一个程序,我们称之为宏程序。某些计算机语言中的条件语句和算法运算也可以插入到图形命令中。此外,要输入到宏程序中图形命令的参数可以定义为变量,以便输入不同的数值,产生不同的图形输出。在这种情况下,宏程序被称为参数化程序,这是因为执行

图 2-31 测量工具对话框

程序所生成的形状是随着有关参数传递数值的不同而改变的。例如,一个螺杆的自动绘图程序就是一个参数化程序。程序读取用户载入的条件,计算螺杆的尺寸,然后依据计算的尺寸绘制螺杆。正如所期望的那样,参数化程序有计算尺寸所需的算法运算和按计算尺寸绘制螺杆所需的一系列绘图命令。宏是一种很重要的功能,因为它可以允许不同商业化的计算机辅助绘图系统,根据不同的应用,进行客户化定制。事实上,一家公司开发参数化程序的多少,在一定程度上说明这家公司使用计算机辅助绘图系统的效率。

CATIA 提供了宏录制工具,可以在【Tools】→【Macro】中选择录制宏,录制完成的代码可以提供给设计者作为基础的宏代码,在此基础上可以修改出高效的自动绘图程序。除此之外,CATIA 为每个图形元素的尺寸都提供了变量名,在草图绘制中通过右键菜单可以调出参数化设计的菜单,如图 2-32 所示。使用者可以在该菜单中找到设计过程中生成的变量参数,也可以新建参数用于设计过程调用,同时在菜单中还提供了大量的函数库和变量类型,以便设计过程中编制计算程序。这些功能需要具备一定的程序编写基础的使用者使用。

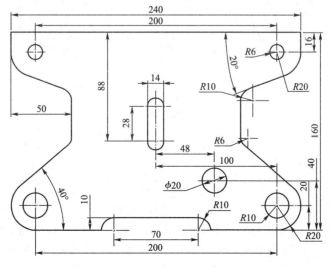

图 2-32 垫片图样

2.4 CATIA 草图设计应用实例

实例一 绘制垫片草图

步骤一：使用 Profile 根据图 2-32 创建衬垫外形轮廓，并在轮廓大致位置处画三个圆，结果如图 2-33 所示。

步骤二：使用 ◎ 画一个槽，如图 2-34 所示。

步骤三：编辑草绘元素，如将槽的上圆弧圆心改为 $H=0, V=20$，下圆弧圆心改为 $H=0, V=-20$。

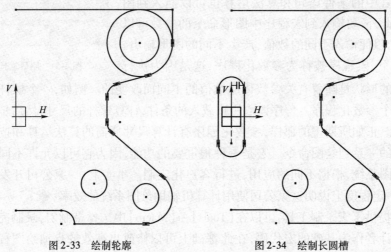

图 2-33 绘制轮廓　　　　图 2-34 绘制长圆槽

步骤四：选择绘制图形外轮廓，再按住 Ctrl 键选择两个圆，使用 ◁▷ 对所选元素进行镜像复制，得到如图 2-35 所示。

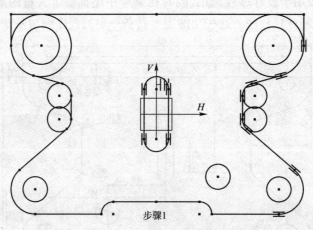

图 2-35 对称轮廓线

步骤五：隐藏对称约束图标，在"编辑"工具栏中选择"搜索"弹出图 2-36 对话框，在名称中输入"Symmetry.*"。所有堆成约束被选中，单击隐藏工具隐藏，以方便添加约束。

步骤六：添加约束，结果如图 2-37 所示，其中添加一个参数化约束如图 2-38 所示。

第 2 章 图形编程基础与应用

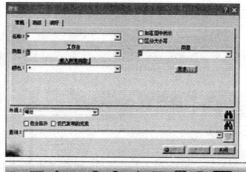

图 2-36 对称轮廓线

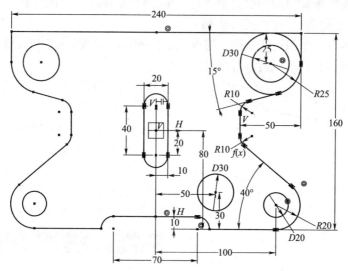

图 2-37 对称轮廓线

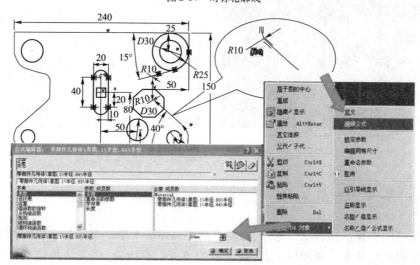

图 2-38 添加参数化计算公式

步骤七：借助检查工具检查约束状态，图2-39所示。

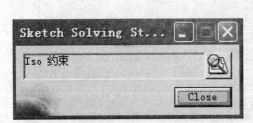

图2-39　检查约束

步骤八：使用约束命令对所绘元素进行约束，退出草图完成草图绘制。

实例二　动态约束（简单四连杆机构）

图2-40所示为一个四连杆机构。连杆（尺寸140）的位置是固定的，将角度56°作为可动约束，分析连杆（尺寸35）是否可以旋转一周。

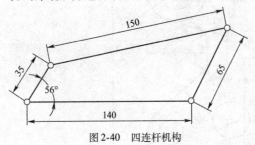

图2-40　四连杆机构

步骤一：构造完整约束的草绘如图2-40所示。

步骤二：选择角度约束，在选择约束工具栏中的制作约束动画按钮。如图2-41所示，设置初始值，即第一值和最后一个值；步骤数决定机构运动的快慢；工作指令栏可以设定是否开始计算；选项栏设定工作指令的执行方式。

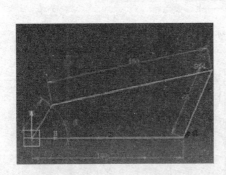
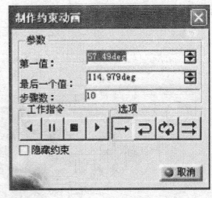

图2-41　添加动态尺寸约束

2.5　本章小结

数字模型能够显示在显示设备中，需要借助图形库技术驱动显示设备，而进行设计建模的过程就是将图形基本元素加以运算，从二维的点、线，再由点、线元素构成面，通过面的运算得到空间几何体。在CAD对模型的设计过程也经历了从二维到三维的过程，首先借助软

第 2 章　图形编程基础与应用

件提供的调用图形库工具,准确的绘制位于平面上的几何图形,称之为草图设计。

草图设计提供了模型设计的基础平台,本章通过将计算机图形编程的基础理论与草图设计的工具相互对应,给读者建立起图形编程的概念。以便于今后进一步学习 CATIA 软件提供了建模工具的操作基础。同时,也为处理复杂模型,借助空间几何体进行装配或空间模型间的运算提供了理论基础。

思考与练习

1. 用设备驱动命令直接编写图形程序的缺点有哪些?
2. 为什么基于图形库的图形程序只能运行在有限类型的图形设计上?
3. 解释用于计算机图形学的窗口(window)的含义。
4. 解释视区(Viewport)的含义。
5. 说明 CATIA 的用户界面是基于哪种窗口系统。
6. 运用 CATIA 草图绘制工作台,完成图 2-42 所示草图绘制。

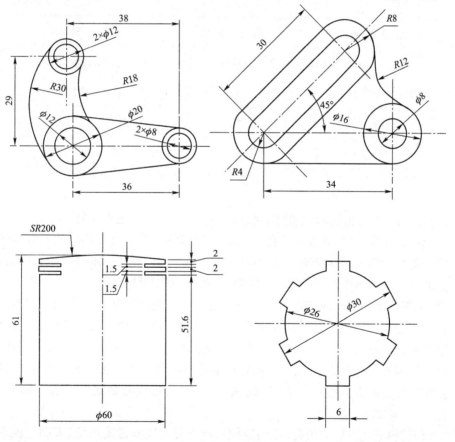

图 2-42　第 6 题图

第3章 产品建模技术与应用

 教学目标

1. 了解几何建模系统的基本原理和类型。
2. 掌握实体建模系统的建模方法。
3. 学会CATIA软件的零部件和装配工作台。
4. 掌握CATIA中产品设计的基本思路和操作方法。

 教学要点

知 识 要 点	掌握程度	相 关 知 识
几何建模系统概念	理解	线框、表面、实体、表面模型
CATIA零部件工作台	掌握	零部件建模方法
CATIA装配工作台	掌握	CATIA装配工作台工具
CATIA产品设计实例	理解	汽车产品自顶向下设计方法

设计过程可以看作随着设计者思路演进而逐步细化形状的过程,因此,作为一种辅助设计手段的CAD软件,可以理解成是这种详细设计过程的一种工具。典型的CAD软件可以分为两类:一类是计算机辅助绘图系统,设计者在二维平面中操作图形来实现自己的设计构想;另一类是几何建模系统,设计者在三维空间中操作三维形体。

几何建模系统解决了设计过程中使用物理模型所遇到的问题。在使用这种系统时,设计者在细化形状的过程中,可以对可视化模型进行变形、添加、切除之类的操作。这种三维的可视化模型看起来同物理模型一样,虽然它是无形的、触摸不到的,但包含了物理模型的相关数学描述,因此不必对原型进行测量,这恰恰是使用物理模型进行设计创造主要的不足之处。这些特点也成为后续产品设计、结构分析、工艺规程的制定以及加工制造模拟的基础。

根据几何建模系统发展的历程,几何建模系统可分为线框建模系统、表面建模系统、实体建模系统和混合设计建模系统。本章主要通过介绍几何建模系统的概念,结合CATIA软件零部件设计工作台,熟悉实体模型的数据结构,掌握CATIA软件零部件设计的基本思路和操作方法。

3.1 几何建模技术

通常,当人们看到三维的客观世界中的物体,对其有个认识,将这种认识描述到计算机内部,让计算机理解,这个过程称为建模。而几何建模就是以计算机能够理解的方式,对几何实体进行确切定义,赋予一定的数学描述,再以一定的数据结构形式对所定义的几何实体加以描述和存储,从而在计算机内部构造出几何实体的信息模型的过程。通过几何建模过程所定义、描述的几何实体必须是完整的、唯一的,并且能够从该模型上提取实体生成过程中的全部信息。模型一般是由数据、结构和算法3部分组成。所以,CAD/CAM几何建模技术所研究的内容是产品几何数据模型在计算机内部的建立方法、过程及采用的数据结构和算法。人们把能够定义、描述、生成几何实体,并能交互编辑的软件系统称为几何建模系统。

CAD/CAM系统的水平很大程度上取决于其三维几何建模系统的功能。

3.1.1 几何建模基础理论

一、几何信息与拓扑信息

在几何建模中,对几何形体的描述与表达是建立在形体的几何信息与拓扑信息基础上的。几何信息一般是指形体在欧氏空间中的形状、位置和大小。而拓扑信息是指形体各分量的数量及相互间的连接关系。此外还有一些非几何信息需要包含在建立的模型数据中。

1. 几何信息

几何信息包括有关点、线、面、体的信息,这些信息可以用几何分量方式表示。常见几何元素的定义为:①三维空间中的点用坐标 $P(x,y,z)$ 表示,点是几何信息中的基本元素;②直线用直线方程定义;③平面用 $Ax+By+Cz+D=0$ 的等式定义;④自由曲面用 Coons 曲面、样条曲面、Bezier 曲面和 NURNS 曲面等参数方程表示。

其中用代数方程表示的线、平面和曲面都没有考虑它们的边界,在实用中需把其边界条件结合在一起考虑才能准确的定义形体,为计算内部计算所使用。

2. 拓扑关系

拓扑信息是指形体各分量(点、边、面)相互间的连接关系,比如形体的某个边由哪几个顶点构成,而某个面又是由哪几个边构成等。各种几何元素相互间关系的总和构成了形体的拓扑信息。如果拓扑信息不同,即使几何信息相同,最终构造的形体可能完全不同。一个立方体的几何元素(点、边、面)间可能存在的几何元素点(V)、边(E)、面(F)之间的9种拓扑关系,如图3-1所示。这9种关系并不是独立的,由一种关系可以导出其他几种关系,这样在表达形体时,可以视具体要求,选择不同的拓扑描述方法。

为了在几何建模中保证建模过程的每一步所产生的中间形体的拓扑关系都正确,欧拉提出的关于描述形体的几何元素和拓扑关系的检验公式,可作为检验形体描述正确性与否的经验公式,公式如下:

$$F+V-E=2+R-2H \tag{3-1}$$

式中:F——面数;
E——边数;

V——顶点数；
R——面中的孔洞数；
H——体中的空穴数。

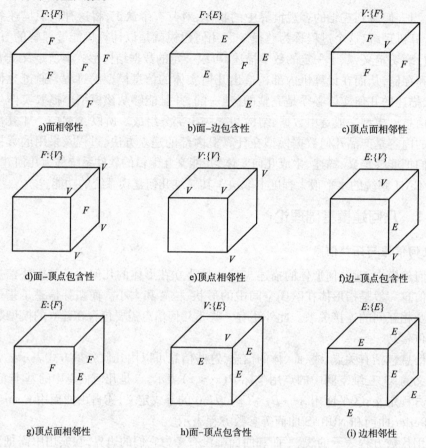

图3-1 点、边、面几何元素间的拓扑关系

欧拉检验公式是正确生成几何形体边界表示数据结构的有效工具，也是检验形体描述正确与否的重要依据。

3. 非几何信息

非几何信息是指产品除实体几何信息、拓扑信息以外的信息，包括零件的物理属性和工艺属性等，如零件的质量、性能参数、公差、表面粗糙度和技术要求等信息。为了满足CAD/CAM集成的要求，非几何信息的描述和表示显得越来越重要，是目前特征建模中特征分类的基础。

4. 形体的表示

形体在计算机内常采用图3-2所示的六层拓扑结构记性定义，并规定形体及其几何元素均定义在三维欧式空间中，各层结构的含义如下：

（1）体：体是三维几何元素。体由若干个面包围成的封闭有效空间，其边界是有限个面的集合，而外壳是形体的最大边界，是实体拓扑结构中的最高层。几何造型的最终结果就是各种形式的体。如图3-3a)所示，立方体由六个平面围成的空间，是具有良好边界的正则形体,正则形体没有悬边、悬面或一条边有两个以上邻面的情况,反之为非正则形体,如图3-3b)所示。

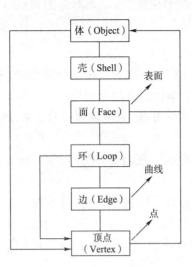

图3-2 点、边、面几何元素间的拓扑关系

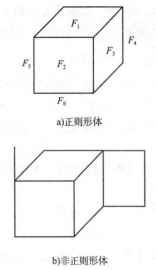

图3-3 正则模型与非正则模型

（2）壳：壳是一个完整实体的封闭边界,是形成封闭的单一连通空间的一组面的结合。实体的边界称为外壳,如果壳所包围的空间是个空集则为内壳。

（3）面：面是二维几何元素。面由一个外环和若干个内环界定的有界、非零的单连通区域,外环有且只有一个,而内环可以没有,可以是一个也可以是若干个。面具有方向性,面的方向用垂直于面的法向矢量表示,法向矢量向外的面为正面,反之为反面。法向矢量的方向由外环的旋向按右手法则确定。

（4）环：环是由有序、有向的边组成的封闭边界。环中各条边不能自相交,相邻两边共享一个端点。环的概念和面的概念密切相关,环有内环、外环之分,确定面的最大边界的环称为外环,而确定面内孔或者凸台边界的环称为内环。内环的方向与外环相反,通常外环按逆时针方向,内环按顺时针方向。

（5）边：边是一维几何元素。边是形体中两个相邻面的交界,对于正则形体而言,一条边只能有两个相邻的面,边有两个端点定界,分别称为该边的起点和终点,边可以是空间直线,也可以是空间曲线,但不能自相交。曲线边则由一系列型值点和控制点表示,也可用显式或隐式方程表示。

（6）顶点：顶点是边的端点,为两条或两条以上边的交点。顶点不能孤立存在于实体内、实体外或面和边的内部。

上述形体表述的要素中,需要注意的是各项中列出来的边不允许自相交,点不能孤立的存在等情况,在几何建模中出现这种情况会导致建模软件报错。此外,在几何建模中还会用到下面两个概念：

（1）体素：体素是指可由有限个参数描述的基本形体,或由定义的轮廓曲线沿指定的轨迹曲线扫描生成的形体。体素按照定义分为两种形式：基本形体体素和轮廓扫描体素。基本形体的体素包括长方体、球体、圆柱体、圆环体、棱锥体等,轮廓扫描体素是由定义的轮廓曲线沿指定的轨迹曲线扫描成体素。

（2）点：在计算机中对曲线、曲面、形体的描述、存储、输入、输出，实质上都是针对点集及其连接关系进行处理。根据点在实际形体中存在的位置，可以是形体的顶点、边的端点，也可以是曲线曲面的控制点、型值点、插值点。

二、几何建模的关键问题

由于客观事物大多是三维的、连续的，而在计算机内部的数据均为一维的、离散的、有限的，为了在计算机中表达与描述三维实体，必须要解决以下两个问题：

（1）确定合适的形体描述方法，实现对几何实体准确、完整和唯一的定义，建立起形体的信息模型。

（2）选择合适的数据结构描述有关数据，使存取方便自如，确定计算机内部的数据结构与存储结构。

运用计算机进行产品建模的过程实质是信息处理的过程，产品建模技术要解决的根本问题是如何以计算机能够理解的方式，对几何体进行适当的定义和数学描述，并以一定的数据结构形式在计算机内部构造这种描述，以提供计算机进行处理，描述这些数据结构的方式可以归纳为几何模型的类型或建模的方法。

三、几何建模方法的种类

在几何建模的过程中，设计对象的几何形状可由点、线、面和体等基础几何元素构成，选择不同类型的基础几何元素可以产生不同类型的几何模型。根据描述方法、存储的几何信息和拓扑信息的不同，传统的三维几何造型系统主要有三种类型：线框模型（Wire Frame Model）、实体模型（Solid Model）、表面模型（Surface Model）。通常，可根据工程设计和制造的难易程度来选择相应的模型和造型技术。

近些年来，为适应CAD/CAM集成环境的需要，人们在实体模型的基础上，研究开发了特征建模技术，形成了新的CAD模型，即特征模型（Feature Model）。特征建模技术一直是CAD/CAM领域的研究热点，并取得了巨大的进展。目前，新一代的CAD/CAM系统（如UG II、PRO/E、CATIA等）都是基于特征的参数化实体造型系统。CATIA还在此基础上定义了混合建模的思想，将各种几何模型的特点灵活运用，便于形成CAD建模过程中制定模型数据的标准。

3.1.2 线框建模系统

线框建模采用线框模型描述三维形体，是CAD/CAM发展过程中应用最早、也是最简单的一种建模方法。线框建模利用基本线素来定义设计目标的棱线部分，构成立体框架图。用这种方法生成的三维模型是由一系列的直线、圆弧、点及自由曲线组成，描述的是产品的轮廓外形。

线框建模的数据结构是表结构。在计算机内部，存储的是该形体的顶点及棱线信息，将实体的几何信息和拓扑信息层次清楚地记录在顶点表及边表中。几何信息可以由顶点来表示，表示顶点与顶点之间的拓扑关系可以用边实现，还可以实现视图变换及空间尺寸的协调。图3-4a)为正方体形体的线框图，图3-4b)是消除了E_8、E_9和E_{12}隐藏线的显示状态，

图 3-4c)则是隐藏了 E_3、E_4 和 E_6 之后的显示状态。显然在模型位置不变的情况下,消隐不同的边线得到的模型显示位置是不同的,这也就会产生歧义,通常称为线框图的多义性。

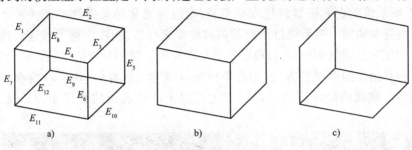

图 3-4 线框模型的多义性

线框模型的特点如下:

(1)线框建模的描述方法所需信息最少,数据运算简单,数据结构简单,所占的存储空间也比较小,对硬件的要求不高,容易掌握,处理时间较短。

(2)容易生成三视图,绘图处理容易,速度快。

(3)线框建模的数据模型规定了各条边的两个顶点以及各个顶点的坐标,这对于由平面构成的形体来说,轮廓线与棱线一致,能够比较清楚地反映形体的真实形状,但是对于曲面体,用边并不能准确表达形体。例如,表示圆柱的形状,就必须添加母线,对有些轮廓就必须描述圆弧的起点、终点、圆心位置、圆弧的走向等。

(4)当零件形状复杂时容易产生多义性。这种模型没有构成面的信息,因此不存在内外表面的区别,由于信息表达不完整,在许多情况下,会对形体形状的判断产生多义性,如图 3-4 所示。同时,没有面的信息无法识别可见边与不可见边,也就不能进行可见性校验及自动消隐处理。

(5)不能进行物性分析和形体几何特性计算(如质量、重心、惯性矩等)。

通常,线框模型不适用于需要进行完整信息描述的场合。但是,线框模型符合长期以来工程设计人员的设计习惯,通过线框可以方便地生成几何体的工程图、轴侧图和透视图,同时由于它有较好的响应速度,所以适合于仿真技术或中间结果的显示,如运动机构的模拟、干涉检验以及有限元网格划分后的显示等。也可已在建模过程中,快速显示某些中间结果,因此在许多 CAD/CAM 系统中均具有线框模型。

3.1.3 表面建模系统

表面建模采用表面模型,表面模型通过物体各表面(或曲面)的定义来描述三维物体。表面建模是将物体分解为组成物体的表面、边线和顶点,用顶点、边线和表面的有限集合来表示和建立物体的计算机内部模型。它常常利用线框功能,先构造一线框图,然后各种面素建立表面模型。因此,表面模型可看作在线框模型上覆盖一层表面面素所得到。面素可以是平面或二次曲面(如圆柱面、圆锥面、球面等),也可以是参数曲面,通过各面素的连接构成了组成面,各组成面的拼接就是所构造的模型。在计算机内部,表面建模的数据结构仍是表结构,除了给出边线及顶点的信息之外,还提供了构成三维物体各组成面素的信息,即在计算机内部,除顶点表和边表之外,还提供了面表。如果隐藏这些面,则表面建模系统产生的可视模型就与线框模型完全相同,这也表明了表面模型和线框模型之间的关系。

表面模型最适用于描述具有曲面型面的物体,如汽车、飞机、船舶等均具有自由曲面型面,如图3-5所示借助表面模型设计汽车车身,通过可视化结果来评价所涉及产品是否美观。对于这些复杂曲面一般是通过给出的离散数据来构造,使曲面通过或逼近这些离散数据点。为了产生完整的数学表示,目前已发展和研究出了很多种插值、逼近、拟合的算法,进而产生了多种自由曲面造型的方法,如孔斯(Coons)曲面、贝赛尔(Bezier)曲面、B-样条(B-Spline)曲面等。曲面的数学描述可以用于生成加工产品表面的数控走刀轨迹,如图3-6所示。

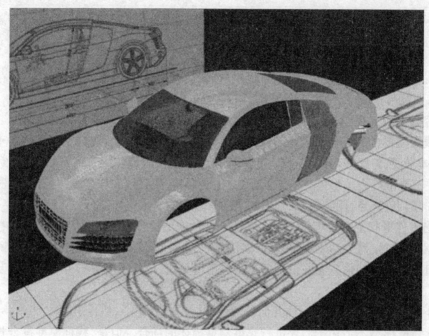

图3-5　汽车车身的表面模型

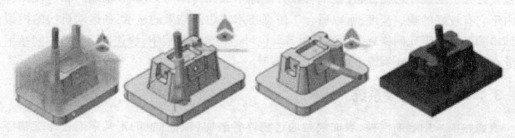

图3-6　数控加工走刀轨迹的计算和验证

应用表面建模方法构造曲面也称为曲面造型,关于曲面造型在第4章中详细介绍。表面建模的特点如下:

(1)表面建模以面的信息为基础,能够比较完整地定义三维物体的表面,在提供三维物体信息的完整性、严密性方面,表面建模比线框建模进了一步。表面模型描述的零件范围非常广泛,特别是像汽车车身、飞机机翼等难于用简单的数学模型表达的物体,都可采用表面建模来构造其模型。利用表面模型可以对表面作剖面、消隐、着色、表面积计算等多种操作,在图形终端上生成逼真的彩色图像,以便用户直观地从事产品的外形设计,从而避免表面形状设计的缺陷。

(2)表面建模可以为 CAD/CAM 中的其他场合提供数据,如有限元分析中的网格的划分,就可以直接利用表面建模构造的模型。

(3)表面建模所描述的仅是实体的外表面,并没切开物体面展示其内部结构,因而,也就无法表示零件的立体属性。例如,很难确定一个经过表面建模生成的三维物体是一个实心的物体,还是一个具有一定壁厚的壳,这种不确定性会给物体的质量特性分析带来问题。

3.1.4 实体建模系统

实体建模系统是用来创建具有封闭空间的形体,也叫实体。实体建模是建模技术的高级形式,早在 20 世纪 60 年代初,就提出了实体造型的概念,但由于当时理论研究和实践都不够成熟,实体造型技术发展缓慢。直到 70 年代后期,实体造型技术在理论、算法和应用方面逐渐成熟。进入 80 年代后,国内外不断推出实用的实体造型,在实体模型 CAD 设计、物性计算、三维形体的有限元分析、运动学分析、建筑物设计、空间布置、计算机辅助 NC 程序的生成和检验、部件装配、机器人等方面得到广泛的应用。目前,实体建模技术已成为 CAD/CAM 中的建模主流技术。

由于实体建模系统所创建的形状的数学描述除了包含表面建模系统所提供的信息外,还包含了确定的任意点是否在实体内部、外部或表面的信息。从而对实体操作的程序实现的是实体级而不是表面级的操作。例如,在对实体进行分析时采用的有限单元网格可以是实体单元网格;在编制数控加工程序时可以在规划刀具轨迹的同时考虑到切削量。

上述功能的实现是基于实体模型完整的前提下,然而创建完整的实体模型需要的数据量庞大,并要先将完整模型存储起来并建立相应的数学描述。如果实体建模系统要求直接输入所有的数学描述信息,那么用户会因为复杂而放弃使用实体模型系统,而且建立具体模型的过程也会与在现实中物理模型不同,其结果还可能与原来几何建模系统的初衷大相径庭。因此,实体建模系统的开发者试图提供给用户一些简单而且方便的建模方法,使用户可以像在现实世界中处理一个物理模型一样对实体模型进行处理,而不必考虑太多数学描述上的细节。为此,大多数实体建模系统提供了一些诸如基本体素创建、布尔运算、拉伸、扫描、旋转和倒圆角等建模功能,用户只需进行简单的操作就可以使用。系统会自动记录用户的操作,并建立其数学描述。

CATIA 中的【Part】零部件设计工作台提供了实体建模的工具。通过【Start】→【Part】进入工作台,打开 EX_01_Piston.CATPart 模型文件可以得到如图 3-7 所示的目录树和零部件工作台的工具栏,图中将实体建模所用到的工具栏调整到一起。可见 CATIA 的【Part】工作台提供了丰富的实体建模工具,零部件设计模块采用参数化特征建模技术来建立零件的三维实体模型,按生成特征方法的不同将各种特征分为四大类:基于草图的特征建模、基于特征的建模(修饰特征、变化特征)、布尔运算和基于曲面的特征。

基于草图的特征:由于草图经过各种变换得到的基本实体特征。

修饰特征:对基本实体进行倒圆、倒角等修饰操作而形成的特征。

变换特征:由已有的实体特征,经过平移、镜像等操作而形成的特征。

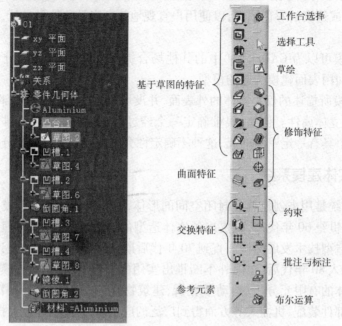

图 3-7　CATIA 的【Pad】工作台中的建模工具

曲面特征：对于复杂几何形状的零件，根据曲面造型得到的零件外形生成实体特征。

窗体左侧为目录树，零件文档中的零件几何体构成特征树的二级节点，在一个零件文档中可以包含几个零部件几何体，以便于通过布尔操作生成复杂形状的实体模型。构成零部件几何特征几何体的实体特征为特征树的三级节点，其下为构成它的草图、点、线、面等几何特征，这些特征的表示图标与工具栏中的图标一致，以便于查找识别。

一、平面轮廓扫描法（基于草图的特征）

扫描操作通过拉伸或旋转已定义好的封闭平面区域而建立一个实体。对于旋转一个封闭平面区域创建出实体的扫描操作来说，也称之为旋转操作。旋转扫描法仅限于构造具有旋转对称性的体素，而平移扫描法只适用于构造具有平移对称性的体素。该方法是基于体素运算的基础上提出来的方法。除了基于平面轮廓的扫描方法外，还可以进行整体扫描，所谓整体扫描就是使用刚体在空间运动以产生新的实体形状。

许多造型系统使用扫描法的结果表明，对等截面机械零件的建模是行之有效的，也能用于检查机械零件之间可能存在的干涉现象，另外扫描法应用在 NC 加工编程中可以进行加工过程的模拟和切削分析。这时，由沿预定轨迹移动的刀具扫描出的体积与零件的毛坯相交的体积表示零件上切除的部分。在 CATIA 中也借助这种方式结合布尔运算来表达零件的加工工艺和顺序。

这种方法定义封闭平面区域时，用户需要对图形施加几何约束或者输入尺寸数据，如图 3-8 所示，而不只是定义形状。这就是要借助于草图绘制平面上精确的截面图形，通过改变几何约束或者尺寸约束改变封闭平面区域和实体。由于涉及参数设置，这种方法也被称为参数化建模。参数可以是包含在几何约束或尺寸约束中的常量。这方法使设计者能够建立非常接近最终形状的模型，多个横截面可以非常精确地描述最终要生成的实体。

CATIA 的【Part】模块中提供了基于草图的建模方法,第 2 章中介绍的草图绘制工作台就是建立该方法中所使用的扫描轮廓。图 3-8 给出了【Sketch-Based Features】(基于草图特征)的工具栏中的工具,每个工具下方的黑色三角表示包含有同类型的工具。和草图工具一样,在菜单栏的【Insert】→【Sketch-Based Features】也可以看到所有的工具。这些工具分为添加几何体和去除几何体两类,添加几何体工具包括 Pad(凸块)、Shaft(旋转成形)、Rib(扫掠肋)、Stiffener(加强筋)、Multi-sections Solid(多截面实体)等功能,建立三维实体,而去除材料部分则属于特征建模系统。

图 3-8 基于草图的特征工具

接下来介绍几何体建模典型工具和使用方法。

1. Pad(凸块)

Pad 功能即是把指定的草图轮廓线(封闭)沿某一方向进行拉伸的操作,它有三种方式:Pad(凸块)、Drafted Filleted Pad(拔模与倒角的凸块)和 Multi-Pad(多截面凸块)。

单击 Pad 图标弹出对话框如图 3-9 所示,建立 Pad 几何体尺寸的定义方式有 Dimension、Up to next、Up to Last、Up to Plane、Up to Surface 等 5 种方式,除了 Dimension 不需要其他物体作为参考基准之外,其他的几种都需要有参考平面或实体表面。

在 Type 中选择"Dimension",在 Length 中输入想拉伸的厚度、选择是否反方向拉伸(Reverse Direction)及是否镜像(Mirrored Extent)。

凸块(Pad):Up to next 方式适用于另一平面或实体已存在,想要将封闭曲线拉伸,并以平面或实体的表面作为边界。注意封闭的曲线必须要与当作边界的平面或实体表面有前后的位置关系,如此才能拉伸。

(1)Up to last 方式:适用于两个以上的实体或平面存在时,想要将封闭轮廓拉伸到距离轮廓最远的平面或实体表面。

(2)Up to plane 方式:用此功能将封闭轮廓拉伸到已存在的平面或实体表面。

(3)Up to surface 方式:用此功能将封闭轮廓拉伸到已存在的曲面或实体。

若单击【More>>】按钮,则出现如图 3-9 右侧所示的对话框。First Limit 和 Second Limit 分别代表 LIM1 和 LIM2 两个方向拉伸的凸块厚度,分别表示同时向两个方向拉伸的厚度值。也可以使用拖动的方式,拖动图中 LIM1 和 LIM2 的箭头,即可改变拉伸的厚度。

建模过程中需要注意遵循几何模型系统运算的规律,有几点需要注意:

(1)二维草图平面的轮廓线一定要封闭。

(2)多个封闭的曲线的组合也可以拉伸成三维实体,但封闭曲线不能相交。

(3)拉伸完成后,如果想修改拉伸的图形,则可直接在"树形图"上双击对应的草图对象,即可进入草图工作平面修改草图,退出草图,则实体自动进行变化。若没有改动,则可以在【Tools】工具条单击 Update All 图标。

2. Shaft(旋转成形)

利用旋转成形功能可以让二维草图平面上的封闭轮廓相对轴线旋转,形成三维实体模型。平面曲线和轴线要求在草图设计模块绘制。利用草图中的轴线工具绘制轴线。如果非闭合曲线的首、尾两点在轴线或轴线的延长线上,也能生成旋转形体。

旋转成形应注意的几个事项,如图 3-10 所示。

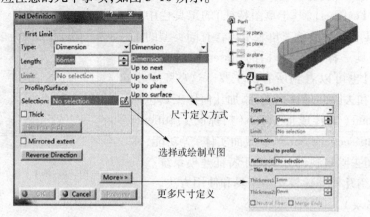

图 3-9　Pad 建模对话框

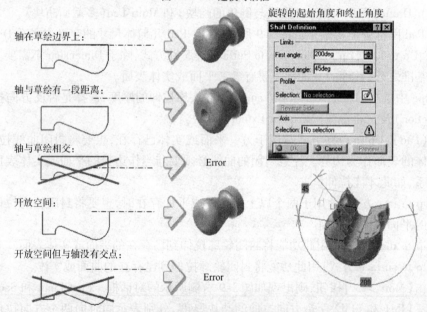

图 3-10　Shaft 建模对话框

(1)一般情况下,所绘制的二维轮廓曲线必须是封闭的曲线或与旋转轴接触,否则会出现"The selected sketch has to be closed or to be closed on the axis"的错误提示。

(2)如果欲旋转的曲线在一实体表面,虽然其不封闭,但轮廓缺口的延伸如果可以和转轴构成封闭,则可以成形。但这种状态往往会出现问题,一般不提倡这种方式,建议旋转曲线为封闭。

(3)旋转轴与轮廓线不可有相交,否则会出现"Topological Operators:Impossible relimitaion on the main part change the specifications"。

(4)旋转的图形可以多个不相交的封闭轮廓线组成。

3. Rib(扫掠肋)

该功能是将指定的一条平面轮廓线(Profile),沿指定的中心曲线(Center curve)扫描而生成形体。轮廓线是闭合的平面曲线,中心曲线是轮廓线扫描的路径。如果中心曲线是三维曲线,那么它必须切线连续,如果中心曲线是平面曲线,则无须切线连续,如果中心曲线是闭合三维曲线,那么轮廓线必须是闭合的。

该对话框 Profile control 项有以下三种选择:

(1) Keep angle:轮廓线所在平面和中心线切线方向的夹角保持不变,如图 3-11a)所示。

(2) Pulling direction:轮廓线方向始终保持与指定的方向不变。通过 Selection 项选择一条直线,即可确定指定的方向,如图 3-11b)所示。

(3) Reference surface:轮廓线平面的法线方向始终和指定的参考曲面夹角大小保持不变。通过 Selection 项选择一个表面即可,如图 3-11c)所示。

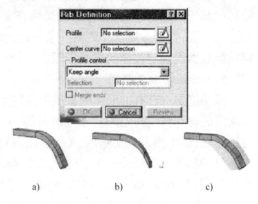

图 3-11 Rib 特征

4. Multi-sections Solid(多截面实体)

用一组互不交叉的截面曲线和一条指定的或自动确定的脊线(Spine)扫描得到的形体,形体的表面通过这组截面曲线,如图 3-12 所示。如果指定一组导线(Guides),那么形体还将受到导线的控制。可以为截面曲线指定相切支撑面,使放样形体和支撑面在此截面处相切,还可以在截面曲线上指定闭合点(Closing point),用于控制形体的扭曲状态。

 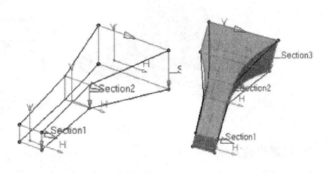

图 3-12 Multi-sections Solid(多截面实体)特征

对话框上部的列表框按选择顺序记录了一组截面曲线。下部有 Guides、Spine、Coupling 和 Relimitation 四个选项卡。

(1) Guides 选项卡:输入各截面曲线的导线。

(2) Spine 选项卡:输入所选的脊线,默认的脊线是自动计算的。

(3) Coupling 选项卡:控制截面曲线的耦合,有以下四种情况:

①Ratio:截面通过曲线坐标耦合。

②Tangency:截面通过曲线的切线不连续点耦合,如果各个截面的切线不连续点的数量不等,则截面不能耦合,必须通过手工修改不连续点使之相同,才能耦合。

③Tangency then curvature:截面通过曲线的曲率不连续点耦合,如果各个截面的曲率不连续点的数量不等,则截面不能耦合。

④Vertices:截面通过曲线的顶点耦合,如果各个截面的顶点的数量不等,则截面不能耦

合。截面线上的箭头表示截面线的方向,必须一致;各个截面线上的 Closing Point 所在位置必须一致,否则放样结果会产生扭曲。

(4) Relimitation 选项卡:控制放样的起始界限。当该选项卡的切换开关为打开状态时,放样的起始界限为起始截面;如果切换开关为关闭状态,若指定脊线,则按照脊线的端点确定起始界限,否则按照选择的第一条导线的端点确定起始界限;若脊线和导线均未指定时按照起始截面线确定放样的起始界限。

5. Stiffener(加强筋)

该功能是在已有的形体的基础上生成加强筋。加强筋的截面是通过已有的形体的表面和指定的轮廓线线确定的。可将加强筋的截面沿其法线正、反或双向拉伸到指定厚度。单击该图标,弹出图 3-13 所示定义加强筋的对话框。该对话框的说明如下:

(1) Thickness 栏:编辑框内输入加强筋厚度;若切换开关 Mirrored extent 为开,将双向拉伸;若单击 Reverse direction 按钮,将改变拉伸为当前的反方向。

(2) Depth 栏:若单击 Reverse direction 按钮,将在指定的轮廓线的另一侧形成加强筋的截面。

(3) Profile 栏:确定加强筋的轮廓线。

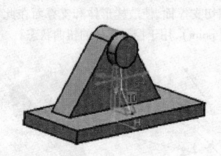 

图 3-13　Stiffener(加强筋)特征

二、体素建模方法

体素建模方法是通过检索事先在系统程序中存储的基本体素,找到后改变其尺寸来创建简单的实体,因此这种建模方法被称为体素建模法。在一个实体上进行添加或切除部分形体的操作,称之为布尔运算。体素建模法要用到布尔运算。这种建模方法可以使设计者尽快地建立起接近最终形状的实体,然后再进行修改、细化,但是这种方法建立的模型缺乏必要的参数,不够准确。

CATIA 中的【Part】(零部件)工作台主要用于零部件精确模型的建立,由于体素建模方法的不精确性,CATIA 将该类建模工具放在了【Imagine & Shape】(想象力造型)的工作台中。工具栏如图 3-14 所示,常用体素包括 Sphere(球体)、Cylinder(圆柱体)、Box(长方体)、Pyramid(正四面体)和 Torus(圆环体)。这些体素在 CATIA 中借助类似捏橡皮泥的想象力造型工具获得想要的形状,获得的模型结果缺乏准确参数。

图 3-14　CATIA 的体素工具

3.1.5 几何特征建模系统

基于特征的建模方法能够使设计者使用熟悉的形状单元来建立实体。所建实体除了包含基础形状实体信息(顶点、边和面等)之外,还包含形状单元的信息。例如,设计者可以使用诸如"在特定位置钻一定尺寸的孔"和"在特定的位置做一定尺寸的斜面"的命令,让已有的实体携带孔和斜面的位置、尺寸方面的信息。这些形状单元也被称为特征,用这些特征进行建模称之为基于特征的建模(简称为特征建模)。

在实际工程中,为了满足制造工艺、外形装饰及其他一些要求,多数特征建模系统所支持的特征都是一些制造特征,这些特征形体工具必须在有几何体的情况下才能被选取使用。这些特征工具包括基于草图的 Pocket(减轻槽)、Groove(旋转沟槽)、Slot(开槽)、Hole(钻孔)、Remove Multi-sections Solid(移除多界面)等功能。CATIA 零件设计模块的修饰特征创建命令集中 Dress-Up Feature (修饰特征)工具栏中。

这些特征之所以被称为制造特征是因为每一个特征都与一个确切的加工方法相对应,例如,孔是通过钻削加工得到,开槽是通过磨削加工得到。因此,当给定了加工特征如尺寸和定位等信息时,特征建模系统就可以自动地生成一个实体模型的加工工序。事实上,自动加工工序就是连接 CAD 与 CAM 的纽带,而现在这些系统都是孤立的。在 CATIA 中通过环境变量设置建立产品模型的 Start model,这些 Startmodel 运用布尔运算,结合 Slot(开槽)和 Hole(钻孔)特征命令来建模已经成为在汽车设计中建模规范的一部分。运用特征命令来建立实体模型即使不能完全自动化,也能将使加工工序简化

一、基于草图的特征建模

1. Pocket(减轻槽)

此工具栏提供制作 Pocket 和具有拔模斜度与倒圆角的 Drafted Filleted Pocket。其建模方法,对话框等操作和 Pad 操作类似。

2. Groove(旋转槽)

该功能是将一条闭合的平面曲线绕一条轴线旋转一定的角度,其结果是从当前形体减去旋转得到的形体。其操作过程、参数的含义与旋转体相同。

3. Hole(钻孔)

功能是钻圆孔或螺纹孔。单击该图标,弹出图 3-15 所示圆孔定义。该对话框分为 Extension、Type 和 Thread Definition 三个选项卡。

Thread Definition 选项卡定义钻孔的直径、深度和螺纹孔的螺纹大径、深度等参数。选择钻孔平面后则产生的孔中心和预选圆弧同心,或者产生两个相对于两直线的定位尺寸,双击尺寸可以编辑它们,从而定位了孔中心。

4. Slot(开槽)和 Remove Multi-sections Solid(移除多截面)

该功能的特征与 Loft 和 Remove Multi-sections Solid 的操作相同,不同的是在模型上减去材料。

二、基于特征的建模

Dress-Up Feature(修饰特征)工具栏,包括 Edge Fillet(圆角)、chamfer(倒角)、Draft Angle

（拔模角）、Shell（抽壳）、Thickness（厚度）、Thread/Tap（内外螺纹）、Remove Face（面移除）等基本修饰特征，如图3-16所示。

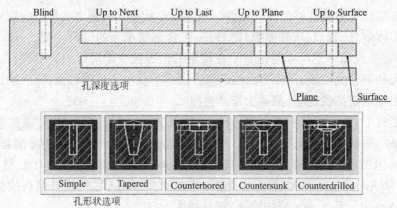

图3-15 Hole（钻孔）特征设计选项

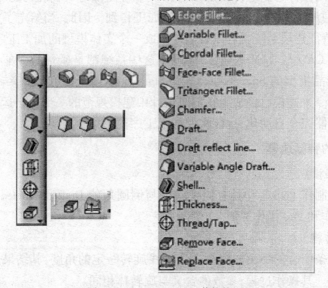

图3-16 Dress-Up Feture 修饰特征

1. Edge Fillet（圆角）

选择该命令后出现对话框如图3-17所示。该对话框各项的含义如下：

(1) Radius 编辑框：输入圆角半径。

(2) Object(s) to filet：输入倒圆角的对象，可选择多个棱边或面，被选择的边界处将产生圆角。

(3) Propagation：棱边的连续性，有 Minimal 和 Tangency 两种选择。若选择了 Minima，将不考虑与被选棱边的邻接边，即只倒被选棱边的圆角；若选择了 Tangency，如果被选棱边的邻接边与其相切邻接，也将被倒圆角。

(4) Edge(s) to keep：保留倒圆角的棱边，如图3-17a）所示。

(5) Limiting element 选择倒角的界限，如图3-17b）所示。

(6) Trim ribbons 按钮用于两棱边的倒角面相互交叉时，使倒角面互相剪切，如果不选此项,则倒角面不剪切,如图 3-17c)所示。

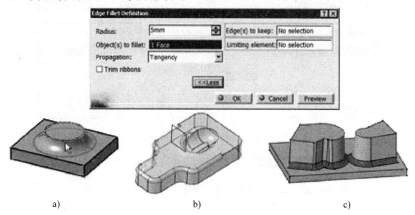

图 3-17　Edge Fillet（圆角）特征

2. Variable Fillet(变半径圆角)

该功能是在同一棱边上倒出半径为变化的圆角。图 3-18 所示对话框中 Radius、Propagation、Trim ribbons、Edge(sEdge(s) to keep 和 Limiting element 各项与前面固定半径圆角的含义相同,其余各项的含义如下:

(1)Edges(s) to filet:输入倒圆角的棱边。选中一条棱边时,棱边的两端显示了两个点和默认的半径值。

(2)Points:用来选取设置圆角半径的位置。首先单击该输入框,然后在被选棱边上单击某处,在被单击某处显示了一个点和默认的半径值。双击半径值,可以修改半径值。

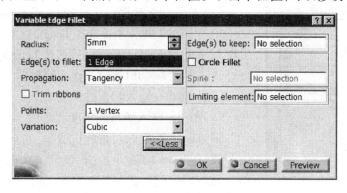

图 3-18　Variable Fillet(变半径圆角)对话框

3. Face-Face Fillet(面—面圆角)

该功能是生成面—面圆角。单击该图标,弹出图 3-19 所示面—面圆角定义对话框。输入圆角半径,选择邻接的两个面确认即可完成倒角。

4. Tritangent Fillet(三面相切圆角)

该功能是生成与三面相切的圆角。单击该图标,弹出图 3-20 所示定义与三面相切圆角的对话框。单击 Faces to fillet 域,选择两个面,例如,选择图 3-20a)所示形体的前后面,单击 Face to remove 域,选择移去的面,例如,选择图 3-20b)所示形体的顶面,结果如图 3-20c)所示。

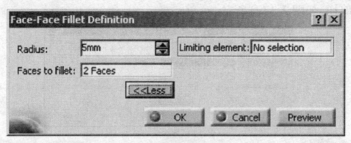

图3-19　Face-Face Fillet(面—面圆角)对话框

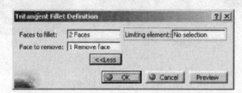

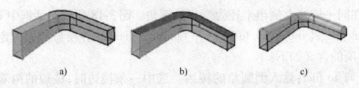

图3-20　Tritangent Fillet(三面相切圆角)特征

5. Chamfer(倒角)

设计对话框如图3-21所示,各项的含义如下:

（1）Mode 编辑框:切角的模式有 Length1/Angle 和 Length1/Length2 两种。若选择 Length1/Angle 模式,对话框出现 Length 和 Angle 编辑框;若选择 Length1/Length2 模式,该对话框出现 Length1 和 Length2 编辑框。

（2）Length1:输入切角的长度1。

（3）Angle:输入切角的角度。

（4）Length2:输入切角的长度2。

（5）Reverse 切换开关:若该开关为打开状态,Length1 和 Length2 的互换,其余各项的含义同倒圆角。

图3-21　Chamfer(倒角)对话框

6. Draft Angle(拔模角)

为了便于从模具中取出铸造类的零件,制造工艺为铸造或者锻造的零件侧壁需有一定斜度,即拔模角度。CATIA 可以实现等角度和变角度拔模。

（1）Draft Type:拔模类型,左边按钮是简单拔模,右边按钮是变角度拔模。

（2）Angle:拔模角度,即拔模后拔模面与拔模方向的夹角。

（3）Face(s) to draft:选择拔模(改变斜度)的表面,拔模面呈深红色显示。

（4）Selection by neutral face:若打开此切换开关,通过中性面选择拔模的表面。

（5）Neutral Element:中性面,即拔模过程中不变化的实体轮廓曲线,中性面呈蓝色显示,见图3-22形体中间的轮廓线。确定了中性面,也就确定了拔模方向。该栏的 Propagation 选项控制拔模面的选择,若选择了 None,将逐一个面地选择;若选择了 Smooth,在中性曲线上与选择曲面相切连续的所有曲面全被选中。

(6) Pulling direction:拔模方向,通常 CATIA 给出一个默认的拔模方向,见图 3-22a)的箭头。当选择中性面之后,拔模方向垂直于中性面。

(7) Parting element:分离面,分离面可以是平面、曲面或者是实体表面,拔模面被分离面分成两部分,分别拔模。该栏有以下三个切换开关:

①Parting = Neutral 切换开关:若该切换开关为打开状态,分离面和中性面是同一个面,如图 3-22b)所示,此时切换开关 Draft both sides 为可用状态。

②Draft both sides 切换开关:若该切换开关为打开状态,拔模成中间大两端小的形状,如图 3-22c)所示。

③Define Parting element 切换开关:当 Parting = Neutral 切换开关为关闭状态时,打开该切换开关,可以选择一个分离面。

a)　　　　　　　　　b)　　　　　　　　　c)

图 3-22　Draft Angle(拔模角)特征

(8)选择 Draft 右侧的按钮,切换至 Variable Angle Draft(变角度拔模),如图 3-23 所示。比较简单拔模对话框,区别在后者用"Points"编辑框替换了"Selection by neutral face"编辑框。说明变角度拔模不能通过中性面选择拔模的表面。关键的操作是选择中性面和拔模面后,与这两种面临界的棱边的两个端点各出现一个角度值,双击此角度值,通过随后弹出的修改对话框即可修改角度值。如果要增加角度控制点,借用 Points 编辑框,再单击棱边,棱边的单击处出现角度值显示。双击角度值,通过随后弹出的修改对话框即修改为指定角度。

图 3-23　Variable Angle Draft(变角度拔模)特征

7. Draft Reflect Line(拔模反射线)

Draft Reflect Line(拔模反射线)可以将零件中的曲面按某条反射线为基准线(neutral line)来进行拔模,该功能适用于曲面零部件。

8. shell(抽壳)

Shell(抽壳)功能是保留实体表面的厚度,挖空实体的内部,也可以在实体表面外增加厚度。单击该图标,弹出图 3-24 所示抽壳定义对话框。

（1）Default inside thickness：从形体表面向内保留的默认厚度，例如输入10。

（2）Default outside thickness：从形体表面向外增加的默认厚度，例如输入0。

（3）Faces to remove：选择要去掉的表面，呈深红色显示，默认的厚度显示在该面上，例如选择图3-24a）所示形体的顶面。

（4）Other thickness faces：确定非默认厚度的表面，呈蓝色显示，并出现该面的厚度值，双击厚度值可以改变该面的厚度。例如，选择图3-24a）所示形体的右前面，并将厚度值改为2。确定后得到如图3-24b）所示形体。

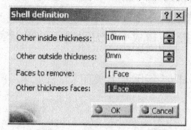 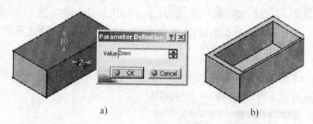

图3-24 shell（抽壳）特征

9. Thickness（厚度）

该特种用于增加或减少指定形体表面的厚度。图3-25所示厚度定义对话框。

（1）Default thickness：输入默认的厚度值，正数表示增加的厚度，负数表示减少的厚度，例如输入5。

（2）Default thickness faces：选择改变默认厚度的形体表面，该表面呈红色显示，例如选择图3-25a）所示圆柱的顶面。

（3）Other thickness faces：选择改变非默认厚度的形体表面，该表面呈蓝色显示。例如选择图3-25a）所示底板顶面。双击初始值厚度，将其改为 -2。确认即可得到图3-25b）所示形体。

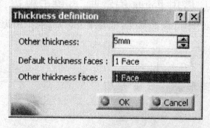 

图3-25 Thickness（厚度）特征

10. Thread/Tap（内外螺纹）

该功能是在圆柱表面生成外螺纹或在圆孔的表面生成内螺纹，但只是将螺纹信息记录到数据库，三维模型上并不产生螺旋线，而是在二维工程图样投影时采用了螺纹的规定画法。内外螺纹定义对话框各项的含义如下：

（1）Lateral Face：圆柱外表面或圆孔内表面，例如选择图3-26圆柱的外表面。

（2）Limit Face：螺纹的起始界限，必须是一个平面，例如选择图3-26圆柱的顶面。

（3）Reverse Direction：改变螺纹轴线为当前相反的方向。

（4）Type：螺纹的类型，其中Metric Thin Pitch为米制细牙螺纹、Metric Thick Pitch为米制

粗牙螺纹、No Standatd 为非标准螺纹,例如选择 Metric Thin Pitch。

(5) Thread Diameter:螺纹的大径。

(6) Support Diameter:圆柱或圆孔的直径。

(7) Thread Depth:螺纹的深(高、长)度。

(8) Support height:圆柱或圆孔的高(深、长)度。

(9) Pitch:螺距。

(10) Right Thread:右旋螺纹。

(11) Left Thread:左旋螺纹。

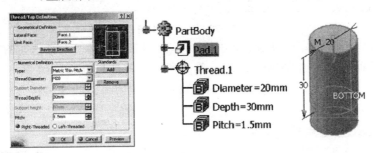

图 3-26 Thread/Tap(内外螺纹)特征

Remove Face(面移除)和 Replace Face(替换面)一般用于处理与曲面相关的几何模型特征处理,操作相对较为简单,但要求熟悉前述的几何形体构成结构中面与体之间的关系,才能准确选择移除和替换的面。

3.1.6 边界建模系统

边界建模方法用于对一个实体的低层对象的操作,如顶点、边和面进行增加、删除或修改等直接操作。边界建模方法的实现与表面建模系统的实现方法一样,即首先建立点,然后建立通过这些点的边,最后通过这些边来确定实体的面。但是,在实体建模系统中必须定义所有的表面直至形成一个封闭的空间,因此边界的表面必须封闭、有向,各表面之间有严格的拓扑关系,从而形成整体;而表面模型可以不封闭,并且不能通过面来判别形体的内部和外部,在表面模型中也不提供各个表面之间的连接信息。从设计的过程上来看,表面模型是以曲面为工具的设计过程,当这个过程设计完成之后就需要转成满足边界建模要求的边界模型,因此边界模型也是检验表面模型或者曲面建模设计结果的工具。

由于边界模型的特点决定了只用边界模型建立的实体虽然单调,但是可以有效地通过对已经存在边界模型进行修改,实现对模型实体模型快速修改。CATIA 零部件设计工作台中提供了将边界模型的工具,通过【Start】→【Mechanical Design】→【Wireframe & Surface Design】对边界模型进行编辑,但是由于该工作台工具较为有限,通常被【Generative Shape Design】(曲面)工作台所代替,只是从构成模型的数据结构上有所区分。在【Part Design】工作台中提供了如图 3-27 所示边界模型工具,包括 Split(分割)、Thick Surface(厚曲面)、Close Surface(闭合曲面)、Sew Surface(缝合面)等工具。

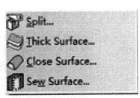

图 3-27 Dress-Up Feture 修饰特征

（1）Split（分割）功能可以通过平面或曲面切除相交实体的某一部分。该命令对话框如图 3-28 所示，"Split Element" 选择图 3-28a）中的曲面，箭头表示保留实体的方向，单击箭头，可以将箭头方向反向。确认之后的结果如图 3-28b）所示。

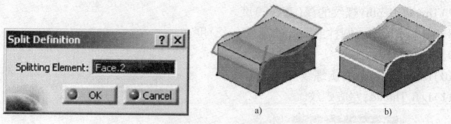

图 3-28　Split（分割）特征

（2）Thick Surface（厚曲面）为曲面添加厚度，使其成为形体。对话框如图 3-29 所示。选图 3-29a）所示曲面填入到 Object to offset，箭头所指方向是 First Offset（第一个等距面）的方向，可以给出两个方向的厚度，通过 Reverse Direction 按钮可以改变等距方向。确认后结果如图 3-29b）所示。

 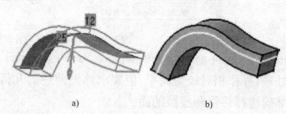

图 3-29　Thick Surface（厚曲面）特征

（3）Close Surface（闭合曲面）可以将曲面构成的封闭体积（Close Volume）转换为实体，若为非封闭体积 CATIA 也可以自动以线性的方式封闭，如图 3-30 所示。

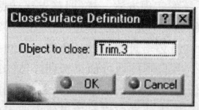 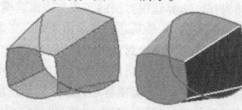

图 3-30　Thick Surface（厚曲面）特征

（4）Sew Surface（缝合面）将实体零件与曲面连接在一起，只需选择曲面，出现的箭头表示保留的形体部分如图 3-31 所示。与分割操作基本一致，只是"缝合曲面"之后曲面继续保持在操作之后的实体中，且曲面必须完全放置在实体中；而分割操作只是得到分割后的实体，曲面不一定要放在曲面之中。

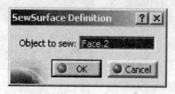 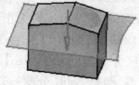 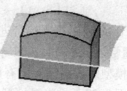

图 3-31　Sew Surface（缝合面）特征

3.2 零部件建模技术

前面介绍了几何建模系统中的一些建模方法,当一个几何模型用这些方法建立以后,它的所有数学描述就会被存储在计算机里。零部件模型也称为实体模型的建模不仅是几何形体,而是存储的零部件实体,这些实体还带有零部件的特征、曲面、材料甚至加工工艺等信息。在计算机中需要采用合适的存储格式来存储这些信息,从而无歧义地表达零部件实体信息,为零部件实体信息提供合理的数据结构,为其他信息的添加创造条件,也为后续的设计提供基础。这就需要从模型存储的数据入手,进而理解对模型的运算和操作,最终形成参数化的完整模型。

3.2.1 模型存储的数据结构

根据存储的对象进行分类,我们可以将描述实体的数据机构分为 3 种类型。第 1 类,数据结构存储实体的边界信息(例如,顶点、边和面,以及它们的链接信息)。这种描述实体的方法被称为边界表示法(Boundary Representation,B-Rep),它的数据结构被称为 B-Rep 数据结构。根据对象在链接处所提供的信息不同,有多种 B-Rep 数据结构。第 2 类,将体素的布尔运算过程存储在一个树形结构中,这个过程被称为构造实体几何(Constructive solid Geometry,CSG)描述,也被称为 CSG 树。第 3 类,结构存储的对象是像立方体这样简单对象的集合,用这种方式表示的实体模型被称为分解模型(Decomposition Model,DM),也成为空间单元表示法。

一、边界表示

B-rep(Boundary-representation)是以物体边界为基础,定义和描述几何形体的方法。这种方法能给出物体完整、显式的边界描述。其原理是:每个物全都由有限个面构成,每个面(平面或曲面)由有限条边围成的有限个封闭域定义。或者说,物体的边界是有限个单元面的并集,而每一个单元面都必须是有界的。

采用边界表示法,一个物体可以通过它的边界(面的子集)表示,而每一个面又可通过边,边通过点,点通过 3 个坐标来定义。边界模型的数据结构是网状关系,如图 3-32 所示。边界表示法的核心信息是面,而边构成了面之间的关联,边的走向可标识面的法线方向,因此,某一个面是内面还是外面很容易区别。

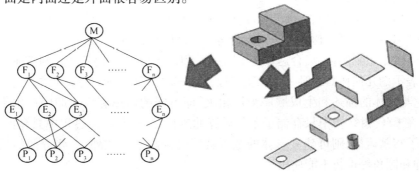

图 3-32 边界表示法

边界表示法在计算机内的存储结构用体表、面表、环表、边表、顶点表5个层次的表来描述。体表描述的是几何体包含的基本体素名称以及它们之间的相互位置和拼合关系；面表描述的是几何体包含的各个面及面的数学方程。每个面都有且只有一个外环，如果面内有孔，则还有内环；环表描述的是环由哪些边组成；边表中有直边、二次曲线边、三次样条曲线边以及各种面相贯后产生的高次曲线边；顶点表述的是边的端点或曲线型值点，点不允许孤立地存在于几何的内部或外部，只能存在于几何体的边界上。

边界表示法中允许绝大多数有关几何体结构的运算直接用面、边、点定义的数据实现。这有利于生成和绘制线框图、投影图、有限元网格的划分和几何特性计算，容易与二维绘图软件衔接。实体的边界是实体与周围环境的主要界面。它的外观决定于表面性质、形状、颜色和纹理，即使是透明体，边界表面也影响光的反射。实体的边界面同时也是指它与其他实体相接触的地方，比如在制造加工过程中刀具轨迹的包络面就是边界面，因此，实体的边界表达模型在实际工程中得到了广泛的应用。

但边界表示法模型的内部结构和关系与物体的生成描述无关，因而无法提供物体的生成信息。

二、构造几何模型

构造几何实体（CSG）表示法是将复杂的几何实体分解成许多简单体素，通过布尔运算将这个简单体素组合起来构造实体模型的办法。

用CSG表示构造几何体时，是先定义体素，然后通过布尔运算将体素拼合成所需要的几何体，其特点是信息简单，处理方便，无冗余的几何信息，并详细记录了构成几何体的原始特征和全部定义参数，必要时可以附加几何体和体素的各种属性。

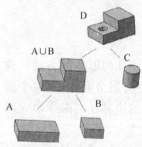

图3-33 形体的二叉树

CSG法把组合过程中用到的体素、几何运算、几何变换及变化参数用二叉树的数据结构表示出来，因而可以把形体的CSG表示看作是有序的二叉树，树的叶节点是体素或几何变化换参数，非叶节点是集合运算操作或几何变换操作，树根表示最终生成的几何体（体素），则实体 $D = (A \cup B) - C$ 的CSG树是一个有序二叉树，如图3-33所示。

一般情况，CSG树可以定义为：

<CSG 树> = <体素>

<CSG 树> = <CSG 树> <几何变换> <参数>

<CSG 树> = <CSG 树> <正则集合运算> <CSG 树>

如果体素是正则实体，集合运算是正则运算，则得到的实体仍然是正则实体。

CSG表示的几何体具有唯一性和明确性，但一个几何体CSG表示和描述的方式却不是唯一的，它与物体的描述和生成顺序密切相关，即不同的描述和生成顺序产生不同的CSG树。因为在CSG树结构中只存储了布尔运算的过程，所以在建模过程中只允许布尔运算。若只运用了布尔运算，则可建立形体的范围就会受到限制。此外，一些方便的局部修改功能，如拉伸和圆角等也将不能使用。

CSG表示法的主要问题是这种数据结构无法存储物体最终的详细信息，如物体的面、边、顶点等信息。在CSG树形结构中必须通过大量的计算才能得到边界面、边界线以及这些边界对象间的链接信息,而偏偏许多应用都需要这些边界信息,如实体的显示。无论是显示实体的色彩浓淡图像,还是显示实体的线框图,这些边、面信息都必不可少,CSG树在表示交互式显示和操作实体时就不是很适合。此外,当用磨床加工一个实体表面的数控加工刀具轨迹的计算时,被加工的表面和它的边界边信息是必需的。此外,在钻孔时也需要用到邻接表面的信息。从CSG树结构中得到一个实体的所有边界信息并不是一项简单的工作。

由于上述缺点,基于CSG树表示的实体建模趋于和相应的边界表示一起混合表示,其中保持两种表示之间的一致性是很重要的。

三、CSG与B-rep混合表示方法

B-rep法在图形处理上有明显的优点,因为这种方法与工程图的表示相近,根据B-rep数据可迅速转换为线框模型,尤其在曲面造型领域,便于计算机处理、交互设计与修改。此外,B-rep多面体系统在生成浓淡图时也有特点,如在用像素操作法和填充法进行浓淡处理时,在显示速度和质量方面也有明显的优点。用B-rep描述平面和自由曲面(B样条、Beizer、Coons曲面)都是可行的。

而CSG表示法在几何形体定义方面具有精确、严格的优点。其基本定义单位是体,但不具备面、环、边、点的拓扑关系。因此,其数据结构比较简单。在模式识别方面,CSG法也有自己的长处。CSG模型是由各个体素构成,而体素正是零件基本形体的表示,因此,从中很容易抽象出零件的宏观形体和具体形体。例如,若机器人的工作环境用CSG方法定义,则整个机器人的工作过程可用CSG模型进行动态仿真。但是由于CSG表示法未建立完整的边界信息,因此,既不可能向线框模型转换,也不能用来直接显示工程图。另外,CSG模型不能作局部修改,因为其可修改的最小单元是体素。

CSG与B-rep表示法各有所长,许多系统采用两者综合的表示方法进行实体造型。现在许多CAD/CAM系统均已采用CSG模型系统为外部模型,而用B-rep模型作为系统的内部数据模型。为了发挥CSG和B-rep的长处,同时保留CSG和B-rep模型的数据十分必要。这也就说明有些时候仅仅拿到CSG模型是无法进行CAD/CAM研究的。

CSG加上B-rep一起可以作为整个几何数据模型。这样,当面临一个复杂的问题时,各应用程序可并行进行,时间和空间效率都可以提高。同时,CSG信息和B-rep信息可以相互补充,确保几何模型信息的完整与精确。

混合模式有两种不同的数据结构组成,当前应用最多的混合模型是在原有CSG树的节点上再扩充一级边界数据结构,如图3-34所示,以便达到实现快速图形显示的目的。因此,混合模式可理解为是在CSG模式基础上的一种逻辑扩展,其中,起主导作用的是CSG结构,再结合B-Rep的优点,可以完整地表达物体的几何、拓扑信息。

四、空间单元表示法

空间单元表示法也称分割法,其基本思想是将一个三维实体有规律地分割成有限个单元,这些单元均为具有一定大小的立方体,如图3-35所示。

空间单元表示法在计算机内部通过定义各个单元的位置是否填充来建立整个实体的数据结构。这个数据结构通常采用八叉树来表示。八叉树表示是一种层次数据结构,首先在

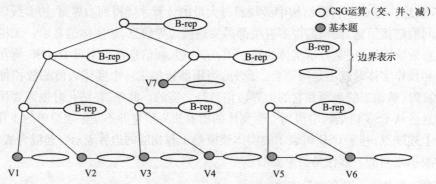

图3-34 混合模式的数据结构

空间中定义一个能够包含所表示物体的立方体,立方体的3条棱边分别与x,y,z轴平行。如果所要表示的物体就是这一立方体,算法结束。否则将立方体等分为8个子块,每块仍是一个小立方体,将这8个小立方体依次编号为1,2,…,8。若某一小立方体的体内空间全部被所表示的物体占据,则将此立方体标识为"满";若它与所表示的物体无交,则标识为"空";否则将它标识为"部分占有",对部分占有可继续分割下去。当分割到每一小立方体的边长为1时,应将每一"部分占有"的单元标识为"满"。

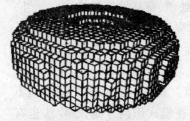

图3-35 用空间单元体表示圆环

至此就完成了物体的八叉树表示算法。在图3-36中,占满的小立方体涂黑,"部分有"画剖面线,空白表示无交。

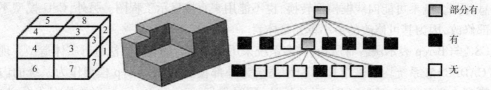

图3-36 实体模型的八叉树描述

采用八叉树表示后,物体之间的集合运算十分简单,物体的体积计算也十分简单,并且大大简化了隐藏线和隐藏面的消除算法。但是八叉树表示物体占用存储量较大。由于八叉树结构能表示现实世界中物体的复杂性,所以它日益受到人们的重视。

3.2.2 产品特征建模概念

特征建模作为几何实体建模向产品建模方向发展的建模方法,需要包含并能有效的表达出非几何信息,这些非几何信息包含产品生命周期各阶段的数据要求,同时又要求是反映各阶段数据关系的统一产品模型。这些关系必须通过一定的方式表达,并和模型有机地结合在一起。CATIA中利用参数化的设计过程包含上述特征模型的需求,用特征目录树将这些关系直观地反映在模型中。

虽然特征建模的概念提出于20世纪70年代,但是至今还没有一个严格、完整的定义。一般认为特征具有的特点包括:①特征与零件的几何描述有关。②特征有一定的工程实际意义。在不同的工程领域,特征的内容可能不同。具体应用中特征应覆盖所需要的信息。

③特征应该可被识别和转换。由以上特征的特点可知,特征不是体素,不是某个或几个加工表面;特征有大有小,可分解也可以组合。根据定义实体零部件的信息需要,特征可分为形体特征、精度特征、材料特征、制造特征和管理特征。这些特征结合起来构成了产品特征模型。

特征的建模方法涉及交互式特征定义、特征自动识别和基于特征识别的设计三个方面。

一、交互式特征定义

这种方法首先利用现有的实体建模系统建立产品的几何模型,然后由用户进入特征定义系统,通过人机交互方式提取定义特征的几何要素,并将特征参数或精度、技术要求、材料、热处理等信息作为属性添加到特征模型中。这种方法简单,但效率低,难以提高自动化程度,实体的几何信息与特征信息之间没有必然的联系,难以实现产品数据的共享,容易在信息处理中产生人为的错误。

二、特征自动识别

将设计的实体几何模型和系统内部预先定义的特征库中的特征进行自动比较,确定特征的具体类型及其他信息,形成实体的特征模型。

特征识别的步骤为:①搜索产品几何数据库,从中找出与之特征匹配的具体类型;②从数据库中选择并确定已识别的特征信息;③确定特征的具体参数;④完成特征模型;⑤组合简单特征,以获得高级特征。

特征自动识别实现了实体建模中特征信息与几何信息的统一,从而实现了真正的特征建模。特征自动识别一般只针对简单形状有效,且仍缺乏CAPP所需的公差、材料等属性。特征自动识别存在的问题是不能伴随实体的形成过程实时定义特征,只能在事后定义实体特征,再对已存在的实体模型进行特征识别与提取。

三、基于特征识别的设计

利用特征内已定义的特征库对产品进行特征造型或特征建模。也就是说,设计者直接从特征库中提取特征的布尔运算(即基本特征单元的不断"堆积"),最后形成零件模型的设计与定义。

特征库的中的大量特征的组织方式包括:①图谱方式,画出各种特征图,附以特征属性,简称表格形式;②用形式化数据规范语言对特征进行描述,建立特征的概念库;③用计算机可执行的程序设计语言描述特征,设计时直接调用特征库及程序文件,进行绘图和建立产品信息模型。

特征库应具备的功能包括:①完备的形状特征,以适应众多的软件;②完备的产品信息,既有几何和拓扑信息,又有各类特征信息,还包括零件的总体信息;③特征库的组织方式便于操作和管理,方便用户对特征库中的特征机型修改和编辑;④特征的定义参数化,在个参数值赋值后,可实时更新所需要的形体。

在特征建模的实施过程中,特征建模的用户化也是一项重要的工作。由于特征建模系统通常只能提供一些常见的形状特征(如凸台、键槽和圆孔等),所以用户必须根据企业产品特点和加工方法,归纳出本企业的常见特征,通过特征分类、编号和确定特征参数等制定出本企业产品的"特征谱",并借助系统提供的开发工具开发出本企业产品中常见的零件特征库。从软件的角度来看,软件为特征建模提供了基本的工具,而运用这些工具则需要用户在基本工具基础上的制定出使用的规范,这就是企业或行业中的建模的标准。这些标准是确保产品设计的各个部门之间协同工作的基础。

3.2.3 CATIA 特征建模工具

在 CAD/CAM 系统中，为了满足制造所需的完整信息，对零件信息的描述除了几何形状之外，还包括尺寸公差、形状公差、位置公差、表面质量、材料信息等非几何信息，将特征的概念引入零部件设计，出现了零部件混合特征建模技术。特征建模技术是几何建模技术的延伸，是在实体建模的基础上，将形状特征、材料特征、加工特征等作为建模的基本单元来构造实体几何模型。这样实体模型既有几何信息又有非几何信息，实现了信息的完整表达，满足工程设计的实际需求。为了达到上述数据结构存储和表达的合理，CATIA 建模过程采用 CSG 和 B-rep 混合建模方式，考虑到数据关联和参数化设计的需要，还会选择在建模时带有曲面信息。因此在 CATIA 中新建零部件模型时提供了混合建模和包含曲面信息的对话框，如图 3-37 所示，如果不选择时系统默认采用 CSG 模型。混合特征建模中包含了布尔运算、实体操作、添加材料信息和标注功能等。

一、布尔运算工具

布尔运算是最难实现的建模方法，然而它具有最强有效的建模能力。布尔运算可以对任意两个实体进行求并、求交或求差运算，并将结果存储在特定实体建模系统所用的数据结构中。若这个系统以 CSG 树或者分解模型的形式表示并存储实体的话，则能很容易地将经过布尔运算后的实体在相同的数据结构中表示出来。换言之，任何一个由布尔运算得到的实体 CSG 树，都是通过联合两个实施了特定布尔运算的实体 CSG 树而得到的。同样，任何一个由布尔运算得到的实体分解模型，可以很容易地通过两个实体分解模型的相应空间元素的布尔运算而得到。例如，由布尔运算得到的实体像素表示，可以通过将布尔运算应用于两个实体中占据相同空间的每一对像素的值而得到。因此，我们只需计算每一对 0 和 1 的布尔运算即可，这个过程被称为位布尔运算。但是，若一个实体建模系统以 B-Rep 结构存储实体，则情况就有所不同了。在这种情况下，运算生成实体的 B-Rep 不得不从实施布尔运算的实体的 B-Rep 中得到，这个过程被称为边界计算，边界计算常被用于曲面设计的运算。

布尔运算在 CATIA 中是将多个几何体通过运算形成一个实体，因此在运算之前需要添加几何体，然后对不同的几何体进行运算。CATIA 的【Part Design】工作台提供的布尔运算工具如图 3-38 所示，包括 Assembly（组合）、Add（加运算）、Remove（减运算）、Intersect（相交）、Union Trim（合并修剪）和 Remove Lump（去许多余的部分）。

图 3-37 用空间单元体表示圆环　　　　图 3-38 CATIA 布尔运算工具

1. 插入新几何体

基于草图建立、修饰特征的方式所创建的只是一个形体,必须再插入新形体才能进行形体间的逻辑运算。例如,当前只有一个形体即特征树的 PartBody,如图 3-39a)所示。通过【Insert】→【Body】,特征目录树上增加了一个节点 Body.2,如图 3-39b)所示。此时 Body.2 下方出现下划线,表示继续建模的形体将存储在该目录下,此时建立的圆柱体即为插入的新形体 Body.2,如图 3-39b)所示。同样的方法和操作过程可以再插入更多的新形体。

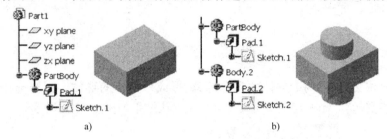

图 3-39　插入新几何体

2. Assembly(组合)

通过组合将两个形体组合在一起,单击装配图标选择圆柱体或者在特征目录树上选择 Body.2,随后弹出图 3-40a)所示组合对话框,确认后得到结果如图 3-40b)所示,特征目录树上可以看到 Body.2 已组合到 PartBody。

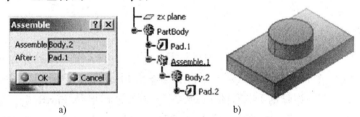

图 3-40　Assembly(组合)运算

3. Add(加运算)

Add(加运算)是将两个形体合并在一起,形成一个新的形体。选择圆柱体或者在特征目录树上选择图 3-39b)中 Body.2,弹出图 3-41a)所示添加对话框,确认得到图 3-41b)所示特征目录树上可以看到 Body.2 已合并到 PartBody。从结果上看 Assembly 和 Add 相同,区别在于 ADD 运算完成后两个几何体是合并,公共部分是相同的模型数据;而 Assembly 是简单的叠加,两个几何体还保持各自的模型数据。

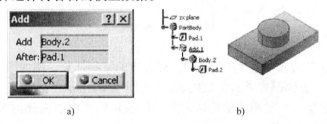

图 3-41　Add(加运算)

4. Remove(减运算)

Remove(减运算)用于从当前形体减去一些形体。选用该工具,在图 3-39b)选择圆柱体或者在特征树上选择 Body.2,弹出图 3-42a)所示减去对话框,确认后从图 3-42b)所示特征树上可以看到 Body.2 被从 PartBody 中去除掉。

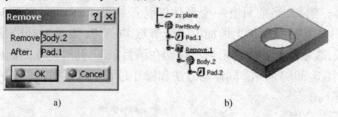

图 3-42　Remove(减运算)

5. Intersect(相交)

Intersect(相交)计算两个形体的共有部分,形成一个新的形体。同样选择图 3-39b)中的几何体求相交运算,相交对话框如图 3-43a),确认结果如图 3-43b)所示。

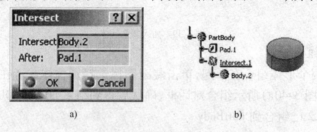

图 3-43　Intersect(相交)

6. Union Trim(合并修剪)

Union Trim(合并修剪)具有加和减两种运算的特点,可以有选择的保留或去掉所选形体的部分结构,形成一个形体。图 3-44a)所示四条窄板是形体 PartBody,四条宽板是形体 Body.2。Union Trim(合并修剪)将形体 Body.2 合并修剪到形体 PartBody,通过在图 3-44b)对话框中选择需要移除的面,被选中的表面呈深红色显示,未被选中的将被保留,确认结果如图 3-44c)所示,结果中两个形体合并到作为操作对象的几何体中。

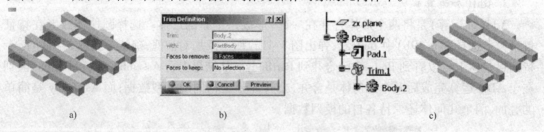

图 3-44　Intersect(相交)

7. Remove Lump 用于去除形体多余的部分

Remove Lump 是从参与运算的形体中去掉选中的某些部分。例如图 4-45a)是一个长方体和一个方盒,从长方体减去方盒前后的状态如图 4-45b)所示。由于方盒是空的,因此长方体保留了方盒内的部分。利用该功能对话框[图 4-45c)]选择要去除的面,可以去掉方盒内的部分,结果如图 4-45d)所示。

二、形体变换操作工具

变化特征是根据模型种已有的零件实体特征,进行平移、旋转、镜像等操作改变特征在

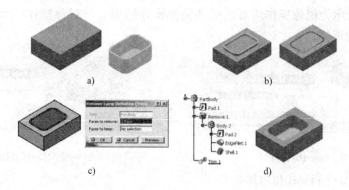

图 3-45　Remove Lump 工具

模型系统中的位置,或运用阵列工具实现多个相同特征的规律排列,或者对实体特征进行尺寸大小的变换,避免建模过程中的重复工作。形体操作菜单工具和通过【Insert】选择项内容相同,图 3-46 所示为菜单选项和工具栏选项。需要说明的是,形体操作只能是在选择混合建模的模式下才可以被选中操作,否则系统默认的 CSG 模型数据格式下不能使用形体操作。

形体操作工具中包括:Translation(平移)、Rotation(旋转)、Symmetry(对称)、Axis To Axis(轴系变换)、Mirror(镜像)、Rectangular Pattern(矩形阵列)、Circular Pattern(圆形阵列)、User Pattern(自定义阵列)、Scaling(比例缩放)和 Affinity(按轴系缩放)。这些操作工具遵从坐标变换计算理论,将坐标计算交给计算机处理,变换的特征被记录在特征目录树中。变换操作有利于设计者将主要精力放在产品功能设计上。下面介绍主要的变换操作。

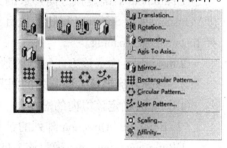

图 3-46　形体变换操作工具

1. Translation(平移)

将几何形体沿设定的方向平移,设定方向的可以是轴系,也可以是自定的轴线,图 3-47 所示为平移操作的对话框和平移变换操作结果,对话框中可以设置平移距离。

2. Rotation(旋转)

将几何形体沿设定的方向旋转,设定方向的可以是轴系,也可以是自定的轴线,图 3-48 所示为旋转操作的对话框和旋转操作结果,对话框中可以设置平移的角度。

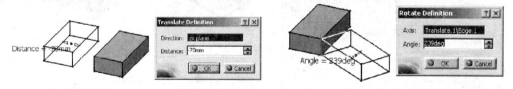

图 3-47　Translation(平移)　　　　图 3-48　Translation(平移)

3. Symmetry(对称)

将几何形体沿设定的平面对称变换,设定的平面可以是坐标平面,也可以是自定义的平面,图 3-49 所示为对称操作的对话框和对称操作结果。

4. Mirror(镜像)

将几何形体沿设定的平面作镜像对称,设定的平面可以是坐标平面,也可以是自定义的平面，图3-50所示为镜像操作的对话框和镜像操作结果。与对称操作结果不同在于，镜像结果保留原有的形体。

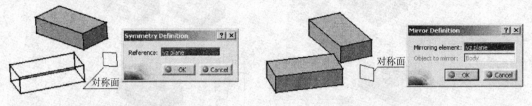

图3-49 Symmetry(对称)　　　　　　图3-50 Mirror(镜像)

5. Rectangular Pattern(矩形阵列)

将整个形体或者某几个特征复制为 m 行 n 列的矩形阵列。选取图3-51b)所示圆柱特征或在特征目录树上选择该特征，不预选将默认当前工作对象实体为阵列对象。在图3-51a)所示对话框中调整参数得到图3-51c)结果，选项卡中内容包括：

(1) First Direction(Second Direction)(阵列的第一个方向)，该栏有以下4项：

①Parameters：确定该方向参数的方法，可以选择 Instances & Length(复制的数目和总长度)、Instances & Spacing(复制的数目和间距)和 Spacing & Length(间距和总长度)。例如选择 Instances & Spacing。

②Instances：确定该方向复制的数目。

③Spacing：确定该方向阵列的间距。

④Length：确定该方向的总长度。

(2) Reference Direction 阵列的参考方向。该栏有以下2项：

①Reference elemente：确定该方向的基准，可以选择图3-51b)中底板的长边。

②Reverse 按钮：改变为当前的相反方向。

(3) Object to Pattern 栏，复制的对象。该栏有以下2项：

①Object：输入复制的对象。

②Keep specification：是否保持被阵列特征的 Limit 界限参数，若被阵列特征 pad 的 Limit 参数为 Up to Surface，则阵列后 pad 特征的界限也是 Up to Surface，结果如图3-51d)所示。

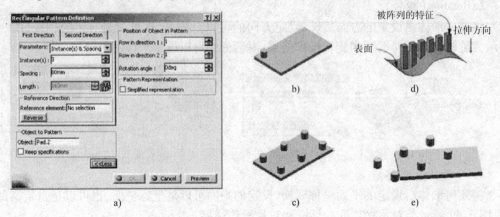

图3-51 Rectangular Pattern(矩形阵列)

(4) Postion of Object in Pattern(调整阵列的位置和方向)有以下3项：

①Row in Direction 1:被阵列特征在第一个方向中的位置;
②Row in Direction 2:被阵列特征在第二个方向中的位置;
③Rotation angle:阵列的旋转角。结果如图3-51e)所示。

6. Circular Pattern(圆形阵列)

Circular Pattern(圆形阵列)是将当前形体或一些特征复制为 m 个环,每环 n 个特征的圆形阵列。选取图3-52b)圆形所示的小圆柱或在特征树上选择该特征,如果不预选特征,当前工作对象将作为阵列对象。对话框各项的含义如下。

(1)Axial Reference 是围绕轴线方向的参数设置,有以下6项:

①Parameters:确定围绕轴线方向参数的方法,可以选择 Instances & total angle(复制的数目和总包角)、Instances & angular spacing(复制的数目和角度间隔)和 Angular spacing & total angle(角度间隔和总包角)的 Complete crown(整个圆周),例如选择 Instances & angular spacing。

②Instances:确定环形方向复制的数目,输入5。

③Angular spacing:确定环形方向相邻特征的角度间隔。

④Total angle:确定环形方向的总包角。

⑤Reference element:确定环形方向的基准,例如选择图3-52b)所示圆盘的轴线,确认得到图3-52c)所示结果。

⑥Reverse 按钮:单击该按钮,改变为当前的相反方向。

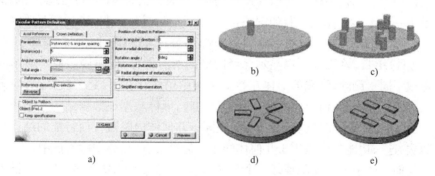

图3-52　Circular Pattern(圆形阵列)

(2)Crown Definition 参数设置:

①Parameters:确定径向参数的方法,可以选择 Circle(s) & thickness spacing(圈数和径向宽度)、Circle(s) & circle spacing(圈数和圈之间的间隔)和 Circle spacing & crown thickness(圈之间的间隔和径向宽度)。

②Circle(s):确定圈数。

③Circle spacing:确定圈之间的间隔。

④Crown thickness:确定径向宽度。

(3)Object to Pattern 复制的对象参数设置:

①Object:输入复制的对象。

②Keep specification:是否保持被阵列特征的 Limit 界限参数,参照矩形阵列。

(4)Postion of Object in Pattern 调整阵列的位置和方向,参数设置如下:

①Row in angular：被阵列的特征在环形方向的位置。

②Row in radial：被阵列的特征在径向的位置。

③Rotation angle：阵列的旋转角。

(5) Radial alignment of instance(s)栏：确定在复制特征时的对齐方式。图3-52d)所示为Radial alignment of instance(s)切换开关处于打开状态时的圆形阵列，图3-52e)所示为该切换开关处于关闭时的圆形阵列。

7．User Pattern（自定义阵列）

将选取的特征生成用户自定义的阵列。用户阵列与上面两种阵列的不同之处在于阵列的位置是在草图设计模块确定的。

3.2.4 模型的特征显示工具

混合特征建模所产生的模型包含非几何信息，如果每次打开模型，模型中显示的时候包含所有几何与非几何信息，一方面，系统为了显示和隐藏的方便，通常采用空间单元表示法的模型数据结构，如前文所述，这种方式占用的存储空间较大，会耗费计算机的资源，导致运算速度变慢，另一方面，过多的信息也会干扰设计人员的思路和建模操作。因此需要对模型的这些信息的调用和显示加以控制。CATIA中通过一系列的工具来实现这些功能。

一、显示/隐藏

建模过程中为了能准确地选择需要操作的部分，通常会将暂时不需要显示的部分隐藏，被隐藏的部分将不会显示，隐藏工具如图3-53所示，可以在【View】工具栏和菜单的【View】→【Hide/Show】中使用该工具。为便于查找隐藏的部分，CATIA还提供了Swap visible space（交换可视空间）工具，该工具可以显示已经隐藏的所有部分，同时隐藏原本显示的所有部分。这种隐藏不同于删除，隐藏的形体在数据结构中仍然存在，只是不被显示，隐藏部分与形体有关，通常属于同一几何形体的特征在表达时，形体数据在数据结构上采用空间单元表示，相互关联的特征会同时被隐藏。因此，在同一几何体内隐藏任何特征的结果是整个形体都会被隐藏，这一功能也多被用于几何体的布尔运算，或产品装配的设计中。

在单一几何形体中的若要隐藏某一个几何体形体，通常采用图3-54所示右键菜单中的Deactivate/Activate工具，该工具通过取消已经建立的几何特征的方式实现隐藏功能，但是这种隐藏之后的几何形体不会参与运算。在实体建模过程中，由于实体模型之间的数据关联，被Deactivate的部分之后的所有实体特征都会随之被隐藏。在建模过程中，选择何种隐藏方式决定于建模工作的需要，需要在实践中积累应用经验。

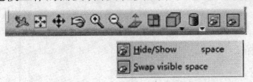

图3-53 Hide/Show 工具

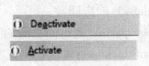

图3-54 Hide/Show 工具

二、模型的显示控制

由于混合建模过程中，零部件实体模型的数据结构满足多种数据结构形式的要求，可以通过显示工具分别显示表面模型,线框模型等不同的状态用于观察;也可以在同一屏幕上显示多个视图,从而便于修改。

1. 模型显示方式

CATIA V5 窗口中模型的显示方式有很多种,主要包括着色、带边着色、带边着色但不使边平滑、带边和隐藏边着色、带材料着色、线框、定制视图参数。视图方式工具栏如图 3-55 所示。以模型为例,不同的显示效果见表 3-1。

表 3-1 模 型 显 示 方 式

显示方式	显示效果	显示方式	显示效果
着色(SHD)		带边着色	
带边着色但不使边平滑		带边和隐藏边着色	
带材料着色		线框(NHR)	

需要注意点的是几何模型(线框模型、表面模型和实体模型)和模型的显示方式之间是有区别的。几何模型的类型是根据模型内部模型的数据结构来区分的,它是模型内在的本质属性,而显示方式是设计模型的外在显示形式。实体模型可以显示为线框、表面以及添加材料之后的任意显示方式,但是线框模型只能以线框的形式显示。因此,模型数据结构越全面,其显示方式越丰富。

2. 模型视图

CATIA 窗口中视图的显示方式主要有等距视图、正视图、后视图、左视图、右视图、顶视图、底视图、已命名视图。快速查看工具栏如图 3-56 所示。以模型为例,不同的视图显示方式见表 3-2。

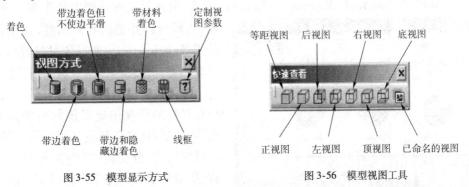

图 3-55　模型显示方式　　　　图 3-56　模型视图工具

已命名的视图工具提供用户自定义视图的形式,可以按照用户习惯确定视图的方向、投影方式等,并定义视图的名称便于以后的调用。

模型视图 表 3-2

显示方式	显示效果	显示方式	显示效果
等距视图		正视图	
后视图		左视图	
右视图		顶视图	
底视图		已命名的视图	

三、零部件模型的非几何信息显示

特征既包括产品的几何定义信息,还包含与产品设计和制造相关的信息。零部件产品模型兼有形状和功能两方面的属性。特征可以直接体现设计意图,使得建立的产品模型更容易被人理解和组织生产。典型的非几何信息包括产品的材质、颜色和渲染的产品效果。

1. 几何体属性

CATIA 右键菜单选择【Properties】中包含了对几何形体的颜色、显示模式和显示效果的设定。颜色的定义可以用于表面、框架和几何体。在产品设计过程中,颜色信息常被用于在模型中表明加工精度或不同加工工艺的标识。制造企业根据自身的要求,借助于灵活的颜色定义可以准确传达工艺信息。

2. 材质信息

材料的添加是针对几何体的操作,在 CATIA 中只能对零部件几何体添加零部件材料信息。在工具栏中选择 Apply Material(应用材料)工具,出现材质库选择对话框如图 3-57 所示,选择材料并编辑材料属性,应用到选择的零部件几何体上,通过带材料着色显示可以显示零部件几何体附带材料信息的模型。

零部件被赋予材料的特征信息之后,可以在材料的选项中定义该材料的多种物理性质,包括:材料在环境光线作用下的光泽,材料的密度,分析特性(包括材料的弹性系数、屈服极限等),与工程图样相关的材质剖面线型,甚至该种材料的原料价格都可以在材质的属性中定义。定义了完整的材料属

图 3-57 材料库对话框

性之后,零部件设计完成之后可以通过 Bom 表直接生成材料清单并快速计算产品制造成本。

3. 渲染

零部件在被赋予材质信息之后,可以选择工具栏中的 Photo Studio Easy Tools,通过图 3-58 所示对话框对零部件或产品渲染。渲染时,需要将零部件的视图模式调整为带材料着色模式。渲染时通过设置背景、光源和模型材质等参数,最终得到逼真的产品效果图。

4. 标注

利用 Annotations(标注工具)可以在实体上标注文字或符号,用来强调某些设计特征,或者使观看此实体零件的用户看到其他的信息。它有两种标注方式:带箭头文字(Text with Leader)和带箭头标注(Flag Note with Leader),如图 3-59 所示。

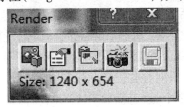

图 3-58　渲染工具

图 3-59　渲染工具

3.3　产品装配建模

产品设计过程是一个复杂的创造性活动,产品设计不仅要求设计零件的几何形状和结构,而且还要设计零件之间的相互连接和装配关系,这就要求新一代的 CAD/CAM 系统必须具备装配层次上的产品建模功能,即装配建模,装配建模和装配模型的研究是 CAD/CAM 建模技术发展的必然。随着 CIMS、并行工程概念的相继产生,以及动态导航技术和参数设计的综合运用,为产品设计从概念设计到零部件详细设计到产品装配的并行设计提供了坚实的基础。

3.3.1　装配建模概念

在传统的产品的装配设计过程中不仅要设计产品的各个组成零件,而且要建立装配结构中各种零件之间的连接关系和配合关系。在产品的 CAD/CAM 过程中,同样要进行完整的装配设计工作,即在零件造型的同时,采用装配设计的原理和方法在计算机中形成一个完整的数字化装配方案,建立产品装配模型,实现数字化预装配。该过程一边进行模拟装配,一边不断对产品进行修改、编辑,直至对设计满意为止。这种在计算机上将产品的零部件装配组合在一起形成一个完整装配体的过程叫装配建模或装配设计。

装配设计是产品设计过程中至关重要的一环,是一项涉及零部件构型与布局、材料选择、装配工艺规划、公差分析与综合等众多内容的复杂、综合性工作,其作用可归结为如下几个方面:

(1)拟定结构方案,优化装配结构。装配设计的基本任务是从原理方案出发在各种因素制约下寻求装配结构的最优解,由此拟定装配草图。

(2)改进装配性能,降低装配成本。装配的基本要求是确保产品的零部件能够装配到位;进一步的要求是确保产品装配能够比较容易实现,即装配成本尽可能低廉。

(3) 产品可制造性的基础和依据。制造的最终目的是能够形成满足用户要求的产品,考虑可装配性必须先于可制造性。一旦离开了产品可装配这一前提,谈论可制造性便是毫无意义的,因而装配设计是产品可制造性的出发点。

(4) 产品并行设计的技术支持和保障。产品并行设计的过程是让下游有关活动尽早融汇到上游的过程中来,使下游的有关因素能在设计早期加以考虑。这种融汇是通过诸如DFA、DFM等技术来具体实现和保证的,装配在生产过程中的重要性确定了装配设计的支配地位。

装配设计是连接产品方案设计和详细设计间的重要阶段,具体内容包括如下几个方面:

(1) 概念设计到结构设计的映射。产品方案设计阶段所得到的原理解,只是一些抽象的概念,装配设计的基本内容便是从这些概念出发,进行技术上的具体化,包括关键零部件的构型设计、材料选择以及尺寸、数量和空间相互位置关系的确定等,从而实现产品从概念设计到结构设计的映射。必须指出的是,这种映射往往是"一对多"的关系,也就是说,能够实现某一原理解的装配结构方案很可能会有多个,这就需要对不同的结构方案进行分析、评价和优选。

(2) 数字化预装配。运用装配设计的原理和方法在计算机中进行产品数字化模拟预装配,建立产品的数字化装配模型,并对该模型进行不断的修改、编辑和完善,直到完成满意的产品装配结构。

(3) 可装配性分析与评价。可装配性指产品及其装配元件(零件或子装配体)容易装配的能力和特性,是衡量装配结构优劣的根本指标。可装配性分析与评价是产品装配设计的重要内容之一,这种评价应兼顾技术特性、经济特性和社会特性。

3.3.2 装配建模技术

装配模型是装配建模的基础,建立产品装配模型的目的在于建立完整的产品装配信息表达,一方面使系统对产品设计能进行全面支持;另一方面它可以为新型CAD系统中的装配自动化和装配工艺规划提供信息源,并对设计进行分析和评价。

装配模型的研究至今已有20多年。最早的尝试是Liberman和Westey等人在开发AUTOPASS作出的,在他们的研究中,零件和装配体被表达成为图结构中的节点,图中的分枝代表部件间的装配关系如"装配"、"约束"、"附属"等,同时在每个分枝上存有一个空间变换矩阵,用来确定部件间的相对位置以及其他非几何信息。随着装配技术的发展和深入,有关装配建模的研究成果不断涌现。比如De Fazio和Whitney提出了优先联系图(Precedence Relation Graph)的方法,他们认为任何一个装配动作都必须与其他的装配动作有优先关系,因此可以定义一组优先规则,通过将图排序得到装配序列。Homem de Melln和Sanderson提出与或图(AND/OR Graph)来描述装配体,图中每个叶子节点表示装配体最底层部件和零件,根节点表示最终的产品,它是通过拆分装配体几何模型得到的,有些类似于CSG结构。Lee和Gnssard在与或图的基础上提出了真正意义上的层次建模方法,他们将装配体按层次分解成由部件组成的树状结构,部件既可以是零件也可以是子装配,树的顶端是产品装配体,末端是不可拆分的零件,其余的部分是由概念设计确定的子装配体。

一、装配模型的特点与结构

1. 装配模型的特点

产品装配模型是一个支持产品从概念设计到零件设计,并能完整、正确地传递不同装配体设计参数、装配层次和装配信息的产品模型。它是产品设计过程中数据管理的核心,是产品开发和支持设计灵活变动的强有力工具。

装配模型具有以下特点:

(1) 能完整地表达产品装配信息。装配模型不仅描述了零部件本身的信息,而且还描述了零部件之间的装配关系及拓扑结构。

(2) 可以支持并行设计。装配模型不但完整地表达了产品的信息,而且还描述了产品设计参数的继承关系和其变化约束机制,这样保证了设计参数的一致性,从而支持产品的并行设计。

2. 集成化产品装配模型

从现代产品开发观点看,理想的装配模型应该是一种集成化的信息模型,支持面向全生命周期产品设计过程中的与装配有关的所有活动和过程(即面向装配的设计),包括产品定义、生产规划和过程仿真中与装配相关的各个子过程,如图 3-60 所示。

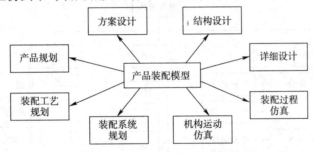

图 3-60 集成化装配模型

3. 装配模型的结构

产品中零部件的装配设计往往是通过相互之间的装配关系表现出来,因此装配模型的结构应能有效地描述产品零部件之间的装配关系。主要的装配关系有以下几种:

(1) 层次关系。机械产品是由具有层次关系的零部件组成的系统,表现在装配次序上,就是先由零件组装成装配体(部件),再参与整机的装配。产品零部件之间的层次关系可以表示成如图 3-61 所示的树结构。在图中,边表示父节点与子节点之间的所属关系,节点表示装配件的具体描述。

(2) 装配关系。装配关系是零件之间的相对位置和配合关系的描述,它反映零件之间的相互约束关系。装配关系的描述是建立产品装配模型的基础和关键。根据机械产品的特点,可以将产品的装配关系分为 3 类:几何关系、连接关系和运动关系,如图 3-62 所示。几何关系主要描述实体模型的几何元素(点、线、面)之间的相互位置和约束关系。几何关系分为 4 类:贴合、对齐、相切和接触。连接关系是描述零部件之间的位置和约束的关系,主要包括螺纹连接、键连接、销连接、联轴器连接、焊接、黏接和铆接等。运动关系是描述零件之间的相对运动的一种关系,分为:传动关系和相对运动关系。

(3) 参数约束关系。设计过程中,其中一类参数是由上层传递下来的,本层设计部门无权直接修改,将这类参数称之为继承参数。另一类参数既可以是从继承参数中导出的,也可以是根据当前的设计需要制定的,将这类参数统称为生成参数。当继承参数有所改变时,相关的生成参数也要随之调整。产品的装配信息模型中需要记录参数之间的这种约束关系和参数的制定依据。根据这些信息,当参数变化时,其传播过程能够显示给出或由特定的推理机制完成。

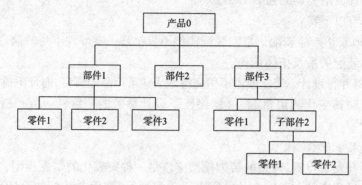

图 3-61　产品结构的装配层次关系

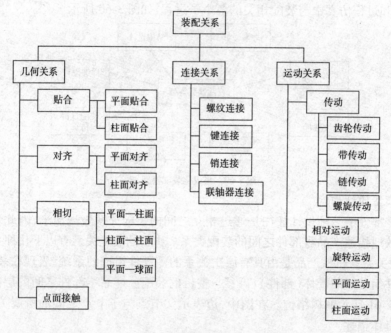

图 3-62　产品结构的装配层次关系

二、装配模型的信息组成

建立产品装配模型的目的是为面向装配的产品设计提供信息来源和存取机制。装配模型不仅要处理设计系统的输入信息,还应能处理设计过程的中间信息和结果信息,因此装配模型信息应随设计过程的推进而逐渐丰富和完善。这些信息主要由 6 个方面的内容组成。

1. 管理信息

与产品及其零部件管理相关的信息。相当于众所周知的 BOM 信息,包括产品各构成元件的名称、代号、材料、件数、技术规范或标准、技术要求,以及设计者和供应商、设计版本等信息。它们是在产品设计过程中逐渐形成的,主要作用是为产品设计过程以及产品生命周期后续过程的管理提供参考和基本依据。

2. 几何信息

与产品的几何实体构造相关的信息。它们决定装配元件和整个产品装配体的几何形状与尺寸大小,以及装配元件在最终装配体内的位置和姿态。由于 CATIA 已具备较完善的几何建模功能,产品装配模型所需的几何构造信息可直接从相关的内部数据库提取。

3. 拓扑信息

包括两类信息。一类信息为产品装配的层次结构关系。这类信息与具体应用领域有关,往往因"视图"的不同而有所差别。例如,对于同一个产品来说,如分别从功能角度、装/拆操作、机构运动等角度分析,其层次结构组成关系很可能是不同的。另一类信息为产品装配元件之间的几何配合约束关系,常见的关系有贴合(Mate)、对齐(Align)、同向(Orient)、相切(Tangent)、插入(Insert)和坐标系重合(Coord Sys)等。这类信息取决于静态装配体的构造需求,与应用领域关联度不高。

4. 工程语义信息

与产品工程应用相关的语义信息。主要包括以下 5 类:

(1)装配元件的角色类别。如螺栓螺钉、垫圈垫片、销钉、轴承、弹簧、卡紧件、密封件和一般结构件等及其相关信息。

(2)装配元件的簇类分组(Clustering),如一般簇(含螺钉、销钉、卡紧件等的元件簇)、特殊簇(具有过盈配合、胶接、焊接等关系的元件簇)以及簇的嵌套等。

(3)装配元件装/拆的强制优先(Priorities)关系,包括基体定义、强制领先、强制滞后关系。

(4)装配元件之间的工艺约束和运动约束等关系。

(5)装配元件之间的设计参数约束和传递关系。

前 3 类信息可用于建立装/拆优先关系,第 4 类信息可用于构造产品于相关应用领域的结构层次关系,第 5 类信息则确保设计参数在设计过程中的协调一致。

5. 装配工艺信息

与产品继/拆工艺过程及其具体操作相关的信息,包括各装配元件的装配顺序、装配路径,以及装配工位的安排与调整、装配夹具的利用、装配工具(如扳手、螺丝刀等)的介入、操作和退出等信息。它们主要为装配工艺规划和装配过程仿真服务,包括相关活动和子过程的信息输入、中间结构的存储与利用、最终结果的形成等。

6. 装配资源信息

与产品装配工艺过程具体实施相关的装配资源的总和,主要指装配系统设备的组成与控制参数,包括装配工作台与设备的选择、装配夹具与工具的类别和型号,以及它们各自的有关控制参数如形状、尺寸、比例大小等。这些信息用手构造虚拟的装配工作环境,是实施产品数字化预装配必不可少的内容。

3.3.3 CATIA 装配建模工具

一、产品构建和目录树

在 CATIA 的装配目录树中,产品被定义为 Product,部件被定义为 Component,产品和部件由至少一个零件(Part)组成。由装配模型的结构层次关系可知机械产品是由具有层次关系的零部件组成的系统。在产品装配目录树中,产品和部件是相对的。例如,在汽车产品中,变速器相对于汽车而言是部件,齿轮则是相对于变速器这个产品的零件。因此某个产品,也可能是另一产品的子部件。一个复杂产品通常由多个部件所组成,每个部件又可以继续划分为下一级子部件,以此类推,直至零件。这就是对产品的一种层次描述,这种层次关系可以用装配树的概念清晰地加以表达。整个装配模型构成一个树状结构,顶层为整个产品的装配体(树根),下一层为相应的子装配部件,依次一层层地下去,直至零件。这样,在装配目录树中就记录了零件之间的全部结构关系,以及零部件之间的装配约束关系。图3-63所示为发动机曲轴连杆装机构的装配产品,并分解了发动机曲轴连杆机构的装配零部件,其中第二层次的两个装配体为装配部件和曲轴零件,第三层次为零件。图3-64所示是曲柄传动装配的装配特征树,在装配目录树中,产品是记录装配关系的文件,部件是用来组合归类的工具。

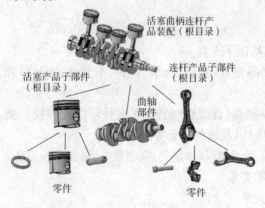
图3-63 发动机曲轴活塞连杆装配关系

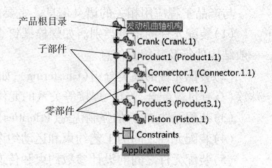
图3-64 发动机曲轴活塞连杆装配关系

在CATIA的装配结构体系主要体现在产品装配目录树上。参考图3-64的目录树图发现,该目录的根目录带有蓝色背景方块。这个蓝色方块所表示的含义是Active Item(活动部件),用户只能针对活动部件的子节点加以编辑。切换节点通常是通过双击当前节点的方式实现。在目录树上显示的节点名称是Part Number(零件编号),每个零部件都有相应的零件编号,默认为部件名称。在零件编号后的括号中是零部件的Instance name(实例名称),实例名称用于区分同一装配体中的安装在不同部位的相同零部件。修改零部件的编号和实例名称可以通过鼠标右键中的【Properties】菜单实现。

1. 产品装配模型构建工具

装配建模中产品是装配模型的最顶层结构,也是装配模型的图形文件名。选择【Start】→【Assembly Design】创建一个新装配模型文件,或通过【File】新建product文件,产品装配根目录就自动生产,此后插入该图形文件的任何零件都会被包含在该目录文件下。注意,产品装配根目录不是一个具体零部件,而是一个装配体的总称,其中包含被装配到该产品中的所有文件的目录和各部件之间的约束关系,因此保存位置如果变化往往会导致产品模型无法打开,在保存产品时通常采用保存管理。

CATIA中产品目录树构建的工具栏和【Insert】中的菜单如图3-65所示,包括新建部件、组件工具和对部件、组件的操作工具。

New Component 新建部件。装配模型中的零件统称为部件。部件是多个零件组合而形成的,作为零件的集合在装配树中存在,但是并不作为文件存储,是装配过程中便于零部件组合操作的工具。

New Product 新建产品是装配模型的一种较小的装配体单元,它是装配模型中逻辑上附属于上层体系的子产品零部件组合。产品可以嵌套,即产品中还可含有子产品。产品既可以在当前的装配文件中创建或驻留,也可以在外部装配模型文件中单独创建,然后插入到当前产品装配文件中来。

第一个引入到装配模型中的产品或零部件称为基础部件,在装配模型中,它是默认不动的,可认为它的自由度为零而无须施加约束。其后引用的各个零部件在装配树中都要依次向后排列,并选取部件并对部件施加装配约束,伴随着这个过程,装配树在不断扩大,直至完成整个装配。值得注意的是,在对两个零部件施加装配约束时,后引用的部件总是要移向先引用的产品。Product 和 Component 的区别在于:产品是指在本装配模型内部创建的子产品,产品可以外部化,即可以把子产品保存为专门的文件,供其他文件调用。部件是本装配模型内部的组合,并不保存为单独的文件,仅在装配体内部存在。

图 3-65　装配模型构建工具

New Part 新建零件工具。零件有可能在装配模型中使用多次,Part Multi Instantiation 和 Define Multi Instantiation 可以对零件制作多个拷贝。零件在装配中有以下性质:

(1)当在同一个装配模型中需要多次引用同一个零件时,如要在当前装配模型中的几个不同的地方用到相同的螺栓和螺母,这时只需要在模型系统中存储一个该零件的图形文件即可,这样就大大减少了模型占用的磁盘空间。

(2)当对某个零件定义进行修改时,所有引用过该部件样本的装配模型都会自动刷新,无须逐个修改,从而大大减少了工作量,同时避免了因为修改遗漏所带来的错误。

(3)相同的零件可能应用到不同的装配文件中,在不同的装配模型中采用插入 Exiting Components(存在的零部件)和 Exiting Components with Positions(带有定位的零部件)的方式,不需要重复设计模型就可以在文件之间反复引用。需要注意的是,在 CATIA 中所有的零件都放在 Component(部件)的目录中,而不是以零件的形式单独存在,这些部件保存时仅以零件的文件存在,部件之间的关系保存在产品文件中。在目录树中区分产品和部件主要通过装配目录树上的图标,带有红色坐标轴图标的表示单个的零件,其他的为产品或部件。

2. 产品模型中部件的操作

Replace Component(替换部件),用于替换当前存在的零部件。

GraphTree Reordering(重置目录树序列),用于调整零部件的排列先后顺序。

GenerateNumbering(设置序号),用于为零部件编号,这些编号最终用于生成 Bom 表。

SelectiveLoad(选择读入部件),用于在调用大型装配体时,只读入需要的零部件至内存,从而提高对模型操作的运算速度。此外,该功能还可以隐藏或显示已加载的部件。

二、零部件的移动操作

零部件在插入到产品中时,根据零部件自身在坐标系中位置被放置在产品坐标系中。

对于简单装配体来说,每个零部件都拥有各自的绝对坐标,在被调用到产品中时就会产生各零部件间的坐标重合。借助操作工具将零部件移动到合适的位置,再通过约束工具准确定位。

在装配过程中,必须要弄清装配的级别,总装配是最高级,其下级是各级的子装配,即各级的部件。对哪一级的部件进行装配,这一级的装配体必须处于激活状态。在特征树上双击某装配体,使之在特征树上显示为蓝色,此时,该装配体就处于激活状态。如果单击某个装配体,使之在特征树上为亮色显示,此时,该装配体就处于被选择状态。注意只有激活状态下产品的部件及其子部件才可以被移动和旋转。可以通过罗盘和图 3-66 所示有关移动的 Move 工具栏改变部件的位置,将零部件移动到合适的装配位置。

Manipulation 工具用于调整部件之间的位置。可以将选取的部件沿 x、y、z 或给定的方向平移,沿 xy、yz、zx 或给定的平面平移,或者绕 x、y、z 或给定的轴线旋转。

Snap 通过对齐改变形体之间的相对位置。通过选择需要被约束的零部件元素和装配体中的参考元素,使得零部件在被选择的两元素为参考对齐,从而实现形体移动。

Smart Move 约束和对齐的结合,不仅将形体对齐,而且产生约束。除了两部件实现 Snap 工具对齐之外,两部件也建立了制定的约束关系。

Explode 将产品中的各部件炸开,产生装配体的三维爆炸图。图 3-67 所示为带轮部件及其 3D 爆炸图,并可以让部件按照约束状态移动成爆炸图以显示安装方法,还可以规划安装路径以及部件运动等。

图 3-66　Move 工具栏　　　　图 3-67　带轮爆炸图

Stop Manipulate on clash 判断在发生干涉时停止移动,从而确保在移动过程中不会产生不必要的干涉。

三、零部件的约束

装配建模过程建立不同部件之间的相对位置关系,一般通过装配约束、装配尺寸和装配关系式 3 种手段将各零部件组织到装配中,装配约束是最重要的装配参数,有的系统把约束和尺寸共同参与装配的操作也归入装配约束。

1. 零件自由度

未参与装配的零件在三维空间中的位置是任意的,我们可以用自由度 DOF(Degree of Freedom)来描述零件的位置状态。三维空间中一个自由零件(刚体)的自由度是 6 个,即 3 个绕坐标轴的转动和 3 个沿坐标轴的移动,此时,该零件能够运动到空间的任何位置,并达到任何一种姿态,如图 3-68a)所示。但是,当给零件的运动施加一系列限制时,零件运动的自由度将减少。例如,规定该零件的下表面必须在 XY 面上,此时零件就只能在 XY 平面内作平面运动。它的 DOF 就减少到 3 个:即 2 个移动(沿 X、Y 轴)和 1 个转动(绕 Z 轴),如图

3-68b)所示。如果继续规定该零件的一个侧面不能离开 XZ 面,此时零件就只能沿 X 轴作移动了,DOF 继续减少到 1 个。如果继续规定该零件的角点不能离开原点,那么该零件的 DOF 等于 0,如图 3-68c)所示,此时零件在三维空间坐标系中的位置就完全确定了。

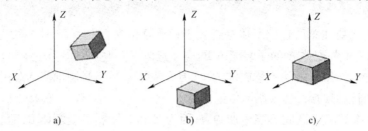

图 3-68 零件的自由度(DOF)

由此可见,根据零件在空间位置的确定程度,零件的自由度在 0~6 之间变化。

实际上,装配建模的过程可以看成是对零件的自由度进行限制的过程。限制零件自由度的主要手段是对零件施加各种约束,通过约束来确定两个零件或多个零件之间的相对位置关系以及它们的相对几何关系。

2. 装配约束类型

在装配建模中经常使用的装配约束类型有多种,不同的 CAD 系统大同小异。CATIA 中主要包括图 3-69 所示的 Coincidence(重合)、Contact(接触)、Offset(偏离)、Angles(角度)、Fix Together(固连)和 Fix(锚定),以及 Change Constrain(改变约束模式)、Quick Constrain(快速约束)和 Reuse Pattern(零件中阵列重用模式)等修改约束的工具。

Coincidence(重合),即产生相合的约束。相合类型约束用于对齐几何元素。根据所选择的几何元素,可以获得同心、同轴或共面约束。

Contact(接触)。在平面或形体表面施加接触(Contact)约束,约束的结果是两平面或表面的外法线方向相反。用于定义接触约束的体素有平面、柱面、球面、锥面等。

Offset(偏离)使用前先确定两选择面的外法线方向是相同还是相反,同时还可以给出两面之间的偏移(Offset)距离。可以约束的对象包括点、线和平面。

图 3-69 约束工具

Angles(角度),施加角度约束。约束的对象可以是直线、平面、形体表面、柱体轴线和锥体轴线。

Fix(锚定),用于固定部件的位置,在更新时随着与其固定的对象保持一致。CATIA 中提供两种类型的固定,即:fix in space 和 fix。Fix in space 用于将对象限制在空间相对位置上;fix 仅限制和其他部件的相对位置。

Fix Together(固连),用于将两个对象固连在一起。

Quick Constrain(快速约束),根据用户选择的对象,自动根据【option】设定的约束顺序进行约束,也可以通过识别几何元素进行约束。

Reuse Pattern(零件中阵列重用模式),属于高级约束模式中的一类。当零部件中利用阵列功能复制多个同样的特征,而装配时又希望能添加一样的零部件与这些阵列特征相互配合时,使用该功能可以简单地再利用零件特征复制。

除了上述约束之外,CATIA 提供了在连续约束时的工具,可以多次使用相同的约束完成重复工作。

3. 约束规则

施加约束时需要注意所选的形体是否属于被激活的装配体。以图 3-70 所示特征目录树为例,假定激活了装配体 A 的子装配体 B,应注意以下问题:

(1) 在装配体 C 和 K 之间不能施加约束,因为装配体 K 不是当前激活装配体 B 的部件,要在 C 和 K 之间施加约束,必须激活装配体 A。

(2) 在装配体 E 和 F 之间不能施加约束,因为 E 和 F 同属于装配体 D,而装配体 D 尚未被激活。如果在装配体 E 和 F 之间施加约束,必须激活装配体 D。

(3) 装配体 C 和 E 之间可以施加约束,它们是激活装配体 B 的第一或第二部件。

四、装配分析工具

通过菜单【Analyze】装配体分析如图 3-71 所示,主要包括三类:装配数据整理、测量工具和干涉检查。

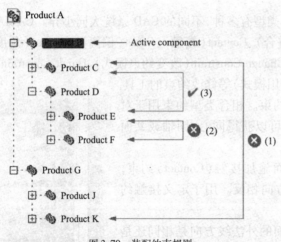

图 3-70 装配约束规则

图 3-71 装配分析工具

装配数据整理包括:【Bill of Material】(材料表,也称 BOM 表)用于生成产品的物料清单。

【Update】用于更新约束后的零部件关系;【Constrain Analysis】用于约束检查;【Degree of Freedom】检查产品自由度;【Dependencies Tree】通过约束关系查看产品中的零部件关系;【Mechanical Structure】提供按照实例名称和零部件名称排序两种方式查看产品构成。

BOM 表在传统上可简单理解为工程图中的明细表,是产品的装配备料清单。BOM 表的生成计算是从最终产品开始,层层往下推算出部件、零件和材料的需求量。这种推算是沿着产品装配结构树层层往下分解的。BOM 是定义产品结构的技术文件,主要包括构成产品的各个部件和零件之间的关系信息,是联系与沟通各业务部门的纽带。物料清单体现了数据共享和信息集成,它是接受客户订单、选择装配、编制生产与采购计划、配套领料、跟踪物流、计算成本、投标报价和改进产品设计等不可少的重要文件。BOM 表产生于产品的装配设计过程,是企业进行 CAPP 和实现 CAM 的依据。CATIA 中可以自动生成 BOM 表。

测量工具包括:【Compute Clash】定义碰撞的最小间隙,配合产品中零部件的公差设置;【Measure Item】和【Measure Between】均为测量工具,不同在于前者多用于测量距离,后者多用于测量直径,两个菜单工具的对话框在第 2 章中已经有所介绍;【Measure Interia】用于测量特征模型的非几何特征,如体积、质量、质心、极惯性矩等材料特性。

干涉检查的工具包括:【Clash】干涉部分突出显示;【Sectioning】剖切面检查,用于查看产品的剖视图;【Distance and Band Analysis】用于分析公差带的干涉情况。

五、装配环境变量设置

为了更好地驾驭产品装配工作台,有必要系统地了解装配工作台的设置,常用设置如下。

1. 视觉模式/设计模式

默认情况下,所有配置文件都工作在设计模式(Design Model)下。该模式自动装载装配体包含的所有零部件特征和参数,这有利于用户随时从装配工作台提取某个零部件或特征进行设计修改,但是占用计算机内存。如果打开较为复杂的模型时,为了提高运算速度,通常采用视觉模式(Visualization Mode)。视觉模式仅装载所有零部件的几何外观,在视觉工作模式下,用户不能编辑修改装配体中的零部件,需要修改时双击目录树上的零部件节点可以切换到设计模式中。设置方法在菜单的【Tools】→【Option】中的【Product Structure】中,选择 Catch Management 选项卡,选择 Work with the catch system;在 Product Visualization 选项卡中选择 Visualization mode with local catch,即可实现装配打开时是视觉模式,视觉模式下装配子部件没有子目录。

2. 装配工作台的一般设置

在【Tools】→【Option】中的【Mechanical Design】下的【Assembly Design】中可以设置装配工作台使用过程中的操作习惯。

在【General】选项卡中可以设置装配约束的更新频率和深度,如图 3-72a)所示。例如设置为手动更新时,每次装配约束后都需要手动单击更新才能实现对装配产品的计算更新。为了满足计算速度的要求,可以设置 Update propagation depth(更新计算的深度)中选择 Active Level 表示仅更新当前被操作的子装配体,其他装配体并不会同时更新。

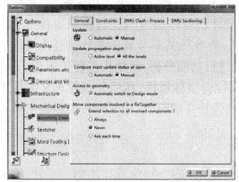

a)

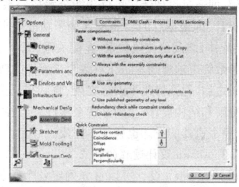

b)

图 3-72 装配工作环境设置

3. 装配工作台约束设置

在【Tools】→【Option】中的【Mechanical Design】下的【Assembly Design】中的【Constrain】选项卡中可以设置前文中提到的快速约束的默认顺序,如图3-72b)所示。其中设置 Paste component 中的选项提供了在装配体中用于参数化产品设计时所选用的复制/粘贴的模式,设置在模型复制时是否带有装配信息,默认情况下不复制装配约束信息。

3.3.4 产品设计典型方法

装配设计有两种典型方法,即自底向上建模(Botton-up)和自顶向下(Top-down)建模。两种装配建模的方法各有特点,各有优势,但自顶向下更能反映真实的设计过程,节省不必要的重复设计,提高设计效率。

一、自底向上装配设计

自底向上(Bottom-up)设计过程是传统的 CAD/CAM 软件中通常使用的一种装配设计过程。该过程模仿实际机器的装配,即把事先制造好的零件装配成部件,再把零部件装配成机器。自底向上装配设计过程也是这样,先构造好所有的零件模型,然后把零件模型装配成子部件,然后装配成机器,产生最终的装配模型。在自底向上的设计过程中,如果在装配时发现某些零件不符合要求,例如:零件与零件之间产生干涉、某一零件根本无法进行安装等,就要对零件进行重新设计,重新装配,再发现问题,再进行修改,如此反复直至设计完成。

从上述过程可以看出,自底向上装配设计过程的优点是思路简单,操作快捷、方便,容易被大多数设计人员所理解和接受。同时目前市面上的 CAD 系统都能较好地支持这种装配设计过程,因此,这种设计方法目前应用很普遍。但由于自底向上过程事先缺少一个很好的规划和全局的考虑,设计阶段的重复工作较多,会造成时间和人力资源的浪费,工作效率较低。另外这种设计过程是从零件设计到总体装配设计,不支持产品从概念设计到详细设计的过程,零部件之间内在联系和约束不完整,产品的设计意图、功能要求以及许多装配语义信息都得不到必要的描述,对于零部件数量和规模较大的产品,该方法局限性是明显的。

二、自顶向下的装配设计

自顶向下(Top-down)的设计过程是模仿实际产品的开发过程。其过程为:首先进行功能分解,即通过设计计算将总功能分解成一系列的子功能,确定每个子功能参数;其次进行结构设计,即根据总的功能及各个子功能要求,设计出总体结构(装配)及确定各个子部件(子装配体)之间的位置关系、连接关系、配合关系,而各种关系及其他参数通过几何约束或功能参数约束求解确定。在对各个子部件的功能进行功能分析,对结构进行装配性、工艺性等分析之后,返回修改不满意之处,直到得到全局综合指标最优;然后分别对每个部件进行功能分解和结构设计,直到分解至零件。当各零件设计完成时,由于装配模型约束求解机制作用,整个机器的设计也就基本完成。

1. Top-down 设计过程的特点

(1) Top-down 设计可以首先确定各个子装配或零件的空间位置和体积、全局性的关键参数,这些参数将被装配中的子装配和零件所引用。这样,当总体设计参数在随后的设计中逐渐确定并发生改变时,各个零件和子装配将随之改变,更能发挥参数化设计的优越性。

(2) Top-down 设计使各个装配部件之间的关系变得更加密切。例如轴与孔的配合,装配后配钻的孔,如果各自分别设计,既费时,又容易发生错误,而通过 Tap-down 的设计,一个零件上的尺寸发生变化,对应的零件也将自动更新。

(3) Top-down 设计方法有利于不同的设计人员共同设计。在设计方案确定以后,所有承担设计任务的小组和个人可以依据总装设计迅速开展工作,可以大大加快设计进程,做到高效、快捷和方便。

2. Top-down 设计的步骤

(1) 确定设计目标。确定诸如产品的设计目的、如何满足功能要求、必要的子装配、子装配与其他装配的关系、哪些设计将可能变动、有无可参考的设计等。

(2) 定义大致的装配结构。把装配的各个子装配勾画出来,至少包括子装配的名称,形成装配树。每个子装配可能是已有的设计,也可能仅仅是一个空部件,不过随后就可以细化每个子装配。这些结构是产品总设计师设计并维护的,其结果将公布给所有其他参加设计的人员。

(3) 设计骨架模型。每个子装配都有一个骨架模型,在三维设计空间用它来确定装配的空间位置和大小,部件与部件之间的关系以及简单的机构运动模型。骨架模型包含整个装配的重要设计参数,这些参数可以被各个部件引用,所以骨架模型是装配设计的核心。

(4) 将设计意图贯穿到装配结构中、将设计参数从上层装配模型逐渐传递到下层的部件中。

(5) 部件设计。当获得所需要的设计信息以后,就可以着手具体的部件设计。部件设计可以在装配中直接进行,也可以装配已经预先完成的部件造型。

(6) 设计条件的传递。自上而下的设计中,相关的设计信息可在不同的装配部件之间传递。

由以上过程可见,该过程能最大限度地发挥设计人员的设计潜力,最大限度地减少设计实施阶段不必要的重复工作,使企业的人力、物力等资源得到充分的利用,有利于提高设计效率,减少新产品的设计研究时间。而在创新性设计中,事先对零件结构细节不可能非常具体,设计时总是要从比较抽象笼统的装配模型开始,边设计边细化,边设计边修改,逐步求精,这时,就很难开展自底向上的设计,而必须采取 Top-dawn 的设计方法。自顶向下的设计一直能把握整体的设计情况,着眼于零部件之间的关系,并且能够及时地发现、调整和方便地修改设计中的问题。采取这种逐步求精的设计方法能使创新设计一次成功,提高设计效率和设计质量。

自顶向下的设计过程由于它本身的先进性、科学性和实用性已经成为汽车产品设计过程中的主要设计方法。汽车产品由上千个零部件组成,在整车装配设计过程中根据整车的总布置确定的车身、底盘、动力部分以及电气的硬点信息,发布整车各部分零部件的位置和尺寸限制,再由整车设计过程中的各部门根据这些数据进行详细设计。掌握 CATIA 在汽车产品的装配建模过程中的作用,需要结合本书第 6 章中的案例,再通过实践积累和理解建模过程中的坐标系、曲面、Publication 机制和布尔运算的使用,才能逐步掌握在 CATIA 中自顶向下的设计方法和思路。

3.4 工程设计图样

绘制工程图通过【Drafting】工作台实现。【Drafting】工作台与【Sketcher】工作台有许多相同之处,它们都能够创建和编辑二维图形;它们的不同之处是【Sketcher】中将绘制的二维图形只是提供给【Part Design】工作台创建三维形体,【Drafting】工作台的功能是绘制工程图,二维图形只是工程图中的一部分。【Drafting】工作台还可以将【Part Design】中创建的三维形体映射为二维的各种视图。可以标注尺寸、尺寸公差和几何公差(又称形位公差),可以添加表面粗糙度、焊接等工程符号,可以添加文本注释、零件编号、标题栏和明细表,可以生成独立的图形文件。

3.4.1 工程图样工作台

一、工程图工作台设置

绘制工程图之前首先选择图纸的尺寸,制作图框。选择菜单【Start】→【Mechanical Design】→【Drafting】,弹出图3-73a)所示【New Drawing】对话框。选择 modify 按钮得到如图3-73b)所示对话框,该对话框设置内容作用如下:Standard 栏确定制图标准,有 ISO(国际标准)、ANSI(美国标准)等6种选择,通常选择 ISO;Seet Style 提供了 A 图幅标准的选择;图纸显示 Portrait 为竖向,Landscape 为横向。

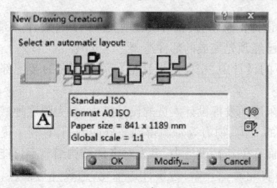

a) b)

图3-73 新建工程图样设置

绘图环境变量设置如下。

选择菜单【Tools】→【Options】,即可显示【Options】对话框,选择 Drafting 和 Generation 选项卡,显示如图3-74所示含有的选项卡包括:

(1)Generation 选项卡中设置工作界面中的标尺、线型等工具参数;Layout 选项卡中设置调用已经存在文件的标题栏,CATIA 提供在一个工程图文件中创建多个页面的图样,因此可以在同一图样文件中存放一整套装配产品和零部件图样。

(2)View 选项卡中提供视图投影和线型选择,用户可以根据对图形中轮廓线和相关线的需求选择需要的线型,需要注意的是 View Generation 选项提供了投影的线型之间的关系,其中 Exact view(准确视图)模式和 CGR 投影模式得到的线型的区别在于,前者线型间是连续的,而 CGR 模式线型是不连续的。

(3) Generation 选项卡提供生成尺寸和装配部件编号的形式。

(4) Geometry 选项卡内容与草图绘制的选项设置相同。

(5) Dimension 和 Annotation and Dress-Up 选项卡设定尺寸标注的字体、单位以及公差等设置;Manipulators 提供了尺寸标注位置的设置。

根据软件使用者通常会制定相应绘图环境标准,这些标准会被编制成环境变量文件。在建立工程图样之前首先使用 CATIA 的环境变量工具将这些环境变量导入即可完成设置。

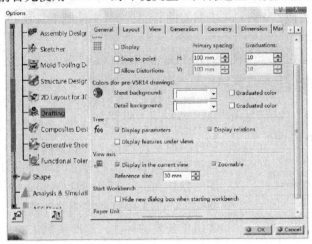

图 3-74 【Drafting】工作环境设置

二、工程图工作台界面

工程图工作台工具如图 3-75 所示,CATIA 工程图界面中分为两个操作环境。通过菜单栏的【Edit】→【View】中提供了 Sheet Background 和 Working View 两个界面之间的切换。

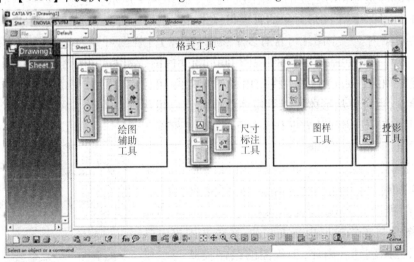

图 3-75 工程图工作台及工具

Sheet Background(背景视图)提供用户设置标题栏和图框。在这个环境下不能编辑投影视图,通常在生成工程图样时可以将工艺要求和 BOM 表也放在这个界面中编辑。

Working View(工作视图)用于投影视图、工艺尺寸和对投影视图的修改,在这个界面下包含了背景视图的绝大部分工具。

3.4.2 工程图样绘制工具

从工作视图界面(图3-75)中可以看出,CATIA 的工程图绘制提供的工具分为五类:Views(视图投影)工具,Sheet(图样)工具,Dimensioning、Annotation(尺寸标注)工具,格式工具和绘图辅助工具。这些工具中投影工具和图样工具与工程图形学基础相关;尺寸标注与二维 CAD 软件使用类似,Dress-Up(绘图辅助)工具与草图绘制工具相同。

1. Sheet(图样)工具

图样工具如图3-76 所示,包括 New Sheet 和 New Detail Sheet,New View(新建视图),Instantiate 2D Component(2D 部件实例化)。

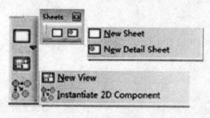

图3-76 Sheet(图样)工具

New Sheet 用于新建图样,New Detail Sheet 用于新建实例图样。在 CATIA 中,一些特殊的图例可以以实例部件的形式保存在单独的实例视图中,这些实例部件可以被重复调取使用。对应的操作也分为 New View 对视图的操作和 Instantiate 2D Component 对实例部件的调用操作。CATIA 中这些实例部件类似于 AutoCAD 中的块,常用于公差的标注。这些实例化的 2D 部件作为企业在设计过程中的标注规范,在图样设计之初就以 Start Model 文件形式提供给工程师使用。因此在工程应用中新建图样时只要选择【File】→【New From】在标准图样 Start Model 基础上绘制工程图样。

2. View(视图投影)工具

视图(View)是指相对独立的一组图形对象,如图3-77 所示。虽然可以将图形对象直接绘制在图片上,但不便于图形对象的管理与操作,因此,通常都是首先建立视图,然后将图形对象绘制在视图内。一个图片可含有多个视图(View)。视图可分为基本视图、辅助视图和局部视图。基本视图包括主(Front)视图、俯(Top)视图、左(Left)视图、右(Right)视图、仰(Bottom)视图和后(Rear)视图。视图内的图形对象可以交互方式绘制,也可以从形体的三维模型获取它们的投影图。每个视图有一个虚线的方框作为显示区域,方框的大小随图形对象的大小自动调整。

View 工具栏包括 Projections(投影视图)、Section(剖面视图)、Detail(局部详图)、Clippings(截断视图)、Break View(局部剖视图)、Wizard(视图布局)。由于在 CATIA 中,投影视图是与实体模型相互关联的,系统并不推荐缺乏实体的工程图创建。因此,工程图的绘制模式与二维 CAD 软件中的工程图绘制的思路有很大差别。绘制工程图样的一般顺序为:首先选择主视图投影,然后根据主视图生成左视图和俯视图,接下来根据三个主要视图设置剖

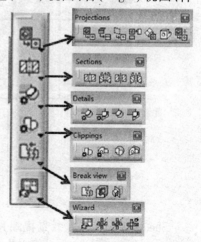

图3-77 View(视图)工具栏

切面、局部放大视图的区域以及截断视图的范围。系统会根据用户设定和实体特征自动投影生成相关视图,并保持视图之间的位置关系。

Projections(投影视图)工具栏如图 3-78 所示,该工具栏的工具同样可以在菜单栏的【Insert】显示,这些工具主要用于建立实体模型与工程图之间的投影关系。以图 3-79a)为例,在新建的【Drafting】工作台中选择 Front View(主视图投影)工具,通过菜单栏的窗口切换工作台至【Part Design】选择模型中投影面,观察右下角窗口中的视图变化,选择合适视图确认后系统自动切换回【Drafting】工作台。视图角度和位置可以通过绘图界面右上角的平面罗盘进一步调整,结果如图 3-79b)所示。

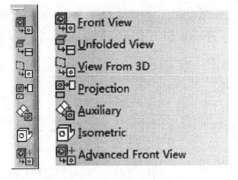

图 3-78 Projections(投影视图)工具栏

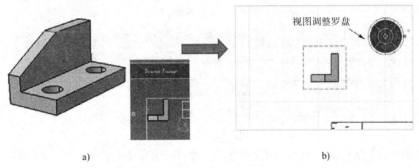

图 3-79 生成主视图

完成主视图投影之后,其余视图可以根据主视图投影,选择 Projection(垂直投影)和 Auxiliary(斜侧投影)生成其他向的视图;针对钣金零件,选择 Unfolded View(展开视图)获得钣金件的展开图;如果在生成主视图时需要编辑比例,可以选择 Advanced Front View 设置视图比例;选择 Isometric 生成轴侧视图。

图 3-80 Section(剖面视图)工具栏

Section(剖面视图)工具如图 3-80 所示,包括 Offset Section View(剖面视图)、Aligned Section View(旋转剖面视图)、Offset Section Cut(截面视图)、Aligned Section Cut(旋转截面视图)。

剖面视图、局部详图和截断视图都按照工程制图的要求,不同在于这些视图在 CATIA 中都要求通过主视图中选择剖切线、局部视图范围和截断视图的断点生成。如图 3-81 所示,选择 Offset Section View 在主视图上画出截面线段,可以在主视图两侧投影出对应的剖面视图,系统也会根据自动添加剖面的编号。

3. 尺寸标注和格式工具

Dimensions(尺寸)工具分为四类,如图 3-82 所示。第一类 Dimension 用于直接尺寸标注,尺寸工具又分为四个工具栏,前两栏中工具用于标注长度、角度和圆周尺寸;第三栏提供了倒角、螺纹和圆心点的坐标尺寸;最后一栏中提供自动识别出特征中圆心点和定位坐标点的坐标列表编辑工具,适用于将图样中需要开孔加工的点坐标输入数字加工设备。第二类

Technological Feature Dimensions 用于技术特征尺寸标注，技术特征尺寸主要用于在装配图中标示线缆、导线等弯曲零件的长度尺寸，这些尺寸提供给工程师采购线缆、导线元件的数量参考。第三类 Dimension Edition 用于调整尺寸标注线的位置、引出线的断点等。第四类 Tolerancing 用于形位公差标注，两个工具分别用于建立 Datum（基准）和形位公差标注。

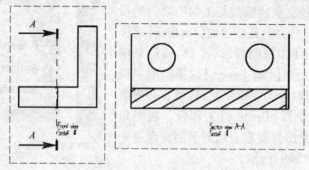

图 3-81　剖面视图示例

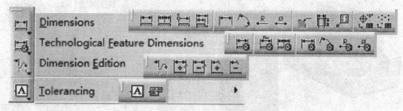

图 3-82　尺寸工具

Annotation（注释）工具，如图 3-83 所示，包括：Text（文本）编辑工具，文本在工程图中的标注包括引出线标注工具，复制文本和基准标注等工具，这些标注通常会被制作成 2D 实例部件，可以重复使用。Symbols 工具用于标注表面粗糙度、焊点等特殊标识。Table 用于数据表格的导入导出，CATIA 与 office 软件有良好的接口，可以直接读入 excel 生成的 CSV 格式的表格数据。除了上述工具外，系统还提供了 Positioning 工具用于调整标注的对齐方式和自定义的坐标点坐标表格工具，活用这些工具可以绘制出标准的工程图样。

4. Dress-Up（绘图辅助）和草图绘制工具

Dress-Up（绘图辅助）工具如图 3-84 所示，Axis and Threads（轴线和螺纹）工具可以自动识别从三维模型投影得到的视图中的圆孔中心线和螺纹线，根据需要在相应视图位置添加工程图中的中心线和螺纹线；Area Fill 提供绘制剖面线工具，主要用于调整已经识别的剖面线线性和添加局部视图的剖面线。【Drafting】工作台中还提供草图工具编辑图样中的部分图线信息，使用方法与第 2 章中介绍的草图轮廓线工具的使用方法相同。

图 3-83　标注工具　　　　　　　　图 3-84　辅助绘图工具

3.4.3 图形与尺寸标注修改工具

工程图样绘制过程中,为了准确、清楚的表达图样中的尺寸信息,需要准确地控制标注尺寸的形式。CATIA工程图工具中除了提供了工具栏中的常规工具之外,还提供鼠标右键菜单、尺寸设置、工艺标注工具等快捷实用工具。

一、尺寸标注右键菜单调整工具

1. 尺寸标注类型

当选择 Dimensions 工具引出尺寸值,还未使用鼠标左键确定尺寸之前,可以单击鼠标右键弹出如图3-85所示的右键菜单。针对不同长度、圆周和圆弧尺寸的不同显示菜单部分的第一栏选项也不相同。

a) 标注直线时   b) 标注圆成圆弧时

图3-85 右键菜单工具

右键菜单第二栏提供了用于调整数值的 Dimension Representation(尺寸表达)工具。如图3-86所示,边长为100mm的立方体的轴测图,按不同的模式得到的尺寸标注与尺寸数值之间关系如下:

(1) Projected Dimension:投影的尺寸,见尺寸56.8、40.88和39.44。
(2) Force Dimension on Element:强行图形元素同方向的尺寸,见尺寸56.8。
(3) Force Horizontal Dimension in view:强行标注视图内水平方向的尺寸,见尺寸40.88。
(4) Force Vertical Dimension in view:强行标注视图内垂直水平方向的尺寸,见尺寸39.44。
(5) True Length Dimension:实际长度尺寸,见尺寸100。

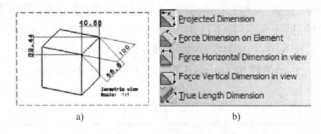

a)   b)

图3-86 Dimension Representation 工具

2. 尺寸标注方向

单击【Value Orientation】菜单项,将弹出图3-87a)所示确定尺寸文本方位的对话框。
(1) Reference 编辑框:确定尺寸文本角度基准的对象,可选 Dimension Line(尺寸线)、

Screen（屏幕）或 View（视图）。

（2）Orientation 编辑框：确定尺寸文本的角度，可选 Parallel（平行）、Perpendicular（垂直）或 Fixed Angle（固定角度）。

（3）Angle 编辑框：输入固定角度的值。

3. 添加漏斗线

单击【Add Funnel】菜单项，将弹出图 3-87b）所示确定漏斗线的对话框。通过该对话框确定漏斗线的尺寸，图 3-87c）所示为带有漏斗线的尺寸。

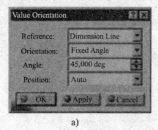
a)
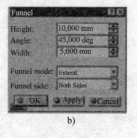
b)

c)

图 3-87 尺寸方向和引出线设置

二、设置或修改属性工具

1. Dimension Properties 和 Numerical Properties 工具栏

通过图 3-88 所示图形属性设置工具分为 Dimension Properties、Numerical Properties 工具栏可以设置尺寸的式样、格式、公差类型、公差值、精度等尺寸特性。图中五个部分的含义分别为：

A——确定尺寸文本相对于尺寸线的位置有图 3-89 中 a）所示的 4 种形式，其效果见图 3-89 中 b）、c）、d）、e）。

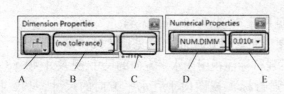

图 3-88 Dimension Properties 和 Numerical Properties 工具栏

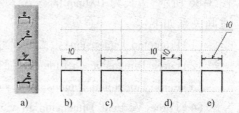

图 3-89 尺寸文本相对于尺寸线位置

B——确定选择尺寸公差类型：no tolerance、TOL_NUM2、ANS_NUM2 等 21 种公差的类型，其中（no tolerance）表示不标注公差；TOL_NUM2 标注数值公差，见图 3-90 中 a）；ISOALPH1 标注公差带符号，见图 3-90 中 b）；图 3-90 中 c）、d）所示尺寸是在公差的类型为 TOL_NUM2、数值的格式为 NUM. DIMM、公差位数选择了 0.001，公差的数值分别输入了"+0.012/ -0.012"、"+0.025/0"和"+0.009/ -0.021"的标注结果。

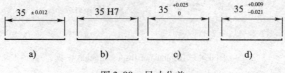

图 3-90 尺寸公差

C——确定公差的数值或符号 公差的类型决定了内容的类型，例如，如果公差的类型为 TOL_NUM2，通过此域选择或输入公差的数值，如果公差的类型为 ISOALPH1，通过此域选择或输入公差的符号。

D——确定公差数值的格式 有 NUM.DIMM、NUM,DIMM、NUM.DINC 等 20 余种格式，其中 NUM.DIMM 是小数点为分隔符的米制、NUM,DIMM 是逗号为分隔符的米制、NUM.DINC 是小数点为分隔符的英制。

E——确定公差小数的位数 有 0.1、0.01、0.001、1 四种选择。

2. Text Properties 和 Graphic Properties 工具栏

Text Properties（文本属性）编辑如图 3-91 所示，包括选择字体（Font name）、字号（Font Size），以及类似于 office 编辑过程中用于设置字体的其他工具。

（1）用于设置文本框的类型，系统提供的选择项如图 3-92a）所示。

（2）用于设置标注文本前的符号，系统提供的选择项如图 3-92b）所示。

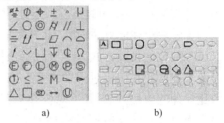

图 3-91 尺寸文本编辑　　　　　　　　图 3-92 尺寸边框和符号选项

Graphic Properties（图形属性）编辑工具提供了对图形的点和线颜色、线型、线宽的设置选项，如图 3-93 所示。此外还可以设置图层，填充图形，并提供了格式刷工具。这部分图形工具属于通用设置工具，与其他工作台中的图形属性设置功能相同。

视图的选择、布局和尺寸准确表达需要遵从工程图形学的基础理论和国家标准中要求的画法规范，或遵从于企业设定的标准。这些知识是设计的基础内容，就不再详细叙述了。

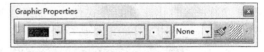

图 3-93 线型修改工具

CATIA 中工程图形标注工具用于表达机械设计意图和工程图形中对加工工艺的要求，因此要想熟练掌握该工作台软件工具，根本还是要熟悉与之相关的基本理论，在使用过程中养成查阅软件操作手册的习惯，在实践操作过程形成将这些理论与软件工具相结合的思维习惯。

3.5　产品建模应用

CATIA 产品设计所涉及的零部件设计、产品装配设计和工程图样绘制的基本功能已经可以满足产品建模技术应用的需求。但是，在实际应用过程中，产品设计要求尽可能地缩短产品的研发周期，这就要求减少设计过程中的重复设计，是产品具有充分的柔性，并且要求设计过程的模型要能精确地反映实际设计活动，同时又能迅速地重构，使产品的设计信息能够重用。几乎所有的产品都改进型产品设计，而且原来产品设计信息中的 70% 左右在新产品设计时是可以被重新利用，参数化设计技术就是在这样的背景下产生的。

在参数化设计中，设计人员可以根据自己的设计意图建立产品设计草图之间的约束关系，这样设计对象内部的各设计元素之间的约束关系就被保存在已有的设计模型中，设计者

在更新草图尺寸时,系统能够借助图形之间的约束重新计算自动更新草图中的几何形状。产品设计过程的复杂性、多样性和灵活性要求设计自动化。因此,设计参数的关联关系不仅仅局限在草图绘制中,而是要在产品之间建立起参数关系,这些参数关系依赖于产品的零部件特征之间,产品装配模型的零部件之间都需要建立起约束关系,才能形成完整的参数化模型。

    针对一些特定产品的模具、夹具、液压缸、组合机床和阀门等系列化、通用化和标准化的定型产品而言,产品设计所采用的数学模型及产品设计绘图系统存储的某个数字模型是一系列特定的参数的结果,需要重复调用的时候需要改变这一系列参数,如果逐个的改变这些参数所需要的工作量是烦琐而巨大的。对于装配产品而言,不同的零部件之间需要保证装配的公差配合,从而确定不同零部件的公差尺寸,才能确定装配零部件的加工尺寸,生成准确的用于加工的工程图样。对于汽车产品而言,大量的零部件之间需要由同一的基准来确保零部件装配在一起,并能保证一定的精度,这就要求建模过程中需要统一的规范。

    为了解决上述问题,加快产品开发周期,提高设计效率和质量,减少重复劳动,人们提出了产品参数化的设计方法,将产品的设计要求、设计原则、设计过程和设计结果用灵活可变的参数来表示。在使用过程中,运用 CATIA 为参数化设计提的工具逐步形成了一些典型的参数化设计的应用方法,并针对汽车产品提出了建模的数据规范。这些方法和规范实现产品系列化设计和产品造型过程精确化和自动化的关键。本节通过接下来的几个案例了解 CATIA 建模过程中对参数化建模工具的应用。

实例一　建立参数化零件库

    在产品装配建模设计中可以通过 CATIA 菜单【Tools】→【Catalog Browser】可以打开零件目录库,如图 3-94 所示,从零件库中选择参数化的零件添加到装配产品中。这些零件目录库可以通过参数化建模的方式建立,也可以通过 VB 编程的方式建立。本例以 GB 5780—1986 六角头螺栓为例,使用参数化建模方法快速建立标准件库。

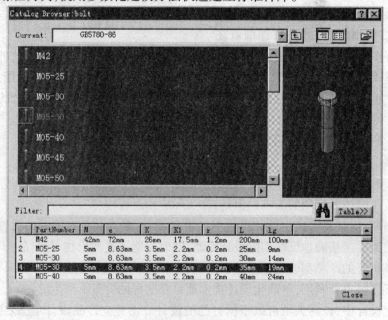

图 3-94　螺栓零件库调用窗口

步骤一 新建零件 Ex_Bolt，在菜单【tools】→【options】→【Infrastructure】→【Part Infrastructure】，在 Display 选项卡，设置显示参数，如图 3-95 选中 Parameters 和 Relations，在目录树中显示 Parameters 和 Relations 子目录。

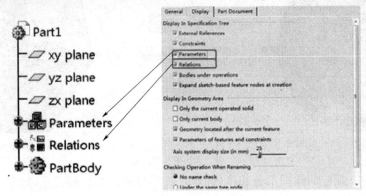

图 3-95　参数设置与目录树关系

步骤二　选择 Knowledge 工具栏 Formular 工具，如图 3-96 所示，创建七个新的 Length 变量：M、e、K、K1、L、lg、r；默认值根据机械手册设为六角头螺栓中的任意一组值，例如：42，72，26，17.5，200，100，1.2；注意输入时变量的类型和单位。

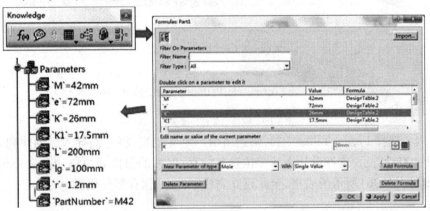

图 3-96　建立变量参数

步骤三　建立如图 3-97 所示六角头螺栓的螺帽截面草图，并建立与步骤 2 中设置的参数对应关系，根据草图旋转得到螺帽部分。

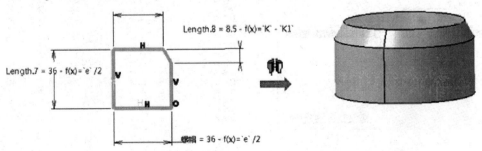

图 3-97　建立变量参数与草图约束尺寸关系

步骤四 建立螺栓的螺帽顶部圆形轮廓相切的六边形特征，如图3-98所示。

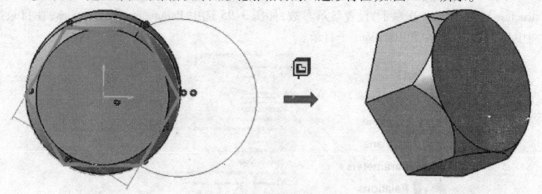

图3-98 建立六边形几何约束关系

步骤五 建立螺栓的螺杆部分长度，并建立长度与输入参数间关系，如图3-99所示。

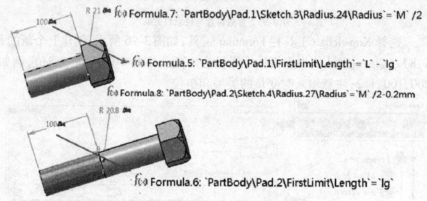

图3-99 螺栓的螺杆长度参数关系

步骤六 选择Design Table工具，筛选出用户定义变量，将它们导入到创建列表的数据中，如图3-100a)所示，选择设计表保存位置并保存；保存的数据表可以用微软Office中Excel编辑成图3-100b)所示的表格，至此建立完成零件库，保存零件模型。

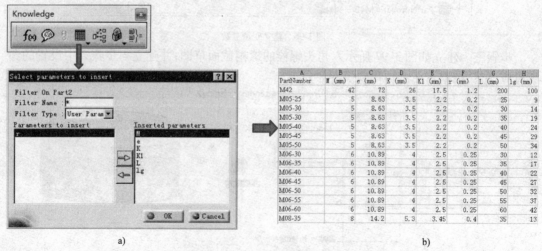

	A	B	C	D	E	F	G	H
PartNumber		M (mm)	e (mm)	K (mm)	K1 (mm)	r	L (mm)	lg (mm)
M42		42	72	26	17.5	1.2	200	100
M05-25		5	8.63	3.5	2.2	0.2	25	9
M05-30		5	8.63	3.5	2.2	0.2	30	14
M05-30		5	8.63	3.5	2.2	0.2	35	19
M05-40		5	8.63	3.5	2.2	0.2	40	24
M05-45		5	8.63	3.5	2.2	0.2	45	29
M05-50		5	8.63	3.5	2.2	0.2	50	34
M06-30		6	10.89	4	2.5	0.25	30	12
M06-35		6	10.89	4	2.5	0.25	35	17
M06-40		6	10.89	4	2.5	0.25	40	22
M06-45		6	10.89	4	2.5	0.25	45	27
M06-50		6	10.89	4	2.5	0.25	50	32
M06-55		6	10.89	4	2.5	0.25	55	37
M06-60		6	10.89	4	2.5	0.25	60	42
M08-35		8	14.2	5.3	3.45	0.4	35	13

a)   b)

图3-100 创建零件库设计表单

步骤七　创建一个新的 Catalog Document 文件,重命名 Chapter.1 为"螺栓",选择【Insert】→【Add Part Family…】命令,单击 Select Document 按钮,选择刚刚保存的 GB 5780—1986.CATPart 文件,得到图 3-101 所示零件系列,保存文件为 bolt.catalog 作为可被调用的零件库文件。

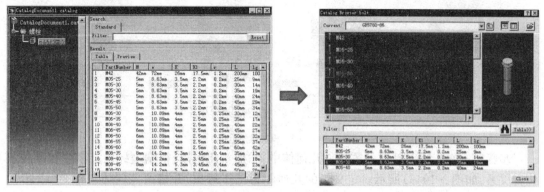

图 3-101　创建完成的零件库

实例二　特征模型应用——过滤器设计

设计图 3-102 所示过滤器案例,分析结构可以看出过滤器是一个带有型腔的零部件,从制造工艺上分析一般采用铸造成型,这就要求模型设计时就要考虑铸造模具设计要求的型腔模芯,采用布尔运算的方式建立特征模型的思路如下。

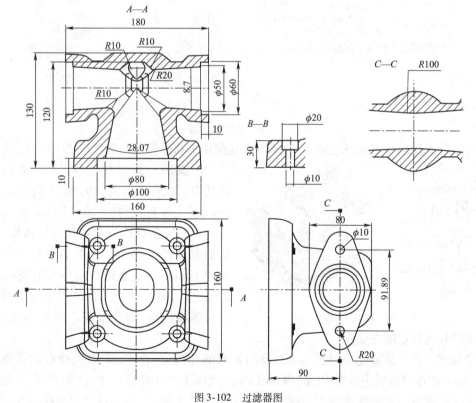

图 3-102　过滤器图

步骤一　分析零部件结构和成型工艺,通常零部件加工过程中的圆角、倒角都是在零部件的最后一部分工序,因此建模过程中也通常将圆角、倒角特征作为最终完成模型的修饰特征,建模开始时忽略这些特征。从图3-103可以看出过滤器的结构为中心对称,只要建立1/4的模型,利用对称即可实现。

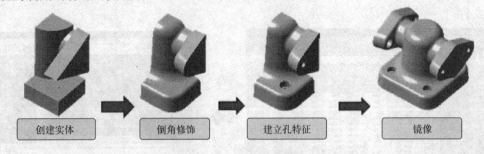

图3-103 模芯建模思路

步骤二 在步骤一新建的零部件几何体中,添加新几何体,根据坐标确定模芯和产品的位置关系,如图3-104a)所示。定义新的几何体为工作对象,并修改几何体名称为"模芯",建立模芯部分模型,模芯建模思路如图3-104b)所示。

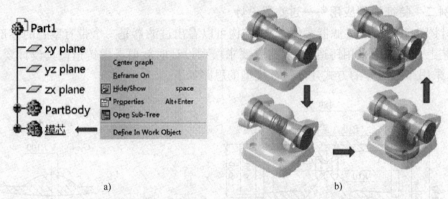

图3-104 模芯建模思路

步骤三 运用布尔运算去除工具,从零件几何体中移除模芯得到如图3-105所示结果。

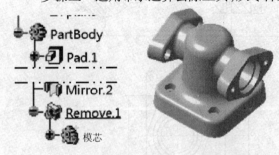

图3-105 移除模芯部分

步骤四 新建产品将案例二的添加到产品中。双击目录树中的part1切换回【Part Design】工作台,选择菜单中【Tools】→【Publication…】,在对话框中选择几何体模芯,得到如图3-106所示目录树,目录树中新增目录项publication,在该目录中存有发布出来的模芯几何体,这个几何体与模型中的模芯具有链接关系,即改变模芯几何体尺寸,发布出来的几何体也随之变化。

步骤五 在产品装配中新建part2,复制发布的几何体,在Part2中选择右键菜单中的paste,Special在对话框中选择Result With Link,得到如图3-107所示Part2的目录,采用保存管理方法得到两个零部件件模型,分别为过滤器和过滤器模芯,这样过滤器与模芯之间的关系就通过装配体联系在一起。当模芯发生变化时,只要更新装配模型就可以使得模芯模型同步更新,从而实现产品和工艺的并行设计。

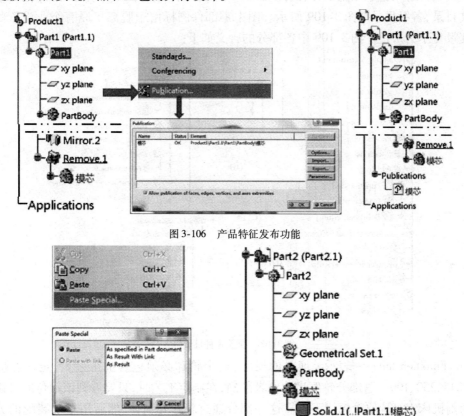

图 3-106　产品特征发布功能

图 3-107　过滤器产品与模芯并行设计

实例三　特征模型应用——夹具夹头设计

借助于布尔运算的功能可以将加工特征这类非几何特征也在建模的时候就与数据模型并行建立,这样在设计的过程中就可以考虑到加工的可行性。本例从汽车车身焊装夹具的设计中的选取一个夹头工具,简要介绍在运用 CATIA 设计过程对建模规范的理解和运用。

如图 3-108 所示左图为车身零部件制造中使用的夹具设计,选取其中要求设计的夹具夹头(图 3-108 右图)。夹头的数字模型目录树如图 3-109 所示。

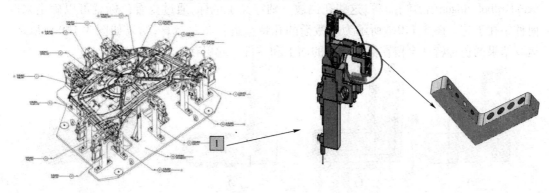

图 3-108　车身制造夹具中的夹头

该夹具针对某德系车型设计,因此目录树中的目录根据该车型主机厂的规范要求必须用德文目录,各级目录如图3-109所示。图中零部件图标由于脱离了原有企业设置的建模环境变量显示为灰色。图3-109中各部分的含义如下:

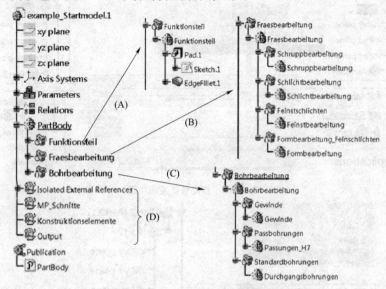

图3-109 夹头零件目录树

(A)Funktionsteil——表示毛坯料的尺寸,这个轮廓必须包含加工余量,定义相应的颜色,如235、250、100。这部分轮廓尺寸要求准确,在制定工艺时,只要看到该颜色即可确定采用线切割机床直接读取轮廓线下料。这一部分通过新建几何体,然后用布尔装配的方式运算到PartBody中,布尔运算的名称和几何体名称相同。通常在提供毛坯尺寸时会将后续目录下的(B)、(C)部分选择Deactive,如图3-110a)所示。

(B)Fraesbearbeitung——表示需要机加工的表面,分为Schruppbearbeitung(粗加工)、Schlichtbearbeitung(精加工)、Feinstschlichten(精细加工)和Formbearbeitung_Feinschlichten(特殊形面加工)四种,并分别定义了色标,通过色标可以迅速确定加工工艺。图3-110b)所示表示夹头需要精加工的面。

(C)Bohrbearbeitung——表示加工孔,分为Gewinde(螺纹孔)、Passbohrungen(销孔)、Standardbohrungen(台阶孔)等,这些孔也被分别定义了色标,通过查看色标就可以确定采取何种钻孔工艺。图3-110c)所示为对激活的孔特征进行布尔运算,结果如图3-110d)所示,运算结果的色标特征会留在需要加工的面上和零件一起保存。

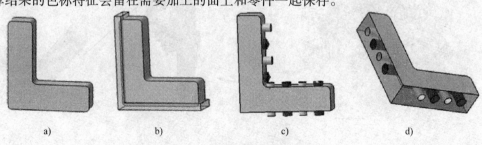

图3-110 夹头加工工艺信息特征

（D）——表示夹头与车身零件接触面的位置信息,通过曲面信息的发布建立联系,这将在第4章的案例中介绍基于曲面的产品建模方法。

实例四　等速万向节装配设计

汽车用等速万向节有球笼式和球叉式,本例中使用的是球笼式万向节,该万向节模型数据通过逆向求解获得,求解过程需具备曲面设计基础和逆向设计基础,因此采用去除参数的模型说明装配过程。

步骤一　进入【Assembly Design】工作台,在属性中修改装配产品名称为等速万向节,插入 Star 零件,并固定约束;再选择两个 ball 零件插入装配体,分别选择球心与 Star 预先设置好的装配点重合约束,更新后得到图 3-111 所示结果。

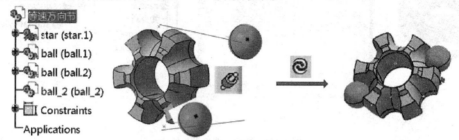

图 3-111　Star 与 Ball 装配过程

步骤二　新建 ball_2 子装配体目录,将两个球体零件移动到该子装配体目录下,并将 ball_2 设置为弹性约束,得到图 3-112 所示左侧目录树;选中 ball_2 进行特征阵列重用得到图 3-112 所示右侧结果。

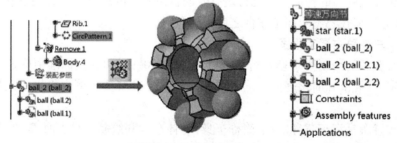

图 3-112　特征阵列重用

步骤三　插入 cage 零部件,用面偏移约束其与球的接触的面距离球心距离 7.94mm,选中轴线与 star 部件轴线相合,得到图 3-113a)所示结果;插入 bell 零部件选择其中的装配参考面与 cage 的断面重合得到图 3-113b)所示结果。

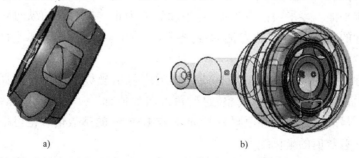

图 3-113　cage 和 bell 装配结果

步骤四 从菜单栏选择【Analyze】→【Clash】检查干涉,发现 cage 与 Star、star 与 ball 之间存在干涉,如图3-114a)所示;分析干涉结果 cage 与 star 之间干涉为装配干涉,采取在装配体中修改的方法,选择【Insert】→【Assemby features】→【Remove】从 star 中运用布尔运算移除干涉的 cage 部分,对话框如图3-114b)所示;此时 star 零部件目录和装配目录中记录了在装配体中运算的过程,如图3-114c)所示;至此完成装配。

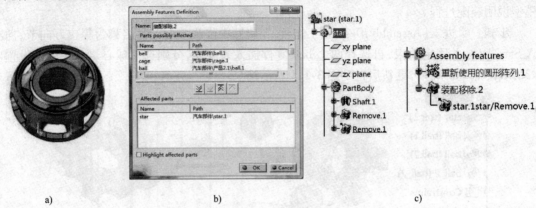

图3-114 装配干涉检查与处理

注意:上述在装配中修改零部件的做法属于自顶向下设计方法的一种。这种方法虽然方便,但是单个零部件建模过程中不能对装配模型中建立的特征进行修改,因此这种方法在实际建模中并不经常使用。在装配过程中不难发现,装配的零部件提供了一些装配参考,这些装配参考是基于曲面的特征。可见行之有效的自顶向下的产品设计方法是基于曲面的产品设计,这种方法将在熟悉曲面工作台之后详细介绍。

实例五 车身总布置工程图

车身总布置图的绘制要求遵从行业标准 QC/T 490—2000。该标准中确定了汽车总布置图样名词定义、规范和简化画法。读者可以参考该标准解读下例中提供的某轻型货车的总布置图。

汽车总布置图是汽车车身(以下简称车身)总体布置和绘制车身表面、零件结构、运动轨迹、装配关系等1:1的图样。在汽车车身设计中采用右手定则确定坐标系,在坐标系中,X 轴为汽车的长度方向,Y 轴为宽度方向,Z 轴为高度方向。按汽车满载时取零平面,一般取沿车架纵梁上缘上表面平直且较长一段所在平面作为高度方向坐标的零平面。零平面上方为正,零平面下方为负。将通过汽车前轮理论中心线并垂直于高度方向零平面的平面作为长度方向坐标的零平面。零平面前方为负,零平面后方为正。把汽车的纵向对称中心平面作为宽度方向坐标的零平面,零平面左侧为负,零平面右侧为正。变型车零平面采用基本车型零平面。

坐标线的标记及间隔的确定。坐标线的标记应包括坐标线距零平面距离的1%数值(坐标线距零平面距离原则为100的整数倍,负方向数值加"-"号)及坐标线方向,数值及字母的字号为7号。坐标线间隔原则为100mm或100mm的整数倍。也可根据需要在坐标线间隔中插入任意数值的坐标线。

不同方向的坐标应分别注明下列标记:①长度方向坐标采用阿拉伯数字及大写正体英

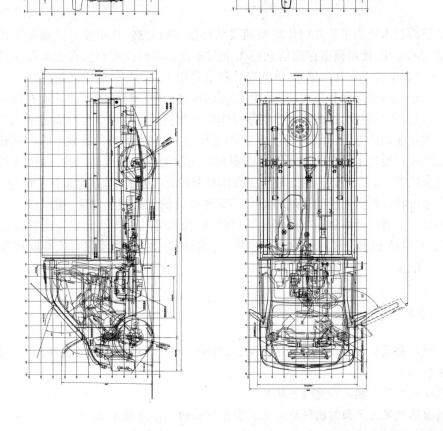

图 3-115 车身总布置图

文"X"字母,如:距 OX 平面 400mm 的坐标线应标记为 4X 或 -4X;②宽度方向坐标采用阿拉伯数字及大写正体英文"Y"字母,如:距 OY 平面 300mm 的坐标线应标记为 3Y 或 -3Y;③高度方向坐标采用阿拉伯数字及大写正体英文"Z"字母,如:距 OZ 平面 100mm 的坐标线应标记为 1Z 或 -1Z。坐标线距零平面的距离及坐标线的方向标记按顺序共同注在水平坐标线一端或两端的端部或垂直坐标线一端或两端的端部,其数值与字母一律水平摆放,经转换后的坐标系,其坐标线的坐标标记与坐标线的位置关系不变。视图中仅有一个坐标线时,根据需要除标注本坐标线标记外,应同时给出相邻一侧坐标线标记,两者间用箭头连接。绘制车身图样及编制技术文件时,一般按汽车自右向左行驶方向布置图面,如图 3-115 所示。

整车总布置图用于说明整车各总成件的相对位置,在 CATIA 中可以将各总成件分别投影整合而成。为了避免总成位置的偏离,各部件均采用自顶向下的方法建模,各总成件在相对于整车坐标的相对坐标位置建立模型。因此,绝大部分车身设计都采用第 4 章中介绍的基于曲面的自顶向下的产品建模方法。

3.6 本章小结

产品建模技术经历了从几何体模型到零部件模型的发展,其主要的区别在于模型存储的数据结构的变化,使得模型存储信息更加全面丰富。零部件模型包含的不仅仅是几何形体信息,还包含了若干非几何信息,这些非几何信息用于表达零件的工艺信息等。

用于表达几何信息和非几何信息的零部件建模过程中一特征的形式显示在模型的特征目录树中,形成特征建模,这些特征在实践操作中与建模的规范相结合形成传递工艺信息的载体。参数化驱动的方法,降低了系列化产品建模的工作量,也为参数驱动的产品建模提供了基础。装配建模技术是在利用零部件模型特征之间的约束完成的,为产品设计提供了模型设计的基础平台。产品设计最终通过工程图样将特征信息、参数信息以标准的形式输出。

本章通过将计算机建模的基础理论与零部件设计的工具相互对应,逐步建立起产品建模的整体概念。通过产品建模实践提出通过曲线、曲面等几何图形元素传递参数的建模需求,介绍了 CATIA 的参数和特征发布的功能,为实现利用空间曲面进行或空间模型间的运算提供了实践基础。

思考与练习

1. 比较线框模型、表面模型、实体模型、几何特征模型和边界模型的优缺点,说明几种模型的区别和联系。
2. 区分模型显示模式和建模系统的区别。
3. 列出通过定义平面封闭区域来生成实体对象的实体建模方法。
4. 在特征建模系统中,使用加工特征进行建模的主要优点是什么?在 CATIA 中是如何实现的?
5. 几何约束和尺寸约束可以确定零部件的几何形状,试解释参数化建模方法的优点。
6. 根据图 3-116 建立零部件模型。

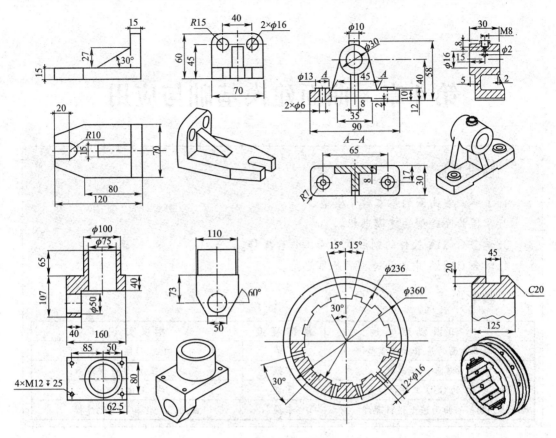

图 3-116　第 6 题图

第4章 曲面建模基础与应用

教学目标
1. 了解曲线曲面的基本数学模型。
2. 掌握曲面造型的建模思想。
3. 学会 CATIA 软件的创成式曲面工作台操作。
4. 学会 CATIA 中曲面造型的基本思路。

教学要点

知 识 要 点	掌握程度	相 关 知 识
曲线曲面的基本数学模型	了解	样条曲线、贝塞尔曲线等
曲面造型建模思想	掌握	孔斯、贝塞尔、B样条曲面
CATIA 的 GSD 工作台操作	掌握	点、线、面建模工具
CATIA 的曲面造型设计思路	掌握	曲面参数化和规范化建模

在产品设计中,随着人们对人机和美学要求的提高,产品逐渐趋于流线型,特别是在外观方面。这为 CAD/CAM 系统的曲面造型功能提出了更高的要求。曲面造型是三维造型中的高级技术。CAD/CAM 系统中,曲面造型主要实现在计算机图像系统的环境下对曲面的表示、设计、显示和分析。曲线曲面的呈现是通过各类函数算法实现的。不同的数学模型为不同曲面的形成提供了理论基础。CAD/CAM 系统通过不同的工具实现不同曲面模型的运算,最终得到符合要求的曲面效果。

本章主要通过介绍曲线的基本数字模型,结合 CATIA 软件的曲面建模基本工具,理解 CAD/CAM 软件构建曲线时设置参数的含义;通过对曲面数学基础的介绍,结合典型的曲面造型工作台,理解构建不同曲面的基本思路和过程,掌握 CATIA 软件曲面绘制的思路和基本操作。

4.1 曲线的表示与处理

4.1.1 CAD/CAM 中曲线曲面的基本理论

一、位置向量(position vector)

位置向量是指曲线上任一点的位置表示法,可写成带参数的、连续的、单值的数学函数,

具体表达式为:
$$P(t) = [x(t), y(t), z(t)] \tag{4-1}$$

式中,t 取 $[0,1]$ 中的数。$t=0$ 时为起点,$t=1$ 时为终点。

二、切向量(tangent vector)

根据微分原理,引入导数概念可知:如果在 R 处有确定的切线,则其切向量为:
$$P'(t) = \frac{dP}{dt} \tag{4-2}$$

其单位切向量为:
$$T = \frac{P'(t)}{|P'(t)|} \tag{4-3}$$

三、法向量(normal vector)

空间参数曲线上任意一点的法向量是指所有垂直该点切向量 T 的向量。任意一点的法向量不唯一,且所有法向量位于同一平面,该平面即为法平面。在所有法向量中,有两个法向量需特别关注。一是单位主法向量(principal normal vector)N,另一个是单位副法向量(binormal vector)B。N 和 B 的数学表达式分别为:

$$N = \frac{(P'(t) \times P''(t)) \times P'(t)}{|(P'(t) \times P''(t)) \times P'(t)|} \tag{4-4}$$

$$B = \frac{P'(t) \times P''(t)}{|P'(t) \times P''(t)|} \tag{4-5}$$

单位切向量 T、单位主法向量 N 和单位副法向量 B 共同构成了曲线上的活动坐标系,也称为弗朗内特活动标架(Frenet frame),如图 4-1 所示。其中,由 N、B 构成的平面却为法平面(normal plane),由 N、T 构成的平面为密切平面(osculating plane),由 B、T 构成的平面为从切平面(rectifying plane)。

四、曲率与挠度(curvature and deflection)

曲率 k 的几何意义是曲线的单位切向量对弧长 s 的转动率。曲率的方向与主法向量同向指向曲线凹的一侧,且恒为正。曲率的倒数 $\rho = 1/k$,即曲率半径。曲率中心是指沿曲线上某点的主法线方向与该点距离为曲率半径的一点。

挠度 τ 反映的是副法向量(或密切平面)对于弧长的转动率。与曲率不同,挠度不恒为正。$\tau > 0$ 时,表示曲线为右旋空间曲线;$\tau < 0$ 时,表示曲线为左旋空间曲线;$\tau = 0$ 时,表示曲线为平面曲线。

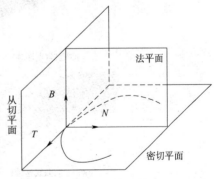

图 4-1 弗朗内特活动动标架

曲率 k 和挠度 τ 的数学表达式为:

$$k = \frac{|P'(t) \times P''(t)|}{|P'(t)|^3} \tag{4-6}$$

$$\tau = \frac{(P'(t), P''(t), P'''(t))}{(P'(t) \times P''(t))^2} \tag{4-7}$$

五、连续性(continuity)

建模过程中存在一些较复杂的曲线,这些曲线通常是由几段曲线相接而成的,曲线相接处的连接方式决定了复杂曲线的光滑度。连续性即是对曲线连接光滑度的描述。

曲线的连续性有两种度量方式。

1. 曲线的参数连续性

当用函数表示曲线时,若曲线在连接处存在 n 阶连续可微,则称该曲线具有 n 阶参数连续性,表示为 C^n。

2. 曲线的几何连续性

组合曲线在连接处满足不同于 C^n 的某一组约束条件,则称该曲线具有 n 阶几何连续性,表示为 G^n。

以两条相邻曲线的连接为例,设曲线 1 为 $P(t)$、曲线 2 为 $Q(t)$,$t \in [0,1]$ 则存在三种典型的曲线连续情况。

(1)曲线的点连续。即 G^0 连续,指两曲线在连接处满足式(4-8)所示条件,也就是曲线 1 终点与曲线 2 始点坐标重合。其连接示意图如图 4-2a)所示。

$$Q(0) = P(1) \tag{4-8}$$

(2)曲线的相切连续。即 G^1 连续,指两曲线在连接处除满足点连续外,还满足式(4-9)所示条件;也就是两曲线不仅连接处的点坐标重合,且单位切向量相同,其连接示意图如图 4-2b)所示。

$$Q'(0) = aP'(1) \quad (a > 0) \tag{4-9}$$

当 $a = 1$ 时,G^1 连续就成了 C^1 连续。

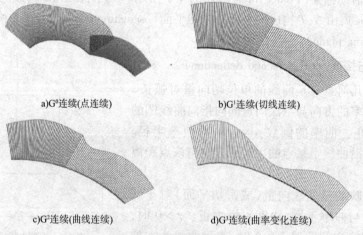

a)G^0连续(点连续)　　　　　b)G^1连续(切线连续)

c)G^2连续(曲线连续)　　　　　d)G^3连续(曲率变化连续)

图 4-2　曲线连续性示意图

(3)曲线的曲率连续。即 G^2 连续,指两曲线在连接处除满足相切连续外,还满足式(4-10)所示条件;也就是两曲线不仅连接处的点坐标重合、单位切向量相同,且具有相同的曲率,其连接示意图如图 4-2c)所示。

$$Q''(0) = \alpha^2 P''(1) + \beta P'(1) \tag{4-10}$$

其中,α、β 为任意常数。当 $\alpha = 1$、$\beta = 0$ 时,G^2 连续就成了 C^2 连续。

在 G^2 连续的基础上,如果曲率的变化也是呈现切线连续的状态,如图 4-2d)所示,则达到比曲率连续更强的 G^3 连续。

由以上内容可知,如果两曲线段在连接点处是 C^n 连续的,则必然是 G^n 连续的。而如果两曲线段在连接点处是 G^n 连续的,却不一定为 C^n 连续,只有经过重新的参数化后,才能使两曲线满足 C^n 连续。

4.1.2 曲线类型及其数学表达式

一、三次样条曲线（Spline）

样条曲线来源于手工制图时采用的一种工具,是使用易弯曲的塑料或其他材料制成的细长条。使用样条工具时,可以根据图样上的一组关键点,在适当位置压住样条,制图人员再以样条弯曲出的形状,画出光滑的曲线。

可以看出,样条曲线的形成有明确的物理作用,可依材料力学的原理推定,样条曲线上两固定点之间的曲线函数是一个三次多项式,而整条样条曲线的函数就是分段的三次多项式。

设三次样条曲线上有 n 个点,点坐标可表示为 $P_i(x_i, y_i)$,三次样条曲线的显式表达式为:

$$y = S(x) \tag{4-11}$$

如前所述,$S(x)$ 为三次多项式,则其二阶导数 $S''(x) = M_i$ 是线性的。由其二阶导数积分可得:

$$S(x) = M_{i-1}\frac{(x_i - x)^3}{6h_i} + M_i \frac{(x - x_{i-1})^3}{6h_i} + \left(\frac{y_{i-1}}{h_i} - \frac{h_i}{6}M_{i-1}\right)(x_i - x) + \left(\frac{y_i}{h_i} - \frac{h_i}{6}M_i\right)(x - x_{i-1})$$

$$\tag{4-12}$$

根据曲线上各点坐标并不能唯一确定样条曲线的形状,还需对样条曲线两端点给出约束条件。约束条件一般是为两端点的斜率,即一阶导数值 y_0' 和 y_n' 或二阶导数值 y_0'' 和 y_n''。当两端点的二阶导数值均等于 0 时的样条曲线称为自然插值三次样条曲线;当 $y_0'' = y_1''$,$y_n'' = y_{n-1}''$ 时,样条的第一段和最末一段为抛物线,此时的约束条件称为抛物端边界条件。

二、三次参数样条曲线

采用显式表达的三次样条曲线,在工程中的应用有一定的局限性。一般适用于小挠度的情况。对于大挠度或封闭曲线的情况,用三次样条函数插值拟合而得的曲线变形较大,或不具有几何不变性。

采用参数表达式来描述则可以解决这一问题。具体方法是将曲线上的点坐标用同一参数（设参数为 t）表示,即:

$$\begin{cases} x = f_1(t) \\ y = f_2(t) \\ z = f_3(t) \end{cases} \tag{4-13}$$

参数样条曲线的表达式求解中,将 t 取作相邻点间的弧长 s,化大挠度问题为小挠度问题后,每一个坐标 x_i、y_i、z_i 表示为参数 t 的三次样条曲线,然后通过累加弦长得到最终的表达式,故又称为累加弦长三次参数样条曲线。转换成适量形式后,可表示为:

$$\boldsymbol{P}(t) = a_3 t^3 + a_2 t^2 + a_1 t + a_0, \quad t \in [0, 1] \tag{4-14}$$

三次参数样条曲线有三种不同的构造方法,分别是弗格森曲线、贝塞尔曲线和B样条曲线。其中贝塞尔曲线和B样条曲线的构造,其阶次可不限于3次。

1. 弗格森曲线

弗格森曲线是20世纪60年代由美国波音公司的弗格森(J. C. Ferguson)提出的。弗格森曲线是用三次参数样条曲线端点导数来表达曲线所得到的结果。

取三次参数样条曲线的一段,设该段曲线参数为u,且$u \in [0,1]$。利用两端点数值$P(0)$、$P(1)$及其一阶导数值$P'(0)$、$P'(1)$,代入式(4-14)及切向量方程,可解出四个系数。根据所得系数,可得曲线方程为:

$$P(u) = P(0)F_0(u) + P(1)F_1(u) + P'(0)G_0(u) + P'(1)G_1(u) \quad (4\text{-}15)$$

式中,$F_0(u)$、$F_1(u)$、$G_0(u)$、$G_1(u)$被称为埃尔米特(Hermite)基函数,其函数表达式为:

$$\left.\begin{aligned} F_0(u) &= 2u^3 - 3u^2 + 1 \\ F_1(u) &= -2u^3 + 3u^2 \\ G_0(u) &= u(u-1)^2 \\ G_1(u) &= u^2(u-1) \end{aligned}\right\} \quad (4\text{-}16)$$

F_0和G_0用于控制曲线的始端,F_1和G_1用于控制曲线的末端。

2. 贝塞尔曲线(Bezier)

贝塞尔曲线是由给定空间中的$n+1$个控制点$P_0, P_1, \cdots, P_n$,及一组伯恩斯坦(Bernstein)基函数$B_{i,n}(u)$定义的,其曲线函数为:

$$P(u) = \sum_{i=0}^{n} P_i B_{i,n}(u), \quad u \in [0,1] \quad (4\text{-}17)$$

式中,$B_{i,n}(u) = C_n^i u^i (i-u)^{n-i}$,$n$是曲线伯恩斯坦基函数的最高次数,根据$n$的取值,该曲线也称为$n$次贝塞尔曲线,连接控制点得到的多边形称为特征多边形。

由控制点影响的贝塞尔曲线具有以下特点:

(1)曲线的端点与特征多边形端点重合。

(2)控制点位置不变,但次序颠倒后,构成的贝塞尔曲线开关不变,即对于同一特征多边形定义的贝塞尔曲线形状唯一。

(3)贝塞尔曲线上各点均在特征多边形的凸包中,如图4-3所示。

(4)贝塞尔曲线的形状只受特征多边形的影响,与坐标系无关。

(5)要改变贝塞尔曲线形状,只需调整控制点位置,改变特征多边形即可。

(6)如果特征多边形为平面凸多边形,则由其构成的贝塞尔曲线也为平面凸曲线,如图4-4所示。

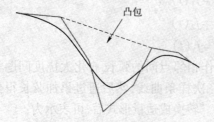
图4-3 贝塞尔曲线的凸包性

图4-4 贝塞尔曲线平面凸曲线

(7) 如果贝塞尔曲线的控制多边形是一个平面图形,则该平面内任意一条直线与该贝塞尔曲线的交点个数将不多于该直线与控制多边形的交点数。这表示贝塞尔曲线将比其特征多边形曲线所在的折线更光顺,波动更少,如图4-5所示。该特点称为贝塞尔曲线的变差缩减性。

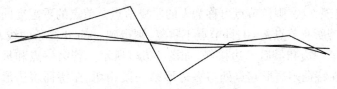

图4-5 贝塞尔曲线变差缩减性

(8) 贝塞尔曲线由有可分割性,即可以在特征多边形的各边上取若干点后,得到新的细分多边形,然后通过折线不断逼近的作图法得到贝塞尔曲线形状;

由贝塞尔的特点可知,贝塞尔曲线的次数并非越高越好。阶次越高,即控制点数越多,会使得高次多项式曲线计算变得越为困难,曲线也将变得越为复杂,而控制点对曲线的影响反而越弱。因此,实际应用中,使用达到 C_2 连续的三次贝塞尔曲线即能满足车身零件设计的要求。即使处理更复杂的曲线,最高阶次一般也不超过5次。但是,这样一来,贝塞尔曲线的控制点数量也受到一定的限制,因此,不适用于大跨度曲线的构造。如果用贝塞尔曲线来构造大跨度的曲线,需将大跨度曲线分段构造再拼接。拼接时的曲线连续性需要特别处理,分段越多拼接处理会越复杂。

3. B样条曲线

B样条曲线与贝塞尔曲线的构造原理相似,也是通过控制点形成的控制多边形来构造曲线,但采用B样条基函数来代替伯恩斯坦基函数。因此,B样条曲线中的方程与贝塞尔曲线方程形式相似,即:

$$C(u) = \sum_{i=0}^{n} P_i N_{i,p}(u) \tag{4-18}$$

式中,$P_i(i=0,1,\cdots,n)$ 是B样条曲线的控制点,也称为德布尔点(de Boor Point);p 为B样条曲线的阶次,$N_{i,p}(u)$ 即 p 次B样条基函数。

与贝塞尔曲线不同的是,构造B样条曲线,除设定 n 个控制点和曲线阶次 p 外,还需在参数轴上引入 m 个节点,以便于构造其基函数将整条曲线分成 $n-p+1$ 段来处理。基函数的形式有很多种,常用的是德布尔—考克—斯递推定义。设在参数轴区间 $[a,b]$ 上,存在 m 个节点,节点坐标满足 $a=u_0 \leq u_1 \leq \cdots \leq u_m \leq b$,则基函数的递推关系为:

$$\begin{cases} N_{i,0}(u) = \begin{cases} 1 & u_i \leq u \leq u_{i+1} \\ 0 & u \notin [u_i, u_{i+1}] \end{cases} \\ N_{i,p}(u) = \dfrac{u-u_i}{u_{i+p}-u_i} N_{i,p-1}(u) + \dfrac{u_{i+p+1}-u}{u_{i+p+1}-u_{i+1}} N_{i+1,p-1}(u) \quad p \geq 1 \end{cases} \tag{4-19}$$

由函数可知,B样条的高阶基函数是通过"移位"、"升阶"及"线性组合"的方式,由低阶基函数递推得到的。节点数 $m+1$ 与控制点数 $n+1$ 和次数 p 之间,存在 $m+1=n+p+2$ 的关系。

B样条曲线引入节点后,使得基函数在特定节点区间非零。这样一来,当改变特征多边形的某个顶点坐标时,只对该顶点相邻的 $p+1$ 个曲线段产生影响,从而能很好地解决贝塞尔曲线不能局部修改的问题。又由于有控制点的存在,使得分段曲线相接的部分能很好地保证其 G_2、C_2 连续,从而很好地避免了贝塞尔曲线存在的拼接复杂的问题。

除调整控制点外,调整节点也会改变曲线形状。曲线上所取的节点可能存在重复的情况,如节点重复出现 k 次,则该节点可称为 k 的重复节点。节点的重复度同样会影响到 B 样条曲线的形状。若所有节点 $k=0$,即节点不重复,则得到 open-B 样条曲线,即产生的曲线不与控制多边形的第一边和最后一边接触,如图 4-6a) 所示。若第一点和最后一点的重复度 $k=p+1$,则曲线在特征多边形起点处与多边形第一段相切、在特征多边形终点处与多形最后一段相切,图 4-6b) 所示为 clamped-B 样条曲线。若头 p 个点与最后 p 个点一一对应重叠,则曲线封闭即为 close-B 样条曲线,如图 4-6c) 所示。

a)open-B样条　　　　b)clamped-B样条　　　　c)close-B样条

图 4-6　节点重复度对曲线形状的影响

另外,根据控制点分布的均匀程度,B 样条分为均匀 B 样条曲线和非均匀 B 样条曲线。特别需要注意的是,非均匀 B 样条曲线中的非均匀有理 B 样条曲线是构造非均匀有理样条曲面(NURBS 面)的基础。在其构造中,对非均匀分布的控制点加入了权因子,使得可以通过改变某一控制顶点的权因子,对单一区间的 NURBS 曲线进行调整,从而实现了曲线更小区域的修改。NURBS 曲线的表达式为:

$$P(u) = \frac{\sum_{i=0}^{n} w_i P_i N_{i,p}(u)}{\sum_{i=0}^{n} w_i N_{i,p}(u)} \quad (4-20)$$

式中,w_i 为控制顶点 P_i 的权因子(Weight)。除首末控制顶点的权因子必须大于零外,其余权因子可以取大于或等于零的数。但是,在对于 p 次 NURBS 曲线来说,不允许将 p 个连续的权因子取为零,否则,将使该段曲线退化为一点而影响曲线成形。

以上介绍的弗格森曲线、贝塞尔曲线和 B 样条曲线等三种参数曲线构造方法,其相互之间存在着一定的内在联系。仅从数学模型不容易看出其联系,下面以三次参数曲线构造为例,介绍三种构造方法的等价关系。

如图 4-7 所示,对同一曲线而言,弗格森曲线构造法是以曲线的起点 P_0 和终点 P_3,以及两点的切向量 P_0'、P_3' 为特征表示;贝塞尔曲线构造法是根据弗格森曲线从 P_0 开始,沿 P_0' 的

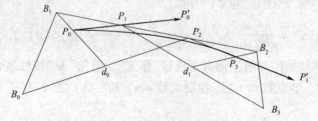

图 4-7　三种参数曲线的等价关系

方向截取其模长的 1/3，得到点 P_1，再沿 P'_3 的方向截取其模长的 1/3，得到点 P_2，最终由 P_0 $P_1P_2P_3$ 形成的特征多边形控制得到曲线形状；B 样条曲线的控制点则由贝塞尔曲线控制点发展而来，是将线段 P_1P_2 向两侧各延长与其自身相等的长度，分别得点 B_1 和 B_2，再将 B_1P_0 连接并延长两倍得 d_0，又连接 B_2d_0 并延长与其自身相等长度，得到点 B_0，在 B_2 和 P_3 侧完成以上对称操作后，得到点 B_3，最终由 $B_0B_1B_2B_3$ 形成的特征多边形控制得到开 B 样条曲线形状。

4.2 曲面的表示与处理

在曲线构造的基础上，利用排成网格的控制点，可以将曲线模型扩展到曲面构造上。对应着参数样条曲线的三种构造方法，有三种不同的曲面构造方法，分别是孔斯曲面、贝塞尔曲面和 B 样条曲面。

4.2.1 孔斯曲面

孔斯曲面是利用了构造弗格森曲线的埃尔米特基函数 $F_0(u)$、$F_1(u)$、$G_0(u)$、$G_1(u)$，将给定的四个端点向量加权平均产生曲线段而构造曲面，或把给定的四条边界"混合"得到曲面的。

孔斯曲面可以用定义在单位正方形区域的双参数函数来表示，即：

$$r(u,v)=[x(u,v),y(u,v),z(u,v)] \quad (u,v)\in[0,1]\times[0,1] \tag{4-21}$$

要得到孔斯曲面的开关，需给出四条边界线 $r(u,0)$、$r(u,1)$、$r(0,v)$、$r(1,v)$，四个角点坐标 $r(0,0)$、$r(0,1)$、$r(1,0)$、$r(1,1)$，以及曲面偏导数等条件。

以双三次孔斯曲面为例，其表达式最终可转换为式(4-22)的形式：

$$r(u,v) = \boldsymbol{UMCM}^\mathrm{T}\boldsymbol{V}^\mathrm{T} \tag{4-22}$$

式中：$U=\begin{bmatrix}1 & u & u^2 & u^3\end{bmatrix}$，$M=\begin{bmatrix}1 & 0 & 0 & 0\\0 & 0 & 1 & 0\\-3 & 3 & -2 & -1\\2 & -2 & 1 & 1\end{bmatrix}$，$V=\begin{bmatrix}1\\v\\v^2\\v^3\end{bmatrix}$，$C$ 为由曲面四个端点、边界的 u 方向切向量、v 方向切向量和角点处的扭向量，具体形式为：

$$C=\begin{bmatrix}r(0,0) & r(0,1) & r_v(0,0) & r_v(0,1)\\r(1,0) & r(1,1) & r_v(1,0) & r_v(1,1)\\r_u(0,0) & r_u(0,1) & r_{uv}(0,0) & r_{uv}(0,0)\\r_u(1,0) & r_u(1,1) & r_{uv}(0,0) & r_{uv}(0,0)\end{bmatrix} \tag{4-23}$$

孔斯曲面构造方式相对简单，但是其内部形状与角点扭矢有关，但是具体关系却难以掌握，因此，孔斯曲面构造难以控制曲面形状。

4.2.2 贝塞尔曲面

基于贝塞尔曲线的算法，在空间扩展后就得到了贝塞尔曲面。

设有$(n+1)\times(m+1)$个呈网格状分布的控制顶点$P_{i,j}(i=0,1,\cdots,n;j=0,1,\cdots,m)$,利用两个方向的基函数$B_{i,n}(u)$和$B_{j,m}(v)$就可以生成$n\times m$次的贝塞尔曲面,其表达式如式(4-24)所示,示意图如图4-8所示。

$$P(u,v)=\sum_{i=0}^{n}\sum_{j=0}^{m}P_{i,j}B_{i,n}(u)B_{j,m}(v) \quad (u,v)\in[0,1]\times[0,1] \quad (4\text{-}24)$$

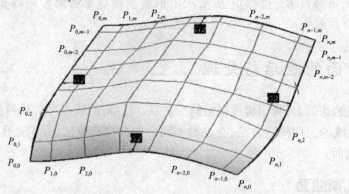

图4-8 $n\times m$贝塞尔曲线

由于构造原理相同,贝塞尔曲面与贝塞尔曲线有类似的特点。为使控制顶点对贝塞尔曲面产生有效的控制,一般贝塞尔曲面的次数不超过5次,即n、$m\leqslant 5$。较常用的是构造3×3次贝塞尔曲面,其矩阵表达式为:

$$P(u,v)=\begin{bmatrix}(1-u)^3 & 3u(1-u^2) & 3u^2(1-u) & u^3\end{bmatrix}\boldsymbol{B}\begin{bmatrix}(1-v)^3\\3v(1-v^2)\\3v^2(1-v)\\v^3\end{bmatrix} \quad (4\text{-}25)$$

式中,$\boldsymbol{B}=\begin{bmatrix}P_{0,0} & P_{0,1} & P_{0,2} & P_{0,3}\\P_{1,0} & P_{1,1} & P_{1,2} & P_{1,3}\\P_{2,0} & P_{2,1} & P_{2,2} & \vdots & P_{2,3}\\P_{3,0} & P_{3,1} & P_{3,2} & & P_{3,3}\end{bmatrix}$

4.2.3 B样条曲面

和贝塞尔曲线类似,贝塞尔曲面也存在无法整体调整的问题。将B样条曲线在两个参数方向推广就能得到B样条曲面。

典型的B样条曲面有双三次均匀B样条曲面和非均匀有理B样条(NURBS)曲面。

一、双三次均匀B样条曲面

由给定的空间16个控制点构成特征网格,在特征网格的影响下,构造出双三次均匀B样条曲面,其曲面方程为:

$$\begin{aligned}P(u,v)&=\sum_{i=0}^{3}\sum_{j=0}^{3}P_{i,j}N_{i,3}(u)N_{j,3}(v) \quad (u,v)\in[0,1]\times[0,1]\\ &=\boldsymbol{UM}_B\boldsymbol{BM}_B^T\boldsymbol{V}^T\end{aligned} \quad (4\text{-}26)$$

式中，$M_B = \dfrac{1}{3!}\begin{bmatrix} 1 & 4 & 1 & 0 \\ -3 & 0 & 3 & 0 \\ 3 & -6 & 3 & 0 \\ -1 & 3 & -3 & -1 \end{bmatrix}$

根据 B 样条基函数的递推特点，双三次 B 样条曲面可以看作是由 $(n-3) \times (m-3)$ 块小的双三次 B 样条曲面拼接而成的，在整体控制顶点的作用下，内部相邻曲面片之间能确保达到 G_2、C_2 连续，曲面构造后不再需要调整其连续性。

二、非均匀有理 B 样条曲面

与 NURBS 曲线类似，一个在 u,v 方向上分别有 n 和 m 个控制顶点，阶次分别为 p,l 的 NURBS 曲面，其曲面方程，可以用下式表达：

$$P(u,v) = \dfrac{\sum\limits_{i=0}^{n}\sum\limits_{j=0}^{m} w_{i,j} P_{i,j} N_{i,p}(u) N_{j,l}(v)}{\sum\limits_{i=0}^{n}\sum\limits_{j=0}^{m} w_{i,j} N_{i,p}(u) N_{j,l}(v)} \tag{4-27}$$

式中，$P_{i,j}$ 为构成 $n \times m$ 的特征网格，$w_{i,j}$ 为控制顶点 $P_{i,j}$ 的权因子(Weight)。除特征网格四个角顶点的权因子必须大于零外，其余权因子可以取大于或等于零的数。但是，在对于 $p \times l$ 次 NURBS 曲线来说，不允许将 $p \times l$ 个连续的权因子取为零。

NURBS 方法在构建复杂的自由曲线曲面时，有表达精确、灵活性佳、几何不变性强等优点。但是，如用 NURBS 方法构建能采用解析方法获得的典型曲线曲面，如圆、椭圆、抛物线、二次曲线等，容易出现计算复杂、占用过多计算资源、反求参数不稳定、求交出错等问题。因此，在构造曲线曲面时，应根据曲线曲面特点，选用合适的方法。

4.3 曲面建模应用工具

4.1 节、4.2 节所介绍的曲线曲面表示方法，是曲线曲面建模的基础。在各 CAD 软件中，是通过具体的建模工具来实现的。本节将以 CATIA 软件为例，介绍其中的曲面建模工具。如 1.4.2 所述，CATIA 软件中用于创建曲面的工具集中在 Shape(自由造型设计)模块中。其中，Generative Shape Design(创成式曲面设计，GSD)是最基础的曲线曲面建模工作台，Free Style(自由曲面造型设计，FSS)主要用于自由曲面的创建和修改，这两个工作台在构建曲面时最常用到。因此，本书主要介绍这两个工作台中的曲面建模工具。

按其作用来分，曲面建模工具可分为：曲面基本元素创建工具、基本曲面创建工具、曲面编辑工具和曲面分析工具。

4.3.1 曲面基本元素创建工具

曲面是由基本的点、线元素构成的，因此，此类工具主要用于创建点元素、线框元素等。GSD 工作台中的 Wireframe(线框)工具条和 FSS 工作台中的 Curve Creation 工具条中的工具都属于此类型。

一、基于 GSD 的线框设计

图 4-9 所示为 GSD 工作台中的基本元素创建工具，这些工具可以实现不借助草图的、空

间元素创建，包括了 Points（点）、Line-axis（直线—轴线）、Planes（面）、Project-Combine（投影—混合线）、Offset（偏移线）、Circle-Conic（圆—锥线）、Curves（曲线）等。

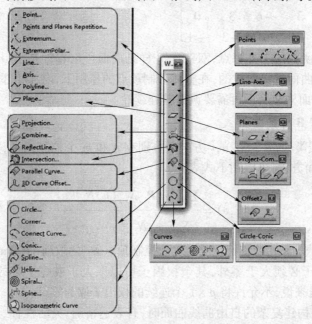

图4-9　GSD中曲面基本元素创建工具

1. 点元素的创建

1）Point（点工具）

选择点工具按钮，弹出如图4-10所示的点定义对话框。通过点定义对话框可以创建坐标点（Coordinates）、曲线上的点（On curve）、平面上的点（On plane）、曲面上的点（On surface）、圆心或球心点（Circle/Sphere center）、曲线切线上的点（Tangent on curve）、两点间的点（Between）等。

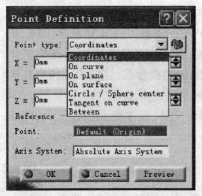

图4-10　点定义对话框

（1）Coordinates（坐标点）。

输入的 X、Y、Z 值实际上是相对坐标值，是相对于所定义的参考点（Reference-Point）或参考轴系统（Reference-Axis System）的坐标值。默认以绝对坐标系及其原点为基准。

（2）On curve（曲线上的点）。

选取一条已存在的曲线后，通过定义点的参考距离来定义点。参考距离可以用曲线上的距离（Distance on curve）和曲线长度的比例（Ratio of curve length）两种方式来表示。对于圆弧、样条线这样的曲线，参考距离的表示方法还有圆周（Geodesic）和弦长（Euclidean）距离之分。

有两个快捷方式可以创建两种特征点：最近端点（Nearest extremity）和中点（Middle point）。

参考点定义了计算参考距离时的参考点，默认为第二端点。单击箭头或在对话框中反转方向，可改变创建点的相对位置。如果参考点为某一端点，反转方向朝曲线外，则会创建曲线延长线上的点。此时,只能通过曲线上距离的方式来确定点的位置。

(3) On plane(平面上的点)。

选取一个平面元素,输入平面上的 H、V 方向的值,即定义平面上的某一点。

(4) On surface(曲面上的点)。

选取一个曲面,然后选择一条直线或一个平面以其法线作为点的参考方向。输入参考方向上与参考点的相对距离值,单击确定即得到曲面上的点。

(5) Circle/Sphere Center(圆心或球心点)。

选取一个空间圆弧或球面,即得到其圆心或球心点。

(6) Tangent on curve(曲线切线上的点)。

选取一条曲线和切线方向,即得到切线上的点。切线方向可以是坐标轴方向,也可以是由一条直线确定的方向。

注意:对于某一曲线来说,切线方向并不是任意方向。如果方向选择不当,将提示该方向无解,即无法得到确定的曲线切线上的点。如果在切线上存在两个以上的点,单击确定后,将继续弹出 Multi-Result Management(多重结果管理)对话框。根据对话框提示可以保留所有点,或者以相近原则或提取方式仅保留其中一点。

(7) Between(两点间的点)。

选择两点,默认以第一点为起始点,第二点为终点方向,输入点距比例,即可得到两点间的特定点。

2) Points and Plane Repetition(点面复制)

单击图标,弹出如图 4-11 所示对话框。选择一条曲线,以等距的方式创建若干点。勾选包括端点(With end points),所创建的等距点将包含曲线的两个端点;勾选同时创建法向平面(Create normal planes also),将在创建点的同时创建该点处曲线的法向平面;勾选在新几何体中创建(Create in a new Body),所有元素归于一个新的几何图形集中。

3) Extremum Definition(创建极值点)

在创成式曲面(GSD)工作台,可创建特定元素在特定方向上的极值点。

单击图标,弹出如图 4-12 所示对话框。选择特定元素和参考方向,并选择是最大值还是最小值位置,单击确定即得到极值点。元素可以是曲线、曲面或实体。如果选取的是曲面元素,确定第一个方向后将得到极值曲线,进一步确定可选方向(Option direction)中的一个方向才能得到极值点;而对于实体元素,则需要确定三个方向才能确定最终的极值点。

图 4-11 点面复制

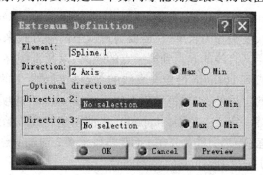

图 4-12 极值点

4) 创建极坐标极值点

在创成式曲面(GSD)工作台,还可以创建特定元素在特定极坐标系下的极值点。

单击图标,弹出如图4-13所示对话框。选择极值点类型,可以是最大半径(Max radius)、最小半径(Min radius)、最大角度(Max angle)和最小角度(Min angle)。然后选择某一支持平面和原点,即确定唯一的极坐标系。选择一条支持平面上的轮廓曲线,即得到曲线上相应的极坐标极值点。如果极值点类型为最大角度和最小角度,则还需要选取一个参考方向,以该方向为起始零度角方向,确定与参考方向夹角达极值的点。对话框中还有分析(Analysis)一栏,可以显示此时的极限值。

2. 三维直线元素的创建

1) 直线

单击直线工具按钮,弹出如图4-14所示的直线定义对话框。通过直线定义对话框可以按照点—点(Point-Point)、点—方向(Point-Direction)、曲线的角度和法线(Angle/Normal to curve)、曲线的切线(Tangent to curve)、曲面的法线(Normal to surface)、角平分线(Bisecting)等方式创建直线。

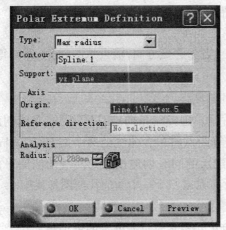

图4-13 极坐标极值点

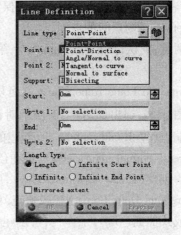

图4-14 直线定义对话框

(1) Point-Point(两点直线)。

选取两个三维空间点,即定义过这两个点的直线。

但是直线的起点、终点和长度并不仅由这两点限定。直线的长度用四种类型,分别是长度(Length)、无限(Infinite)、起点无限(Infinite Start Point)、终点无限(Infinite End Point)。当直线的长度类型为长度时,需要通过以下两种方式来确定直线的起点、终点和长度:

①定义直线的起点到第一点的距离,以及直线终点到第二点的距离;

②直到1(Up-to 1)定义直线的起点是到元素1的,直到2(Up-to 2)定义直线的终点是到元素2的。另外,勾选镜像范围(Mirrored extent)选项,则起点、终点到原直线两端点的距离镜像相等。定义支持面(support),将使创建的直线始终平行于支持面。

注意:距离只能为正值,元素1和元素2应与直线有相交部分。

(2) Point-Direction(点—方向)。

选取一个空间点和一条直线(或坐标轴)作为参考方向,即定义点—方向直线。其他选项的设置和数值的输入参考点—点创建直线的中的设置。

（3）Angle/Normal to curve（曲线的角度和法线）。

选取一条曲线、直线经过的一点，定义直线与曲线切线的夹角大小。当角度为零时，所创建的直线为曲线的切线，且切点位置为刚刚选取的一点。单击曲线法线（normal to curve），将直接创建过点的曲线法线。其他选项的设置参考点—点创建直线中的设置。

（4）Tangent to curve（曲线的切线）。

选取一条曲线及一个切点，即可创建过该点的曲线切线。根据实际情况，切线可以是单一切线（Mono-Tangent）、双切线（Bitangent）。其他选项的设置参考点—点创建直线中的设置。

（5）Normal to surface（曲面的法线）。

在直线类型（Line type）中选择曲面的法线（Normal to surface）。选取一个曲面及一个切点，即可创建过该点的曲面的法线。其他选项的设置参考点—点创建直线中的设置。

（6）Bisecting（角平分线）。

选取两条直线及角平分线经过的点（默认为交点），即可创建一条角平分线。其他选项的设置参考点—点创建直线中的设置。

2）Axis（轴线）

选取具有轴对称特征的几何元素后，选择轴线类型，即可得到不同类型的轴线。以圆为例，其轴线类型有三类：与参考方向相同、与参考方向正交、圆的法向。

3）Polyline（折线）

单击图标，弹出如图4-15所示的对话框。依次选择三维空间点，即可创建折线。选择封闭折线（Close polyline），将自动封闭折线。

3．平面的创建

平面工具。

单击平面工具按钮，弹出如图4-16所示的平面定义对话框。通过平面定义对话框可以通过偏移面（Offset from plane）、平行通过点（Parallel through point）、平面的角度和法线（Angle/Normal to curve）、通过三点（Through three points）、通过两条直线（Through two lines）、通过点和线（Through point and line）、通过共面曲线（Through planar curve）、曲线的法平面（Normal to curve）、曲面的切平面（Tangent to surface）、平面公式（Equation）、平均通过点（Mean through points）等方式创建平面。

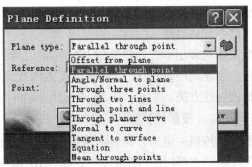

图4-15　折线定义对话框　　　图4-16　平面定义对话框

(1) Offset from plane(偏移平面)。

选取一个平面,设置偏移量即得到一个偏移平面。勾选确定后重复对象(Repeat object after OK),单击确定后输入复制的个数,即可得到多个等偏移量的面。

(2) Parallel through point(平行通过点)。

选取一个参考平面及平面经过的点,即可创建经过该点平行于参考面的平面。

(3) Angle/Normal to curve(平面的角度和法线)。

选取参考平面、旋转轴及旋转角度,即可创建与参考平面成一定角度的平面。对话框中还提供了创建法平面的快捷方式,并可将旋转轴投影到参考平面上。利用该方法也可同时创建多个与参考平面成一定角度的平面。

(4) Through three points(通过三点)。

根据三点成面的原理,选取三个三维空间点,即可构成一个平面,并且平面在第一点上。

(5) Through two lines(通过两条直线)。

选取两条相交直线,即可创建过两线的平面。当两条直线为空间相交时,平面为经过第一条直线而与第二条直线平行的面。如果勾选了禁止非共面直线(Forbid non coplanar lines),则无法所选取的直线必须是共面相交的。

(6) Through point and line(通过点和线)。

选取一条直线和一个点,即创建通过该直线和点的平面,且平面在点上。

(7) Through planar curve(通过共面曲线)。

选取一条共面曲线即可得到该曲线所在的平面。

(8) Normal to curve(曲线的法平面)。

选取一条曲线和一个点,即创建曲线在该点的法平面。

(9) Tangent to surface(曲面的切平面)。

选取一个曲面和一个点,即创建该点处曲面的切平面。

(10) Equation(平面公式)。

建立平面上各点 x、y、z 坐标的关系方程 $Ax + By + Cz = D$,输入方程系数,即可创建平面。对话框提供了创建与轴系统相关的平面的快捷方式,可创建罗盘的法平面或与屏幕平行的平面。

(11) Mean through points(平均通过点)。

选取三个及三个以上的点,即可根据统计学原理创建这些点的拟合面,点数越多,拟合精度越小。

4. 三维曲线的创建

三维曲线通常用于在创建其他几何元素时作为导引线、参考线或是曲面的边界。曲线可由连接点创建而得,也可以是根据与其他曲线或曲面的关系创建而得。下面就介绍各类曲线的具体创建方法。

1) Projection(投影线)

投影线是按照一定的方向将曲线投影在支持面上。

选择投影的类型(用于确定投影方向,即法向投影或沿一定方向投影),投影的几何元素(通常为曲线),以及支持面(接收投影曲线的曲面或平面),即可确定投影线。当投影类型为沿一定方向的投影时,还应选择一条直线或对话框中右击选择确定一个投影方向。

（1）被投影几何元素可以是多个。单击 Ctrl 同时选择元素,即可以同时选择多个元素进行投影,或在对话框里的多元素编辑按钮管理多个元素。

（2）用此方法得到的投影线有时并不只是唯一一条,因此,可以勾选接近求解法选项（Nearest solution）确定被投影元素到支持面距离最短的部分为投影线。

（3）由于支持曲面曲率的变化情况,一条原本曲率连续的曲线投影后可能就不是曲率连续了。此时,可以在光顺选项（Smoothing）中选择对光顺的要求,从而保证投影后曲线的光顺性。

2）Combine（混合线）

混合线工具是投影线工具条下的扩展工具。混合线是指两条曲线沿一定方向的拉伸面的交线。在复杂曲面设计时,其中的复杂空间曲线通常用混合线的方法来构建。选择混合的类型（用于确定两条曲线的拉伸方向,即法向拉伸或沿一定方向拉伸）,用于混合的两条曲线元素,以及混合线拉伸方向,即可确定投影线。当混合类型为法向（默认）时,只要选定两条曲线即可。

3）Reflect Line（反射线）

反射线是由曲面上一系列的点集合而成的,这些点的曲面法线或切线与指定方向成一定的角度。从反射的原理来理解,反射线是当圆柱型光或圆锥型光照射到曲面上时,以特定角度反射后曲面上形成的高亮线。因此,在定义反射线时,需定义类型（光线类型）、支持面、方向、角度、角度方向参考（法线或切线）。

4）Intersection（相交线）

选择两个相交元素即可。如果现有元素无相交,可勾选扩展相交的线性支持面（Extend linear supports for intersection）来改变元素特征以获得相交。

5）Parallel Cirve（平行线）

选择曲线元素和支持面（曲线元素应在支持面上）；对平行线的位置进行定义,有以下三种方式：①用常数确定平行偏移的距离；②使平行线通过选定点；③法则曲线。

确定平行模式和平行圆角类型（较少用到）,并选择光顺方式。对话框中可确定是否在原曲线双侧进行平行偏移。

6）3D Curve Offset（3D 曲线偏移）

3D 曲线偏移可得到向不同方向偏移的曲线,偏移方向由拔模方向确定,是与拔模方向垂直的方向。选取曲线和拔模方向,设定偏移距离即可。3D 圆角参数（3D corner parameters）用于控制偏移过程中斜率不连续的点。

7）Circle（圆）

在线架设计中,主要通过对话框创建空间三维圆。单击图标,弹出如图 4-17 所示的对话框,在圆类型（Circle Type）中,选择创建圆的方式,共有九种方式可创建圆,分别为：中心和半径（Center and radius）、中心和点（Center and point）、两点和半径

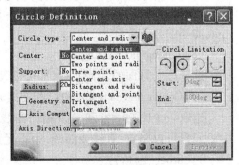

图 4-17　圆定义对话框

(Two points and radius)、三点(Three points)、中心和轴线(Center and axis)、双切线和半径(Bitangent and radius)、双切线和点(Bitangent and point)、三切线(Tritangent)、中心和切线(Center and tangent)。

(1) Center and radius(中心和半径)。

选取一点作为圆心,选择一个支持面,输入半径参数即可完成创建。

注意:①通过圆限制(Circle Limitation)方式,可以定义创建整圆或圆弧;②支持面可以是平面也可以是曲面。如果是曲面,则圆所在的平面是曲面过中心点的切面;③中心点可以不在支持面上;④勾选几何体在支持面上,则创建的圆是由切面上的圆投影的结果。

(2) Center and point(中心和点)。

选取一点作为圆心,一点为圆弧经过的点,选择支持面,即可完成创建。

注意:①圆心和点都应在支持面上;②支持面可以是平面也可以是曲面;③如果是曲面,则圆所在的平面是曲面过中心点的切面,圆弧经过点到支持面的投影点,但此时如果勾选几何体在支持面上,得到的投影弧并不经过点。

(3) Two points and radius(两点和半径)。

选取圆经过的两点并选择支持面,输入有效的半径或直径值即可创建圆。

注意:①由于两点距离的限制,最小直径不能小于两点距离;②以这一方式创建的圆通常并不唯一。因此,输入参数完整后,将出现两个符合条件的圆。其中,橙色显示的呈激活状态的圆为即将创建的圆。单击按钮"下一解"(Next solution),可切换选择。

(4) Three points(三点)。选取三个已存在的点元素即可创建圆。

(5) Center and axis(中心和轴线)。

选取轴线和点,输入圆的半径或直径值,即可创建圆。轴线可以是轴系统的轴,也可以是一条直线;所选点并非圆心点,但可以确定圆心位置。过该点与轴线垂直的面为圆的支持面,支持面与轴线相交处即圆心。

(6) Bitangent and radius(双切线和半径)。

选取两个几何元素及支持面,输入有效的直径或半径值,即可创建圆。

(7) Bitangent and point(双切线和点)。

选取一个几何元素、一条曲线和一点,并选择支持面,即可创建圆。

注意:①所选几何元素和曲线应共面,并且都在支持面上,否则无法创建圆;②所选点用于确定圆心位置。如果曲线2选择的是直线,则圆心位于点到直线的垂线上,如果点无法投影到直线上,则不能确定圆心位置;如果曲线2选择的是圆、圆弧或曲线,则圆心位于点与圆心或曲率中心的连线上。

(8) Tritangent(三切线)。

选取三个共面的几何元素,即可创建与三个元素相切的圆。

(9) Center and tangent(中心和切线)。

选取一个中心元素和一条相切曲线,并选择支持面,输入直径或半径值,即可创建圆。中心元素可以是点、直线或曲线,中心元素和相切曲线应共面,并且都在支持面上。

8) Corner(圆角)

选取两个几何元素,选择支持面或确定圆角方向,再输入圆角半径值,即可创建圆角。

可以创建两种类型的圆角,一种是支持面上的圆角,一种是3D空间圆角。当创建支持面上的圆角时,所选取的两个几何元素应共面且都在支持面上;当创建两空间曲线间的3D空间圆角时,方向的确定较为关键。

9) Connect Curve(连接线)

单击图标,弹出如图4-18所示的对话框,选择连接类型是根据法向连接或根据基本曲线连接,然后分别选取两条曲线的端点,确定连接处的连续性(点连续、相切连续或曲率连续)或选择一条基本曲线,即可创建连接线。

10) Conic(二次曲线)

在创成式曲面设计工作台(GSD)中,Circle-conic工具条上还有二次曲线工具。

首先选择支持面,再选择两个点作为二次曲线的起点和终点,选择两条直线分别确定起点和终点处二次曲线的切线方向,输入顶点位置的约束参数(Intermediate Constraint),即可创建符合要求的二次曲线。

注意:①选取的点和直线应在支持面上;②约束参数是0~1之间的数(不含0和1)。当参数无限接近于0时,二次曲线无限接近于起点到终点的直线;当参数无限接近于1时,二次曲线的顶点无限接近于两条切线的交点。

11) Spline(样条线)

单击图标,弹出如图4-19所示对话框,选取若干点,即可创建过这些点的样条线。对话框中还可设置各点处的切向、张度、曲率方向和曲率大小等以控制样条线的走向。

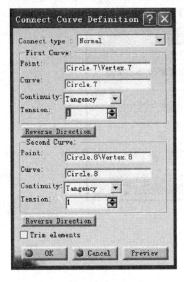

图4-18 创建连接线　　　　图4-19 创建样条线

12) Helix(螺旋线)

选取起始点、螺旋线轴线,即确定螺旋线半径,并输入螺距(pitch)、螺旋线高度等值,设定螺旋线方向(orientation)、起始角度(starting angle)等,即可创建螺旋线。通过设定锥角还可创建螺旋线半径呈锥形变化的螺旋线。

13) Spiral(盘旋线)

选择支持面、中心点、参考方向,设置起始半径、旋线方向、终点位置等,即可创建盘旋线。

终点位置的确定有三种方法：

(1) Angle & Radius(角度和半径)。要求输入终点与起点的角度、终点半径、盘旋线圈数。

(2) Angle & Pitch(角度和螺距)。要求输入终点与起点的角度、螺距、盘旋线圈数。

(3) Radius & Pitch(半径和螺距)。要求输入终点半径和螺距,终点与起点的角度为 0°。

14) Spine(脊线)

选取适当的平面作为脊线截面,设置起始点即可创建脊线。起始点并非所创建脊线的点,但会影响脊线的走向。

15) Isoparametric Curve 等参线

选择支持面、点和方向,即可创建等参数。

16) Law(法则曲线)

法则曲线是用曲线定义的一个法则,用于规定当 X 坐标相同时,所创建的元素与参考曲线间 Y 坐标的差值情况。在曲面扫掠、平行线、螺旋线等创建中,都有一个"法则曲线"(Law)按钮,用于定义 X、Y 坐标的关系。单击按钮后,弹出如图 4-20a)所示的对话框。法则横坐标为 0~1,纵坐标为 Y 值,可自定义范围。法则类型有常数(constant)、线性(Linear)、S型(S type)、高级(Advanced)四类。当选择高级类型时,在模型树中选择一个已定义的法则元素即可。

创建法则元素(即法则曲线)的方法是：单击法则曲线图标,弹出如图 4-20b)所示的对话框,选择一条参考直线,定义 X 坐标,选择一条曲线定义 Y 坐标,再输入比例关系。

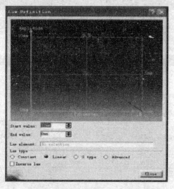　　　　

a)　　　　　　　　　　　　　　b)

图 4-20　定义法则曲线

二、基于 FSS 的线框设计

图 4-21 所示为 FSS 工作台中的基本元素创建工具,包括 3D Curves(3D 曲线)、Curve on Surface(曲面上的曲线)、Isoparametric Curve(等参曲线)、Project Curve(投影曲线)、Blend Curve(桥接曲线)、Styling Curve(造型圆角)、Match Curve(匹配曲线)。

1. 3D Curve(3D 曲线)

FSS 中的 3D 曲线工具图标与 GSD 中的样条曲线图标类似,然而其曲线定义方式却完全不一样。3D 曲线工具提供了更丰富、准确地定义复杂曲线的方式。如图 4-22 所示,在 Creation type(创建类型)中,选择使用 Control points(控制点)、Trought points(通过点)或 Near points(近接点),然后在绘图区选取若干点,即得到由这些点定义的3D空间曲线。

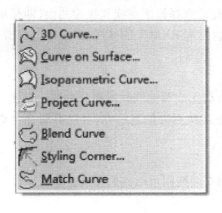

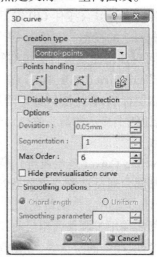

图 4-21　FSS 中的曲面基本元素创建工具　　　　图 4-22　3D 曲线定义对话框

3D 曲线的点选取相对样条线自由,可以在屏幕中选取未经创建的屏幕点,此时创建的 3D 曲线位于 XY 平面内。如所选取的点为空间分布的已创建的点元素,则可以得到空间曲线。如果勾选上 Disable geometry detection(禁用几何图形检测),则选取点时不会选择到靠近该点的几何元素上。否则,将自动捕捉所选屏幕点附近几何元素上的点。

曲线创建完成后,可以利用 Point handling(点处理)工具插入、移除或约束点。在 Option(选项)中设置曲线的 Deviation(偏差)、Segmentation(分割段数)及 Max Order(最大阶次)可以调整曲线质量,分割段数越多,阶次越高,曲线与点元素的接近度最好,但曲线越波折质量反而不高。一般可在阶次不高于 5 阶的前提下,调整曲线分割段数。

2. Curve on Surface(曲面上的曲线)

利用这一工具时,绘图区中应存在可见的曲面元素。可以采用 Point by point(逐点)和 Isoparameter(等参)两种方式获得曲线。使用 Point by point(逐点)方式创建时,可将点类型(Mode)设为 Control Points(控制点)或 Near Points(近接点)。使用 Isoparameter(等参)创建时,只需设是自动选取等参线还是手动选取等参线。

3. Isoparametric Curve(等参曲线)

使用该工具时,首先需要选取已创建的缝合面,然后曲面上会出可供选择的等参曲线和点。单击后,将根据鼠标位置创建一个定位点和参考线。定位点用于定位等参线的位置,单击对话框右侧的"Point(点)"按钮可以以编辑定位点。参考线用于定义等参线的方向,单击对话框右侧的"Line(直线)"按钮,可自定义方向,或者单击交换方向按钮,变换所选择的 u、v 方向。如有需要,用户可为"Swapped Cells(交换单元)"选项指定一个交换曲面,这样等参数曲线的拓展方向从最近的等参数拓展方向交换到最远的等参数拓展方向的位置;这里定义面组的子元素(绿色曲面)作为"交换单元(Swapped Cells)"的元素。Swapped Cells(交换单元)适用于创建多曲面接合而成的缝合面上的等参曲线元素。

4. Project Curve(投影曲线)

FSS 中的投影曲线创建方式与 GSD 中创建投影曲线更为自由。其对话框中仅显示用于定义投影方向的按钮。使用该工具创建曲线时,首先选择投影方向的定义方式是法向投影或指南针投影,然后,按住 Ctrl 键不放,在绘图区先后选择投影曲线和投影曲面,即显示曲线在特定曲面上的投影。在单击 OK 键前,曲线上会出现 EXACT 的字样,在字样上右击,单击 edit 后,可对该段曲线进行更精细的编辑。

5. Blend Curve(桥接曲线)

单击图标后,在绘图区选择两条曲线,即可自动生成两曲线间的桥接曲线。单击 OK 键前,单击曲线上显示的箭头改变切线方向,并设置连接点处的连续性,可以得到符合要求的桥接曲线。

6. Styling Curve(造型圆角)

造型圆角通过设置圆角半径创建共面的两相交曲线间可形成的圆角。

7. Match Curve(匹配曲线)

匹配曲线用于调整两相接曲线的连接关系。选择两相接曲线后,将出现曲线在相接点处的连续性、曲线的阶次等,可在调整设置后得到理想的曲线。

4.3.2 基于曲面的创建工具

基本曲面的创建可以通过简单轮廓、边界元素、基于已有曲面等方式来实现。较复杂的基本曲面,还可通过放样、控制网格等方式实现。在 GSD 和 FSS 中,如图 4-23 所示的工具常用于基本曲面的创建。

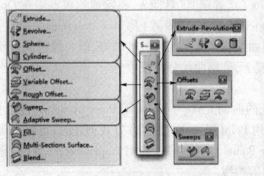
a)GSD中的Surface工具条

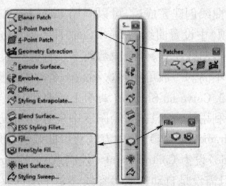
b)FSS中的Surface Creation工具条

图 4-23 基本曲面的创建工具

一、由轮廓创建曲面

由轮廓创建曲面的方法,只需要选取用于表示轮廓的曲线元素及作为参考的轴或点元素,而不需要借助曲面元素来实现曲面的创建,这类工具的操作方法如下。

1. Extrude(拉伸)

选择需拉伸的轮廓曲线,拉伸方向及两个方向的几何约束位置,即可完成由拉伸轮廓创建的曲面。

2. Revolve(旋转)

选择旋转的轮廓曲线、旋转轴,及起始角度和结束角度。

3. Sphere(球面)

选取球心点、球面的相关轴系统,选择创建整个球面还是创建部分球面。如果创建部分球面,输入球半径值及球面角度范围即可。

4. Cylinder(圆柱面)

选取一点作为基准点,选取一条直线作为圆柱面轴线,定义圆柱面的半径、两个方向的长度(圆柱高),即可创建完整的圆柱面。

二、由边界创建曲面

1. 填充曲面

根据空间封闭轮廓的边界自适应情况生成填充曲面。

依次选取空间封闭轮廓的边界曲线。如果轮廓曲线处有相邻面,可将其选为该轮廓线的支持面。通过设定生成曲面与支持面的连续性,可控制填充面与相邻面间的连续性情况。此外,可加入一个穿越点(passing point)控制曲面经过一点。

2. 桥接曲面(blend)

通过连接曲面的边界线来生成连接面。

分别选取要连接的两个曲面及其边界曲线,设定各边曲面间的连续性。勾选"修剪支持面"(Trim first support/Trim second suppor),可在连接曲面的同时修剪支持面。

桥接曲面时,除了边界间的连续性很重要外,张度(Tension)、闭合点(Closing Points)的设置对桥接曲面的形状也有重要影响。调整张度和闭合点的设置可得到较理想的桥接曲面。

三、由曲面创建曲面

1. Offect(偏移曲面)

选择要偏移的曲面,设定偏移量,选择偏移后的光顺方式及是否双向偏移,即可创建偏移曲面。由于偏移是沿曲面法向进行,对曲率变化有一定的敏感,一些复杂的曲面因局部曲面的关系无法顺利偏移,可通过移除子元素(Sub-Elements to remove)来移除局部曲面后完成偏移。如移除子元素还不能完成偏移,可考虑后面将介绍到的粗略偏移。

2. Variable Offect(可变偏移)

可变偏移是创建偏移量连续变化的偏移面。选择基曲面(Global Surface),并选择基曲面上要偏移的元素及其偏移量。通常基曲面是若干面的接合面,对于要实现可变偏移的子面,其前后子面要以常量偏移量来约束,并反映可变偏移量的变化趋势。

3. Rough Offect(粗略偏移)

粗略偏移对曲面形状的要求较为简单。选取偏移面,设定偏移方向、偏移量及偏移误差范围,即可进行粗略偏移。如前所述,粗略偏移仅对部分曲率变化复杂的情况,如曲率变化情况理想,最终得到的也是精确的偏移面。

4. Sweeps(扫掠曲面)

1) Sweep(扫掠)

扫掠曲面是通过特定轮廓线沿引导线扫掠而形成的,扫掠过程中还可以通过脊线来控制曲面的变化。在如图 4-24 的对话框中,选取 Profile type(轮廓线类型,包括①二次曲线、②圆、③直线、④精确轮廓等四种类型),在⑤必选区域中设定创建曲面的 subtype(子类型),

并按不同类型要求选取元素或输入数值,在⑥可选区域可添加控制元素,如 spline(脊线)、relimiter(边界)等,还可设定曲面光顺控制的 Angular correction(角度偏差)和 Deviation from guide(距离偏差)等值。

图4-24 扫掠定义对话框

2) Adaptive Sweep(适应性扫掠)

适应性扫掠是 CATIA 中一种较高级的曲面创建工具,运用扫掠面的性质方便地创建截面变化的曲面。创建过程是:首先选择一条曲线作为引导线(Guiding Curve),同时该曲线将被设为脊线(Spine);然后单击草图(Sketch)旁的草图绘制图标,选择引导线上的一个端点,并选择若干可构造元素(Optional Construction Element),单击确定按钮即可绘制草图;草图绘制完成后,选择曲线上若干点,即可得到该点位置与所绘制草图内相同的图形元素,在截面(Section)选项内显示。单击预览(Preview)或截面预览(Sweep section preview),即可查看将创建的适应性扫掠曲面。单击确定按钮即可创建该曲面。

注意:①可构造元素可以是与适应性扫掠面相关联的点、线或平面元素;②截面草图可以是事先绘制好后的草图,然后在构造适应性扫掠面时选取得到;③绘制截面草图时,其图形元素如完成了草图约束,可以不进入草图就利用参数(Parameter)选项方便地调整不同位置的图形。但是,草图约束如果添加得不合适,可能无法进行扫掠。

如果选取了参考曲面(Reference Surface),可利用元素间的父子级关系(Parents)自动完成适应性扫掠,而不必绘制多个位置的截面草图。

四、Multi-Section Surface(放样曲面/多截面曲面)

利用多个不同的截面轮廓以渐进的方式生成连续曲面的方式。

单击图标,弹出如图4-25所示的对话框,依顺序选择多个曲面。添加引导线(guide)、脊线(spine)等多个限定,调整耦合(coupling)方式,并在需要的情况下设定光顺性条件,即可创建放样曲面,也称多截面曲面。

放样曲面受多个截面控制,为避免发生扭曲,应使各曲面的切向趋向一致,耦合方式适当,对于封闭轮廓,闭合点的对应也较重要。

曲面上多截面间的耦合方式有比率、相切、相切后曲率、顶点等4种:

(1)比率是按轮廓曲线的坐标比例来连接的,与轮廓曲线的具体形状关系不大。

(2)相切是按照曲线斜率不连续点作为闭合点耦合,因此,各截面曲线的斜率不连续点数应相同,否则无法对应耦合。

(3)相切然后曲率是以轮廓的切线斜率不连续点为主,曲率不连续点为辅进行耦合,因此,除切线斜率

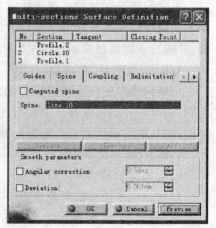

图4-25 创建放样曲面

不连续点数外,曲率不连续点数也应相同。

(4)顶点是以各顶点为闭合点耦合,因此,各截面曲线应是多边形且顶点数相同。

4.3.3 曲面曲线编辑工具

曲面曲线的编辑主要现实曲面曲线的元素接合与修补、元素分割、子元素提取、元素变换、曲面延展、曲面倒角以及曲面外形修改 等效果。在 GSD 和 FSS 中,主要采用如图 4-26 所示的工具进行曲面曲线的编辑。

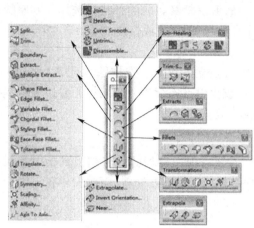

a)GSD中的Operations工具条　　　　　　　b)GSD中的Operations和Shape Modification工具条

图4-26　曲面曲线编辑工具

一、接合与修补工具条

1. Join(接合)

依顺序选择若干相邻的几何元素(曲面或曲线),在参数选项卡设置相关检查项,以确定两几何元素间的间隙、连续、相切关系是否满足条件,以获得更好的接合面。如对连续性等要求不高,则可忽略后简化接合。接合将多个几何元素接合为一个新的几何元素,便于整体操作。

2. Heal(修补)

如果两相邻元素间有小间隙需要修补,可运用此工具,添加要修补的元素,设定合并连续性及合并距离等,完成曲面的修补。修补元素间的间隙应小于0.1mm,间隙过大将视为两不相关相邻部分,将不能进行修补。添加到冻结选项(Freeze)的元素,在修补过程中将不发生变化。另外,还可通过锐度(Sharpness)设定相接处的相切角度,并利用可视化选项设定连接过程中是否显示误差信息,此两项不常用到。

3. Smooth Curve(曲线光顺)

有些经投影或接合而得的曲线存在不连续情况,利用曲线光顺工具可将这些曲线按要求进行光顺,使其达到点连续、相切连续或曲率连续等光顺度。

单击图标,选取要光顺的曲线,在参数选项卡中选择连续性要求是阈值(Threshold)、点连续(Point)、切线连续(Tangent)或曲率连续(Curvature)。根据具体的连续性要求,设定正切阈值(Tangency threshold)、曲率阈值(Curvature threshold)、最大偏差等值。端点选项卡用

于设定各端点的连续性情况。冻结选项卡、可视化选项卡的内容与修补中的同类选项卡意义相同。设定完毕,单击预览,曲线上的指示部分颜色会发生变化,不同颜色表示光顺完成的情况不同:绿色表示已很好地解决了该处连续性问题;黄色表示连续性达到切线连续但曲率仍不连续;红色则表示曲线连续性未发生变化,如仍要继续光顺曲线需更改参数。

经曲率连续光顺后,两相接线在接点处的曲率变化情况可变得较为理想,但原有的奇异突点仍存在。

4. Untrim(复原)

已修剪或分割的几何元素可通过复原来取消修剪恢复修剪前的形状。选择要复原的几何元素后,提示框中将显示选择的数目和结果元素数目,即可完成恢复。

5. Disassembling(分解)

通过接合而成为一体的元素,可通过分解成为独立的单元。选取输入元素(Input elements),选择拆解方案将所有元素打散(All Cells)或仅以点连续为一个域将元素按域范围打散(Domains Only)。分解后得到的几何元素为无参几何元素。

二、曲面修剪分割工具条

设计中,曲线或曲面的最终定形是由相关元素经修剪而得到的。分割工具条中有两种修剪工具:分割和修剪。两者的主要区别是分割中分割元素不被修剪,而修剪中各元素会互相修剪。

1. Split(分割)

选取要分割的元素及用于分割的元素(Element to cut),元素中会出现一个半透明的区域,该区域将是被移除的部分。可通过单击 other(交换要移除或保留的部分),也可以选择要移除或保留的部分(elements to remove/keep),保留分割后的双侧元素,则原来的元素仍保持原有状态,但已经不是一个整体。

2. Trim(裁剪)

选择要裁剪的元素(Trimmed elements),可通过单击 other(交换要移除或保留的部分),选择需要保留的部分(elements to remove/keep)。单击确定后,得到一个裁剪后的几何元素。

三、提取工具条

提取工具条可将曲面上的边界、实体中的曲面等提出成单独的几何元素,便于后续操作。

1. Boundary(提取边界)

设定拓展类型,有完整边界(Complete boundary)、点连续(Point continuity)、相切连续(Tangent continuity)、无拓展等四类。然后,选择其自由曲面,设定必要的限制值,可获得较理想的边界。

2. Extract(提取面)

选择拓展类型:点连续(Point continuity)、切线连续(Tangent continuity)、曲率连续(Curvature continuity)或无拓展(No propagation),然后选择要提取的元素,即从实体中提取曲面元素。勾选补充模式和联盟,可使提取面的方式更灵活。

3. Multiple Extract(多重提取)

选择要提取的元素(Elements to abstract),既可以是曲面边界也可以说实体面,对每一个要提取的元素都可以单独设置其拓展类型。多重提取的方式灵活度较前两个工具都更高。

虽然多重提取工具可以提取曲面和曲线两种元素,但同一次提取操作所提取的元素类型应一致。也就是说,如果第一次提取的是面,则后续选择时也应选择面,而不能选曲线;同理,第一提取曲线的话,后续同样只能提取曲线。

四、Transformations(变换工具条)

1. 平移

选取要平移的元素、平移方向及距离,单击隐藏或显示原始元素。平移方向矢量的定义方式有方向和距离(Direction, distance)、点到点(Point to point),以及坐标值(Coordinates)等3种方式。

2. Rotate(旋转)

选取要旋转的元素,设定旋转轴及旋转角度,单击隐藏或显示原始元素。旋转轴和旋转角度的定义方式有轴和角度(Axis-Angle)、轴和两元素(Axis-Two Elements),以及三点(Three Points)等3种方式。

当以三点定义旋转轴和旋转角度时,旋转轴为过第二点的由三点构成的平面的法线,旋转角度为以第二点为顶点的三点构成的夹角。旋转从第一点向第三点的方向转动。

3. Symmetry(对称)

选取要对称的元素(Elements)以及参考元素(Reference),参考元素可以是平面也可以是直线,分别作为对称面或对称轴,对称结果会有所不同。

4. Scaling(比例缩放)

选取要缩放的元素(Elements)、参考元素(Reference)及缩放比例(Ratio)。参考元素应是缩放元素以外的平面或者点,但不能是直线。参考元素是缩放的基准,基准位置上的缩放元素的部分将不发生变化。选取参考平面和参考点后,缩放结果有所不同。

5. Affinity(仿射)

选取要仿射的曲面(Elements),设置轴系统(Axis system)的原点(Origin)、XY 平面(XY plane)及 X 轴(X axis)参数,及各坐标轴上的仿射比例(Ratio),即可仿射曲面。仿射的作用类似于缩放,可实现曲面在不同方向按不同比例缩放。

6. Axis To Axis(坐标变换)

在曲面的逆向设计中,点云的测量坐标轴往往与软件的绝对坐标轴不一致。导入点云后,特征曲面和坐标轴间可能存在一定位置、角度偏离。为使后续曲面重建在选取参考、参数设置等方面更方便,通常第一步是进行坐标轴对齐。通过点云的一些特征建立一个坐标系,并将点云上坐标系与系统坐标系进行对应转换,实现坐标系对齐。

选取要坐标变换的元素(Elements)、参考轴系统及目标轴系统,完成坐标转换。

转换过程并不复杂,建立正确对应的轴系统才是坐标变换的关键。

五、Extrapolate(延伸)

选取曲面(Extrapolated)及曲面的边界(Boundary)表示延伸的方向,设定延伸的长度,以及延伸后的曲面与原曲面的连续性(Continuity)。勾选装配结果(Assemble result),将得到延伸后的曲面与原曲面为一体的曲面,如不勾选,将只得到延伸后的曲面。

六、Fillets（圆角工具条）

1. Shape Fillet（相交面倒角）

选择倒角类型：双切倒角（BiTangent Fillet）或三切倒角（TriTangent Fillet）。

对于双切倒角，应选择两个曲面作为支持面（Support），勾选倒角后是否裁剪支持面（Trim support），设定倒角半径（Radius），选择边界的光顺情况（Extremities，可以是 Smooth、Straight、Maximum 和 Minimum 等类型）。

对于三切倒角，应选择三个曲面为倒角相切面，其中两个为支持面是倒角两端的相切元素，另一个面为倒角后要移除的面，应是两支持面之间的曲面。

2. Edge Fillet（锐边倒角）

选取要倒角的锐边（Object to fillet），设定倒角半径（Radius）及倒角与相关曲面间的传播关系，是否修剪支持面等。锐边倒角操作较为简单，大多数倒角情况都符合其要求，因此是较为常用的倒角方式。

3. Variable Fillet（变半径倒角）

变半径倒角是以锐边倒角为基础，但倒角半径是可沿锐边变化的。选取锐边（Object to fillet）后，锐边两端点出现倒角半径值，双击半径值可进行编辑，设定不同半径值后，即可实现变半径倒角。半径的变化方式有三次曲线变化（Cubic）和线性变化（Linear）两种。

4. Face-Face Fillet（面与面的连接倒角）

此圆角方式与相交面倒角中的双切倒角类似。选取两个倒角面（即支持面），设定倒角半径大小即可。与前面所述的双切倒角不同的是，所选的两个面都应在同一个支持面上，否则无法倒角。默认支持面为选择的第一个面所在的曲面元素。倒角半径大小应设定得当，太小则无法连接两个面，太大则连接处可能不在曲面上，同样无法实现连接。

5. Tritangent Fille（三切边内圆角）

此圆角方式与相交面倒角中的三切倒角类似。选取两个倒角面（即支持面），选择要移除的元素。与前面所述的三切倒角不同的是，所选的第一个面所在的曲面元素将作为支持面，三个面都应在支持面上，否则无法倒角。

七、曲面外形修改

曲面外形修改的系列工具在 FSS 工作台中，主要用于 NURBS 面的调整，对于用拉伸、扫掠等方法生成的面无法直接编辑。本节主要介绍最常用的"通过控制点修改曲线曲面"的方法。

在【Shape Modification】工具条中，单击控制点（Control Points）图标，弹出如图 4-27 所示的控制点对话框。

在绘图区选择要调整形状的 NURBS 面元素，曲面上将显示控制网格、边界的连续性和 u、v 两个方向的阶数。在支持面（Support）选项区域，单击不同按钮可以用不同的方式来调整控制点的情况。这些按钮包括指南针法线（Normal to compass）、网络线（Mesh Lines）、局部法线（Local Normals）、指南针平面（Compass plane）、局部切线（Local Tangent）和屏幕平面（Screen plane）等。

在过滤器（Filter）选项区域选择控制点的选取方式，可以是仅限点（Points only）、仅限网格(Mesh only)、点和网格(Points and mesh)等方式。

在谐波(Harmonization)选项区域的下拉列表中,可选择计算控制点的谐波方式,包括桥接曲面(Blend)、平均曲面(Mean Plane)、三点平面(3-point plane)、屏幕平面(Screen Plane)等。

在选项(Option)设置中,可选择要显示的内容,包括显示衍射(Display inflection)、显示偏差(Display deviation)、显示谐波平面(Display harmonization planes)等。在选择(Selection)设置中,可设定是否选择所有控制点。

在光顺(Smooth)选项区域,单击光顺按钮后,调整光顺系数滑块,使光顺程度符合要求,这一操作将直接改变曲面的形状。

对一个控制点的调整有可能扩展到曲面其他区域的形状,具体的扩展程度、扩展方式等可以通过全局(Global)、扩散(Diffusion)按钮来设置。单击扩散按钮后,可通过设定不同的法则曲线来设定扩散的影响方式,包括常值法则曲线(Constant Law)、线性法则曲线(Linear Law)、凸法则曲线(Concave Law)、凹法则曲线(Convex Law)和钟形法则曲线(Bell Law)。如有需要,还可以将控制点对称或投影后,得到新控制点,以便于曲面形状的调整。

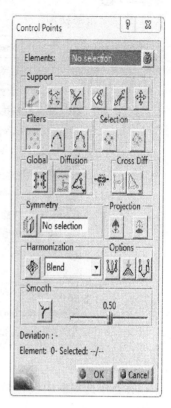

图4-27 控制点对话框

4.3.4 曲面分析工具

完成曲面创建和编辑后,运用曲面分析工具检查曲面曲线的质量,找出不符合质量要求的部分,以便于进一步修改,提高曲面质量。

曲面分析工具主要在FFS工作台中,如图4-28所示,功能包括曲线连续性分析(Connect Checker Analysis)、曲率分析(Porcupine Curvature Analysis和Surface Curvature Analysis)、距离分析(Distance Analysis)、截面曲率分析(Cutting Plane Analysis)、反射分析(Reflection Lines)、衍射线分析(Inflection Lines)、高亮分析(Highlight Lines)、拔模分析(Draft Analysis)、环境映射(Environment Mapping)、等照度线映射(Isophotos Mapping)和光源管理(Light Source Manipulation)等。

一、曲线连续性分析

在对话框的元素(Element)选项组中,选取两个曲线或曲面作为源元素(Source)。在类型(Type)选项中,点选分析的连接类型,由图标可以形象地了解分别是曲线—曲线连接、曲面—曲面连接、曲面—曲线连接,选择类型后,可选择子类型边界(Boundary)或投影(Projection)。

随后,在快速(Quick)和完全(Full)选项中对连接质量进行设置。快速选项卡可设置连续性 G0、G1、G2、G3 的数值要求;当分析曲面—曲面连接时,完全选项卡中可设置显示方式(Limited Color Scale和Full Color Scale),即设置检查结果显示时颜色所代表的数值及数值的过渡关系,以及曲率梳(Comb)和包络(Envelop)情况。交叠检查(Overlap Defect)可用于检查是否存在重叠情况。

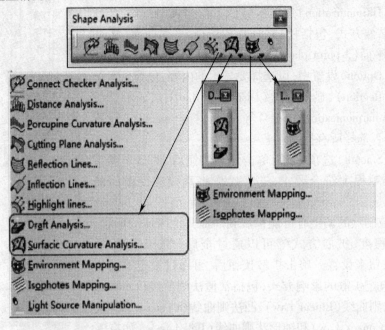

图4-28 曲面分析工具

在连接选项框内设置最小间隔(Minimum Gap)和最大间隔(Maximum),可微调分析的范围。

信息(Information)选项中可单击设置分析结果显示的内容,包括最小值(MinInfo)、最大值(MaxInfo)、G1模式下的相切(G1 Value within range 0 to 90 degree)和G2模式下的凹面(Concavity Defect)等。离散化(Discretization)选项可用于设置显示的离散程度,有轻度离散化(Light)、粗糙离散化(Coarse)、中度离散化(Medium)、精细离散化(Fine)等类型。

二、曲率分析

曲率分析有两个工具,一个是用于曲线曲率的分析(Porcupine Curvature Analysis),另一个是用于曲面曲率的分析(Surface Curvature Analysis)。

在绘图区选择曲线后,单击打开曲线曲率分析(Porcupine Curvature Analysis)的对话框。在类型(Type)列表框中下拉菜单选择分析类型,有曲率(Curvature)和曲率半径(Radius)两类,即可在绘图区实时查看到曲线曲率变化的情况,单击图表(Diagram)下方的按钮,可以看到整条曲线的曲率值(或曲率半径值)的分布情况。该工具默认显示简约对话框,仅显示类型和图表的选项。单击更多(More)按钮后,将显示出更多的设置选项,包括显示密度(Density)、振幅(Amplitude)等。还可以通过选择复选框设定是否显示曲率梳和包络线、是否更改方向(Reverse)、是否显示特征曲率值(Particular,如最大值及其位置等)等。

在分析曲面曲率前,应将软件的显示模式切换至带材料着色(Shading with Material)的模式。随后单击曲面曲率分析的图标,将弹出曲面曲率(Surface Curvature)和曲面曲率分析(Surface Curvature Analysis)两个对话框。在曲面曲率对话框中,可选择分析类型(Type),有高斯(Gaussian)、最小值(Minimum)、最大值(Maximum)、平均(Mean)、受限制(Limited)、衍射区域(Inflection Area)等类型。不同的类型选择,将导致曲面曲率分析对话框中显示的结果不一样,实现曲率分析结果的不同表现方式。曲面曲率分析对话框中的显示数值和色带颜色都可通过双击后进行编辑,以实现所需的显示效果。

在显示选项(Display Options)中,勾选结果的显示内容,有色标显示(Color Scale)、运行中(On The Fly)、3D 最小值和最大值(3D MinMax)、无突出显示(No Highlight)等内容。大部分的内容可以在曲面上直接显示。如果勾选掉色标显示(Color Scale),则会关闭曲面曲率分析(Surface Curvature Analysis)。

分析选项(Analysis Options)用于设置分析模式,有仅正值(Positive only)和半径模式(Radius Mode)两种。

三、距离分析

距离分析主要用于检查两个元素之间的距离,常用于逆向设计中。

单击图标后,将打开距离(Distance)和距离.1(Distance.1)两个对话框后。在绘图区选择两个待分析的元素,将依序自动成为距离对话框中选择状态(Selection State)选项里的第一组(First set)和第二组(Second set)元素,屏幕上将自动显示两元素之间的最大和最小距离。勾选可变点(Running point)后,将鼠标移至第一组元素的某点上,可自动显示该点位置的两元素距离。如果要改变分析对象,点选选择状态(Selection State)选项中的第一组(First set)和第二组(Second set)元素后,再在绘图区选择新的元素,可单独更改某一组元素。不同类型的元素,其选择的先后顺序对分析结果类型会产生一定的影响。因此,可根据需要单击反转分析(Invert Analysis)交换两组元素。

根据两元素特点,投影空间(Projection Space)选项区域和测量方向(Measurement Direction)选项区域会出现不同的可选按钮,用于设定分析类型和测量方向。分析类型有无元素投影、X 方向投影、Y 方向投影、Z 方向投影、指南针方向投影、平面距离等六类。测量方向有法线距离、X 方向距离、Y 方向距离、Z 方向距离、指南针方向距离等五个方向。

距离分析的分布结果会在距离.1 对话框中呈现,通过显示选项(Display Options)中的设定可以选择采用图表、完整色带、有限色带等方式显示不同的分析内容。

四、截面曲率分析

截面曲率分析用于分析曲面的截面线特征。单击图标打开截面分析(Cutting Plane Analysis)对话框。在绘图区选择要分析的曲面元素(可以是多个曲面元素)后,在曲面上将出现若干截面线。要得到相了解的某一截面的截面线信息,需要对各选项进行设置。

单击截面类型(Section Type)选项中的按钮,可设置采用平行平面(Parallel planes)、与曲线垂直的平面(Planes perpendicular to curve)、独立平面(Independent planes)等方式得到曲面的截平面。当选择平行平面时,参考元素(Reference)默认为指南针方向,即系统的坐标平面。选择其他方式时,参考元素需自行选择。

数目/步幅(Number/Step)选项中,可设定截平面的数量或间隔,或者用通过选择点位置来确定截面的具体位置。当使用点上(On Point)来设置时,应选择已创建的点元素;当使用位置上(On Value)来设置时,则可直接在要分析的曲面元素上选择点以确定截面位置。

当采用平行平面来定义截平面时,可以在边界(Boundaries)选项区域设定自动(Automatic)或手动(Manual)的方式来设定截平面的范围。使用自动方式时,所取边界为罗盘的基平面位置;使用手动方式时,可调整两个边界与罗盘基平面的距离。

显示(Display)选项中可以设置是否选择显示截平面(Planes)、弧长(Arc Length)和曲率(Curvature)。

五、反射分析

反射分析是模拟霓虹灯光线照射后曲面的反射效果来分析曲面质量的。单击图标打开反射线(Reflection Lines)对话框后,在绘图区选择要分析的曲面。此时,屏幕上不一定能显示出分析结果,需通过进一步的设置才能查看到有用的结果。在霓虹(Neons)选项中,可设置霓虹参数,包括氖灯数量(N)和氖灯间距(D),也可单击位置(Position)按钮来自动计算出霓虹的位置。霓虹参数的效果可在罗盘的 UV 面显示。视角(Eye)选项区域,可设置观察的视点,即可从屏幕视角(Eye correlated to viewpoint)观察,也可从用户自定义视角(User-defined Eye)观察。屏幕视角是指垂直屏幕的视角,用户视角是由用户调节罗盘来获得的。当视角调节到合适位置后,单击确定,曲面上会显示出若干的反射线。反射线分布越均匀,变化越均匀,则反射质量越好。

六、衍射线分析

衍射线分析用于分析曲面上曲率为零的位置,即拐点位置,所以该工具又称为拐点曲线分析工具。

单击图标打开衍射线(Inflection Lines)对话框后,在绘图区选择要分析的曲面,曲面上即会出现所有曲率为零的点连成的曲线。单击局部平面定义(Local Plane Definition)的选项,可分别用指南针平面或参数平面来定义。用指南针平面来定义时,需将指南针拖曳至曲面上,调整指南针平面可调整平面角度,得到不同的拐点曲线。参数平面是指曲面的参数方向的平面,用此方法得到的拐点曲线有唯一性。

七、高亮分析

高亮分析是利用一组由曲面的法线或切向与指南针成一定角度后形成的曲线集来反映曲面的整体曲率变化情况。

单击图标打开高亮线(Highlight Lines)对话框后,在绘图区选择要分析的曲面,曲面上即会出现一组亮度显示线。高亮分析的类型(Analysis Type)可设为按角(By Angle)或按点(By Point)的方式。高亮线类型的定义(Highlight Type Definition)可以用切向(Tangent)或法向(Normal)来实现。在螺旋角(Angle Pitch)选项框中可输入切向或法向与指南针平面间的螺旋角。将罗盘移至曲面上后,可通过调节罗盘平面位置来获得不同的分析结果。

八、拔模分析

拔模分析用于了解产品曲面部分在成形过程中的拔模角度。拔模角度如不合理,产品将难以成形。进行拔模分析时,曲面应采用带材料显示的方式。

单击图标将打开拔模分析(Draft Analysis)和拔模分析.1(Draft Analysis.1)两个对话框。曲面表面将根据不同的拔模角度呈现不同的颜色。拔模分析对话框主要用于设定拔模分析结果的显示方式。拔模分析.1 对话框则是在用色带显示(Color Scale)时出现。分析模式

(Mode)的设定有快速分析模式(Switches on the quick analysis mode)和完整分析模式(Switches on the full analysis mode)两种,后者较前者的分析更加细微,拔模角度以更加细分的方式呈现。分析结果的显示方式有色带显示(Color Scale)、随点显示(Running point)、无高亮表现(No Highlight Representations)及光源效果(Light effect)等选项。拔模方向的设置可以将指南针移至曲面上后,用指南针来定义当前位置新的拔模方向(单击指南针图标)。根据需要可将拔模方向锁定(Locks or Unlocks)或反转拔模方向(Inverse the draft direction)。

九、环境映射分析

环境映射是将造型结果放在特定的环境中,通过环境在造型曲面上的映射效果来观察曲面的质量。

单击图标打开映射(Mapping)对话框后,在绘图区选取要分析的一个或多个造型曲面。在图像定义(Image Definition)选项区域,可以用下拉列表的八种环境描述中,选择图形映射的环境。这八种环境分别是:海滩(Beach)、日落(Sunset)、气球(Ballon)、石碑(Monument)、地平线(Horizon)、球面(Sphere)、云(Cloud)和用户自定义环境(User defined file)。采用用户自定义环境时,可单击浏览文件夹的图标,载入图片文件用于定义环境情况。另外,还可以通过拖动滑块来调节环境映射图像的分布(Reflectivity value)。

十、等照度线映射分析

等照度线映射是将一组等距离的黑色条纹投射到曲面上,通过观察条纹在曲面上的反射情况来评价曲面的品质。由于映射结果通常是一系列黑白相间的图案,因此,这种分析方式也称为斑马线分析

单击图标打开等照度映射线分析(Isophote Mapping Analysis)对话框后,在绘图区选择要分析的造型曲面,如原设置合适将会出现等照度线照射后的效果。当无效果显示时,则要调整对话框中的各项设置。

类型选项(Type Option)区域可设定映射的模式,有圆柱面模式(Cylindric Mode)、球面模式(Spheric Mode)、多区域模式(Multiband Mode)四类,还可设置视角方式、视点、光源效果以及有无高亮表现等。

条纹参数(Zebra parameters)选项区域中,通过拖动滑块可调节条纹的数目(Few or Many strips)、黑条纹的宽度(Black thin or thick strips)和颜色锐度(Sharp or Smooth color transition)等。照射方向可用指南针来调节。在圆柱面模式和球面模式中,还可以改变圆柱面、球面的半径。

十一、光源管理

光源管理主要是调整利用单点光源在曲面上的反射效果来查看曲面质量。单击图标后,屏幕区域会出一个五箭头的图标,其中四个箭头呈十字交叉状,另一个箭头垂直四个箭头形成的面。调整十字箭头将改变光源照射的位置和角度。单击垂直箭头可正反调转光源的方向。在光源管理(Light Source Manipulation)对话框中,有两种光源模式可选。附加于视角(Attached to Viewpoint)的模式下,光源独立于曲面,当旋转改变曲面的屏幕视角时,光源的位置和角度不变。附加于模型(Attached to Model)的模式下,当旋转改变曲面的屏幕视角时,光源和曲面会一起变化。

4.4 曲面在产品建模中的应用

利用曲面元素来完成产品建模的方式,常见于产品设计采用"自顶向下"的设计模式中。其基本的建模思路,如图 4-29 所示,先创建产品的外形的线框,再由线框得到产品的表面曲面,由外形的封闭曲面得到实体模型。在设计产品内部结构时,利用曲面元素建立结构间的关联,比用实体建模的方式更加方便,也更有利于后期产品设计修改。

图 4-29 基于曲面的产品建模

实例一 汽车空调旋钮设计

图 4-30 所示为一汽车空调调挡装置的实物图。由其结构可知,中间的旋钮可用曲面的方法进行设计。分析该旋钮的外形特点后,可以将其分解为三组曲面,包括顶部弧面 1、旋钮底凹面 2 和手持位置弧面 3。图中未显示的嵌入挡位指示盘槽内的旋钮侧围面也不能忽略。而旋钮形状的对称性,可以用对称的方式来构造外形曲面。下面介绍该汽车空调旋钮的设计建模过程。

步骤一 建立线框。

分析该旋钮的外形特点,各面可由简单几何元素构成。根据这类塑料件的成形原理,构建线框时,应考虑拔模因素来定义线框。各曲面的曲线元素如图 4-31 所示。

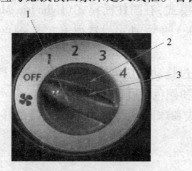

图 4-30 汽车空调实物

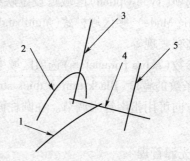

图 4-31 旋钮线架

各曲线元素的创建步骤是:

曲线 1——单击【Sketch】图标,选择 XY 面为支持面,用【Spline】绘制如图 4-32 的样条线。

曲线 2——单击【Circle】图标,用【Center and radius】的方式,建立坐标为 (0,0,-20) 的点,出 YZ 面为支持面,绘制如图 4-33 的圆弧。

曲线 3——单击【Sketch】图标,选择 XZ 面为支持面,绘制如图 4-34 所示的直线。

曲线4——单击【Sketch】图标,选择 XZ 面为支持面,绘制如图 4-35 所示的直线。
曲线5——单击【Sketch】图标,选择 XZ 面为支持面,绘制如图 4-36 所示的直线。

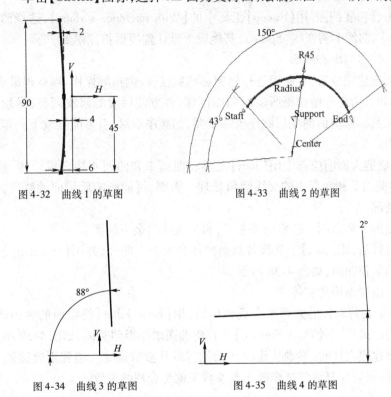

绘制曲线3和曲线4时需注意两曲线应在空间中相交,交点位置应高于曲线5下方约 30mm。

步骤二 绘制各基本曲面。

本例中主要采用拉伸、扫掠、旋转的方式构建各基本曲面。各基本曲面如图 4-37 所示。

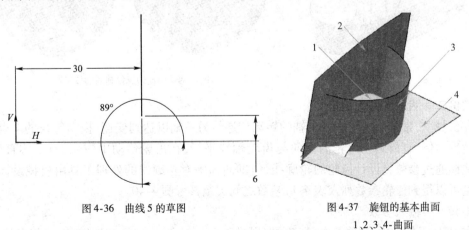

曲面1为旋钮顶面,用【Extrude】工具将曲线2拉伸得到。
曲面2为手持位置的侧面,用【Sweep】工具中的【With reference surface】,选择曲线3为

引导线(Guide line)、曲线 1 为脊线(Spine),其他设为默认选项后扫掠得到。

曲面 3 为侧围面,用【Revolve】工具将曲线 5 绕 Z 轴旋转半圈得到。

曲面 4 为旋钮底凹面,用【Sweep】工具中的【With reference surface】,选择曲线 4 为引导线(Guide line)、曲线 1 为脊线(Spine),其他设为默认选项后扫掠得到。

步骤三　修剪编辑和曲面。

基本曲面创建完成后,对曲面进行修剪、分割、接合、倒角等操作,以获得最后的曲面。

修剪曲面时,为更好地获得所需的曲面区域,并方便后续的修改调整,尽量用【Split】而少用【Trim】工具。修剪面的先后顺序也很重要,如顺序不对,有可能导致下一步无法修剪或产生曲面缺失。

本例中,修剪大面前应首先用【Join】工具将曲面 2 和曲面 4 接合成一体,然后用【Edge Fillet】工具将曲面 2 和曲面 4 的交线倒角处理。否则,可能影响后续面的修剪,造成修剪过度面缺损的情况。

处理好曲面 2 和曲面 4 的修剪关系后,再依次修剪余下的面。

曲面修剪好后,用【Join】工具将各修剪面接合为一个曲面,并用【Symmetry】工具将面对称得到完整的旋钮曲面,如图 4-38 所示。

步骤四　由曲面构建实体。

用【Join】工具将对称的曲面接合成整体后,用【Edge Fillet】将曲面的锐边倒角,得到最终的旋钮曲面。最后,用【Thick Surface】工具将曲面增厚得到实体,如图 4-39 所示。

在用曲面建模设计时,很难从建模开始就将设计参数确定。遇到不合适的参数影响曲面成形的情况,需要反复地尝试修改元素参数来确定合理的参数。

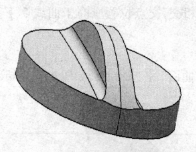

图 4-38　修剪后的旋钮曲面

图 4-39　曲面增厚得到的实体模型

实例二　齿轮参数化建模

在机械上,常常用齿轮把一个轴的转动传递给另一轴以达到变速、换向等目的。以直齿圆柱齿轮为例,直齿圆柱齿轮的齿向与齿轮轴线平行,在齿轮传动中应用最广,称直齿轮。齿轮建模通过参数化设计齿轮的轮廓线,借助曲面中对轮廓线的处理工具由机械设计的基本理论可以得到齿轮参数列入表 4-1,参数之间关系参考图 4-40。

步骤一　输入参数。

在 GSD 工作台中,选择 formula 工具,通过 new parameters of type 按钮,选择相应的 type,如 real、length 等,填入相应的 value;有 formula 的选择 add formula,填入齿轮参数值、参数之间关系公式如图 4-41 所示。

齿轮参数关系   表4-1

名称	代号	计算公式	说明
齿数	z	根据设计要求或测绘确定	z、m 是齿轮的基本参数,设计计算时,先确定 m、z,然后得出其他各部分尺寸
模数	m	$m = p/\pi$ 根据强度计算或测绘而得	
分度圆直径	d	$d = mz$	
齿顶圆直径	d_a	$d_a = 2(d + 2h_a) = m(z+2)$	齿顶高 $h_a = m$
齿根圆直径	d_f	$d_f = 2(d - 2h_f) = m(z-2.5)$	齿根高 $h_f = 1.25m$
齿宽	b	$b = 2P \sim 3P$	齿距 $p = \pi m$
中心距	a	$a = (d_1 + d_2)/2 = (z_1 + Z_2)m$	齿高 $h = h_a + h_f$

步骤二 输入规则。

用 fog 工具建立一对变量为 t 的 x、y 极坐标参数方程:

$$x = rb * \sin(t * PI * 1rad) - rb * t * PI * \cos(t * PI * 1rad)$$

$$y = [rb * \cos(t * PI * 1rad)] + [(rb * t * PI) * \sin(t * PI * 1rad)]$$

将这两个 fog 的名称分别改为:齿轮曲线 x 和齿轮曲线 y,如图4-42所示;目录树中出现了 relations 节点,节点下生成了齿轮曲线 x,齿轮曲线 y 目录,参考图4-41中目录树。

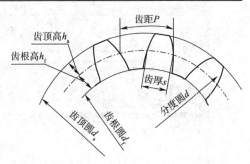

图4-40 齿轮参数图示

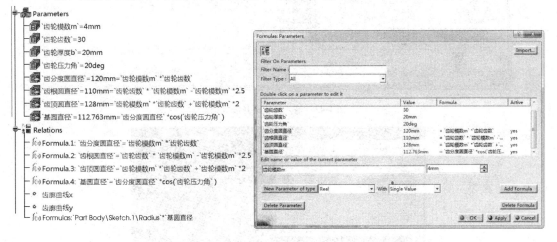

图4-41 齿轮参数输入 CATIA

步骤三 绘制齿轮参考线。

由于建模过程中不会用到齿轮的分度圆作为轮廓线,为避免不必要的轮廓线出现在零部件几何体中,可以在目录树中新建 Geometric set(几何图形集),并命名为齿轮曲线;在该目录下用 GSD 工具在 XOY 平面绘制参数化曲线:基圆、齿根圆、分度圆和齿顶圆,如图4-43所示。

步骤四 绘制渐开线。

用渐开线近似做法,如图4-44所示,利用步骤2中输入的渐开线规则,有选择的给变量

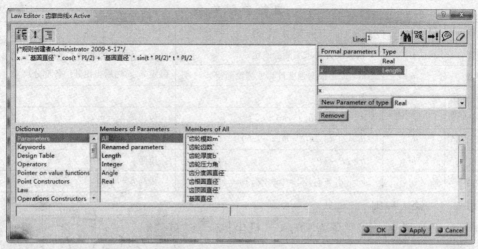

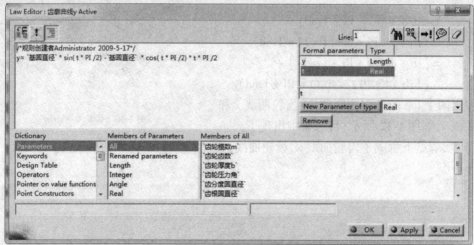

图 4-42 输入齿轮渐开线规则

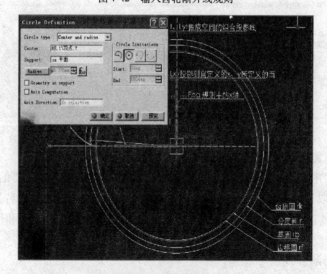

图 4-43 绘制齿轮参考线

t 赋值,创建渐开线上的点:分别取 t = 0,0.06,0.085,0.11,0.13,0.16,0.185 得到 7 个渐开线的关键点的 fog x，fog y 坐标值,将它们分别赋给点的 H、V,得到想用的点,用样条线连接这些点可以得到近似的渐开线。

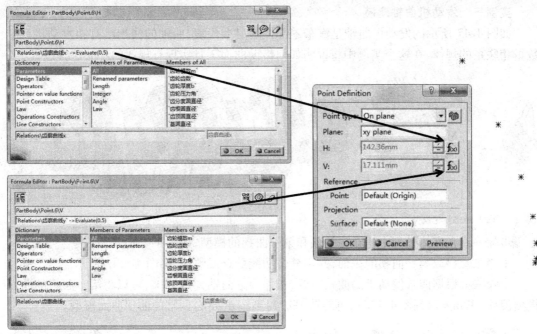

图 4-44　绘制齿轮渐开线点

步骤五　绘制齿轮线框。

用样条线连接近似的渐开线的点,得到图 4-45a)所示渐开线;在分度圆处,用渐开线交点,取离该点弧长 e = S = πm/2 处的一个点,此点为齿廓的一中点,连接前面的中心点与原点(0,0,0 的点)做一条直线。用这个条件,就可以镜像出另半边的渐开线。在用常用的 split,trim,intersection 等命令,制作出齿廓;再通过对称和修剪得到单个齿轮的轮廓线,如图 4-45b)所示。

步骤六　齿根制作:从渐开线与基圆的交点向下引出一段切线,再在齿根圆与切线之间倒圆,齿根圆角半径 ρf≈0.38m。

步骤七　根据斜齿轮宽度,用偏移和旋转工具将前面做成的齿形形成多个截面,如图 4-45c)所示。

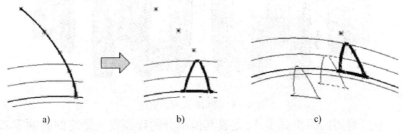

图 4-45　齿轮轮廓线

步骤八　通过多界面工具得到如图 4-46 所示齿形,并作圆周阵列,完成齿形的建模,最后通过封闭曲面得到完整的直齿轮模型。

齿轮模型的建模过程,利用了曲线的运算实现对齿形轮廓的建模。读者还可以尝试通过绘制出渐开线的精确建模方式完成齿轮轮廓线建模。

实例三　发动机曲轴建模

如图 4-47 所示的发动机曲轴是汽车零部件的典型代表,曲轴的曲拐具有和发动机汽缸数量相联系的规律,在这个实例中将说明如何借助曲面工具实现有规律的产品建模过程。

图 4-46　齿轮模型　　　　　　　　　图 4-47　发动机曲轴模型

步骤一　在实体模型中建立主轴颈和第一曲拐的模型,如图 4-48a)所示。

步骤二　提取第一曲拐的表面,并用缝合功能缝合成整体,如图 4-48b)所示。

步骤三　根据四缸发动机的曲轴布置,相邻两缸曲轴夹角 180°,可以将第一曲拐的曲面模型偏移 132mm 得到图 4-48c),再旋转 180°得到图 4-48d)两缸的曲拐曲面模型。

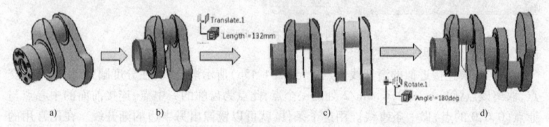

图 4-48　利用曲面实现曲轴建模过程

步骤四　根据四缸发动机的曲轴布置为中间对称的原则,可以将前两曲拐部分作为整体对称,如图 4-49 所示。

图 4-49　利用曲面对称实现

步骤五　通过封闭曲面得到实体,完成其他部分的建模得到最终的曲轴零部件模型。

在这个案例中,要求工程技术人员在建模时要充分理解模型的结构原理和模型中不同特征之间的关系,才能实现高效的运用曲面建模工具辅助完成数字建模。

实例四　基于曲面的自顶向下设计

第3章中的实例四在装配过程遇到了部分零部件不易定位的问题,在汽车产品的设计过程中这种情况经常出现在一些运动部件中,因此在面向汽车产品的设计过程中普遍采用自顶向下的设计方法,即首先规划确定各个零部件的相对位置关系,再对零部件开展详细设计。

本例通过对上述实例中等速万向节的星形架和钢球关系自顶向下设计过程的简要介绍,给读者建立起 CATIA 自顶向下的设计方法。

步骤一　新建产品装配文件,为了确定等速万向节首先在产品装配模型中新建一个零部件命名为 Adapter_All,将所有的关联数据都包含在这个模型中。

步骤二　在 Adapter_All 零部件中新建几何图形集,命名为"位置关系",用于根据等速万向节的条件计算和调节零件之间的相互位置关系,目录树如图 4-50 所示。

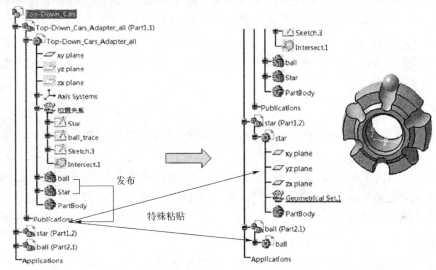

图 4-50　自顶向下设计万向节目录树

从目录树中可以看出在 Top-Down_Cars_Adapter 的零部件目录下,存在位置关系的几何图形集,在这个几何图形集中是用于计算 Star 和 Ball 两个零部件之间位置关系的草图,通过草图设计可以将星形架和钢球的位置关系与两个零件设计的草图相关联系起来。

步骤三　在 ball 和 Star 两个零件不同几何体中分别构建实体模型,再通过 CATIA 的 Publication 功能发布到其他的装配零件中去。

步骤四　将发布出来的 ball 和 Star 几何体分别用带链接的粘贴到 Star 和 Ball 两个零部件中去,得到的结果如图 4-51 所示。

步骤五　通过保存管理保存产品模型和零部件模型。

这样保存的模型,在装配时不需要考虑零部件之间的装配关系,因为零部件的关系已经被包含在产品建模的设计过程中,装配模型中仅需要表示零部件之间的装配关系。当零部件需要进行修改时,只需要修改发布几何的零部件模型中的设计元素,通过链接可以更新每个子部件。汽车产品自顶向下设计的基本思想可以通过这个简单模型体现出来,汽车产品之间的关系是依赖于设计过程中的参数关系,这些参数关系包含了装配关系,但不局限于简单的装配关系。

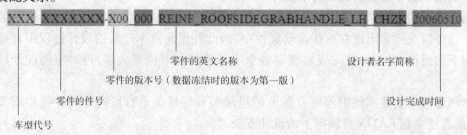

图 4-51 汽车设计零部件命名规则

实例五 CATIA 整车设计数据规范

为了确保整车设计过程中数据的完整可靠,参数化设计在现代汽车产品开发中具有重要的意义,参数化设计可以大大提高汽车开发设计的工作效率,适合在同平台上系列产品的演变,大大缩短产品开发周期。汽车各个零件相互间有着紧密的联系和协调性。CATIA V5 Start Model 在零件设计过程中可以很好地体现 CATIA V5 的参数化设计优势,培养设计人员在汽车开发设计中的整体设计理念,设计人员通过对零件结构特征的分析理解,把握零件的要素特征和关键结构形式。

一、整车坐标系统

随着汽车开发技术的不断提高,各大汽车厂商纷纷引入汽车基准点系统,如:大众公司的"RPS"基准系统,通用公司 GD&T 图样中的"Datums"也描述了产品的定位基准点,两者的目的基本一致,使汽车零件在设计、开发、装配、总装、测量所有部门都采用统一的基准点定位系统,减少总成及零部件因基准不协调而产生的偏差,以改善生产过程的稳定性。所以汽车零件设计过程也应紧紧按照基准点系统建立整车坐标系,才能真正体现零件在装车状态下与车身或其他零件的定位与匹配情况。

二、以车身建模规范为例简要说明建模过程中涉及的设计规范相关方面

1. 文件名称规范

零件名称定义的规范性和准确性对一个汽车主机厂来说在整个汽车产品生命周期内对产品的采购、生产、销售都具有重要意义。所以首先要确定零件的准确件号和尽量简单且详尽的名称。如图 4-51 所示为国内某汽车企业的文件命名规范。

2. 目录树的数据规范

整车设计过程中的数据传递绝大部分是通过集合图形集来实现的,因此各部门之间非常关注 CATIA 设计过程中数据在目录树中的存放,也就产生了设计模型的 Start Model,如图 4-52 所示。

(1) 零件实体数据(#Part Body)。Part Body 内是用来存放零件实体数据,一般是设计的最终结果实体数据。如果需要更改 Part Body 的名称,可以在 Part Body 右键属性内更改,如要反映该零件设计的不同阶段或不同状态的实体数据,或者是周边相关零件的实体数据(周边相关零件的 Parent 信息来自#external geometry),可以在零件内插入多个 Part Body 来分别定义。

(2) 外部引用数据(#external geometry)。#external geometry openbody 内包括两个 open-

body，分别为#design surfaces 和#imported geometry，在做零件设计时需引用外部几何元素作为边界条件，而这些外部元素根据其性质不同可以分为两种类型，如图 4-53 所示。

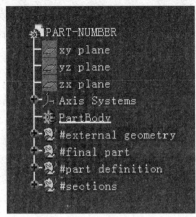

图 4-52 Start Model 目录树

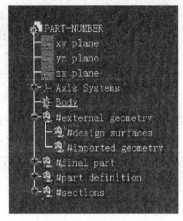

图 4-53 外部数据目录树

#design surfaces 用来存放做零件设计所需要的造型 A 级曲面数据。#design surfaces 内的造型 A 级曲面是相对固定不变的，在零件工程化阶段要以造型 A 级面为基准进行结构设计。故 A 级曲面的 Parents/Children 关系多数是一父多子的关联关系。每个 A 级曲面与后面设计步骤中的多个同时保持关联关系。

#imported geometry 内定义了#surfaces from concept studies 等 7 个边界条件，每个 open-body 内存放了用来做边界约束的点、线、面等几何元素。这些几何元素用非参数化的形式存放。尽量做到让这些参考几何元素之间无 Parents/Children 关系。便于后期这些参考元素的更新替换。

(3)最终结果(#final part)用来存放零件的最终设计曲面数据、材料的矢量方向、材料厚度、零件 MLP 信息、搭接面零件上的螺母、螺栓以及对部件的设计修改信息。

(4)零件设计过程(#part definition)在结构树上的这一部分是零件设计的主体工作，也是工作量最大、最关键的部分。这部分#part definition 的构成如#part definition 包括参考点(#reference point)、基础面(#basic surface)、压筋结构(#depressions)、翻边结构(#flanges)、裁剪结构(#trimmed_part)和孔(#holes)特征。

(5)关键截面(#Sections)内存放了显示零件关键部位信息的截面数据，如安装孔、定位孔、搭接面、零件局部结构形式等数据。这些数据信息可以反映零件周边的装配、搭接关系，可以很好地指导零件结构设计。

实际操作过程中，针对不同的设计对象，所采取的规范和思路也会存在差异。通过上述实例的介绍，不难发现从事汽车产品的数字化设计工作，利用 CATIA 中提供的目录树可以很好地控制模型的数据，因此在设计过程中需要不断地积累经验，培养自身的习惯才能发挥软件的优势，将设计思想最大限度地表达出来。

4.5 本章小结

本章从曲线、曲面的基本概念开始，逐步深入了解 CAD/CAM 系统中的曲线、曲面的类型,将曲线、曲面的数学表达与几何表达建立其联系,阐明了 G0、G1、G2 和 G3 连续的概念,为进一步理解汽车设计过程中对汽车内外饰、车身外覆盖件等零部件设计结果中对表面质量的评价奠定了基础。在曲线和曲面基础上进一步介绍了 CATIA 中的曲面建模应用工具,这些工具包括曲线、曲面建模工具、检查工具和修改工具等。曲面建模工具作为建模过程中灵活描述点线面的工具,不同于实体建模受到数据存储类型的限制,曲线曲面建模过程中既有一定的逻辑和运算关系,又具有相互独立的特性。曲线、曲面的这一特性在汽车建模设计过程中被广泛使用,并与前述的几何实体建模工具混合使用,从而实现对实体模型的准确建立。熟练掌握本章这些内容有助于读者结合先进制造基础理解 CATIA 在产品设计制造过程中针对汽车产品在不同设计阶段、针对不同应用目的的零部件模型所采取的多种多样的设计建模方法,在实践中进一步加深对 CATIA 软件应用的理解。

思考与练习

1. 曲线曲面的 G0、G1、G2、G3 连续性分别是什么含义?
2. 说明贝塞尔曲面和 B 样条曲面有何区别。
3. B 样条曲面构造时,控制点和节点的作用是什么?
4. 曲面设计中阶次的含义是什么?对曲面质量有何影响?
5. 在 CATIA 中,有哪些工具可用于评价曲面质量?
6. 用自顶向下的设计方法设计一款转向盘(图 4-54),并说明建模的基本思路。要求:曲面整体应达到 G2 连续。零件参数可在符合使用的情况下自行决定或调整,但应保证中心区域有中心高两边薄的特点。

图 4-54 第 6 题图

第5章　先进制造技术基础

 教学目标

1. 掌握先进制造技术的体系构架、特点。
2. 理解汽车制造技术原理、管理技术和生产模式。
3. 了解工程设计方法和先进制造工艺。
4. 掌握先进制造的支撑技术中数据格式的应用。
5. 掌握汽车虚拟制造技术的原理。
6. 理解协同制造网格技术的原理。

 教学要点

知识要点	掌握程度	相关知识
先进制造体系结构	掌握	制造系统、制造系统体系结构和特点
先进制造技术原理	理解	成组技术，集成制造，并行工程和管理技术
工程设计方法和制造工艺	了解	模块化设计、并行设计和创新设计，先进工艺
制造系统的支撑技术	掌握	制造网络技术、产品数据库及数据交换标准
汽车虚拟设计制造	理解	虚拟设计制造原理、汽车虚拟制造
汽车制造系统网格化制造	理解	网格、网络协同制造与网格制造

　　先进制造技术经过近20年的发展,虽然还没有明确的、一致公认的定义,但是在不断吸收信息技术和现代管理技术发展成果,并将其综合应用于产品设计、加工、检测、管理、销售、使用、服务乃至回收的制造全过程,以实现优质、高效、低耗、清洁、灵活生产。先进制造技术已经逐渐成为对动态多变的市场的适应能力和有竞争力的制造技术的总称。

　　要进一步了解和掌握CAD/CAM技术在汽车制造业中的应用技术,其前提是了解先进制造技术的体系构架,先进制造技术的哲理、管理技术和生产模式,掌握先进制造技术的支撑技术,为进一步探索CAD/CAM的工程应用建立全局概念和数据知识基础。

　　本章在CAD建模技术基础上,要求理解先进制造技术的成组技术、计算机集制造和并行工程原理,了解汽车生产管理技术、现代工程设计方法、先进制造工艺和制造系统的支撑技术,在此基础上进一步理解汽车虚拟制造和汽车协同制造网格技术。

5.1 先进制造体系

5.1.1 制造、制造系统和先进制造技术

制造(Manufacturing)一词源于拉丁语,原意是手工制作,即把原材料用手工方式制成有用的产品。近30年来,由于生产力和科学技术的高度发展,制造的含义有了很大的扩展。现代"制造"的含义与"生产"密切相关。生产活动是人类赖以生存和发展的最基本活动。从系统观点出发,生产可被定义为一个将生产要素转变为经济财富,并创造效益的输入/输出系统。制造可以理解为制造企业的生产活动,即制造也是个输入输出系统。广义上理解制造输入和生产一样是生产要素,输出是具有使用价值的产品。

广义的制造系统由若干个具有独立功能的子系统构成,这些子系统包括:经营管理子系统,市场与销售子系统,研究与开发子系统,工程设计子系统,生产管理子系统,采购供应子系统,质量控制子系统,财务子系统,人事子系统,车间制造子系统。从制造系统的角度看,CAD/CAM技术只不过是着子系统中的应用工具之一。这些子系统既相互联系又相互制约,其功能结构如图5-1所示,形成一个有机的整体,从而实现从用户订货到产品发送的生产全过程。制造系统包含一般系统的结构特性,转变特性和程序特性。

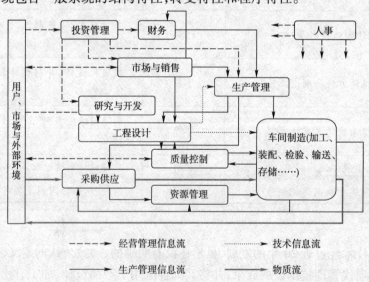

图 5-1 制造系统功能结构

制造技术是为了完成制造活动所实施的一切手段的总和。这些手段包括运用一定的知识、技能,操纵可以利用的物质、工具,采取各种有效的策略、方法等。这些技术不同于科学,科学的基本任务是认识世界,采用的基本方法是分析,最终的结果的基本表现形式是各种发现和揭示;而技术的基本任务是改造世界,采用的基本方法是综合,最终成果的表现形式是发明、创造、改造。制造技术被认为是一个从产品概念到最终产品的集成活动,同时制造技

术又是一个实现制造企业目标的功能体系和信息处理系统,制造技术是制造企业的技术支柱,是企业持续发展的根本动力。

制造技术的发展经历了蒸汽机发明引发的第一次工业革命,产生了近代工业化生产;汽车普及带来的又一次工业革命,出现了自动生产线和泰勒科学管理理论,以汽车工业为代表的大批量自动化生产方式使生产效率获得极大的提高;第二次世界大战之后的通信技术发展,电子计算机和集成电路出现,以运筹学、现代控制理论、系统工程等软科学的产生和发展,使制造业产生了一次新的飞跃。传统的自动化生产方式只有在大批量生产的条件下才能实现,而数控机床的出现则使中小批量生产自动化成为可能。科学技术的高速发展,促进了生产力的极大提高和生产方式的重大变革。市场的全球化和需求的多样化,使得市场竞争日益激烈。传统的大批量生产方式已难以满足市场多变的需要,多品种、中小批量生产日渐成为制造业的主流生产方式。以汽车产业为例,在某车型大批量生产的前提下,该车型的配置却要满足多样化的市场需求,并根据市场和技术的发展逐年更新车型部分配置,2~3年就必须完全改版车型设计,形成车型的系列化、标准化设计和多样化生产成为汽车制造业发展的需求。

美国在20世纪80年代提出先进制造技术,是针对美国在这之前只对基础研究、卫生健康、国防建设等给予经费支持,而缺乏对产业技术支持,主张产业技术通过市场竞争,由企业自由发展所导致的20世纪70年代美国竞争力下降,贸易逆差剧增的状况所提出的。先进制造技术计划(ATP)由美国联邦政府科学、工程和技术协调委员会(FCCSET)提出,主要研究内容包括现代设计方法与技术、先进制造工艺与技术、先进制造过程的支撑技术与辅助技术以及制造基础设施(指对上述技术进行管理、推广、应用的方法和机制)。

制造技术中心计划(MTC)又称"合作伙伴计划",由美国国家标准与技术研究院(N1ST)制定并领导实施。该计划的目标主要是面向美国35万家中小企业,因为这些中小企业不像大企业有自己的开发能力,且往往技术落后,资金不足。该计划的主要内容是在技术拥有者(通常为政府的研究机构、国家实验室和大学)与需要这些技术的中小企业之间建立合作的桥梁,使中小企业掌握先进制造技术,或使他们具有识别、选择适用于自己企业的先进制造技术的能力,其主要方法是由国会拨款设立地区性的制造技术中心,为中小企业展示新的制造技术和设备并进行培训,帮助他们选用。

美国的先进制造技术(AMT)实施过程中的5个层次的研究开发和推广体系。

(1)国家研究与协调机构。主要指美国国家标准与技术研究院,该机构负责ATP和MTC两项计划的组织与实施,并负责审核一年一度的国家质量奖。该机构下属的制造工程实验室,直接从事精密工程、自动化、机器人等重要领域的研究与开发。世界上第一个CIMS实验系统就诞生在该实验室。

(2)地区性组织协调机构。其主要工作是组织企业进行合作研究开发。例如密歇根州美国国家制造科学中心设有美国最大的制造资源库,可以为北美地区(美国北部和加拿大)服务。该中心采用会员制,政府资助部分经费。

(3)大学研究机构与企业协作,主持或参与重大课题的研究,例如密西根大学吴贤明制造技术研究中心有70多名研究人员,曾参与"2mm工程"等重大项目,并且取得了显著的成绩。

（4）制造技术中心。主要面向中小企业，从事人员培训和先进制造技术推广工作。

（5）企业技术开发机构。主要指大型企业自身的研究开发机构，这些机构除为本公司服务外，也承担国家的研究课题。

美国的 ATP 还特别重视项目的后评估，在项目完成后还继续跟踪 5～7 年，委托经济师进行后评估。实施上述两项计划后，美国制造业取得了显著效果。例如，美国在汽车生产中启动了"2mm 工程"项目，联合多家汽车公司、大学和研究机构对汽车覆盖件的制造技术进行综合研究，最终使轿车覆盖件的制造误差控制在 2mm 之内。再如，美国的半导体，特别是芯片制造业在此期间也取得了迅猛发展，Inter 公司一跃成为世界最大的芯片制造商。

先进制造技术目前仍无明确、一致公认的定义。通过对其特征的分析和实践探索，可以认为：先进制造技术是制造业不断吸收信息技术和现代管理技术的成果，并将其综合应用于产品设计、加工、检测、管理、销售、使用、服务乃至回收的制造全过程，以实现优质、高效、低耗、清洁、灵活生产，提高对动态多变的市场的适应能力和竞争能力的制造技术的总称。先进制造技术可归纳出如下要点：

（1）先进制造技术目标是提高制造业对市场的适应能力和竞争力；

（2）先进制造技术的核心是信息技术、现代管理技术与制造技术的有机结合；

（3）先进制造技术特别强调信息技术、现代管理技术在整个制造过程中的综合应用。

5.1.2 先进制造技术体系结构

对先进制造技术体系结构的认识目前并不统一，从以下两个具有代表性的先进制造体系机构中可以看到一些共性元素。

一、FCCSBT 先进制造技术体系结构

美国联邦政府科学、工程和技术协调委员会（FCCSET）下属的工业和技术委员会先进制造技术工作组提出 AMT 的分类目录，指出 AMT 是制造技术和现代高技术结合而产生的一个完整的技术群。

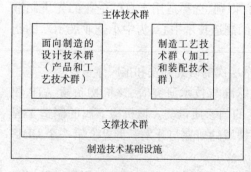

图 5-2　先进制造技术体系结构

AMT 包括主体技术群、支撑技术群和制造基础设施三个部分。其中主体技术群又包括两个技术群，即面向制造的设计技术群（产品和工艺设计技术群）和制造工艺技术群（加工和装配技术群）。这三部分相互联系，相互促进，组成一个完整的体系，如图 5-2 所示。这种体系主要不是从技术学科内涵的层面来描绘先进制造技术，而是着重从宏观的角度来描绘先进制造技术的组成以及各个组成部分在制造过程中的作用。

1. 主体技术群

主体技术群是制造技术的核心，它又包括有关产品设计技术和工艺技术两部分。

面向制造的设计技术群，又称产品和工艺设计技术群。设计技术对新产品的开发和生产费用、产品质量以及新产品上市时间都有很大的影响。为提高产品和工艺设计的效率及质量，必须采用一系列先进的工具（如 CAD 系统、CAE 软件等）。设计技术群的主要内容包括：①产品、工艺过程和工厂设计，包括计算机辅助设计（CAD）、计算机辅助工程分析（CAE）、面向加工和装配的设计（DFM，DFA）、模块化设计、工艺过程建模和仿真、计算机辅助工艺过程设计（CAPP）、工作环境设计、符合环保的设计等；②快速样件成形技术（快速原型制造，RPM）；③并行工程（CE）；④其他技术。

制造工艺技术群制，又称为加工和装配技术群，是指用于物质产品生产的过程和设备。随着高新技术的不断渗入，传统的制造工艺和装备正在发生质的变化。先进制造工艺技术群的主要内容包括：①材料生产工艺，包括冶炼、乳制、压铸、烧结等；②加工工艺，包括切削与磨削加工、特种加工、铸造、锻造、压力加工、模塑成形（注塑、模压等）、材料热处理、表面涂层与改性、精密与超精密加工、电子工业工艺（光刻/沉积、离子注入等微细加工）、复合材料工艺等；③连接与装配，包括连接（焊接、铆接、黏结等）、装配、电子封装等；④测试与检验；⑤节能与清洁化生产技术；⑥维修技术；⑦其他技术。

2. 支撑技术群

支撑技术指支持设计和制造工艺两方面取得进步的基础性核心技术，是保证和改善主体技术协调运行所需的技术、工具、手段和系统集成的基础技术。支撑技术群包括：①信息技术，包括接口和通信、网络和数据库、集成框架、软件工程、人工智能、专家系统、神经网络、决策支持系统、多媒体技术、虚拟现实技术等；②标准和框架，包括数据标准、产品定义标准、工艺标准、检验标准、接口框架等；③机床和工具技术；④传感和控制技术；⑤其他技术。

3. 制造技术基础设施（Infrastructure）

制造技术基础设施是指使先进制造技术适用于具体企业应用环境，充分发挥其功能，取得最佳效益的一系列基础措施，是使先进制造技术与企业组织管理体制和使用技术的人员协调工作的系统过程，是先进制造技术生长和壮大的机制和土壤。其主要方面涉及：①新型企业组织形式与科学管理；②准时信息系统（Just-in-Time-Information）；③市场营销与用户/供应商交换作用；④工作人员的招聘、使用、培训和教育；⑤全面质量管理；⑥全局监督与基准评测；⑦技术获取和利用；⑧其他。

二、AMST多层次先进制造技术体系

图5-3所示为美国机械科学研究院（AMST）提出的先进制造技术体系图。这是一个多层次的结构，它以优质、高效、低耗、清洁、灵活的基础制造技术为核心，包括以下三个层次。

（1）现代设计、制造工艺基础技术包括CAD、CAPP、NCP、精密下料、精密塑性成形、精密铸造、精密加工、精密测量、毛坯强韧化、精密热处理、优质高效连接技术，功能性防护涂层以及现代管理技术等。

（2）新型制造单元技术是在市场需求及新兴产业的带动下，制造技术与电子、信息、新材料、新能源、环境科学、系统工程、现代管理等高新技术结合而形成的崭新制造技术，包括制造自动化单元技术、极限加工技术、质量与可靠性技术、系统管理技术、清洁生产技术、CAD/CAE/CAPP/CAM、新材料成形加工技术、激光与高密度能源加工技术、工艺模拟及工艺设计优化技术等。

（3）系统集成技术是应用信息技术和系统管理技术，通过网络与数据库对上述两个层次的技术集成而形成的，包括FMS、CIMS、IMS以及虚拟制造等。

以上三个层次都是先进制造技术的组成部分，但其中每一个层次都不等于先进制造技术的全部。这种体系结构强调了先进制造技术从基础制造技术、新型制造单元技术到先进制造集成技术的发展过程。事实上这个过程正是先进制造技术在新型产业及市场需求的带动之下,以及在各种高新技术的推动下的发展过程。

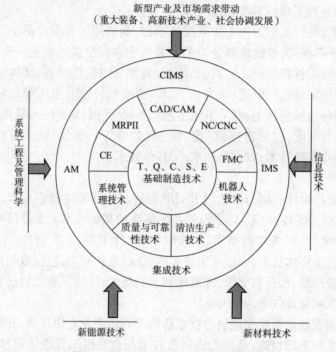

图 5-3 AMST 提出的先进制造技术体系图

5.1.3 先进制造技术的特点和发展趋势

一、先进制造技术的特点

根据 AMT 产生的背景,分析 AMT 的概念和体系结构,考察 AMT 的实施过程和结果,可以总结出 AMT 的主要特征如下。

(1) AMT 是一项综合性技术。AMT 不是一项具体的制造技术,而是利用系统工程思想和方法,将各种与制造相关的技术集合成一个整体,并贯穿到从市场分析、产品设计、加工制造、生产管理、市场营销、维修服务直至产品报废处理、回收再生的生产全过程。AMT 特别强调计算机技术、信息技术和现代管理技术在制造中的综合应用,特别强调人的主体作用,强调人、技术、管理的有机结合。

(2) AMT 是一项动态发展技术。AMT 没有一个固定的模式,AMT 实现规模、实现程度、实现方法以及侧重点要与企业的具体情况相结合,并与企业的周边环境相适应。同时 AMT 也不是一成不变的,而是动态发展的,它要不断地吸收和利用各种高新技术成果,并将其渗透到制造系统的各个部分和制造活动的整个过程,使其不断趋于完善。

(3) AMT 是面向工业应用的技术。AMT 有明显的需求导向特征,不以追求技术高新度为目的,重在全面提高企业的竞争力,促进国家经济持续增长,加强国家综合实力。AMT 坚持以顾客为核心,强调系统集成和整体优化,提倡合理竞争与相互信任,这些都是制造企业生存和发展的重要条件。

(4) AMT 是面向全球竞争的技术。当前,由于信息技术的飞速发展,使每一个国家每一个企业都处在全球市场中。为了赢得国际市场竞争,必须提高企业综合效益(包括经济效益、社会效益和环境生态效益)及对市场的快速反应能力,而采用先进制造技术是达到这一目标的重要途径。

(5) AMT 是面向 21 世纪的技术。AMT 是制造技术发展的新阶段,它保留了传统制造技术中有效要素,吸收并充分利用了一切高新技术,使其产生了质的飞跃。AMT 强调环保技术,突出能源效益,重视产品的回收和再利用,符合可持续发展的战略。

二、先进制造技术的发展趋势

进入 21 世纪,随着电子、信息等高新技术的不断发展,为适应市场需求的多变性与多样化,制造技术正朝着精密化、柔性化、集成化、网络化、全球化、虚拟化、智能化和清洁化的方向发展。

(1) 制造自动化技术向纵深方向发展。制造自动化技术是制造企业提高生产率、降低生产成本、保证产品质量的重要手段,因而始终是制造技术发展的一个主题。制造自动化发展经历了由刚性自动化、可编程自动化和综合自动化的发展过程。

制造自动化技术发展到综合自动化的阶段,其范围大大扩展,其内涵更加丰富,涉及的领域更加广泛。当前,信息技术的高速发展以及信息技术不断向制造技术的注入和融合,使制造自动化技术向着纵深方向发展。几个有代表性的发展方向,也是第 1 章中 CAD/CAM 的发展趋势,包括集成化、柔性化、网络化、虚拟化和智能化。

(2) 传统制造技术不断改进,新型制造技术迅速发展。传统制造技术的改进与新型制造技术的发展突出表现在产品设计和零件制造两个方面。

传统产品设计方法的改进主要是 CAD 和 CAE 技术的全面应用。CAD 可以协助设计者完成产品设计中全部或大部分事务性的工作(诸如设计计算、查阅手册、绘图、编写设计文件等),从而可以极大地提高产品设计效率。CAE 可以协助设计者完成以往产品设计中难以准确实现的工程分析工作,从而可以极大地提高产品设计质量。目前,CAD 和 CAE 两项技术除在现有基础上进一步完善和提高外,当前研究的重点是产品建模理论、创新设计、快速设计(包括快速原型制造)、数值仿真、设计数据管理技术等。

在产品设计技术方面不断出现了许多新的设计思想和设计方法,绝大部分与 CAD/CAM 技术有关,包括并行设计(Concurrent Design)、面向"X"的设计(Design for X, DFX)、健壮设计(Robust Design)、优化设计(Optimal Design)、逆向工程技术(Reverse Engineering)等,并已得到实际应用。可见,CAD/CAE 技术在先进制造技术中的作用和地位。

传统的零件制造方法是毛坯成形和机械加工,这种方法仍是目前乃至今后相当长时间内零件的主要制造方法。毛坯成形(包括铸造、压力加工、连接、粉末冶金等)技术的改进主要集中在提高成形精度上。不断发展的近净成形(Near Net Shape Process)和净成形(Net Shape Process)技术,使毛坯逐渐向最终零件形状和尺寸逼近。近净成形与净成形技术包括近净铸造成形、精确塑性成形、精确连接、精密热处理改性、表面改性、高精度模具等专业领域。运用改性技术,将获得各种特殊性能要求的表面(涂)层,同时减少能耗并消除污染。零件机械加工技术的改进主要表现在强力切削/磨削与高速切削/磨削技术的迅速发展。特别

是高速切削与超高速切削技术的发展可以实现"以切代磨",这不仅可以极大地提高生产效率,而且可以获得较高加工精度,还可以实现难加工材料的切削加工。目前,铝合金超高速切削的切削速度已超过 2000m/min,结构钢 S 超过 1200m/min,钛合金也达到了 300m/min。超高速加工技术主要包括:超高速切削与磨削机理;超高速主轴单元与进给单元制造技术;超高速加工用刀具制造技术;超高速加工在线自动检测与控制技术等。根据近年来的发展推测,每隔 10 年切削速度大约提高一倍,因此亚声速乃至超声速加工的出现不会太遥远了。

新型零件制造方法,又称特种加工方法,是第二次世界大战后发展起来的有别于传统切削与磨削的加工方法总称。这种新型加工方法将电、磁、声、光等物理量及化学能量或其组合,直接施加在工件被加工的部位上,从而使材料被去除、累加、变形或改变性能等。与传统机械加工相比,特种加工方法具有一系列优点:加工中不受显著切削力的作用,因而对工具和工件的强度、硬度和刚度均没有严格要求;一般不会产生加工硬化现象,发热少或发热仅局限于工件表层加工部位很小的区域内,工件热变形小,加工应力也小,可获得好的加工质量等。

目前,由于加工效率和加工成本的制约,特种加工方法主要用于一些特殊场合的加工,如难加工材料的加工,复杂形面、薄壁、小孔、窄缝等特殊工件的加工等。但随着特种加工方法的不断改进和完善,其应用领域将越来越广泛。

(3)精密制造技术将在制造技术中占有突出的位置。精密制造技术包括精密与超精密加工、微细与超微细加工以及微型机械等。精密与超精密加工指在一定的发展时期,加工精度和表面质量达到较高与最高程度的加工工艺。精密加工与超精密加工技术是一个国家制造业水平的重要标志。它不仅为其他高新技术产业提供精密装备,同时它本身也是高新技术的一个重要生长点。因而各工业发达国家均投入巨大资金发展该项技术。目前超精密加工的尺寸精度已达到 $0.025\mu m$,表面粗糙度达到 $0.005\mu m$,所用机床定位精度达到 0.01 纳米级加工技术已接近实现。进一步的发展趋势是:向更高精度、更高效率方向发展;向大型化、微型化方向发展;向加工检测一体化方向发展;机床向多功能模块化方向发展;超精密加工机理与应用的研究向更广泛、更深入的方向发展。

微细加工通常指 1mm 以下微小尺寸零件的加工,超微细加工通常指 $1\mu m$ 以下超微细尺寸零件的加工。目前,微细与超微细加工的精度已达到纳米级($0.1\sim100\mu m$)。在达到纳米层次后,决非几何上的"相似缩小",而是出现一系列新的现象和规律。量子效应、波动特性、微观涨落等不可忽略,甚至成为主导因素。在这种情况下,必须从机械、电子、材料、物理、化学、生物、医学等多方面进行综合研究,故又称为纳米技术。其主要研究内容包括:纳米级精度和表面形貌测量及表面层物理、化学性能检测,纳米级加工,纳米材料,纳米级传感与控制技术,微型与超微型机械等。随着汽车产品向轻量化发展,这些加工工艺将在汽车制造业中逐步被应用。

(4)绿色制造将成为 21 世纪制造业的重要特征。在经历了几百年工业发展之后,人类逐渐认识到工业文明所带来的负面影响——人类赖以生存的地球遭到了严重的破坏,人类的生存环境面临着越来越严重的威胁。如再不采取有效措施,后果将不堪设想。绿色制造因此应运而生。

绿色制造技术是指在保证产品的功能、质量、成本的前提下,综合考虑环境影响和资源效率的一种现代制造模式。对于制造过程而言,绿色制造要求渗透到从原材料投入到产出成品的全过程,包括节约原材料和能源,替代有毒原材料,将一切排放物的数量与毒性削减在离开生产过程之前。对于产品而言,绿色制造覆盖构成产品整个生命周期的各个阶段,即从原材料提取到产品的最终处置,包括产品的设计、生产、包装、运输、流通、消费及报废等,减少对人类和环境的不利影响。例如,在欧洲公布的标准中已经严格限制了电子产品中铅的含量,就是考虑到电子产品废弃之后对环境的污染。

当前,环境问题已经成为世界各国关注的热点,不少国家的政府部门已推出了以保护环境为主题的"绿色计划",并已开始列入世界议事日程。绿色制造作为新世纪制造技术的重要特征,必将得到迅速地发展。

(5)信息技术、管理技术与工艺技术紧密结合,先进生产模式才会不断完善和发展。先进制造技术的思想和结构体系提出以后,信息技术、现代管理技术与制造工艺技术结合得更加紧密,出现了一系列新的制造哲理和生产模式,如 CIMS、CE、LP、AM、IMS 等。这些先进生产模式在 21 世纪必将不断完善和发展。

先进生产模式的实现与现代管理技术密切相关,从管理角度出发,主要体现了以下几个基本转变:①组织形式从按功能划分部门的固定形式向动态的、自治的多功能小组形式转变;②管理结构从金字塔式的多层次结构向扁平式网络结构转变;③工作方式从传统的顺序方式向并行方式转变;④管理工作重点从以技术为中心向以人为中心转变;⑤竞争策略从单一追求生产率指标向生产率与快速响应市场能力并重转变;⑥企业间关系从单纯竞争关系向竞争与合作关系转变。

理解和掌握这些先进制造技术的概念、体系构架和发展趋势,才能更准确的理解和发现现代汽车工业中对这些先进制造技术的运用,并更有效的结合 CAD/CAM 工具的在生产制造过程中的应用。

5.2 先进制造技术原理

信息技术和现代管理技术是先进制造技术的两个支柱,而现代管理技术要以先进制造集成为基础。先进制造集成与信息技术和现代管理技术的有机结合,必然产生新的生产模式,并对 CAD/CAM 技术的应用提出新的要求。先进制造集成技术、现代管理技术和先进生产模式三位一体,共同构成了先进制造技术生长的软环境,而这个软环境中的规则就需要通过设计和制造过程来具体体现,也要求在 CAD/CAM 技术中体现。因此需要对先进制造哲理、现代管理技术和先进生产模式有所了解。

5.2.1 成组技术

一、成组技术概念

成组技术(Group Technology,GT)是一门生产技术科学,研究和发掘生产活动中有关事物的相似性,并充分利用它把相似的问题分类成组,寻求解决这一组问题的相对统一的最优方案,以取得期望的经济效果。在机械制造领域中,成组技术可以被定义为:将多种零件按其相似性分类成组,并以这些零件组为基础组织生产,实现多品种、中小批量生产的产品设计、制造工艺和生产管理的合理化，其原理如图 5-4 所示。

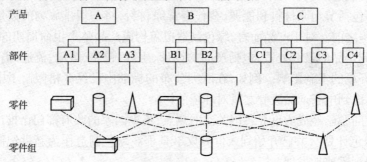

图 5-4　成组技术基本原理

成组技术以相似性理论为指导，针对多品种、中小批量生产过程中出现的生产效率低、生产准备工作量大、有效工作时间低以及设备利用率低等一系列问题的解决过程中，通过数据挖掘、表示，利用多品种生产中的相似规律逐步形成的一项技术。在市场需求多样化、多变性的不断增长和按订单生产的情况下，组织成组生产常常会遇到困难，但是成组技术可以在设计和制造资源的重复使用中发挥作用。例如：在产品设计中可以重复使用已有图样，工艺过程设计中可以重复使用已有工艺文件，制定生产计划时可以重复使用已有生产和作业计划，制造过程中则可以重复使用已有设备和工装等。制造资源的重复使用不仅节约了物资，而且由于作业熟练程度的增加会大大提高工作效率。当然，这种重复不完全是简单的重复，而更多的是"相似重复"，即经局部修改后的重复。

成组技术的应用实施过程中，通过目测、建立"码域矩阵"生产流程分析等方法，形成对零部件分类编码、划分零件组，再根据零件分组建立成组生产单元。成组生产单元可以是单机，或是一个单元，也可以是成组流水线，甚至可以通过数控机床（或加工中心）、自动物流系统和计算机控制系统组建成组柔性制造系统（FMS）。

二、成组技术在汽车工业中的应用

1. 零件分类编码

如前所述，利用零件的相似性将其分类成组，是成组技术的基本方法。为了便于分析零件的相似性，首先需对零件的相似特征进行描述和识别。目前，多采用编码方法对零件的相似特征进行描述和识别，而零件分类编码系统就是用字符（数字、字母或符号）对零件有关特征进行描述和识别的一套特定的规则和依据。

零件分类编码系统有不同的结构形式。从总体结构来讲，主要有整体式、分段式和子系统式三种类型。码位之间结构也有三种类型，即树状结构、链式结构和混合结构。树状结构各码位元素的含义取决于前一码位的内容，其优点是信息容量大，但使用不便。链式结构各码位元素的含义相互独立，使用方便，但信息容量小。混合结构结合了前两者的优点，应用较多，码位内信息排列有全组合和选择排列两种形式。前者虽然组织严紧，但涵盖信息量少；后者使用较多，但可能出现多义性。码位内信息一般按照由小到大、由简到繁、由易到难、由常见到少见的原则排列。掌握零件分类编码规律，有助于在应用过程中熟悉零部件之间的区别于联系，提高工作效率。

2. 汽车产品设计中的应用

产品设计对汽车企业具有非常重要的作用，产品设计的结果不仅是企业用于生产准备、成本预算的重要依据，而且还影响产品投放市场后的经济效益。汽车制造行业中，零件分组为三类：A 类——特殊零件（占 20%）；B 类——相似件（占 70%）；C 类——标准件（占 10%）。在设计领域的创造性工作量不到总工作量的 1/3。新产品中有 70% 以上的零件设计可以借鉴或直接引用原有的设计，从而大大减少零件设计工作量，并可减轻工艺准备工作和降低制造费用，同样道理，也可以利用产品和部件的继承性，对产品和部件进行编码，通过检索，调出和利用已有类似设计，减少新设计的工作量。

在产品和零部件设计中采用成组技术，不仅可以减少设计工作量，而且有利于提高设计标准化程度。设计标准化是工艺标准化的前提，对合理组织生产具有重要作用。产品、部件、零件标准化的内容包括名称标准化、结构标准化和零部件标准化，其中结构标准化是其重点。零件结构标准化等级与标准化要素之间的关系如图 5-5 所示。以汽车用塑料零件为例，根据不同部位、材料、加工方法等特征的编码列表见表 5-1，要求在设计过程中就将文件名称用相应的编码创建并保存在相应的目录下。

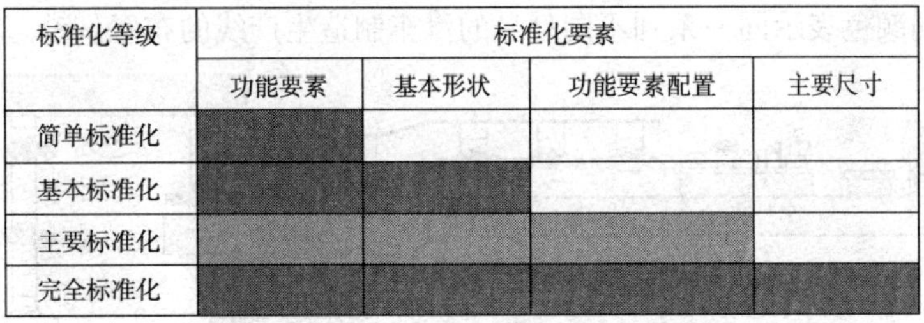

标准化等级	标准化要素			
	功能要素	基本形状	功能要素配置	主要尺寸
简单标准化				
基本标准化				
主要标准化				
完全标准化				

图 5-5 零件标准化等级与标准化要素之间关系

汽车用塑料零件分类列表　　　　　　　　　　　表 5-1

码位编码	第一位	第二位	第三位	第四位	第五位	第六位	第七位	第八位
特征	材料	加工方法	零件类别	突出特性	表面处理	安装方式	结构复杂度	外形尺寸（mm）
代码数字 1	热塑性塑料	热塑注塑成形	外饰件	物理性能	表面花纹处理	螺栓固定	非常复杂	$L \geq 1000$
2	热固性塑料	热固注塑成形	仪表板	化学性能	表面喷漆处理	卡接	复杂	非等断面型材 $300 \leq L < 1000$
3	—	挤出	座椅类	电性能	表面电镀处理	黏结	简单	$100 \leq L < 300$
4	—	吹塑	顶篷类	热性能	表面复合处理	焊接		$L < 100$
5	—	压延	地毯类	综合性能	其他处理	复合方法		
6		深拉	内饰					
7	—	搪塑	其他					
8		压铸	灯类					
9		反应注射成形	标准件					

3. 成组技术在汽车制造加工工艺中的应用

成组技术应用最早和应用效果最显著的是机械加工工业。成组技术起源于加工，成组加工是指将某一工序中加工方法、安装方法和机床调整相近的零件组成零件组,放在一起加工,以减少机床调整工作量和提高加工效率。成组加工进一步发展成为成组工艺,即将一组加工工艺过程相似的零件放在一起形成零件组,制定统一的加工工艺过程。实施成组工艺,可以人为地扩大生产批量,使先进的生产设备和生产工艺得以应用,从而使多品种、中小批量可以取得接近大批量生产的经济效果。

采用成组加工和成组工艺,有利于设计和使用成组工艺装备。成组工艺装备指经少许调整和补充,就能满足零件组内所有零件加工的各种刀具、夹具、模具、量具和工位器具的总称。长期以来,工艺装备存在着制造周期长、成本高、使用效率低等矛盾。这些矛盾在多品种、中小批量生产中表现尤为突出。应用成组技术,可使这一矛盾从根本上得到解决。

在汽车制造过程中,车身制造的焊接工艺中,常会采用多款近似车型并线生产的方式。由于近似车型的焊点位置和数量接近,只要调整焊接机器人的部分程序就可以实现在同一工位实现对多种车型车身的不间断焊接处理,由此也实现了生产线制造设备的成组使用。图 5-6 中用不同颜色表示同一系列不同型号的汽车制造生产线的布置。

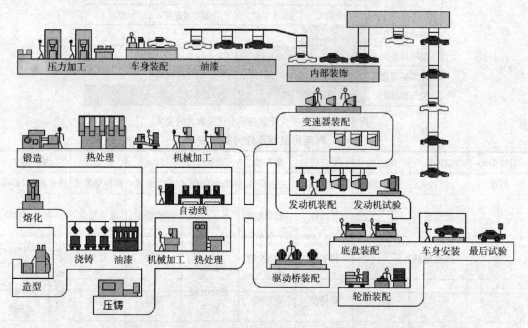

图 5-6 成组技术在汽车总装中的应用

4. 成组技术在生产管理方面的应用

首先,成组生产单元是一种先进的、有效的生产组织形式。在成组生产单元内,零件加工过程被封闭起来,责、权、利集中在一起,生产人员不仅负责加工,而且共同参与生产管理与生产决策活动,使其积极性能够得到充分发挥。

其次,按成组工艺进行加工,可以使零部件流向相同,这不仅有利于减少工件运动距离,而且有利于作业计划的安排。由于对于同顺序加工的零件而言,其作业计划制订有章可循,可以实现优化排序。

需要指出的是,采用成组技术方法安排零部件生产进度计划时,需打破传统的按产品制定生产计划的模式,而代之以按零件组安排生产进度计划,这在一定程度上会给人工制定生产计划带来不便(相对于传统的计划方法)。这也是某些企业推行成组技术遇到的大障碍,而克服这种障碍的有效方法除了要转变传统观念以外,采用新的计划模式和计算机辅助生产管理方法是也必要的。国内的汽车企业可以根据专业特点,从成组设计、成组工艺、成组管理全方面入手,逐步建立与跨国企业类似的标准化产品、工艺和管理模式,结合成组技术,开发出适合企业特点的成组技术系统,从而加快产品开发和生产的周期,同时提高产品质量和管理水平。

5.2.2 计算机集成制造

一、CIM 和 CIMS

CIM 首先由美国哈灵顿博士提出。他在《Computer Integrated Manufacturing》一书中阐述了两个基本观点:①制造企业生产活动的各个环节,即从市场分析、经营决策、工程设计、制造过程、质量控制、生产指挥到售后服务,互相紧密联系成一个不可分割的整体;②整个制造过程本质上可以抽象成一个数据搜集、传递、加工和利用的过程,最终产品可以看作是数据的物化表现。

CIM 概念提出后,未能立即引起足够的注意,因当时实施 CIM 的条件尚不成熟。进入 20 世纪 80 年代以后,与 CIM 有关的各项单元技术(如 CAD、CNC、CAPP、MIS、FMC、FMS…)发展已较完善,并形成一个个自动化"孤岛"。在这种形势下,为取得更大的经济效益,需要将这些"孤岛"集成起来,于是 CIM 概念受到重视并被普遍接受。20 世纪 80 年代初,美国国家标准局(NBS)下属的自动化制造研究实验基地(AMRF)建立了世界上第一个 CIMS(计算机集成制造系统)实验系统。该系统模拟最小制造环境,可以实现从产品设计、生产计划、工艺过程设计、数控程序编制到加工、运输、检验,直至输出成品的全过程。

20 世纪 80 年代中后期,CIM 逐渐开始实施,并迅速显示出明显提高企业的生产率和市场竞争能力的效益。以往,竞争力主要取决于生产率,现今更重要的是对市场的响应能力。信息时代的到来,使世界正在"变小"。世界大市场的发展,使竞争更加激烈,这一方面极大地促进了社会生产力的迅速发展,另一方面也给企业创造了严酷的生存环境。企业为求得生存和发展,必须在 TQCSE(T 表示时间,Q 表示质量,C 表示成本,S 表示服务,E 表示环保)五要素上取得成效。为实现这一目标,CIM 是一种强有力的形式。

欧共体 CIM-OSA(开放体系结构)课题委员会对 CIM 的定义具有一定的权威性,即 CIM 是信息技术和生产技术的综合应用,旨在提高制造型企业的生产率和响应能力。企业所有功能、信息、组织管理等方面都是集成起来的整体的各个部分。

CIM 是一种制造哲理,是一种思想;CIMS 是 CIM 制造哲理的具体体现。也有人将 CIMS 定义为一个计算机控制的闭环反馈系统,其输入是产品的需求和概念,输出的是合格的产品。对 CIM 和 CIMS 的理解有以下四个基本观点。

(1) CIM 的核心是集成,而集成的本质是信息集成。这是 CIM 的第一个基本观点,即信息观点。

(2) 将整个制造过程视为一个系统,并且从系统工程观点出发,将整体优化作为 CIM 的最终目标(相对于自动化孤岛而言)。这是 CIM 的第二个基本观点,即系统观点。

(3) 在 3M(人、机器、管理)集成中,人是核心,是根本。普渡大学 Willian 教授提出的

CIMS 参考模型的两个基本概念对深刻理解 CIM 的内涵有重要意义：①Automabilily（可自动化性）——指生产活动中可用数学形式或计算机程序描述的部分，生产活动中的这一部分内容可用计算机进行处理；②Innovation（创新）——生产活动中无法用数学形式或计算机程序描述的部分仍需人来完成，而这一部分内容正是生产活动中的灵魂。Willian 教授认为工业革命使人变成了机器的奴隶，新技术革命则要恢复人格（Humanlization）。这是 CIM 的第三个基本观点，即以人为本的观点。

（4）CIM 是一种理想状态、一个无限追求的目标。CIMS 经常和人们提到的"三无工厂"（无图样、无库存、无人化）、"3J"（Just in time. Just in case，Just in supply）概念相联系。同时 CIMS 的实现程度又受企业经营环境的制约，与企业的技术水平、投资能力、经营战略等相联系，决定了 CIMS 是一个多层次、多模式、动态发展、逐渐向理想状态趋近的系统。这是 CIM 的第四个基本观点，即动态发展观点。

中国 CIMS 专家委员会对企业搞 CIMS 持审慎态度，指出：工厂搞 CIMS 是一件非常复杂的事情，是一项高投入、高风险的项目，必须审慎行事。

二、CIMS 的体系结构

CIMS 的体系结构是指以现代信息技术的观点建立的企业管理模型框架。CIMS 作为一个系统由若干个相互联系的部分（分系统）组成。通常 CIMS 可划分为 5 个分系统（图 5-7）：

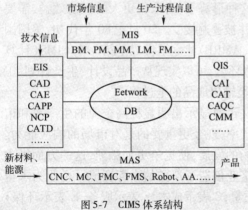

图 5-7 CIMS 体系结构

（1）工程技术信息分系统（EIS 或 TIS）。其主要功能是进行产品设计、生产准备以及工艺过程和装配过程设计。具体内容包括计算机辅助设计（CAD）、计算机辅助工程分析（CAE）、计算机辅助工艺过程设计（CAPP）、计算机辅助工装设计（CATD）、数控程序编制（NCP）等。

（2）管理信息分系统（MIS）。通常以 MRPII（制造资源计划）或 ERP（企业资源计划）为核心，根据企业管理高层的经营决策，对生产活动进行计划和控制。具体内容包括经营管理（BM）、生产管理（PM）、物料管理（MM）、人事管理（LM）、财务管理（FM）等。

（3）制造自动化分系统（MAS）。其主要功能是完成零件加工、检验、运输以及产品装配、检测、包装等项工作。该分系统包括各种自动化设备和系统，如计算机数控（CMC）、加工中心（MC）、柔性制造单元（FMC）、柔性制造系统（FMS）、工业机器人（Robot）、自动装配（AA）等。

（4）质量信息分系统（QIS）。其主要功能是采集、存储、处理与评价各种质量数据，对生产过程进行质量控制。该分系统包括计算机辅助检验（CAI）、计算机辅助测试（CAT）、计算机辅助质量控制（CAQC）、三坐标测量机（CMM）等。

（5）计算机网络与数据库分系统（Network & DB）。是一个支持系统，用于将上述几个分系统联系起来，以实现各分系统信息的集成。其中计算机网络多为局域网，采用标准网络协议，可实现异构机、异构局域网的互联，以支持资源共享和数据的传输。数据库用于存储企业生产活动的全部信息,并支持各分系统的运行。数据库在逻辑上是统一的,在物理上是分布的。

为了物理地实现 CIMS 的功能结构,通常采用开放、分布和递阶控制的技术方案。开放指采用标准化的应用软件环境。分布系指 CIMS 的各分系统(以及分系统内的子系统)均有独立的数据处理能力。一个分系统(下系统)失效,不影响其他分系统(子系统)工作。分布还指网络系统内各节点和资源的可操作性。递阶控制结构又称计算机多级控制结构,由于 CIMS 是一个复杂的大系统,需要将其分成几个层次进行控制。通常将 CIMS 分为工厂级、车间级、单元级、工作站级和设备级五个层次。

三、CIMS 设计与实施

CIMS 的设计和实施分 5 个阶段:

(1)可行性论证和需求分析阶段,包括经营生产目标和效益分析,确定企业成败的关键因素,找出制约企业成功因素的企业薄弱环节等。

(2)选择改善功能薄弱环节的 CIM 单元技术和集成技术,并建立 CIMS 功能模型。

(3)进一步制订实施 CIMS 具体技术方案,包括技术方面的(实施 CIMS 所需的软件和硬件,采取的技术路线和方法等)和组织方面的(组织结构、人员配置与人员培训等)。

(4)系统实施阶段,通常系统设计是自顶向下的,而系统实施则是自下而上的。

(5)系统运行与维护,即在系统实施过程中,及时捕捉和利用反馈信息,对原有设计方案进行必要的修改和调整。

四、集成制造的功能模型 IDEF

IDEF 是集成计算机辅助制造(Integrated Computer Aided Manufacturing)定义方法的缩写,最早于 20 世纪 80 年代有美国空军提出。IDEF 分三部分:$IDEF_0$ 用于描述系统功能活动及其关系,即建立制造系统功能结构模型;$IDEF_1$ 用于描述系统信息及其联系,即建立系统信息模型,是建立数据库的依据;$IDEF_2$ 用于系统动态模拟。三种模型均可以独立使用,其中 $IDEF_0$ 应用最为广泛。

如图 5-8 所示,$IDEF_0$ 用图形符号和语言标注的形式描述系统。采用自顶向下,逐层分解方式建立系统功能模型。建模开始时,用一个方框及其接口箭头表示整个系统及其内外关系,然后以层次形式自顶向下构建模型,最高层模块描述系统目标及系统边界,用 A0 标识,图上有若干个模块,如 A1、A2、A3 等,每一个模块下又分解成若干个子模块,如 A3 分解成 A31、A32、A33 等子模块。同样 A31 又可以分解成 A311、A312、A313 等子模块。$IDEF_0$ 主要用于建立系统功能模型,并不表示系统功能如何实现,实现功能则在设计阶段完成。

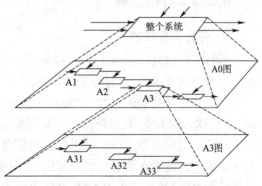

图 5-8 $IDEF_0$ 功能模块层次分解

活动图形指某种系统功能,用方框表示。如图 5-9 所示,方框中是制造零件的活动,方

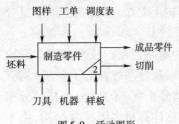

图 5-9 活动图形

框右下角的数字表示活动编号。方框左边的箭头表示输入,方框右边的箭头表示输出,即执行某项活动所产生的数据和结果;方框上方的箭头表示控制活动输入变成输出时受到的约束;方框下方的箭头表示完成活动的主体,可以是人或设备等。方框右下角有节点号,表示该活动在层次中的位置。

在汽车制造行业中,集成制造应用非常广泛,从事汽车设计制造业必须熟悉 IDEF 模型才能更准确的了解。如图 5-10 所示表达的汽车总装配与子模块的 IDEF 模型的父子关系。

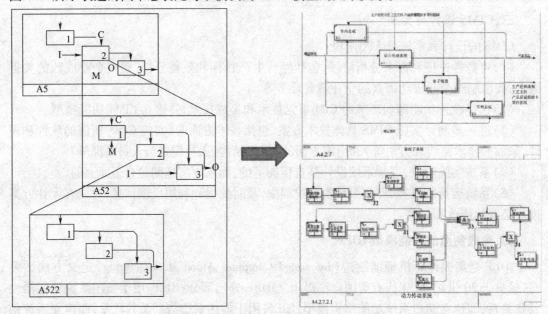

图 5-10 汽车总装集成制造的 IDEF 图

5.2.3 并行工程

一、并行工程概念

并行工程(Concurrent Engineering,CE)与计算机集成制造(CIM)具有相同的历史背景。在激烈的市场竞争中,它是企业为了求得生存和发展而采取的有效方法。随着科学技术的高速发展和市场竞争的日益加剧,在 TQCSE(时间、质量、成本、服务、环保)五要素中,T(时间)变得越来越重要,减少新产品开发周期逐渐成为 TQCSE 的"瓶颈"。

计算机集成制造着眼于信息集成与信息共享,通过网络与数据库,将自动化"孤岛"集成起来。生产管理者在信息集成的基础上,对整个生产进程有了清楚的了解,从而可以对生产过程进行有效控制,并在 TQCSE 上获得成效。但在计算机集成制造环境下,生产过程的组织结构与管理仍是传统的,生产过程仍独立、顺序地进行。

新产品开发成为赢得市场竞争的主要手段后,单纯的集成已远远不够。按顺序方法开发产品常常需要多次反复,造成时间和金钱的巨大浪费。为了减少新产品开发时间和费用,同时也为了提高产品质量,降低生产成本,改进服务,在产品设计时,需要充分考虑下游制造过程和支持过程,这就是并行工程的基本思想。

并行工程哲理的形成来自许多人的创新思想,如目标小组(Tiger Teams)、协调工作(Team Works)、产品驱动设计(Product-Driving Design)、全面质量管理(TQC)、连续过程改进(CPI)等。其中最重要的要属美国国防布防上分析研究所(IDA)高级项目研究局(DARPA)所做的研究工作。他们1988年发表了著名的R338报告,这份报告对并行工程的思想和方法进行了全面、系统的论述,确立了并行工程作为重要制造哲理的地位。IDA在R338报告中对并行工程的定义为:并行工程是对产品及其相关过程(包括制造过程和支持过程)进行并行、一体化设计的一种系统化的工作模式。这种工作模式力图使开发者从一开始就考虑到产品整个生命周期(从概念形成到产品报废)中所有的因素,包括质量、成本、进度与用户需求。

并行工程的核心是实现产品及其相关过程设计的集成。传统的顺序设计方法与并行设计方法的比较如图5-11所示。由图可见,所谓并行设计不可能实现完全的并行,而只能是在一定程度上的并行,但这足以使新产品开发时间大大缩短。

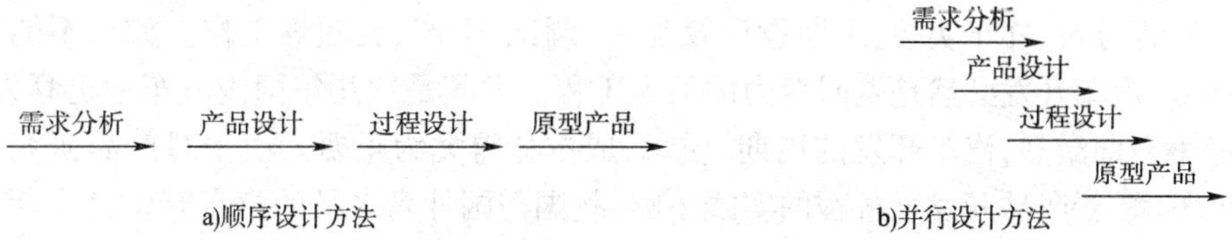

图5-11 顺序设计方法与并行设计方法比较

二、并行工程的实施

并行工程的基本方法是依赖于产品开发中各学科、各职能部门人员的相互合作、相互信任和共享信息,通过彼此间的有效通信和交流,尽早考虑产品全生命周期中各种因素,尽早发现和解决问题,以达到各项工作协调一致。

(1)并行工程的实施首先是在组织上给予保证。目前,实施并行工程的主要组织形式是"产品开发组"(或项目小组、并行工程小组、多功能组),产品开发组是专门为某一产品开发而组织的,具有明确的目标和职责,一个产品开发完成,小组生命周期也就结束。产品开发组集责、权、利为一体,小组有权进行决策,有权处理产品开发中遇到的各种问题。产品开发组通常由不同专业的人员组成,这些人员可能涉及与产品全生命周期相关的各个部门,如设计、工艺、计划、检验、评价、销售、服务等。产品开发组的每个成员必须清楚地了解总目标及各自的任务,以便协调工作,充分交换信息,及早发现和解决设计中的错误、矛盾和冲突,持续改善产品及其相关过程。产品开发组成员的数量及包括专业的数目要视产品本身开发过程的复杂程度而定,通常分为任务级、项目级、计划级和企业级四个层次。

为使项目小组有效地工作,小组人数一般以8~12人为宜。对于复杂的任务(如计划级任务、企业级任务),可由若干个项目小组联合而成,也可采取"组中有组"的方式,或将任务分解,每一部分由一个小组负责,而每一部分又可再进行细分。在按上述方式组织产品开发时,领导(总经理和项目经理)是关键。首先,他们必须充分认识到并行工程是对传统企业文化的冲击,新的组织形式要触动一部分人的利益,会遇到各种各样的阻力。要改革就要有决心和勇气,要坚信并行工程的意义和价值,并使每个员工了解公司的决心。其次,公司领导要身体力行,实行"传授式"的管理,这就要求公司领导具有广泛的专业知识和较高的管理水平,并要切实担负起领导者的责任。

(2)实施并行工程的设施方面主要指必须具备的由计算机、网络、数据库等组成的通信基础设施,以便为开发组成员间的交流、协作提供必要的手段。不同层次任务小组所需的通信基础设施也不相同:对于任务级任务,一般只需电子邮件系统;对于项目级任务,则需要一个具有咨询与报告功能的设计数据库,以便小组成员了解设计的历史,查询可替代的零部件等;对子计划级任务,需要有可"交互浏览"的数据库管理系统,以便与不同专业的数据库连接,并能对已颁布和未颁布的数据进行管理;对于企业级任务,则要求具有包括知识库、电子会议等在内的功能较强的通信基础设施,以支持地域上分散的开发组协同工作,并提供决策支持。

(3)并行工程的核心是实现产品及其相关过程设计的集成。汽车工业是一个技术与资金高度密集的成熟产业,是当今许多高新技术的载体,产品开发是汽车工业技术的核心,其本身也是一项重要的技术。汽车开发是一项复杂的系统工程。它的开发流程包括创意、造型、设计、工程分析、样车实验、工装设计及加工、调试、生产、装配等工作。如果不能很好地协调各环节,汽车开发必然是费时费力的浩大工程。尤其是这几年国内汽车业迅猛发展,各汽车厂竞争空前激烈,汽车开发的周期、质量、成本显得尤为重要。由于对产品研究开发的投入力度不够,新产品开发全过程的实践不够,我国与国外高水平的汽车开发技术相比还有很大的差距。特别是在产品开发的组织体系及人员、产品开发工作的组织、产品开发过程等环节上。下面将探讨采用并行工程在汽车的开发过程中如何实现缩短产品开发周期、提高产品质量、降低产品开发成本。

一般来讲,汽车产品开发期共有4个阶段,即概念设计策划阶段、设计阶段、样品试制阶段、小批试制阶段。汽车企业实施产品开发并行工程,就应该在这四个阶段运用。

(1)概念设计阶段,汽车企业决策层首先应该考虑:开发的产品是否能为企业带来经济效益;开发的产品是否具有的先进性、可行性、经济性、环保性等优点;开发的产品是否具有潜在市场;竞争对手是否也在开发同类型产品,他们的水平如何;开发产品是否符合国内外法律法规和专利要求等方面的可行性。据统计,20%的产品设计变更是由于对客户要求理解不正确或不充分而造成的,而变更设计将付出昂贵的代价。

企业应从与产品开发相关的部门,选定有一定技术专长和管理能力的产品设计、产品工艺、质量管理、现场施工、生产管理等人员(如有必要还可邀请产品的使用客户代表参加)组成并行工程项目小组,同时明确小组成员的工作职责。

(2)产品及相关过程设计阶段。在产品设计过程中必须同时考虑下游的制造过程与支持过程,必须同时对产品的质量、成本、可制造性、可测试性、可支持性等进行并行、一体化的设计。上、下游之间必须有反馈,构成不断改进的回路。

并行工程要求产品开发人员在制订产品设计的总体方案时就考虑产品生命周期中的所有因素,解决好产品的T、Q、C、S、E难题,即以最快的上市速度、最好的质量、最低的成本及最优的服务来满足客户的不同需求和社会可持续发展的需求。总体方案的设计与论证作为以后详细设计的依据,必须从总体上保证最优,包括优化设计、降低成本、缩短研制周期。在设计阶段产品开发并行工程项目小组应根据客户要求确定所开发产品的设计目标。要确保

212

所开发产品能使客户满意,就必须以客户关注的项目开发周期、项目开发成本和预定的最优效果作为所开发产品的设计目标。设计目标是并行工程项目小组的行动纲领,这些目标都是充分研究国内外经济形势、客户合理要求、市场总体需求、国家法律法规要求和企业内部客观条件,并在全面搜集竞争对手有关资料的基础上确定的。设计目标确定后,要采用既合理又简便的方法,根据客户要求,找出关键目标,并将设计目标分解为若干个分类目标。这样,并行工程项目小组就能自上而下地把设计目标层层展开,企业各部门并行地开展工作。并按关键目标要求,对产品开发过程进行评价得出最优设计结果。

（3）并行工程在产品试制阶段的运用。工程在样品试制阶段的工作重点是实现产品各方面的优化。并行工程项目小组应建立典型产品的设计模型。

汽车企业进行典型产品设计、可靠性设计和可靠性试验的目的,就是为了建立典型产品的设计数据库,并通过现代计算机的应用技术,将设计数据实现信息搜集、编制、分配、评价和延伸管理,确定典型产品设计模型。并通过对确定的典型产品设计模型的研究,利用信息反馈系统进行产品寿命估算,找出其产品和产品改进的共性要求,实现产品的最优化设计。要使开发的汽车产品设计最优化,还必须了解同类产品的失效规律及失效类型,尤其是对安全性、可靠性、耐久性有重要影响的产品设计时,要认真分析数据库内同类产品的失效规律及失效类型作用,采取成熟产品的积累数据,通过增加安全系数、降低承受负荷、强化试验等方法,来进行产品最优化设计。

产品开发应不断改进产品及其开发过程。作为改进的第一步,是获取所有与产品开发有关的信息,以利用这些信息去改进下次设计。例如,研究产品缺陷是如何发生的？为何在设计中未被发现？找出问题所在,提出解决方法,便可形成一个知识模块,将其存入数据库,以供下次设计借鉴。目前已有一些软件工具,可帮助设计者基于已有的设计去仿真、验证新的设计。

（4）并行工程在小批量试制阶段的运用。并行工程在校批量试制阶段的工作重点是实现生产能力的优化。应按产品质量要求对生产能力进行合理配置。生产过程的"人员、设备、物料、资金、信息等"诸要素的优化组合,是实现用最少投入得到最大产出的基础,尤其是产品和技术的更新速度不断加快、社会化大生产程度日益提高的今天,要实现产品快速投放市场,就更需要对工艺流程、工序成本、设备能力、工艺装备有效性、检测能力及试验能力的优化分析,实现生产能力的合理配置。同时对生产出来的产品,应站在客户的立场上,从加工完毕、检验合格的产品中抽取一定数量,评价其质量特性是否符合产品图样、技术标准、法律法规等规定要求；并以质量缺陷多少为依据,评价产品的相应质量水平,并督促有关部门立即制定改进措施,对投入试用的产品还应该把客户反馈回来的信息进行分析,对客户提出的合理和可行的建议,也应制定出改进措施,实现客户满意。另外由于汽车这个产品对安全要求的特殊性,企业还必须对汽车进行安全可靠性试验。汽车产品的安全可靠性试验的目的,主要是考核产品是否达到规定的安全要求。产品设计改进和产品质量改进是贯穿于产品寿命周期的一项经常性工作,持续改进是使企业管理水平不断提升的基本方法,更是追求客户满意、企业获利的永恒动力。

三、并行工程实施途径

（1）以集成制造系总系统和软件要求为主。该方法认为及时和准确的信息服务是并行

工程的基础,因而实施并行工程的关键是构建设计过程中有效的数据库、软件和专家系统。

(2) CAD 和 CAM 工具集成。这种集成基于特征设计,由于制造工艺具有与设计不同的特征,故满足广义特征的建模方法成为关键。

(3) 沿着"产品生命周期"推进并行工程。该方法突出产品从概念形成到产品报废处理的全过程设计。

(4) 沿着可制造设计和可装配设计路径推进并行工程。

(5) 重视组织和文化改变的实施路径。

前四种途径,主要是技术路径推进方法,而第五种途径将组织和文化改变作为并行工程前提,认为产品设计过程是一种团组活动,设计者应抛弃封闭设计的观念;还认为设计与制造并行、交互的程度根本上是由组织结构、管理理念、形式和组织文化确定的。

目前,通过集成框架、项目协调板(Project Coordination Board, PCB)和多媒体会议系统(Meeting on Network, MONET)等方式,并行工程正向着自动化 CE 环境的方向发展。

5.3 汽车生产管理技术

5.3.1 制造资源计划与企业资源计划

一、生产计划与控制

生产管理的基本内容是对生产活动进行计划和控制。

1. 生产计划

生产计划通常分为四个层次,即综合生产计划、主控进度计划、物料需求计划和能力计划。综合生产计划(Aggregate Production Planning)的任务是根据市场需求和企业资源能力,确定企业年度生产产品的品种与产量。通常可以采用数理规划的方法制订综合生产计划。主控进度计划(Master Production Planning),也称为最终产品进度计划,是根据综合生产计划、市场需求和企业资源能力来确定的。也可以采用数理规划的方法制订主控进度计划,只是此时的优化目标不再是企业的最大利润,而通常是企业资源的充分利用。物料需求计划(Material Requirement Planning)将最终产品的进度计划转化为零部件的进度计划和原材料(包括外购件)的订货计划。能力计划(Capacity Planning)用于确定满足物料需求计划所需要的人力、设备及其他资源。

2. 生产控制

生产控制用于确定生产资源是否满足生产计划的需要,如不能满足则需通过调整资源或变更计划使资源与计划达到匹配,现代生产控制主要包括如下内容:车间控制(Shop Floor Control),是对生产过程和生产状态进行控制,使其符合生产计划要求;库存控制(Inventory Control),是为保证生产计划的顺利执行而对原材料(包括外购件)、在制品、成品和生产辅助材料的库存进行控制;制造资源计划(Manufacturing Resource Planning)是将物料需求计划、能力计划、车间控制、库存控制等集成在一起;准时生产系统(Just-in-time Production System)是完全根据需求进行生产的一种控制方式,这种方式可以最大限度地减小库存。

二、物料需求计划(MRP)

计算机用于生产管理始于20世纪50年代,最初计算机只被用来完成某些事物性工作,如打印报表、清单,计算工资等。到60年代末,由于MRP的出现,使情况发生了根本性的变化。在此之前,制定4年计划均采用手工方法,由于计划工作量非常大,计划工作只能粗略进行,通常以产品为计划目标。为保证产品进度计划和整个生产顺利进行,不得不加大在制品的库存,造成资金的大量积压。MRP从根本上解决了这一问题。

MRP的运算逻辑基本上遵循如下过程:按照产品结构进行分解,确定不同层次物料的总需求量;根据产品最终交货期和生产工艺关系,反推各零部件的投入出产日期;根据库存状态,确定各物料的净需求量;根据订货批量与提前期,最终确定订货日期与数量。MRP有两种运行方式,即重新生成与净改变方式。重新生成方式是每隔一定时期,从主生产计划开始,重新计算MRP。这种方式适合于计划比较稳定、需求变化不大的MTS(面向库存生产)。净改变方式是当需求方式变化,只对发生变化的数据进行处理,计算那些受影响的零件的需求变化部分。净改变方式可以随时处理,或者每天结束后进行一次处理。可见,MRP的计算程度并不复杂,但是计算工作量极大,采用人工方法很难完成,特别是计划在执行过程中发生各种情况,需要不断地对计划进行调整,这更是人工方法难以实现的。

MRP的体系结构如图5-12所示,MRP的输入包括:主控进度计划,物料清单(包括制造周期和订货周期)和库存记录。MRP的输出有主报告和辅助报告两部分:主报告的内容包括零部件进度计划与订单,原材料、外购件订单等;辅助报告的内容包括例外情况报告(交货延期、进度偏差等)、计划变更报告和运行控制报告等。

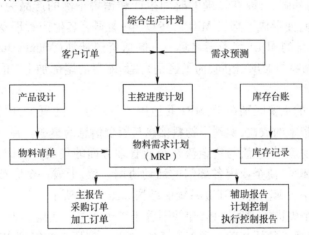

图5-12 MRP系统结构

MRP实现了生产管理由宏观的产品为中心的生产计划向微观的以零部件和原材料为核心的生产计划的转变,其效益主要体现在:原材料和在制品库存的显著减少;对需求变化的响应速度变快,产品转换时间缩短,产品转换费用降低;设备利用率提高。对于汽车制造行业而言,这种效益提升是迫切需求的,因此在各汽车主机厂内广泛使用。

三、制造资源计划(MRP Ⅱ)

1. 闭环MRP

MRP使生产计划"细化",从而使生产管理工作上升到一个新的水平。但是MRP未考虑到诸如生产能力、生产平衡、订货周期与订货批量等问题,也未能对生产过程中的信息及时进行反馈,因而是不完善的。将上述问题考虑进去,增加反馈环节就构成闭环的 MRP,如图 5-13 所示。

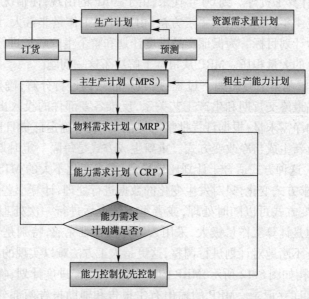

图 5-13 闭环 MRP

2. MRPⅡ

在闭环 MRP 的基础上,以在正确的时间生产和销售正确的产品为中心,将企业的人、财、物进行集中管理,便形成了广义 MRP。1977 年,美国著名生产管理专家 Oliver W. Wight 首先倡议给这种广义的 MRP 赋予新名称——制造资源计划(Manufacturing Resource Planning),由于其英文缩写与 MRP 相同,为了区别,在其缩写的尾部加上"Ⅱ",成为 MRPⅡ,也意味着第二代的 MRP。

MRPⅡ与 MRP 的主要区别在于:MRPⅡ运用了管理会计的概念,用货币的形式说明了执行企业物料计划带来的效益,实现了物料信息与资金信息的集成。在一定意义上,可以说 MRPⅡ系统实现了物流、信息流与资金流在企业管理方面的集成。MRPⅡ系统为企业提供了一个完整的管理体系,使企业内各部门的活动协调一致,形成一个完整的集体,从而有效地提高企业运转效率。典型的 MRPⅡ系统的结构如图 5-14 所示。

MRPⅡ只是一个先进的管理工具,却并不等于管理本身。实施 MRPⅡ是一个复杂的系统工程,要想获得成功必须从基础管理工作开始,提高企业原有的管理水平,完善基础数据;选择与企业实际情况相适应的软件系统,正确理解 MRPⅡ管理方式,并需要既懂得生产管理又对 CAD/CAM 的软件系统的相关数据库工具熟悉的复合型人才,才能营造出先进技术的环境和条件,从而发挥 MRPⅡ系统的作用,提升企业效益。

四、企业资源计划(ERP)

1. ERP 概念

企业资源计划是在 MRPⅡ基础上演变和发展起来的,20 世纪 90 年代初,美国加特纳公司(Gartner Group Inc.)首先提出企业资源计划(Enterprise Resources Planning,ERP)的概念。

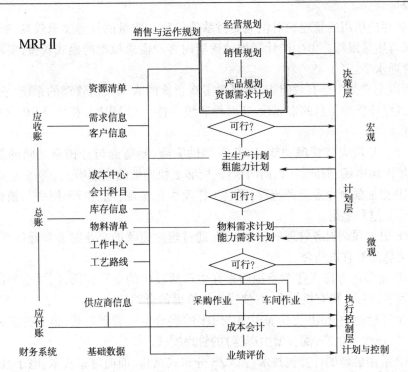

图 5-14 典型 MRP Ⅱ 的结构

最初的 ERP 主要是面向企业内部供应链的管理,将企业内部生产经营的所有业务单元,如订单、采购、计划、生产、库存、质量、运输、市场、销售、服务以及相应的财务活动等均纳入一条供应链内进行统一管理。随着市场竞争的加剧,生产出的产品必须转化为利润,于是企业更加注意对资金的管理和动态利润分析,即如何在供应链上更好地利用资金以实现最大利润。为此,ERP 在对整个供应链的管理过程中加入了企业理财的观念,更加强调对资金流和信息流的控制。

随着全球经济一体化进程的加快,人们意识到任何一个企业都不可能在所有领域成为领先者,必须联合本行业其他上下游企业,建立一条范围更广、功能更强、灵活性更大的供应链,借助于企业间的优势互补,共同增强市场竞争力。为适应这种形势,ERP 从对企业内部供应链的管理,延伸和发展到面向行业的广义产业链管理,管理系统的范围大大超出了 MRPⅡ 的局限,发展成一个更为广泛的管理系统。

ERP 不仅扩充了 MRPⅡ 的制造与财务功能,同时增加了客户关系管理与供应链管理等内容,并支持流通领域的运输和仓储管理、售后服务管理、制造过程中的品质管理、设备维护管理以及区域和跨国经营管理等。特别是随着互联网的迅猛发展,ERP 又增加了电子商务、电子数据交换等内容,并支持企业投资和资本运作管理以及各种法规和标准管理。

2. 汽车行业的 ERP 解决方案

汽车行业特点决定汽车产品对售后服务管理有较高要求。汽车零配件采购量大、品种多,物料管理复杂,成本构成复杂,对成本核算的要求较高。汽车产品通常以市场预测和客户订单组织生产,并采用库存适应市场变化,同时采用混合生产类型即大量流水与多品种小批量相结合的生产制造类型。汽车产品价值较高,往来的资金额巨大,因而资金控制十分严格,尤其是对客户信用的管理和对供应商付款的管理。质量的管理要求较高,对成品、关键部件都要求有质量跟踪。由生产计划推动逐渐向客户需求拉动的模式转换,要求更高的制造水平和管理水平。

ERP可以定义为一个有效组织、计划和实施企业的人、财、物管理的系统,它依靠IT技术和手段,以保证管理信息的集成性、实时性和统一性。与MRPⅡ相比,ERP技术与系统具有以下特点:

(1)由于包括供应链管理功能,ERP强调供应商、制造商与分销商之间的新型伙伴关系,因而更加面向市场、面向经营、面向销售,能够更快速地响应市场。

(2)ERP更加强调企业业务流程,通过工作流程化实现企业生产、财务与销售之间的集成,并支持企业过程重组。

(3)ERP更加强调财务管理的核心作用,通过建立完善的企业财务管理体系,实现资金流、物流与信息流的有机结合。

(4)ERP较多地考虑人作为资源因素在生产活动中的主导作用,同时也考虑了人员培训、成本等因素,使人、机有机结合,并使成本核算更加合理。

(5)在生产计划中,ERP支持MRPⅡ与JIT的混合生产管理模式,也支持多种生产方式(离散型生产、连续型生产、混合型生产等)的管理模式。

(6)ERP采用最新的计算机技术,如C/S分布式结构、面向对象技术、电子数据交换、图形用户界面、多数据库集成、电子商务平台等,因而能更好地支持企业内部各部门之间的集成以及企业与企业之间的集成。

ERP汽车行业解决方案是一套完全集成的业务流程管理系统,它为企业提供全面的解决方案。系统功能覆盖了后勤、生产、财务、市场营销和人力资源的各个方面。每个汽车企业的业务流程都不相同,但可分为核心流程和辅助流程,核心流程包括直接增值过程的各项活动。在ERP系统中七大核心流程包括产品开发、销售管理、订单处理、采购管理、制造和服务、资源调配、售后服务。六大辅助流程是财务、计划、人力资源、维护、质量、决策支持。尽管辅助流程不会对产品产生直接的增值作用,但对于企业的有效运作却必不可少。

以一汽大众为例,该公司内与生产密切相关的业务都已经在计算机系统上运行了。从产品技术文件的生成与更改管理、BOM表的生成与维护、签订供货合同、物资的仓储管理、销售的需求计划、排产计划及分解、生产信息控制与准时化供货、整车与备件销售、财务核算与账务处理、投资项目管理、产品质量分析系统,一直到员工的健康中心管理,全部都纳入到计算机的管理信息系统之中。

5.3.2 质量管理体系

一、质量的概念

美国质量控制协会(ASQC)将质量定义为:反映产品或服务满足明确或隐含需要能力的特征和特性的总和。这一定义后来被收入到ISO 9000族质量标准中。根据上述定义,质量可分为设计质量和制造质量两部分。设计质量主要指产品的特征,包括产品的规格与参数、功能与性能、外观与舒适性、可靠性与耐久性、使用与维护方便性、服务的快捷性、区别于其他同类产品的特殊性能以及对客户特殊需求的满足程度等;制造质量主要指产品制造满足设计指标的程度,包括不产生废次品、全面满足设计指标、零部件控制在公差范围之内、产品无过早失效等。

使客户完全满意(TCS)是一种全新的质量观。这种观点认为对质量唯一有发言权的是客户。而质量实际上就是客户对产品或服务的满意程度。再好的产品或服务,若得不到客户的认可,也没有任何意义,因为没有市场的产品质量无从谈起。为了赢得市场,在真正意义上提高产品或服务质量,企业必须将 TCS 作为业务工作目标和企业活动质量评价的标准。在企业信念上,强调以礼待人和忠诚不渝。在企业工作目标上,要求达到同行之最。在企业文化上,将 TCS 作为核心,要求每个员工的每项活动均要使自己的服务对象——内部或外部客户完全满意。

质量控制理论和实践发展经历了四个阶段:

(1)单纯质量检验阶段。20 世纪 40 年代以前,质量控制仅限于对产品、零部件和原材料质量的检验,质量控制活动也仅限于企业质量检验部门。这种对质量事后把关的做法,其功能只限于剔除废次品,而不能有效地提高产品质量。

(2)统计过程控制阶段。第二次世界大战前后,将统计学的理论与方法应用于生产过程控制之中,形成了统计过程控制(SPC)。SPC 认为质量不是检验出来的,而是生产制造出来的,因而质量控制重点应放在制造阶段。

(3)全面质量控制阶段。1961 年,美国通用电气公司质量总监菲根堡姆博士提出了全面质量控制 TQQ 的理论,使质量控制发展到一个新的阶段。TQC 强调全员参加质量管理,并将质量控制扩展到产品生命周期全过程。

(4)质量工程阶段。20 世纪 80 年代,日本质量工程专家田口玄一博士提出了三次设计、质量损失函数、离线与在线质量控制、健壮设计等质量工程的理论与方法,受到工业界的普遍重视,开创了质量工程的新时代。田口认为质量首先是设计出来的,其次才是制造出来的,并主张将质量控制的重点放在设计阶段。田口方法被认为是一种新的设计理念。

二、ISO 9000 质量管理体系

ISO 9000 质量管理体系是由国际标准化组织(ISO)制定,该组织是世界上最主要的非政府间国际标准化机构,成立于第二次世界大战以后,总部位于瑞士日内瓦。该组织成立的目的是在世界范围内促进标准化及有关工作的发展,以利于国际贸易的交流和服务,并发展在知识、科学、技术和经济活动中的合作,以促进产品和服务贸易的全球化。ISO 组织制定的各项国际标准是在全球范围内得到该组织的 100 多个成员国家和地区的认可。

质量保证标准,诞生于美国军品使用的军标。第二次世界大战后,美国国防部吸取第二次世界大战中军品质量优劣的经验和教训,决定在军火和军需品订货中实行质量保证,即供方在生产所订购的货品中,不但要按需方提出的技术要求保证产品实物质量,而且要按订货时提出的且已纳入合同中的质量保证条款要求去控制质量,并在提交货品时提交控制质量的证实文件。这种办法促使承包商进行全面的质量管理,取得了极大的成功。1978 年以后,质量保证标准被引用到民品订货中来,英国制定了一套质量保证标准,即 BS 5750。随后欧美很多国家,为了适应供需双方实行质量保证标准并对质量管理提出的新要求,在总结多年质量管理实践的基础上,相继制定了各自的质量管理标准和实施细则。

ISO/TC176 在制定和修订 ISO 9000 族时,就提出了应遵循四个战略目标:全世界通用

性、当前一致性、未来一致性、未来适用性。其中最主要的是全世界通用性,即在世界范围内,在各种类型和规模的组织中可普遍适用,否则就将失去管理标准的生命力。因此,ISO 9000 族标准自 1987 年问世以来,ISO 组织不断对其应用进行跟踪并修订,至今已历经 1994 年、2000 年、2008 年三次修订,也被世界上约 100 多个国家和地区采用,ISO 9001:2008 版标准于 2008 年 10 月 31 日正式发布实施。ISO 9000(质量管理体系基础和术语)、ISO 9001(质量管理体系要求)、ISO 9004(质量管理体系业绩改进指南)和 ISO 90011(质量和环境管理体系审核指南)构成了 ISO 9000:2000 族的核心部分,以 ISO 9001 标准为进行认证的唯一依据,其他标准如 ISO 9004 用于指导组织改进业绩、提高质量管理效率,或为质量管理提供技术工具和方法指导。2000 版与 2008 版的 ISO 9000 族总体内容是一致的,只是修订了适用行业范围及相关的语义、原则等。

ISO 9000 族质量标准之间关系如图 5-15 所示,其目的是使质量管理和质量保证国际化,对于提供产品和服务的企业而言,ISO 9000 可以协助建立科学的质量管理和质量保证体系;对于客户而言,质量标准可以帮助客户获得可靠的产品和服务,从而建立起与供应厂商之间的信任关系。

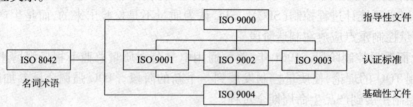

图 5-15　ISO 9000 族质量标准相互关系

三、汽车行业采用的 TS 16949 质量体系

为了协调国际汽车质量系统规范,由世界上主要的汽车制造商及协会于 1996 年成立了一个专门机构,称为国际汽车工作组 International Automotive Task Force（IATF）。IATF 的成员包括了国际标准化组织质量管理与质量保证技术委员会(ISO/TC176),意大利汽车工业协会(ANFIA),法国汽车制造商委员会(CCFA)和汽车装备工业联盟(FIEV),德国汽车工业协会(VDA),汽车制造商如宝马(BMW),克莱斯勒(Daimler Chrysler),菲亚特(Fiat),福特(Ford),通用(General Motors),雷诺(Renault)和大众(Volkswagen)等。

IATF 对 3 个欧洲规范 VDA6.1(德国)、VSQ(意大利)、EAQF(法国)和 QS 9000(北美)进行了协调,在与 ISO 9001:2000 版的标准结合的基础上,经过 ISO/TC 176 的认可,制定出了 TS 16949:2002 这个规范。

2002 年 3 月 1 日,ISO 与 IATF 公布了国际汽车质量的技术规范 TS 16949:2002,这项技术规范适用于整个汽车产业生产零部件与服务件的供应链,包括整车厂,2002 年版的 TS 16949 已经生效,并展开认证工作。在 2002 年 4 月 24 号,福特、通用和克莱斯勒三大汽车制造商在美国密歇根州底特律市召开了新闻发布会,宣布对供应厂商要采取统一的一个质量体系规范,这个规范就是 TS 16949。供应厂商如没有得到 TS 16949 的认证,也将意味着失去作为一个供应商的资格。

目前,法国雪铁龙(Citroen)、标志(Peugeot)、雷诺(Renault)和日本日产(Nissan)汽车制造商已强制要求其供应商通过 TS 16949 的认证。

5.3.3 精良生产与准时生产

一、精良生产

20世纪70年代至80年代,日本制造业迅速崛起,其产品大量涌入美国和欧洲市场,对美国和欧洲构成了极大的威胁。例如,美国的汽车工业,20世纪50年代占据世界汽车产量的3/4,80年代下降到1/4,而日本同期则占据了世界汽车市场的1/3。鲜明的反差促使一些美国人认真地去研究日本经济腾飞的奥秘。

1985年,美国麻省理工学院启动了一个重要的国际汽车研究计划,历时5年,耗资500万美元。他们走访了世界各地近百家汽车制造厂,获取了大量资料,特别是对日本的汽车企业进行了深入的调查研究,并得出结论:日本的成功主要在于他们采用了新型的生产模式。1990年,该项目主要负责人詹姆斯等编著了《The Machine That Changed the World》一书中提出"精良生产"(Lean Production,LP)的概念,并以此来描述日本丰田汽车公司生产方式。他们认为大量生产(Mass Production,MP)是旧时代工业化的象征——代表了高效率、低成本、高质量;而精良生产是新时代工业化的标志,因为它只需要"一半人的努力,一半的生产空间,一半的投资,一半的设计、工艺编制时间,一半的开发新产品时间和少得多的库存",就能够实现MP的目标。

精良生产是相对于"技艺生产"和"大量生产"而言的。技艺生产出现于大量生产之前,此时主要靠人的高度"技艺"来获得高的产品质量。这种生产模式灵活多变,适应性强;但产品价格高,周期长、生产率低下。大量生产则实行严格的劳动分工,主要利用机器精度保证产品质量,从而缩短了产品生产周期,降低了生产成本,并极大地促进了生产力的发展。但这种生产方式存在设备多、人员多、库存多、占用资金多等弊病,而且由于生产设备和生产组织都是刚性的,变化困难。精良生产集合了技艺生产高柔性和大量生产高效率的优点,并同时避免了两者的弱点。

詹姆斯认为精良生产基于4条原则:①消除一切浪费;②完美质量和零缺陷;③柔性生产系统;④不断改进。这4条原则中,第一条原则是最根本的,其他几条原则均是为了实现第一条而派生出来的。

精良生产的精髓是没有冗余、精打细算,要求生产线上没有一个多余的人,没有一样多余的物品,没有一点多余的时间;岗位设置必须是增值的,不增值岗位一律撤除;工人要求是多面手,可以互相顶替。精良生产将生产过程中一切不增值的东西(人、物、时间、空间、活动等)均视为"垃圾",认为只有清除垃圾,才能实现完美生产。

精良生产与大量生产之间的比较见表5-2,通过两者全面的比较可以进一步理解精良生产的本质特征。

大量生产与精良生产 表5-2

比较项目	大 量 生 产	精 良 生 产
追求目标	高效率、高质量、低成本	完善生产,消除一切浪费
工作方式	专业分工,专门化,相互封闭	责、权、利统一的工作小组,协调工作,团队精神
组织管理	宝塔式,组织机构庞大	权利下放,精简一切多余环节,扁平式组织结构

续上表

比较项目	大量生产	精良生产
产品特征	标准化产品	面向用户的多样化产品
设计方式	串行模式	并行模式
生产特征	大批量、高效率生产	变批量、柔性化生产，生产周期短
供货方式	大库存缓冲	JIT方式，接近零库存
质量保证	主要靠机床设备，检验部门事后把关，返修率大	依靠生产人员保证，追求零缺陷，返修率接近零
雇员关系	合同关系，短期行为	终身雇用，风雨同舟
用户关系	用户满意，主要靠产品质量、成本取胜	用户满意，需求驱动，主动销售
供应商	合同关，短期行为	长期合作伙伴关系，利益共享，风险共担

二、丰田公司精良制造的特点

第二次世界大战后，丰田汽车公司的丰田(Eiji Toyoda)和大野(Taiidi Ohno)对福特汽车公司的轿车厂进行了考察。当时该厂日产7000辆轿车，比丰田公司一年的产量还多。但丰田和大野没有照搬福特的生产模式，他们认为福特并不是完美无缺的，并对其进行了大胆的革新，经过一系列探索和试验，结合日本国情，丰田和大野创造了一套全新的生产管理体系——精良生产方式。

1. 以人为本

丰田生产方式认为生产活动的核心是人，而不是机器。要想完善生产过程，必须调动所有员工(特别是生产一线人员)的积极性和创造性。其主要措施包括以下方面：

(1)使股东和员工一致满意作为企业经营目标。采用终身聘用和工龄工资制度，使雇员的利益与公司的利益紧密结合起来，使雇员甘心情愿为公司拼命工作。

(2)责任和权利同时下放，将大量工作责任转移到生产一线人员身上，同时赋予他们相应的权利，使他们成为生产真正的主人。

(3)任人唯贤，采用多种形式和奖励法，鼓励生产一线人员揭露生产问题，为不断改进生产过程献计献策。

2. 精益求精

丰田生产方式追求生产活动的各个环节和生产全过程的不断完善，其主要做法包括3点：

(1)宁愿停止生产，也不放过任何一个问题。一旦出现问题，就要追查到底，直至解决为止。每解决一个问题，就是一次改进。

(2)通过不断查找问题和改进工作，最终建立起一个能够迅速追查出全部缺陷并找出其最终原因的检测系统。

(3)贯彻准时制生产(JIT)，实现零库存。为此要求每台设备完好无损、运转正常，每个工序工作正常，不出残次品，每个工人都是多面手，可以担负多种工作。

3. 顾客完全满意

丰田生产方式视顾客为上帝，将"使顾客完全满意"作为企业的业务目标和不断改进业绩的保证，其主要工作包括3点：

(1)贯彻"需求驱动"原则，按顾客需求生产适销对路的产品。

(2)采用"主动销售"的策略,与顾客直接进行联系,同时注意发掘、引导和影响顾客消费倾向。

(3)实行全面质量管理(TQC),实现供货时间、产品质量、售价、服务、环保综合优化,以最大限度满足用户需求。

4. 小组化工作方式

丰田生产方式要求消灭一切冗余,最大限度地精简管理机构,将管理权限转移到基层单位。其主要做法如下:

(1)采用矩阵式组织结构和小组化工作(Team Work)方式。按任务和功能,划分工作小组,工作小组集责、权、利为一体,对承担的工作全权负责。

(2)在进行产品开发时,建立由企业各部门专业人员组成的多功能设计组,进行并行设计,使产品设计时充分考虑到下游的制造过程和支持过程。

(3)在生产现场的工作小组对产品质量负有全面责任。一旦发现问题,每个小组成员均有权利使整个生产线停下来,以便使问题得到及时解决。

5. 与供应商关系

(1)与供应商和协作厂建立长期、稳定的合作伙伴关系,实现利益共享,风险共担。有些协作厂与丰田公司互相拥有对方的股份,达到互相依赖、生死与共的程度。

(2)丰田公司将供应商和协作厂视为协同工作的一部分,与他们及时交流和充分沟通各种信息,必要时派自己的雇员参与对方工作,使双方经营策略、管理方法、质量标准等达到完全一致。

(3)在新产品开发时,供应商与协作工厂密切关注,并积极参与,有利于保证新产品开发一次成功,并能以最快的速度投放市场。

三、准时制生产(JIT)

准时制的核心是及时和准确。在制造过程中,要求按正确的时间、地点提供正确数量的合格物品,以期达到零库存、无缺陷和低成本的目标。对于制造系统来说,这无疑是一种苛刻的要求,但这也正是准时制生产所追求的。

制造系统中的物流方向是从毛坯到零件,从零件到组装再到总装。为了保证最终产品的交货日期,一般采用增加在制品的储备置的办法,以应付生产中的失调和故障导致的需求变化。结果常常造成在制品的过剩和积压,使生产缺乏弹性和适应能力。

准时制生产则从反方向来看物流,即从总装到组装,再到零件,再到毛坯。当后一道工序需要运行时,才到前一道工序去拿取所需要的部件、零件或毛坯,同时下达下一段时间的需求量。对于整个系统的总装线来说,由市场需求来适时、适量地控制,总装线根据自身需要给前一道工序下达生产指标,而前一道工序根据自身的需要给再前一道工序下达生产指标,依此类推。实施准时制生产的车间和工序一般都避免成批生产和成批搬运,尽可能做到在必要时只生产一件,传送一件,储备一件,从而使在制品的数量减少到最低限度。

丰田公司实行 JIT 生产的基本做法是:

(1)每月由公司根据市场情况和用户订货,按型号和规格拟定本月生产各种汽车的数量,经审查批准后,下达生产任务。

(2)工厂的装配车间将月生产汽车任务除以本月有效工作日,得出日平均产量,据此按日安排生产。

(3)装配车间开始生产后,按后序向前序提取零部件的规定,把生产过程的各个部分有机地组织起来。

(4)宁肯中断生产,也不积压储备。

丰田公司正是由于坚持这最后一点,使生产过程的种种矛盾和瓶颈问题充分暴露出来,而彻底解决这些矛盾和问题,便使生产过程不断趋于完善。JIT从其产生发展至今,其内涵不断扩充,现已逐渐发展成为包括经营理念、生产组织、物流控制、质量管理、成本控制、库存管理、现场管理与改善等在内的较为完整的生产管理技术与方法体系。

5.3.4 敏捷制造

一、敏捷制造的内涵

20世纪80年代末,美国从政府到民间开始研究如何重振美国制造业。在此期间,MIT国际汽车项目组在认真研究日本制造业成功发展经验后,提出"精良生产"的概念。但精良生产的许多做法(如终身聘用、工龄工资、拼命工作等)在美国行不通。与此同时,美国政府开始注意到:美国国防工业与民品制造业的发展形成较大反差。究其原因,国防工业有政府支持且不存在竞争,而民品工业则完全靠自主发展,且在世界范围内存在激烈竞争。快速多变的国际市场要求制造业有充分的应变能力和足够快速的响应能力,而这恰恰是美国制造业的弱点。为了恢复美国制造业在世界上的领导地位,20世纪80年代末美国国会指示国防部拟定一个制造技术发展规划,要求同时体现美国国防工业与民品工业的共同利益,并要求加强政府、工业界和学术界的合作。在此背景下,美国国防部委托 Lehigh 大学与 GM 等大公司一起研究制定一个振兴美国制造业的长期发展战略,最终于1991年完成了"21世纪制造业发展战略"报告,此报告中提出了"敏捷制造(Agile Manufacturing,AM)"的概念。

敏捷制造基本思想是:①军品生产企业与民品生产企业应能相互补充、相互转换;②一个公司的生产可以利用其他公司的资源,以扩展自身的生产能力;③建立全国范围的工厂信息网络,以加强各企业之间的合作;④最终达到提高美国制造企业全球竞争力的目标。

二、敏捷制造基本原理

敏捷是指企业在不断变化和不可预测的竞争环境中,快速响应市场和赢得市场竞争的一种能力,敏捷制造是指企业实现敏捷生产经营的一种生产模式。主要表现在需求响应的快捷性;制造资源的集成性,不仅指企业内部的资源共享与信息集成,还指企业之间的资源共享与信息集成;组织形式的动态性,为实现某一个市场机会,将拥有实现该机会所需资源的若干企业组成一个动态组织,它随任务的产生而产生,并随着任务的结束而结束。

敏捷制造的上述基本特征主要表现在以下3个方面:

(1)组织方面。①适应市场需求,建立"虚拟公司",开展企业内、外部的合作;②采用高度协同工作的"责、权、利"统一的自治或自组织形式——多功能交叉小组(Cross Team);③实现扁平式、少层次的网络管理。

(2)人员方面。①尊重员工,顾主、管理人员与员工和谐统一;②培养有知识、守纪律、高素质和积极进取的多面手;③有团队精神,善于协同工作,培育良好的企业文化;④有良好和终身的教育与培训。

(3)柔性技术方面。有模块化产品设计和模块化制造系统,可实现快速重组;有强大信息网络支持;有并行产品设计与并行制造,保证一次成功和顾客最大满意。

图 5-16 显示了"敏捷制造"形成的关键技术。敏捷制造的基本工作原理是借助于计算机网络和信息集成基础结构,构造由多个企业参加的"虚拟制造"环境,以竞争合作为原则,在虚拟制造环境下动态选择合作伙伴,组成面向任务的虚拟公司,进行快速和最佳化生产。当市场出现某种机遇时,处于动态联盟网络上的某几个企业以共同利益为基础联合起来,组成一个"虚拟企业",遵从一系列的标准和运行模式去响应市场。当任务完成后,虚拟企业自行解散。

虚拟企业的生成与运行需要一定的环境与条件,称为虚拟企业的基础结构。主要包括物理基础、法律保障、社会环境和信息技术。

敏捷制造的基本思想和方法可以应用于绝大多数类型的行业和企业,并以制造加工工业最为典型。敏捷制造的应用将在世界范围内,尤其是发达国家逐步实施。从敏捷制造的发展与应用情况来看,它不是凭空产生的,是工业企业适应经济全球化和先进制造

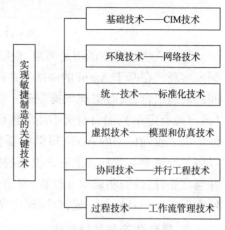

图 5-16　敏捷制造的关键技术

技术及其相关技术发展的必然产物,已有非常深厚的实践基础。欧美国家的主要汽车制造企业都已在不同的阶段或层次上按照敏捷制造的思路开展应用。由于敏捷制造中的诸多支柱(CIMS、并行工程等)和保障条件(如 CAD/CAM 等)随着大多数企业自身发展和改造将逐步得以推进和实施,可以说,敏捷制造的实施从硬件上并非另起一套,而是从理念上和企业系统集成上更上一层,实施中将与已有的 CAD/CAM 改造、并行工程甚至与 CIMS 逐步融为一体,其可行性是显而易见的。

三、基于 Agent 的敏捷制造

Agent 概念源于人工智能领域,用以表示具有推理决策与问题求解能力的智能逻辑单元。Agent 作为智能节点用网络连接起来,构成分布式 Agent 系统。开放性、分布式合作和适应环境变化的自适应能力是其基本特点。

Agent 概念在制造领域得到扩展和延伸,主要有两重含义:①表示具有独立功能并能进行自主决策的功能实体,又称为"自治体";②与 Agent 一词原意相同,即表示"代理",是功能实体的代表,负责代理功能实体的一切外部事物。

任何一个制造系统都由若干个环节组成,各环节在独立完成自身任务的同时又相互合作,共同完成制造任务。因此,制造系统实现制造资源向产品转化的过程,从本质上可视为一个典型的多 Agent 协调求解过程。基于 Agent 的网络制造环境如图 5-17 所示。

在制造领域,Agent 代表的功能实体在规模和复杂程度上存在很大差异,一个制造企业可视为一个 Agent,一个车间、一个部门或一个制造子系统甚至于一台设备也可视为一个 A-gent。Agent 的规模可用其"粒度"来表示。Agent 粒度越小,系统中 Agent 数目越多,制造系统的灵活性增强,适应性增强,同时系统的组织与控制的难度加大。实际上可按照层次设计思想规定 Agent 的粒度,以形成多层次的制造环境。

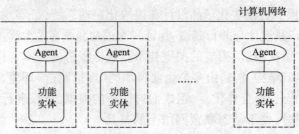

图 5-17 基于 Agent 的网络制造环境

为适应快速多变的市场需求,应赋予其动态特性。这可以通过利益驱动和动态重组机制来实现。在基于 Agent 的网络制造环境中,也可以通过招标或投标的方式驱动各 Agent 之间的动态组合,从而实现敏捷制造。当市场出现机遇时,某个 Agent 最早意识到这个机遇(或已拥有定单),而自身又不能单独承担全部任务,则向制造环境中其他 Agent 成员发出任务标书。收到标书的 Agent 根据将要获得的利益和需付出的代价,决定是否参与竞标以及以何种价格参与竞标。发标方收到投标后,从自身获得最大利益的角度考虑,确定中标者,并与之签订合同,明确双方权益,发出任务订单。这样,一个以共同利益为基础的虚拟企业便告形成。一旦任务完成,合同即告终止,虚拟企业也随之消亡。

四、精良生产与敏捷制造

精良生产与敏捷制造都是先进的生产模式,两者之间存在许多共同之处,但也存在差异。表 5-3 对精良生产与敏捷制造的基本原则和主要特征进行了比较。由表 5-3 可知,尽管精良生产与敏捷制造在表现形式上存在差异,但两者的基本原则和基本方法一致。敏捷制造中的准时信息系统、多功能小组的协同工作,最少的转换时间、最低的库存量以及柔性化生产等,使敏捷制造对市场变化具有高度适应能力。而这些能力也是精良生产的重要特征。可以说,敏捷制造企业一定是精良生产。

大量生产与精良生产的特征比较   表 5-3

精良生产	敏捷制造
按需生产,充分利用和增强大批量生产优势	打破大批量生产方式,采用大量定制方式
追求完美质量和零缺陷,使客户(包括内部客户在内)完全满意	适应客户需求,整个产品生命周期客户满意
变批量、柔性生产,适应产品变化,缩短生产周期	更大柔性,模块化产品设计和模块化制造系统,生产用户化产品
注重技术与操作,实行连续改进	注重组织与人员,实现动态重组
终身聘用,工龄工资,雇主与雇员风雨同舟	建立基于信任关系的雇佣关系,实行"社会合同"
权利下放,多功能小组,协同工作,扁平式管理	基于任务的组织与管理。多学科群体项目组
工厂级范围	涵盖整个企业范围,并扩展到企业之间
强调供应链管理,与供应商建立长期稳定关系,利益共享,风险共担	采取竞争、合作策略,组建虚拟公司,以快速响应市场需求和提高竞争力
强调资源有效利用,消除冗余,减少浪费	强调在连续和不可预测变化的环境下发展
准时制生产	准时信息系统,网络制造
依赖平稳生产进度计划,达到小批量、"零"库存	承认并快速响应市场变化

5.4 工程设计方法和先进制造工艺

5.4.1 现代工程设计方法概要

现代工程设计技术是先进制造技术的重要组成部分。产品首先从工程设计开始。工程设计包括需求分析、产品规划、方案设计、总体设计、详细设计、工艺设计等内容,工程设计结果直接影响产品的功能、性能、质量制造成本和交货期。据统计,产品设计阶段决定了产品生产成本的 2/3 以上。

随着计算机技术 CAD/CAPP/CAE 技术的广泛应用,工程设计的手段不断改进,并提出了许多新的设计思想和设计方法,包括模块化设计、优化设计、三次设计与健壮设计、创新设计等。

一、模块化设计

模块化设计思想由来已久,儿童积木游戏中就包含了模块化的思想。20 世纪初期,在制造业中开始应用模块化设计思想,当时最有代表性的模块化机械产品是组合机床和组合夹具。20 世纪 50 年代,欧美一些国家提出"模块化设计"的概念,从而把模块化设计的思想和方法提高到理论的高度来研究。

微电子和计算机技术的迅速发展在很大程度上得益于模块化设计思想,反过来又极大地促进了模块化设计技术的发展。微电子器件(特别是芯片)以及计算机已成为当今模块化设计最成功的典范。目前,模块化设计不仅广泛用于硬件产品设计,而且也广泛应用于软件产品设计,模块化设计现已发展成为一种重要的现代设计方法,并已成为快速响应制造系统的重要基础。

1. 模块化设计的基本思想

模块可以被定义为一组具有同一功能和接合要素(指连接方式和连接部分的结构、形状、尺寸、配合等),但性能、规格或结构不同的可以互换的单元。模块具有两个基本特征:一是模块具有特定的功能;二是模块具有通用的接口,即一个模块与另一个相关模块可以实现自由连接,相同或相似的模块之间可以实现互换。

模块的概念与标准件有相似之处,但又不同。模块多指除标准件以外,仍需被设计又可用于不同组合的结构单元,它更强调的是部件级上的通用。而模块和部件又有所区别:模块强调功能独立,而部件强调结构完整;模块具有通用接口,并且标准化和系列化的程度更高。根据用途不同,模块可分为:基本模块、辅助模块、特殊模块和适应模块。

模块化设计可以定义为:根据客户需求和功能分析,划分并设计出一系列通用的标准模块,通过对这些模块的选择和组合,构造出不同功能或不同性能、规格的产品设计过程。

2. 模块化设计的方法和关键技术

模块化设计的方法包括:不改变主参数,只变更或添加某块发展变形产品的横系列模块化设计,如同一款汽车的不同内饰配置,虽然主参数相同,但是舒适性有差异;对同一类型、不同规格的基型产品进行设计,实现纵系列模块化设计,如同一系列车型对整车进行升级,保留原有主体结构的新款就属于总系列化模块设计;在横系列模块设计的基础上,兼顾部分纵系列模块,或在纵系列模块基础上,兼顾横系列模块的设计称为跨系列模块化设计;将横系列模块化设计和纵系列模块化设计相结合的全系列模块化设计。

模块化设计的关键技术在于模块结构的标准化,特别是模块接口的标准化。为了保证不同功能模块的组合和相同功能模块的互换,模块应具有可组合性和可互换性两个基本特征,而这两个特征主要体现在接口上,因此要提高其标准化、通用化和规格化程度,同时通过合理规划减少产品包含的零件数量。

3. 模块化设计的发展应用

传统上模块化设计采用的经验设计和手工操作与管理方法,限制了模块化设计技术的应用与发展。随着计算机技术的普及应用,模块化设计技术也有了很大的发展,形成了以计算机为工具、以模块化设计为目标的多学科交叉的新型技术领域,如计算机辅助模块化设计、智能模块化设计、优化模块化设计等。目前,模块化设计技术发展主要呈现以下趋势。

(1)计算机技术的渗入。在模块化设计中充分利用已有的各种计算机软件平台和工具,如:实体造型、特征建模、三维装配仿真、计算机辅助概念设计、有限元分析等,以提高模块化设计的效率和质量。

(2)数据库技术与成组技术的应用。利用成组技术的思想和方法,对系列模块依据其功能、结构特征、接合面形式、尺寸、精度、方位等特征进行分类编码,以模块为基本单元进行设计,并将设计结果存储在模块数据库中。设计具体产品时,首先根据功能、结构要求形成编码,再根据编码查询模块数据库,如有满足要求的模块,则进行组合、连接,构成产品;否则调出功能、结构相似的模块加以修改。对修改后的模块重新进行编码,并存入模块数据库,使数据库功能不断完善和扩展。

(3)模块化产品建模技术研究。模块化产品建模技术与一般产品建模技术有共同之处,可以借鉴现有的成熟技术,并与其研究同步进行。但模块化产品模型又有其自身的特点,不能被一般产品建模技术所代替。模块化产品建模技术研究包括模块化产品的实体造型、特征建模、基于STEP的建模等。

(4)数学方法的引入。传统上模块化设计采用经验方法,但由于理论不完备,很难建立有效的数学模型。为使模块化设计技术上升到一个新的水平,有必要将数学方法(如优化方法、模糊评判等)引入模块化设计的各个环节,如模块的划分与组合、模块结构设计与结构参数优化、模块的评价等。目前,这方面的研究十分活跃,并已取得了一定成果。

(5)全寿命周期多目标综合。在模块化设计中,不同目标在对模块的要求上存在冲突,这样会导致不同的设计结果。在同一产品中,由于不同模块对目标的追求不一致,也会影响产品的总要求。为此,需要从模块化产品的整个寿命周期出发,对多个目标进行综合考虑、权衡、合理分配,找出最优的解决方案。人工智能、专家系统、模糊评判、优化方法等在实现全寿命周期多目标综合方面具有充分的发展空间。

二、面向"X"的设计与并行设计

面向"X"的设计最初是以DFM(面向加工的设计)和DFA(面向装配的设计)的形式出现的。DFM强调在设计中考虑零件加工的因素,即可加工性和加工方便性与经济性,参考本书第3章实例三;DFA则强调在设计中考虑产品装配的因素,即可装配性和装配方便性与经济性,参考本书第4章实例三。DFM的设计方法可以在DFM和DFA技术向产品寿命周期的进一步发展,便形成了 DFX(面向"X"的设计)。X 可以指经营、销售、加工、装配、检验、使用、维护、质量、成本等。

面向"X"的设计与并行设计(Concurrernt Design)密切相关,两者都要求在进行产品设计时,充分考虑产品全生命周期(从概念形成到产品报废)中的多种因素。但两者又有差别。面向"X"的设计强调在设计过程中充分考虑因素,但不强调"X"方面专家参与产品设计,也不要求产品设计和工艺设计同步进行,即面向"X"的设计的重点放在"因素"上,而并行设计则强调产品设计与相关过程设计的"并行",强调产品开发中各方面专家的紧密配合和协同工作,即并行设计的重点放在"过程"和"协同"上。

三、三次设计与健壮设计

三次设计与健壮设计是田口理论体系的重要内容,田口理论的主要特征是将质量与经济性紧密地联系在一起。田口认为,产品质量与其生命周期内带来的社会损失有关,损失越小,质量越高。其中,产品给社会带来的损失包括生产过程中的费用(成本)和客户使用费用(使用与维护费用、工作中断造成的损失、维修费用等)。

1. 三次设计

三次设计是指田口将产品设计及过程设计划分成的 3 个阶段,即系统设计、参数设计和公差设计。

系统设计根据产品及过程规划要求的功能和作用,应用相关专业知识,产生新概念、新思想、新方法,形成产品的整体结构或过程的整体方案,确定最终产品的形态和特性,包括材料、零件、部件等。例如设计一辆新型轿车时,首先根据市场需求确定所设计车型的类别、性能参数和总体尺寸等特性参数。在过程设计中意味着选择最适当的加工方法和加工路线。

参数设计的任务是确定产品或工程的最佳参数,以使产品获得最优的性能,过程获得最佳的效果。参数设计的重要思想是利用产品参数与输出特性之间的非线性效应,使输出特性对影响参数误差的原因不敏感。例如在设计汽车发动时,主要考虑发动机在正常工作温度的稳定工况下的活塞与汽缸之间的配合,因此在发动机需要通过暖机的过程达到一定的温度才能发挥最佳的性能。参数设计的关键在于寻找最佳的参数组合,这种参数组合则需要通过实验来确定。

公差设计的任务是确定各参数对其目标值允许的变动范围,即公差。公差小,有利于保证输出特性指标,但制造难度加大,制造成本增加。公差设计就是要在成本与性能之间取得平衡。在一个系统(产品或过程)中,各个参数对系统输出特性的影响大小不同。显然,对于影响大的参数,给以较小的公差,对于影响小的参数,给以较大的公差,以在保证输出特性要求的前提下,使系统的总成本最小。

2. 健壮设计

健壮设计又称为鲁棒设计或稳健性设计,健壮设计属于三次设计中参数设计的范畴。当一个系统(产品或过程)在各种干扰因素作用下,能保持稳定的输出特性,即输出特性值围绕目标值有尽可能小的波动,这种系统认为稳定性好,相应地,保证系统输出特性稳定的设计,称为健壮设计。

对于产品设计而言,稳健性意味着设计的产品能在操作环境随机变化的条件下保持稳定的功能。对于制造过程设计而言,稳健设计借助统计学方法,将影响输出的因素分为可控性和影响结果进行分类,定义影响输出特性的因素的波动为误差因素。鉴于误差因素与输出特性无法建立起数学关系的情况,引入信噪比的概念用于评价制造系统输出的波动特性的指标,采用正交试验法获得各个参数的最优组合。采用稳健性意味着能在操作环境随机变化的条件下,找到保持系统输出特性稳定的参数组合,制造出合格的产品,达到健壮设计的目的。

四、创新设计

创新设计通常是指不同于以往的设计,可能是一种全新的设计,也可能针对原有设计的改进。创新设计的两个基本特征是设计的非常规性(包括新颖性和非连续性)和设计的成功实现。创新是设计的本质与灵魂,创新设计是技术进步的源泉和动力。

创新设计与一般意义上的发明、创造有所不同,主要区别是创新设计更强调经济层面上的特征和创新本身的商业价值。因此,创新设计被认为是一种技术经济活动,是以技术为手段实现经济目标的活动。在制造业中,创新设计主要包含产品创新设计和过程创新设计两个方面。创新设计就其力度而言,可分为突破性创新和渐进式创新两种类型。

突破性创新又称原理性创新,是指在技术上有重大突破的创新。例如,相对于汽油机汽车而言,电动汽车就是一种突破性的创新,因为它采用了完全不同形式的动力源。再如,数控机床对于普通机床而言,也是一种突破性的创新。尽管两者的基本切削运动相同,但运动的控制方法完全不同。在过程设计中,零件成形方法的变革(例如用精密锻造取代机械加工,用快速原型制造代替传统的去除加工),加工工艺的重大改进(例如采用成组工艺)等,也属于突破性的创新。通常,突破性创新所创造的经济效益是巨大的,但这种效益常常具有隐式特点,即可能需要经过较长时间才能显现,由于突破性创新而产生的技术进步往往是带有革命性的。

渐进式创新又称局部创新,实质上是一种技术上的改进。例如在产品设计中,改变产品的造型、色彩、尺度、参数或局部结构等,使产品的性能和外观得到改进,更加适应市场的需要。在过程设计中,通过改变加工设备或工艺参数,使产品制造周期缩短,质量提高,成本降低。渐进式创新总会伴随着一定的经济效益,且这种效益常常是显式的和在短期内可以显现的。渐进式创新也是促进技术进步的巨大动力,因为突破性创新在其发展和扩散的过程中一定会伴随着大量的、渐进式的改善才能走向成熟。

创新设计的核心在于创新,而创新来源于创造性思维。在设计和制造过程中应该强调对创新思维的培养和训练。创新性思维包括:形象与抽象思维、分析与综合思维、收敛与发散思维、离散与组合思维、换元与移植式思维和对应与联想思维等思维方法。在创新设计过程中多采用的工作方法有:智暴法、陈列法、检核表法、形态分析法等。

计算机辅助的创新设计则是基于 TRIZ 理论基础上结合计算机的数据处理形成的用于创新设计的软件,具有代表性的有 Invention Machine 的 TechOptimizer 和 Ideation International 公司的 Innovation Workbench 等。这些软件通过问题分析定义模块分析问题,通过工程学原理库、创新原理模块和系统改善预测模块生成创新方案。计算机辅助创新充分利用了计算对数据的分析处理能力为创新设计提供了有力的支持。

5.4.2 先进制造工艺概要

按照设计方案,将原材料转化为实际产品的过程,称为制造工艺过程。为实现这一过程,需要采用各种有效的制造工艺方法。制造工艺方法对产品质量、成本、生产周期等具有重要的影响,因而是企业竞争力的重要因素。当前,制造工艺的发展主要表现在三个方面:①精密与超精密加工技术迅速发展;②传统制造方法的不断改进;③非传统制造方法的产生与发展。这就要求在设计制造工艺时能够根据具体加工方法设计零部件,并在设计之初就能将工艺信息包含在零部件间的特征模型中。

一、精密与超精密加工技术

精密加工是指在一定的发展时期,加工精度和表面质量达到较高程度的加工工艺。超精密加工则指在一定的发展时期,加工精度和表面质量达到最高程度的加工工艺。表 5-4 所示为典型精密零件的加工精度。

几种典型精密零件的加工精度　　　　　　　　表 5-4

零　件	加工精度(μm)	表面粗糙度 $Ra(\mu m)$
激光光学零件	形状误差 0.1	0.01 ~ 0.05
多面镜	平面度误差 0.04	<0.02
磁头	平面度误差 0.04	<0.02
磁盘	波度 0.01 ~ 0.02	<0.02
雷达导波管	平面度、垂直度误差<0.1	<0.02
卫星仪器轴承	圆柱度误差<0.01	<0.002
天体望远镜	形状误差<0.03	<0.01

精密与超精密加工属于机械制造中的尖端技术,是发展其他高技术的基础和关键。例如,为了提高导弹的命中精度,陀螺仪球的圆度误差要求控制在 $0.1\mu m$ 之内,表面粗糙度要求 $Ra<0.01\mu m$;飞机发电机转子叶片的加工误差从 $60\mu m$ 降到 $12\mu m$,可使发动机的压缩效率从 89% 提高到 94%;齿形误差从 $3~4\mu m$ 减小到 $1\mu m$,单位质量齿轮箱转矩可提高一倍;磁盘记录密度也在很大程度上取决于磁盘基片加工的平面度水平。因而,精密与超精密加工技术的高低往往是衡量一个国家制造业水平的重要标志。

精密与超精密加工技术涉及多种基础学科(如物理学、化学、力学、电磁学、光学、声学……)和多种新兴技术(如材料科学、计算机技术、自动控制技术、精密测量技术、现代管理科学……),其发展有赖于这些学科和技术的发展,同时又会带动和促进相关科学技术的发展。目前的精密与超精密加工主要有:金刚石超精密切削、精密与超精密磨削和与之配套的测量技术。除了加工技术之外,精密与超精密加工对加工环境有严格的要求,如恒温、恒湿、净化和隔振等。

精密与超精密加工方法可分为去除加工(加工过程中材料质量减少)、结合加工(加工过程中材料质量增加)和变形加工(加工过程中质量保持不变)3 种类型;根据加工机理和能量性质分可分为力学加工(用机械能去除材料)、物理加工(利用热能去除材料或使材料结合或变形)、化学和电化学加工(利用化学与电化学能去除材料或使材料结合或变形)和复合加工 4 类。精密与超精密加中有些是特种加工的精化,有些是传统加工的精化,有些则是传统加工和特种加工的结合。事实上,精密与超精密加工技术已构成高新技术的一个重要生长点。

二、微细加工和纳米技术

1. 微细与超微细加工

微细加工通常指 1mm 以下微细尺寸零件的加工,其加工误差为 $0.1 \sim 10\mu m$。超微细加工通常指 $1\mu m$ 以下超微细尺寸零件的加工,其加工误差为 $0.01 \sim 0.1\mu m$。微细加工与一般尺寸加工有许多不同,主要表现在以下几方面。

(1)精度表示方法不同。一般尺寸加工的精度用加工误差与加工尺寸的比值来表示,即精度等级的概念。在微细加工时,由于加工尺寸很小,需要用误差尺寸的绝对值来表示加工精度,即用去除一块材料的大小来表示,从而引入了"加工单位"的概念。在微细加工中,加工单位可以小到分子级和原子级。

(2)加工机理不同。微细加工时,由于切屑很小,切削在晶粒内进行,晶粒作为一个个不连续体而被切削。这与一般尺寸加工完全不同,一般尺寸加工时,由于吃刀量较大,晶粒大小可以忽略而作为一个连续体来看待。因而常规的切削理论对微细加工不适用。

(3)加工特征不同。一般尺寸加工以获得一定的尺寸、形状、位置精度为加工特征。而微细加工则以分离或结合分子或原子为特征,并常以能量束加工为基础,采用许多有别于传统机械加工的方法进行加工。

微细加工的分类与超精密加工的分类相似,具有代表性的维系加工方法有微细机加工、微细电加工、光刻加工、离子束加工等

2. 纳米技术

纳米技术通常指纳米级($0.1 \sim 100nm$)的材料、设计、制造、测量和控制技术。纳米技术涉及机械、电子、材料、物理、化学、生物、医学等多个领域。在达到纳米层次后,决非几何上的"相似缩小",而是出现一系列新现象和规律。量子效应、波动特性、微观涨落等不可忽略,甚至成为主导因素。

目前,纳米技术研究的主要内容包括:①纳米级精度和表面形貌测量及表面层物理、化学性能检测;②纳米级加工技术;③纳米材料;④纳米级传感与控制技术;⑤微型与超微型机械。

3. 纳米测量与加工技术

纳米测量技术主要有利用量子力学的隧道效应发明的扫描隧道显微镜(STM)和利用原子间的作用力变化规律发明的原子力显微镜。纳米加工技术主要有扫描隧道显微加工技术和光刻电铸法(LIGA)。

三、高速加工技术

高速加工,目前尚无统一定义,一般认为高速加工是指采用超硬材料的刀具,通过极大地提高切削速度和进给速度,来提高材料切除率、加工精度和加工表面质量的现代加工技术。以切削速度和进给速度界定,高速加工的切削速度和进给速度是普通切削的 $5 \sim 10$ 倍。以主轴转速界定:高速加工的主轴转速不低于 10000r/min。

与普通加工相比,高速加工具有如下特点:

(1)加工效率高,进给率较常规切削提高 $5 \sim 0$ 倍,材料去除率提高 36 倍。

(2)切削力少。较常规切削至少降低 30%,径向力降低更明显。这有利于减小工件受

力变形,适于加工薄壁件和细长件。

(3) 切削热少。加工过程迅速,95%以上切削热被切屑带走,工件积聚热量极少,温升低,适合于加工熔点低、易氧化和易于产生热变形的零件。

(4) 加工精度高。刀具激振频率远离工艺系统固有频率,不易产生振动;又由于切削力小、热变形小、残余应力小,易于保证加工精度和表面质量。

(5) 工序集约化。可获得高的加工精度和低的表面粗糙度值,并在一定条件下可对硬表面进行加工,从而可使工序集约化,这对于模具加工具有特别意义。

在汽车工业中,已经出现由高速数控机床和高速加工中心组成的高速柔性生产线,可以实现多品种、中小批量的高效生产。如图5-18所示,日产公司对于复杂型面模具,模具精加工费用往往占到模具总费用的50%以上。采用高速加工可使模具制造效率提高3~5倍,使模具精加工费用大大减少,从而可降低模具生产成本。

虽然高速加工存在众多优点,但是由于高速加工的技术复杂,且对于相关关键技术要求较高,在一定程度上限制了应用。相关的技术包括:

(1) 高速加工刀具与磨具制造技术,刀具材料主要是金刚石和立方氮化硼。

(2) 高速主轴单元与高速进给单元制造技术。

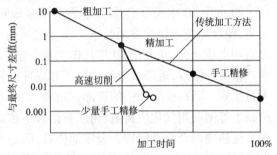

图5-18 采用高速加工缩短模具制造周期

(3) 高速加工在线检测和控制技术。

(4) 其他技术,如高速加工毛坯制造技术、干切技术、高速加工排屑技术、安全防护技术等。

四、近净成形技术

1. 近净成形概念

近净成形技术(near net shape technique)是指零件成形后,仅需少量加工或不再加工就可用作机械构件的成形技术。它是建立在新材料、新能源、精密模具技术、计算机技术、数值分析和模拟技术等多学科高新技术的基础上,改进了传统的毛坯成形技术,使得成形的机械构件具有精确的外形、高的尺寸精度、形位精度和好的表面粗糙度。该项技术包括近净形铸造成形、精确塑性成形、精确连接、精密热处理改性、表面改性、高精度模具等专业领域,并且是新工艺、新装备、新材料以及各项新技术成果的综合集成技术。

近净成形改造了传统的毛坯成形技术,使机械产品毛坯成形实现由粗放到精化的转变,使外部质量作到无余量或接近无余量,内部质量作到无缺陷或接近无缺陷,实现优质、高效、轻量化、低成本的成形。金属零件近净成形技术是一种生产工序少、成本低、材料利用率高、成形精度高的金属零件直接加工技术,在发达工业国家对其发展非常重视并已在许多工业部门中用于生产军用与民用零件,如美国用旋压成形、精密锻造和超塑成形等技术加工制造各种车轮轮毂、飞机用高强超硬铝合金及铝锂合金零部件等,取得了巨大的技术经济效益。

近净成形技术具有的特点:成形体尺寸及形位精度高,为后续采用高效、高精加工提供了理想的毛坯;高效、低消耗、低成本,为缩短产品开发周期、降低产品成本提供了有利条件;可方便、快捷地制作过去很难制作的复杂结构件,为新产品开发提供有力技术支撑;较传统成形产品改善生产条件、减少对环境污染,成为一种清洁的绿色生产技术,为可持续发展创造有利条件。

2. 近净成形技术在制造业中的作用

近净成形技术是先进制造技术的一个重要内容,几乎所有的机械零部件都要通过成形与改性才能具有所需的形状及实用功能。据统计,全世界约有75%的钢材要经过塑性加工,有45%以上的钢材采用焊接技术得以成形。在工业发达国家精密成形铸件已占铸件总产量的25%~30%,而其产值达到铸件总产值的50%左右。我国制造业在一个相当长的时期将获得快速发展,据预测,一直到2020年制造业占我国GDP的比重将保持在35%左右的较高值。制造业特别是机械制造业的发展,要求生产过程节约能源、节约材料、提高资源利用效率,已成为能否以低成本、高质量、高效率参与国际市场竞争的十分重要的问题。发展、应用近净成形技术就是一个有效途径。

20世纪70年代以来,各工业发达国家政府与工业界对近净成形技术投入了大量资金和人力,使这项技术快速发展起来。由于这项技术对市场竞争能力的突出贡献,被美国、日本政府和企业列为20世纪90年代影响竞争能力的关键技术,其产值增长幅度也远高于制造业产值增长幅度,近净成形所占比重和成形件精度以及成形零件的复杂程度都有很大提高。大量优质、高效、少无切削的近净成形技术得到快速发展,并在工业中获得广泛应用。如美国日本等国利用气化模铸造、树脂自硬砂组芯造型等近净成形技术加工制造汽车模具、飞机用高强超硬铝合金及铝锂合金零部件等,取得了巨大的技术经济效益,如汽车缸体铸件已经做到壁厚在3~4mm,汽车齿轮已有很多可以采用冷挤压生产,齿形不再加工。轿车等速万向节零件是很复杂的零件,已经可以采用精确的塑性成形的近净成形技术来生产。这些技术的应用不仅提高汽车的性能,而且节省了大量的贵重金属,降低成本。

新材料的发展推动了新的成形技术研究开发,高密度能源(激光、等离子束、电子束等)用于近净成形,也推出了一批新的近净成形工艺。传统的成形技术是建立在经验和实验数据基础上的技术,制定一个新的零件成形工艺在生产时往往还要进行大量修改调试。计算机和计算技术发展,特别是非线性问题的计算技术发展,使成形过程的模拟分析和优化成为可能,有力推动了近净成形技术发展。

五、特种加工技术

1. 特种加工的概念

特种加工(又称非传统加工)是第二次世界大战后发展起来的一类有别于传统切削与磨削加工方法的总称。非传统加工方法将电、磁、声、光等物理量及化学能量或其组合直接施加在工件被加工的部位上,从而使材料被去除、累加、变形或改变性能等。非传统加工方法可以完成传统加工方法难以实现的加工,如高强度、高韧性、高硬度、高脆性、耐高温材料和工程陶瓷、磁性材料等难加工材料的加工以及精密、微细、复杂形状零件的加工等。

2. 特种加工的特点

与传统切削、磨削加工方法相比,特种加工方法具有以下特点:

(1)特种加工方法主要不是依靠机械能,而是用其他能量(如电能、光能、声能、热能、化学能等)去除材料。

(2)传统切削与磨削方法要求刀具的硬度必须大于工件的硬度,即"以硬切软"。刀具与工件必须有一定的强度和刚度,以承受切削过程中的切削力。由于工具不受显著切削力的作用,特种加工对工具和工件的强度、硬度和刚度均没有严格要求。

(3)采用特种加工方法加工时,由于没有明显的切削力作用,一般不会产生加工硬化现象。又由于工件加工部位变形小,发热少,或发热仅局限于工件表层加工部位很小的区域内,工件热变形小,由加工产生的应力也小,易于获得好的加工质量,且可在一次安装中完成工件的粗、精加工。

(4)加工中能量易于转换和控制,有利于保证加工精度和提高加工效率。

(5)特种加工方法的材料去除速度一般低于常规加工方法,这也是目前常规加工方法在机械加工中仍占主导地位的主要原因。

3. 特种加工的分类

特种加工有多种分类方法:如按加工过程材料增减可分为去除加工、结合加工和变形加工等;按作用能源可分为机械能、热能、化学能、复合能等。图 5-19 所示为特种加工的一种综合分类。

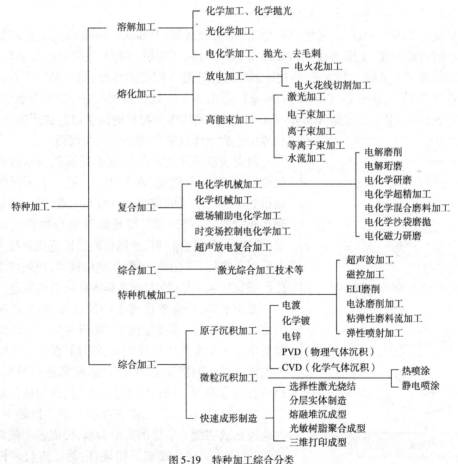

图 5-19　特种加工综合分类

5.4.3　快速成形制造技术

用户需求的个性化和多变性,迫使企业不得不逐步抛弃原来以规模效益为特点的少品种、大批量的生产方式,进而采取多品种、小批量、按订单组织生产的现代生产方式。同时,市场的全球化和一体化,更要求企业具有高度的灵敏性,面对瞬息万变的市场环境,不断地迅速开发新产品,变被适应用户为主动引导市场,这样才能保证企业在竞争中立于不败之地。在这种时代背景下,市场竞争的焦点就转移到速度上来,能够快速提供更高性价比产品的企业,将有更强的综合竞争力。快速成形技术是先进制造技术的重要分支,无论在制造思想上还是实现方法上都有很大的突破,利用快速成形技术可对产品设计进行迅速评价、修改,并自动速地将设计转化为具有相应结构和功能的原型产品或直接制造出零部件,从而大大缩短新品的开发周期,降低产品的开发成本,使企业能够快速响应市场需求,提高产品的市场竞争力和企业的综合竞争能力。

一、快速成形基本原理

1. 快速成形的发展

快速成形(Rapid Prototype, RP)是20世纪80年代末期产生和发展起来的一种新型制造技术,是计算机辅助设计(CAD)、计算机辅助制造(CAM)、计算机数字控制(CNC)激光、新材料、精密伺服等多项技术的发展和综合。

根据现代成形学的观点,可把成形分为:①去除成形(Dislodge Forming),是目前制造业中最主要的成形方式;②添加成形(Additive Forming),快速成形技术是添加成形的代表,它从思想上突破了传统成形方式,可快速制造出任意复杂程度的零件,是一种非常有前景的新型制造技术;③受迫成形(Forced Forming),还未完全实现计算机控制,多用于毛坯成形、特种材料成形等;④生长成形(Growth Forming),是利用生物材料的活性进行成形的方式,自然界中生物个体的发育均属于生长成形。

目前快速成形技术已经逐步得到我国制造业企业的普遍重视,并在机械、汽车、国防、航空航天及医学领域得到了非常广泛的应用。从材料上看,添加成形可以制造光敏树脂、塑料、纸、特种蜡及聚合物包金属粉末等,陶瓷材料、复合材料、金属材料的快速成形技术研制也取得了进展。目前通过激光烧结技术,快速成形技术已经能完成从CAD模型到金属零件的直接制造。

笼统地讲,快速成形属于添加成形,但从严格意义上讲,快速成形应该属于离散/堆积成形。它从成形原理提出了一个全新的思维模式:将计算机上制作的零件三维模型进行网格化处理并存储,对其进行分层处理,得到各层截面的二维轮廓信息,按照这些轮廓信息自动生成加工路径,由成形元件在控制系统的控制下,选择性地固化或切割一层层的成形材料,形成各个截面轮廓薄片,并逐步顺序叠加成三维坯件,然后进行坯件的后处理,形成零件,如图5-20所示。

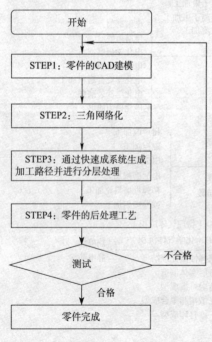

图5-20　快速成形技术工艺过程

2. 快速成形技术的工艺过程

(1)产品三维模型的构建。由于快速成形系统是由三维CAD模型直接驱动的,因此首先要构建所加工工件的三维 CAD 模型。该三维 CAD 模型可以利用计算机辅助设计软件直接构建,也可以将已有产品的二维图样进行转换而形成三维模型,或对产品实体进行激光扫描、CT 断层扫描,得到点云数据,然后通过逆向工程的方法来构造三维模型。

(2)三维模型的近似处理。由于产品往往有一些不规则的自由曲面,加工前要对模型进行近似处理,以方便后续的数据处理工作。由于 STL 格式文件格式简单、实用,目前已经成为快速成形领域的准标准接口文件。它是用一系列小三角形面片来逼近原来的模型,每个小三角形用 3 个顶点坐标和一个法向量来描述,三角形的大小可以根据精度要求进行选择。STL 文件有二进制码和 ASCII 码两种输出形式。二进制码输出形式的文件所占的空间比 ASCII 码输出形式的文件所占用的空间小得多,但 ASCII 码输出形式可以阅读和检查。典型的 CAD 软件都带有转换和输出 STL 格式文件的功能。

(3)三维模型的切片处理。根据被加工模型的特征,选择合适的加工方向,在成形高度方向上用一系列一定间隔的平面切割近似后的模型,以便提取截面的轮廓信息。间隔一般取 0.05~0.5mm,常用 0.1mm。间隔越小,成形精度越高,但成形时间也越长,效率也越低;反之则精度低,但效率高。

(4)成形加工。根据切片处理的截面轮廓,在计算机控制下,相应的成形元件(激光头或喷头)按各截面轮廓信息做扫描运动,在工作台上一层一层地堆积材料,然后将各层相黏结,最终得到成形产品。

(5)成形零件的后处理。从成形系统里取出成形件,进行打磨、抛光、涂挂,或放在高温炉中进行后烧结,以进一步提高其强度。

3. 快速成形技术的重要特征

(1)可以制造任意复杂的三维几何实体。由于采用了离散/堆积成形的原理,因此快速成形技术将一个十分复杂的三维制造过程简化为二维过程的叠加,从而实现对任意复杂形状零件的加工。越是复杂的零件越能显示出快速成形技术的优越性。此外,快速成形技术特别适合于复杂型腔、复杂型面等传统方法难以制造甚至无法制造的零件。

(2)快速性。通过对一个 CAD 模型的修改或重组,就可获得一个新零件的设计和加工信息。零件制造的时间从几小时到几十小时,具有快速制造的突出特点。

(3)高度柔性。无须任何专用夹具或工具即可完成复杂的制造过程。

(4)快速成形技术实现了机械工程学科多年来追求的两大先进目标,即材料的提取(气、液、固相)过程与制造过程一体化和设计(CAD)与制造(CAM)一体化。

(5)与逆向工程(Reverse Engineering)、CAD 技术、网络技术、虚拟现实等相结合,成为产品快速开发的有力工具。

二、快速成形的工艺方法

快速成形技术根据成形工艺方法的不同可分为两类:①基于激光及其他光源的成形技术,例如,光固化成形(SLA)、分层实体制造(LOM)、选域激光烧结(SLS)、形状沉积成形(SDM)等;②基于喷射的成形技术,例如,熔融沉积成形(FDM)、三维印刷(3DP)、多相喷射沉积(MJD)等。以下简单介绍几种典型的快速成形方法。

1. 光固化(Stereolithogrphy Apparatus,SLA)工艺方法

SLA 工艺方法也称为光造型或立体光刻,由 Charles Hul 于 1984 年获美国专利。1988

年美国 3D System 公司推出商品化样机 SLA-I,这是世界上第一台快速成形机。基于 SLA 工艺方法的各型成形机占据着快速成形设备市场的较大份额。

SLA 工艺方法是基于液态光敏树脂的光聚合原理而工作的。这种液态材料在一定波长和强度的紫外光照射下能迅速发生光聚合反应,分子量急剧增大,因此材料也从液态转变成固态。图 5-21 所示的是 SLA 工艺方法的原理图。树脂槽中盛满液态光固化树脂,激光束在扫描镜作用下,能在液态表面上扫描,扫描的轨迹及光线的有无都由计算机来控制,光点打到的地方,液体就固化。成形开始时,工作平台在液面下一个确定的深度,聚焦后的光斑在液面上按计算机的指令逐点扫描,即逐点固化。当一层扫描完成后,未被照射的地方仍是液态树脂。然后升降台带动平台下降一层高度,已成形的层面上又布满一层树脂,刮板将厚度较大的树脂液面刮平,然后再进行下一层的扫描,新固化的一层树脂就牢固地粘在前一层上,如此重复直到整个零件制造完毕,从而得到一个三维实体模型。

SLA 工艺方法是目前快速成形技术领域中研究最多的方法,也是技术上最为成熟的方法。由 SLA 工艺方法成形的零件精度较高,加工精度一般可达到 0.1mm,原材料利用率近 100%。但这种方法也有自身的局限性,如需要支撑、树脂收缩导致精度下降、光固化树脂有一定的毒性等。

2. 分层实体制造(Laminated Object Manufacturing,LOM)工艺方法

LOM 工艺方法也称为叠层实体制造,由美国 Helisys 公司的 Michael Feygin 于 1986 年研制成功。LOM 工艺方法也采用薄片材料,如纸、塑料薄膜等。片材表面事先涂覆上一层热熔胶。加工时,热压辊热压片材,使之与下面已成形的工件黏结。用 CO_2 激光器在刚黏结的新层上切割出零件截面轮廓和工件外框,并在截面轮廓与外框之间多余的区域内切割出上下对齐的网格。激光切割完成后,工作台带动已成形的工件下降,与带状片材分离。供料机构转动收料轴和供料轴,带动料带移动,使新层移到加工区域。工作台上升到加工平面,热压辊热压,工件的层数增加一层,高度增加一个料厚,再在新层上切割截面轮廓。如此反复,直至零件的所有截面黏结、切割完毕。最后,去除切碎的多余部分,得到分层制造的实体零件,如图 5-22 所示。

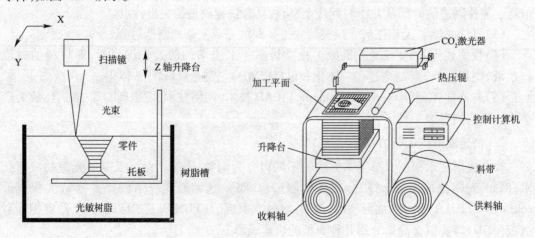

图 5-21 SLA 工艺方法原理图 　　　　图 5-22 LOM 工艺方法原理图

LOM 工艺方法只需在片材上切割出零件截面的轮廓,而不用扫描整个截面。因此,成

形厚壁零件的速度较快,易于制造大型零件。工艺过程中不存在材料相变,因此不易引起翘曲变形。工件外框与截面轮廓之间的多余材料在加工中起到了支撑作用,所以 LOM 工艺方法无须加支撑。缺点是材料浪费严重,表面质量差。

3. 选域激光烧结(Selective Laser Sintering,SLS)工艺方法

SLS 工艺方法由美国得克萨斯大学奥斯汀分校的 C. R. Dechard 于 1989 年研制成功。SLS 工艺方法是利用粉末状材料成形的。将材料粉末铺洒在已成形零件的上表面,并刮平,用高强度的 CO_2 激光器在刚铺的新层上扫描出零件截面,材料粉末在高强度的激光照射下被烧结在一起,得到零件的截面,并与下面已成形的部分连接。当一层截面烧结完后,铺上新的一层材料粉末,有选择地烧结下层截面,如图 5-23 所示。烧结完成后去掉多余的粉末,再进行打磨、烘干等处理便得到零件。

SLS 工艺的特点是材料适应面广,不仅能制造塑料零件,而且能制造陶瓷、蜡等材料的零件,特别是可以制造金属零件。这使 SLS 工艺方法颇具吸引力。SLS 工艺方法无须加支撑,因为没有烧结的粉末起到了支撑的作用。

4. 熔融沉积成形(Fused Deposition Modeling,FDM)工艺方法

FDM 工艺方法由美国学者 Scott Crump 于 1988 年研制成功。FDM 工艺方法的材料一般是热塑性材料,如蜡、ABS、尼龙等,以丝状供料。材料在喷头内被加热熔化。喷头沿零件截面轮廓和填充轨迹运动,同时将熔化的材料挤出,材料迅速凝固,并与周围的材料凝结,如图 5-24 所示。

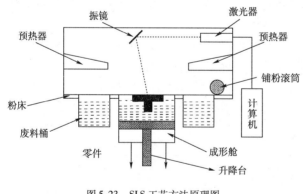

图 5-23 SLS 工艺方法原理图

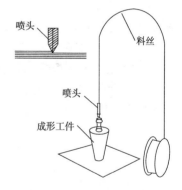

图 5-24 FDM 工艺方法原理图

5.5 制造系统的支撑技术

5.5.1 计算机网络技术基础

一、制造系统网络发展

计算机网络可以定义为,以共享资源(硬件、软件和数据)为目的而连接起来的多台计算机、终端设备、数据传输设备以及通信控制处理设备等的集合,这些计算机系统在统一的通信协议的控制之下,又具有独立自治的能力。从结构上看计算机网络是一个计算机和相关设备的集合体,从功能上看它强调在协议控制下实现计算机之间的连接与通信。

为满足制造的需求，克服工业生产数据通信和联网没有具体规定和制造设备的接口不统一的缺点，组建工厂联网工业标准协议。美国通用汽车公司（GM）在推进 CIMS 的过程中，制定了制造自动化协议 MAP(Manufacturing Automation Protocol)。MAP 基于开放系统互联标准（ISO/OSI）参考模型，要求各供应商生产的计算机和可编程设备能按协议有效地传输文件、NC 程序、控制指令和各种状态信号。波音公司也提出了技术与办公室协议 TOP (Technical and Office Protocol)。TOP 要求不同厂家生产的计算机和可编程设备按标准提供统一的文字处理、文件传输、电子邮件、图形传输、数据库访问和数据处理等服务。

MAP 适用于工厂生产车间、单元控制级通信，TOP 适用于工厂工程设计、企业管理级的通信，两者相结合构成了制造系统网络框架。MAP/TOP 的核心和基本点是要求各计算机和可编程设备生产厂商在其所提供的产品上按协议标准配备通信联网接口和相应的软件。MAP/TOP 目前还在发展之中，仍有局限性。许多公司型 CIMS 的网络也在发展（如 IBM 的令牌网、DEC 的 Ethernet 网络协议、西门子的 SINIX 等）。

随着因特网（Internet）的发展，各企业分别建立自己的企业内部网（Intranet），虽然 Intranet 使用因特网的标准和软件，但与因特网在电子上相互隔离。Internet 和 Intranet 的出现和发展使网络制造得以实现，成为制造技术发展的趋势。

二、CIMS 网络技术

CIMS 网络可以定义为面向制造命业、支持 CIMS 目标的企业专用的工业计算机机网络系统。CIMS 网络应具备开放通信网络的特点，它不仅适用于生产过程的计划和自动控制，还要适用于工程设计、办公自动化，并与公共通信系统连接。

CIMS 网络系统结构是一种层次结构，如图 5-25 所示。其中，企业级办公网络执行产品统计、市场销售及宏观决策管理等。通常由基于主机的局域网连接各种工作站、PC 和终端，并与企业外的公共数据网和广域网相连接。工厂级网络执行生产控制、工程设计、制造准备和质量保证等功能。它以局域网为基础。连接工作站、PC 和终端。车间级网络执行监控、

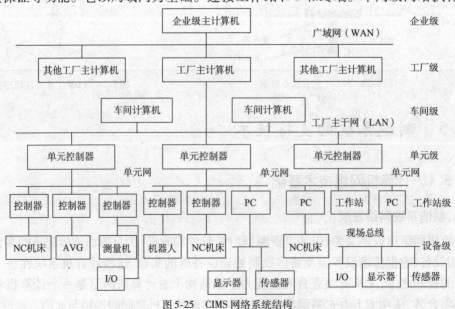

图 5-25　CIMS 网络系统结构

维护和调度产品生产与装配等工作。通常也以局域网为基础,连接控制器、可编程序设备及加工中心等。车间级网络可以进一步细分为单元网和现场总线网等。

在 CIMS 网络的工作过程中,现场总线的生产数据和在线检验、检测数据通过生产线上的传感器将信号传输给工控机,这些工控机用于执行加工制造的指令,并根据单元控制器的指令来调整工艺和工序;单元控制器用于接收车间计算机发布的生产指令,同时车间计算机中的组态软件会通过传感器将生产过程数据汇总发包到车间计算机。车间计算机读取数据之后及时将数据通过工厂主干网络将统计数据发包到工厂主计算机,同时接受工厂主计算机发布的生产指令;工厂主计算机将汇总的车间计算机生产信息统计提交企业级计算,企业级计算生成生产进度报表,提供企业管理决策,并将决策信息及时发布至工厂计算机。从而形成 ERP 管理系统的通信支撑,使得企业可以借助广域网内突破空间的限制,形成跨区域的生产协作。

5.5.2 工程数据库

一、数据库技术基础

1. 数据库技术的产生

随着计算机技术在制造企业中的广泛应用,产生大量的数字化信息,而这些数字信息以各种独立的形式存储,数据的存储需要通过应用软件按文件标识符或文件中的记录标识来完成。这些数据缺乏有效的管理,不仅造成信息资源的再利用和查找困难,同时还存在以下问题:

(1)数据冗余,容易出错。由于不能实现以记录和数据项为单位的数据共享,各个用户需要建立自己的文件系统,造成数据大量冗余,容易产生数据的不一致性。

(2)缺乏数据独立性。由于应用程序和数据文件的数据结构相互依赖,改动数据通常需要通过调用和改动相关的程序,造成使用上的不便。

(3)缺乏统一的数据管理,难以保证数据的完整性和安全性。

(4)传统机械设计中,需要手工查询相关数据、参数、性能表及一些图形,再经过转换才能使用,这就增加了设计人员的工作量。

越来越多的企业迫切需要采用数据库技术解决这一难题。制造过程中的数据信息主要围绕着产品的生产过程而产生,研究产品相关数据的管理技术在国外早已引起企业的重视。在产品开发的设计、分析、制造等过程中,都要查阅各种标准、规范等相关资料,并产生各个阶段的结果数据信息,包括图形和数据。这些数据信息如何进行管理,直接影响设计系统的应用水平。随着计算机技术的发展,CAD/CAM 系统中的信息管理从文件模式发展为数据库模式,直至目前流行的工程数据库模式。数据库技术是在文件系统基础上发展起来的、专门研究数据库存储、设计、管理和使用的一门学科。可为用户提供使用方便、功能强大的书库处理手段。采用数据库技术进行数据处理不仅能提供较高的数据独立性,减少数据冗余度,同时还可提供较为完善的数据控制功能,使用户对数据实现集中、统一、高效的管理。

2. 数据库、数据库管理系统和数据库系统

数据库技术包括数据库及其管理系统。数据库可以简单地理解为具有某种规律或联系的文件及数据的组合,数据库管理系统则是用于数据库及系统资源统一管理和控制的软件。

数据库(DB)是可长期保持在计算机中的、可共享的、有组织的且能统一管理的相关数据集合。数据库管理系统(database management system,DBMS)是位于计算机用户与操作系统之间的专门用于管理数据库的系统软件,是数据库系统的管理核心。DBMS能为用户或应用程序提供访问DB的方法,实现对DB的定义、建立、维护、查询和统计等操作功能,并完成数据完整性和安全性监测等各种数据控制功能。

数据库系统(database system,DBS)是采用数据库技术对数据库进行数据管理的计算机系统,包括计算机硬件系统、DB、DBMS、数据库应用系统和与之相关的各种人力资源。

3. 数据库技术的特点

数据库技术通过DBMS统一管理用户文件,能够解决数据冗余及数据一致性问题。另外,它把用户观念的数据逻辑结构从整体逻辑结构中独立出来,在用户数据的逻辑结构与数据存储结构之间插入一层整体逻辑结构,使数据存储结构的变化不影响数据的逻辑结构和应用程序,从而解决数据的独立问题,实现了数据的共享,并且完整性和安全性问题也都得到了相应的解决。

数据库结构一般分为层次模型、网状模型和关系模型。关系模型数据库具有数据结构简单、符合工程习惯、数据独立性高及数学基础严密等优点,是目前数据库应用的主流。近年来,随着面向对象技术的推广应用,数据信息广泛采用了类和对象的方法来描述和封装,面向对象的数据模型的数据库技术越来越受到重视。

二、工程数据库概述

工程数据库是指人们在工程活动中对数据处理要求的数据库。理想的CAD/CAM系统,应该是在操作系统支持下,以图形功能为基础,以工程数据库为核心的集成系统,从产品设计、工程分析直到制造过程中所产生的全部数据都应维护在同一个工程数据库中。

工程数据库系统与传统的数据库系统有很大差别,主要表现为指支持复杂数据类型、复杂数据结构,具有丰富的语义关联,数据模式动态定义与修改、版本管理能力及完善的用户接口等。它不但要能够处理常规的表格数据、曲线数据等,还必须能够处理图形数据。这就要求工程数据库要具备强大的建模能力、高效的存储机制、良好的事务处理能力、版本管理能力、模式进化功能、灵活的查询功能、网络化和分布式处理功能。

在工程领域,数据的特点是量大和复杂。如CAD中实体的参数化模型既有数值信息,也有非数值信息,相互联系非常复杂,随着形体的复杂程度增加,信息量也随之增加。因此层次性、网状性、关系性这三种常用的数据模型均不能完全适合要求,而正在发展中的面向对象性被普遍认为是最适合于工程领域的。

1. 工程数据类型分析

在工程应用中,要处理的数据非常多,包括文字和图形等,作为支撑整个生产过程的工程数据,可分为以下几个类型:

(1)通用基础数据。是指产品设计与制造过程中所用到的各种数据资料,如国家标准及行业标准、技术规范、产品目录等方面的数据。这些数据的特点是数据机构不变,数据具有一致性,数据之间关系分明,数据相对稳定,即使有所变动,也只是数值的改动。

(2)设计产品数据。是指生产设计与制造过程中产生的数据,如产品功能要求描述数据、设计参数及分析数据和各种资源描述数据,包括各种过程图形、图标及三维几何模型等数据。由于产品种类及规格等的变化,这类数据是动态的,包括数值、数据类型及数据结构等。

(3) 工艺加工数据。是指专门为 CAD/CAM 系统工艺加工阶段服务的数据,如机械加工工艺数据、钣金工艺数据、热加工工艺数据等。

(4) 管理信息数据。在高度集成的 CAD/CAM 系统中,还应包括生产活动各个环节的信息数据,如生产工时定额、物料需求计划、成本核算、销售、市场分析等管理数据。

2. 工程数据库及其管理技术

对工程数据库系统的基本要求包括:

(1) 支持复杂工程数据的存储和管理。

(2) 支持数据模式的动态修改和扩充。

(3) 支持工程事务处理和恢复。

(4) 支持多库操作和多版本管理。

(5) 支持统一对象的多种媒体信息表现形式和处理能力,以适应不同要求。

(6) 支持工程数据的长记录存取和文件兼容处理。

(7) 支持智能型的规则描述和查询处理。

(8) 具有良好的数据库系统坏境和支持工具,以适应大容量、快速和分布式设计环境的要求。

工程数据库系统往往要求在多种环境下实现各专业的协同工作,因此必须保证各类数据的语义一致性和系统继承性。通常支持 CAD/CAM 系统的硬件由不同的机器组成,要求数据库管理系统应该是一个分布式数据库管理系统,并为所有基本单元系统存取全局数据提供统一接口。为保证 CAD/CAM 系统能适应柔性制造系统要求,能灵活、动态地变更和重组加工制造的环境条件,要求工程数据库管理系统能向用户提供透明性,利用整个系统的计算机网络进行通信。

近年来,以现有商用数据库为基础进行有针对性的增补修改,或利用大型 CAD/CAM 软件中数据库模块与商用数据库结合,是当前实现工程数据库管理的有效途径。为适应远程多用户需要使用的分布式数据库管理系统(图 5-26),为工程数据库系统的设计与应用提供了新的环境。

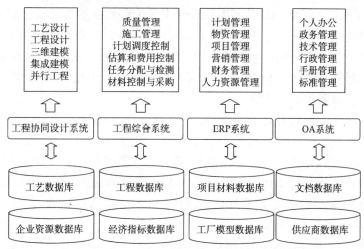

图 5-26 分布式数据库管理系统

常用的数据库处理方法有：

（1）根据经验公式将数据库拟合成计算公式，在计算过程中，将离散的数据输入程序，然后运行程序得到结果。

（2）以文件形式保存，数据文件的机构取决于数据文件处理的程序语言。

（3）采用数据库储存、管理各类数据库。

建立图形数据库是建立这种工程数据库系统处理方法的关键技术之一。

3. 常用数据库系统

1）SQL Server

SQL Server 最初由微软、Sybase 进而 Ashton-Tate 三家公司共同开发的关系型数据库管理系统，目前由微软单独技术支持，先后发布 SQL Server2000 和 2005 两个版本。该数据库与 Windows 集成紧密，便于充分利用主流微机系统所提供的性能。

2）Oracle

Oracle 由美国 Oracle 公司提供的数据库产品，它以结构优化查询语言 SQL 为基数，分布式数据库为核心，具有良好的可靠性、兼容性和安全性。Oracle 具有完善的数据结构支持，是大部分分布式数据库选择采用的大型关系数据库之一。

3）其他数据库

其他常用的大型数据库还有 DB2、Sybase 和 Infomix 等，中小企业还会选用 MySQL、MS Access 等数据库系统。

5.5.3 产品数据库管理

1. 产品数据库的基本概念

国内近年来开始重视产品数据库的管理技术。这一技术起初在国内外有各种名称，如工程数据库管理（EDM）、产品信息管理（PIM）、技术数据管理（TDM）、技术信息管理（TIM），最终国内外研究人员都统一称为产品管理数据库（PDM）。PDM（Product Data Management）技术就是解决企业产品大量工程图样、技术文档以及 CAD 文件的计算机数据化信息管理的一门技术，解决了由于 CAD/CAM 技术发展过程中各个单元技术的发展形成的"信息孤岛"之间的信息沟通和协调问题。现在 PDM 已经逐步扩大到产品开发的整个生命周期的数据管理。数据管理的相关应用也从早期的专用 CAE/CAM 集成系统、电子文档管理系统，发展到目前的产品数据管理系统。PDM 是一种工具，它提供结构化方法，有效地、有规则地存取、集成、管理产品数据和数据交换。

PDM 可以定义为以软件技术为基础，以产品为核心，实现对产品相关的数据、过程、资源进行集成管理的技术。PDM 明确定位为面向制造企业，以产品数据为管理的核心，以数据、过程和资源为管理信息的三大要素。PDM 进行信息管理的两条主线是静态的产品结构和动态的产品设计流程，所有的信息组织和资源管理都是围绕产品展开的。这也是 PDM 系统与其他的信息管理系统（如管理信息系统、物料管理系统、项目管理系统等）的主要区别。PDM 系统中产品、数据、过程和资源的关系如图 5-27 所示。

PDM 在系统工程思想的指导下，用整体优化的观念对产品设计数据和设计过程进行描述，规范产品生命周期管理，保持产品数据的一致性和可跟踪性。PDM 的核心思想是设计数据的有序、设计过程的优化和资源的共享。随着网络、数据库技术的发展,尤其是关系数据库和面向对象技术的风行,集数据管理、网络通信和过程控制于一体的 PDM 技术迅速得到企业界的广泛关注。企业采用 PDM 技术,可以有效地管理 CAD/CAM/CAPP 异构电子文档,同时也为企业各部门及时传送准确的产品信息,是企业实现协同设计和 CIMS 信息集成的平台,是企业各部门信息沟通的桥梁。使用 PDM 系统能够给用户带来这样一些好处:缩短产品上市时间,提高设计效率,改善设计和制造的质量,更好地保证产品数据的准确性、一致性和安全性,有利于引进新的产品开发模式和开发过程等。PDM 系统通过计算机将产品设计、工艺设计、生产制造和质量检验以及用户反馈等方面信息集成在一起,对产品整个生命周期内的数据进行统一有效的管理与控制,准确地描述产品工作过程的全部信息。PDM 依据全局信息强调共享的观点,扩大了产品开发建模的含义,它为不同地点、不同部门的人员营造一个协同工作环境,使他们可以在同一数字化的产品模型上一起工作。在这种虚拟的环境中,PDM 远比 CAX 和工程技术群体文件管理器的功能强大得多,是所有信息的主要载体,甚至是计算机技术与企业文化相结合的一种产品。PDM 作为沟通企业中各种信息的桥梁,已成为支持企业过程重组(BPR)、实施并行工程(CE)、CIMS 工程、实施质量认证系统工程和产品协同设计的关键技术之一。

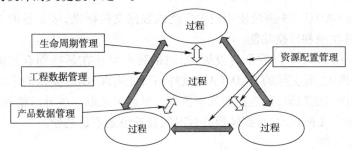

图 5-27　数据、过程、资源和产品的关系

2. PDM 系统体系结构

从总体上看,当前 PDM 产品大多采用分布式的客户机/服务器(Client/Server)结构模式,服务器负责公共数据的存储、多客户的同步等功能,客户机主要负责与客户交互、客户自有数据的管理等。PDM 系统的内部构造是层次化的,分为系统支撑层、核心框架层、功能模块和客户界面层。

系统支撑层是指系统的支撑平台,包括操作系统、网络环境和分布式数据等。核心框架层是整个 PDM 系统信息建模思想的具体体现,所有 PDM 涉及的实体、人员、数据、过程以及实体之间的关系最终是以对象形式由对象管理框架统一管理。功能模块是建立在对象管理框架之上的各种 PDM 系统的功能框架,包括系统管理、产品结构管理、产品配置管理、工作流管理等功能模块以及集成开发工具。客户界面层是系统的最上层,它向客户提供交互式的图像界面,通过 PDM 图视化的客户界面,客户可以直观、方便地完成整个系统中各种对象的操作。

5.5.4　产品数据交换标准

为了实现信息集成,在制造系统内部以及制造系统与制造系统之间需要进行大量而频繁的产品数据交换,包括不同设计部门之间的数据交换,设计部门与其他部门之间的数据交换,不同设计系统之间的数据交换,相同设计系统不同版本之间的数据交换,不同时期设计的产品之间的数据交换,不同企业之间的数据交换等。

由于各种CAD/CAM系统的用途和性能各异,其内部产品数据模型的结构和格式也有所差别,为顺利实现产品数据交换,需要采用一定的交换方式,构造适当的数据转换接口,并制定必要的数据转换标准。目前,在不同CAD/CAM系统之间进行数据交换的方式主要有三种:专用接口方式、通用接口方式和共享数据方式。其中,通用数据接口为不同系统之间的数据交换提供了一个标准平台,实现间接的数据交互。常用的产品数据交换标准格式有:STL、IGES、STEP、DXF等。

一、IGES标准

1. IGES概述

IGES(Initial Graphics Exchange Specification)称为初始图形交换标准,是美国国家标准与技术研究院(NIST)为发展CAD技术而制定的一项专门用于图形文件交换的数据标准。IGES1.0,要用于线框模型;IGESS2.0版,增加了B样条曲线与曲面、直纹曲面、旋转曲面、有限元及节点等实体;IGES4.0版,支持CSG模型;1990年发布的最后一个版本——IGES5.0版,支持B-rep模型。

IGES是目前CAD/CAM系统使用较为广泛的数据交换标准,大多数的CAD/CAM系统均具有IGES文件生成和转换功能。

IGES之所以在1990年以后不再发展,原因是其本身存在某些固有缺陷,主要是IGES支持的实体十分庞大,而实际的CAD/CAM软件不可能实现IGES支持的全部实体。这就产生了系统间数据交换的障碍,可能造成数据丢失。虽然可采取一些补救措施,但难以从根本上解决。此外,数据文件较大、数据转换处理时间较长也是不足之处。

2. IGES文件结构

IGES的基本单元是实体,可分为几何实体、标记实体和构造实体3种类型。几何实体包括点、直线、圆弧、样条曲线、曲面等。标记(描述)实体包括文字标记、尺寸标注、绘图说明等。构造实体包括结合项、图组、属性、定义等。

IGES采用ASCII码顺序文件存储数据,其记录长度为80个字符,每个记录由以下5部分组成。

(1)起始段(Start Section):提供使用者阅读文件说明语句。

(2)全局段(Global Section):包括前、后处理器中描述所需信息。

(3)分类入口段(Direction Entry Section):提供分类目录,包括所有IGES文件采用的元素目录,每个元素以固定格式用两个记录给出。

(4)参数数据段(Parameter Data Section):提供元素参数。

(5)结束段(Terminate Section):结束标志。

CATIA在保存时可以将零部件直接保存为IGES格式。对于装配产品,CATIA提供了先将产品存为整体零部件,再转换为IGES格式的方法实现数据格式的转换。

二、STEP标准

1. STEP概述

STEP(Standard for the Exchange of Product Model Data)称为产品模型数据交换标准。其

目标是以中性格式文件,概括出在产品寿命周期内具有完整性与集成性的计算机化的产品模型所需的信息。它能完整地表示产品数据,并支持广泛的应用领域;它的中性机制使它能独立任何具体的计算机辅助设计的软件系统。

STEP 与 PDES(Product Data Exchange Specification)密切相关,PDES 由美国国家标准与技术研究院于 1984 年开始研制,1988 年公布实施方案。ISO 将 PDES 作为制定 STEP 的主要样本,两者常常不加区分。

2. STEP 文件结构

STEP 采用了 PDES 的数据模型及三个开发层次(应用层、逻辑层和物理层),其结构形式类似于数据库的三级模式:外模式、概念模式和内模式。STEP 定义包括以下几个基本部分。

(1)描述部分。描述部分提供支持 STEP 开发所需的方法与工具。STEP 标准使用形式化方法描述 STEP 实体。

(2)资源信息模型。定义 STEP 所支持的产品模型包括一般资源信息模型和应用资源信息模型。

一般资源信息模型是用 EXPRESS 语言描述产品的概念模型,包括对产品的描述、几何、拓扑表示、结构/配置管理、材料信息、形位公差以及产品寿命周期支持等。

应用资源信息模型指明产品模型的哪些部分将被付诸实施,例如绘图、运动分析、应力应变分析、有限元分析、电子/电气连接等。

在资源信息模型中,数据以独立方式定义,并通过应用协议具体实现。

(3)应用协议。应用协议是对资源信息模型的细化,主要内容是根据不同应用领域(如使用线框模型的机械设计、使用 CSG 的机械设计、使用边界表示法的机械设计)制定产品模型的相应子集,定义信息交换方式(文件交换、操作形式交换、数据库交换或知识库交换)等。

(4)实现形式。实现形式是对应用协议的细化,主要内容是定义 STEP 进行数据交换的多种实现方法,包括物理文件格式、标准数据存取接口等。

(5)一般性检验。定义对所交换产品数据进行一致性检验的标准程序和用以检查软件对 STEP 标准的符合程度。内容包括一致性测试方法与框架、对测试库和一致性评价人员的要求、抽象测试件规范等。

三、STL 标准

STL 文件,一种 3D 模型文件格式 STL(STereo Lithography 的缩写)。STL 文件格式是由 3D SYSTEM 公司于 1988 年制定的一个接口协议,是一种为快速成形制造技术服务的三维图形文件格式。STL 文件由多个三角形面片的定义组成,每个三角形面片的定义包括三角形各个定点的三维坐标及三角形面片的法矢量。三角形顶点的排列顺序遵循右手法则。STL 文件有两种类型:ASC 域格式和二进制格式 ASC 域格式。

由于 STL 模型仅仅记录了物体表面的几何位置信息,没有任何表达几何体之间关系的拓扑信息,所以在重建实体模型中凭借位置信息重建拓扑信息是十分关键的步骤。STL 模型重建的过程如下:首先重建 STL 模型的三角形拓扑关系;其次从整体模型中分解出基本几何体素;重建规则几何体素;然后建立这些几何体素之间的拓扑关系;最后重建整个模型。

四、DXF 标准

DXF 是 Autodesk 公司开发的用于 AutoCAD 与其他软件之间进行 CAD 数据交换的 CAD 数据文件格式,是一种基于矢量的 ASCII 文本格式。由于 AutoCAD 在工程图样设计中是最流行的 CAD 系统,DXF 也被广泛使用,成为事实上的标准。绝大多数 CAD 系统都能读入或输出 DXF 文件。

DXF 文件是由很多的"代码"和"值"组成的"数据对"构造而成,这里的代码称为"组码"(group code),指定其后的值的类型和用途。每个组码和值必须为单独的一行的。DXF 文件被组织成为多个"段"(section),每个段以组码"0"和字符串"SECTION"开头,紧接着是组码"2"和表示段名的字符串(如 HEADER)。段的中间,可以使用组码和值定义段中的元素。段的结尾使用组码"0"和字符串"ENDSEC"来定义。

CATIA 的工程图工作台可以直接读取和存储 DXF 类型的数据,同时 CATIA 还支持读取/存储 AutoCAD 专用的 DWG 数据格式。

五、WRL 文件

WRL 文件是一种虚拟现实文本格式文件。也是 VRML 的场景模型文件的扩展名。WRL 文件是纯 ASCⅡ 文件,所以可以用文本编辑器打开和编辑。虽然这样,但是对于大型的 3D 文件,并不建议用手工的方法转换。通常选择用三维软件(maya,max 等)进行场景建模和输出。它可以用 VRML 浏览器打开,VRML 浏览器通常是以插件的形式附着在 Web 浏览器中,如 IE、NetScape 等 Web 浏览器都有自带的 VRML 浏览器,但这些浏览器的功能有限,对 VRML 的支持不很充分;一些公司开发的 VRML 浏览器则通常功能强大,如 SGI 公司的 Cosmo Player、SONY 的 Community Place Brower 等。CATIA 借助这种文件格式可以将三维模型转换成插入到说明文档中可以浏览的动态图片,从而丰富了说明文件的内容。

在实际使用过程中,针对不同的模型数据和建模目标采用不同的标准数据格式进行数据转换和共享。利用 IGES,STL 格式转换的文件只能浏览,不能修改;而用 STEP 格式转换的文件能修改参数,更有助于数据交流的真实。在逆向设计过程中通常采用 STL 格式存储点云数据。除了上述介绍的文件格式之外,不同行业和企业还制定了相应的数据标准用于配合其产品数据库管理系统的需要。例如,在 ESPRIT(欧洲信息技术研究与开发战略规划)资助下的 CAD-I 标准用于有限元和外形数据信息;德国的 VDA-FS 标准主要用于汽车工业;法国的 SET 标准主要应用于航空航天工业等。

5.6 汽车虚拟设计制造

5.6.1 汽车虚拟设计技术

一、虚拟设计过程

虚拟设计概念最早是由美国科学家拉厄尔于 20 世纪 80 年代初提出的,现在已被广泛应用于社会生活的各个方面,如虚拟生产、虚拟贸易、虚拟市场、虚拟网络等,它是通过虚拟现实的手段,追求产品的设计完美和合理化。

虚拟设计通过"三维空间计算机图像"达到：

(1)真实,借助计算机和其他技术,逼真地模拟人在自然环境中的各种活动,把握人对产品的真实需要。

(2)交互,实现人与所设计对象的操作与交流,以不断改进设计模型。

(3)构想,强调三维图形的立体显示,使设计对象与人、环境更具现实感和客观性。

虚拟设计,就是设计人员用一个虚拟的产品来分析、研究、检查所设计的产品是否合理,有无问题,应如何修改。在对虚拟产品的品评和考查中,如发现问题,可再修改设计,使产品设计得更好,而不是在投产前先制造一个模型或样品。

例如,在设计汽车驾驶室时,要求试验人员戴上有显示器的头盔和数据手套,进入虚拟现实世界,对驾驶室中的转向盘、变速杆以及其他开关的布置进行操作模拟,可以通过头盔查看模拟的操作过程,验证设计结果是否合适。用虚拟现实世界检查出设计中的问题,就可以改进设计了。

虚拟设计在设计建筑物时,可以让设计人员在虚拟建筑物内漫游,获得第一手材料,来验证自己设计的建筑物是不是合适。在建筑设计中,除要考虑结构及强度等问题外,还要考虑采光、声音效果、通风等许多问题,而这些问题要预先估计出来是比较困难的。利用虚拟现实技术,虚拟出建筑物,让设计人员到室内考查,这就方便多了。对于讲演厅、电影院的设计,则可用虚拟现实技术来考查声音效果,帮助设计人员改进设计。

现在,汽车设计、舰船设计也都可以采用虚拟设计。德国汽车业应用虚拟现实技术最快也最广泛,德国所有的汽车制造企业都建成了自己的虚拟现实开发中心。奔驰、宝马、大众等大公司的报告显示,应用虚拟现实技术,以"数字汽车"模型来代替木制或铁皮制的汽车模型,可将新车型开发时间从 1 年以上缩短到 2 个月左右,开发成本最多可降低到原先的 1/10。美国福特汽车公司科隆研究中心设计部经理罗勃认为,采用虚拟设计技术,可使整个设计流程时间减少 2/3。

虚拟设计的一般过程：

(1)几何产品概念设计。基于 CAD 建模技术建立的参数化虚拟原型的形状能够被直观、方便地被改变,也就是说数据模型在实时反馈的作用下可通过人机交互实时地改变。例如,通过数据手套,用户可指向模型上需要改进的地方,实时的碰撞跟踪功能按照手部的运动改变模型的形状。这一功能对于产品开发的概念设计有重要意义。

(2)机械产品概念设计。对于机械设计来讲,在概念设计阶段经常讨论的一个问题就是运动学特性,另外还有可接近性和可装配性。IGD 开发了一个研究性的装配系统,在这个系统中,用户可用于抓取物体,然后在适当的位置放开。系统可进行精确的碰撞跟踪,当两个物体之间位置调整对齐之后,系统的抓取机制可将两个零件自动装配起来。

(3)虚拟现实仿真。虚拟现实仿真技术主要体现在计算机根据所建立的领域知识库和数据库,运用人工智能、模式识别等技术,由主控机构进行建模、学习、规划和计算,通过三维动画制作和显示头盔进行该领域的视觉模拟,通过传感机制和触觉手套进行该领域的触觉模拟,通过音响制作和音效卡进行声音模拟,通过机械控制和传动装置进行动感模拟,然后将人对这些感官刺激所做的动作反应反馈给主控机构,从而实时产生对新的模拟模型的各方面(包括视觉效果、各零部件间的几何关系等)的评价。这样,设计人员在产品的开发过程中即可提出修改意见,而不必等到产品开发后期不能进行大修改的时候。

对于汽车而言,基于虚拟样车的设计技术,设计者在物理样车制造出来之前,就可以通过计算机仿真分析、比较各种不同设计方案,并进行性能匹配、优化。这样在设计的早期阶段就能较精确地预测汽车整车的各项性能,从而大大地缩短新产品的设计开发周期,降低开发费用及制造成本,增强产品在国际市场上的竞争力,从而实现基于虚拟样车的汽车虚拟设计、虚拟开发。

二、汽车虚拟设计技术应用

虚拟设计技术在产品设计、制造过程中具有重要的应用,可大大提高产品的技术水平,例如汽车的外形设计与碰撞试验、工厂和建筑物的漫游等。

(1)汽车产品造型设计。汽车造型造型设计(图5-28)是汽车的一个极为重要的方面。以前多采用泡沫塑料制作外形模型,要通过多次的评测和修改,费工费时。而采用虚拟现实建模的外形设计,可随时修改、评测方案确定后的建模数据,可直接用于冲压模具设计、仿真和加工,甚至于广告和宣传。在其他产品(如飞机、建筑和装修、家用电器、化妆品包装等)外形设计中,均有较大的优势。

(2)产品的布局设计。在复杂产品的布局设计中,通过虚拟现实技术可以直观地进行设计,避免可能出现的干涉和其他不合理问题。例如,工厂和车间设计中的机器布置、管道铺设、物流系统等,都需要该技术的支持。在复杂的管道系统设计中,设计者可以进入其中进行管道布置,检查可能的干涉等错误。在汽车的内部设计中,如图5-29的整车结构布置设计,虚拟设计是最有效的工具,虚拟现实技术可发挥不可替代的积极作用。

图5-28 汽车产品造型设计

图5-29 汽车产品整车结构布置

(3)产品装配仿真。机械产品中有成千上万的零件要装配在一起,其配合设计、可装配性是设计人员常常出现的错误,往往要到产品最后装配时才能发现,造成零件的报废和工期的延误,不能及时交货,造成巨大的经济损失和信誉损失。采用虚拟现实技术可以在设计阶段就进行验证,保证设计的正确。

(4)产品加工过程仿真。产品加工是个复杂的过程。产品设计的合理性、可加工性、加工方法和机床的选用、加工过程中可能出现的加工缺陷等,有时在设计时是不容易发现和确定的,必须经过仿真和分析。例如,冲压件的形状或冲压模具设计不合理,可能造成冲压件的翘曲和破裂,造成废品;铸造件的形状或模具、浇口设计不合理,容易产生铸造缺陷,甚至报废;机加工件的结构设计不合理,可能产生无法加工,或者加工精度无法保证,或者必须采用特种加工,增加了加工成本和加工周期。通过仿真,可以预先发现问题,采取修改设计或其他措施,保证工期和产品质量。

(5)虚拟样机与产品工作性能评测。许多不合理设计和错误设计只能等到制造、装配过程时,甚至到样机试验时才能发现。产品的质量和工作性能也只能当产品生产出来后,通过试运转才能判定。这时,多数问题是无法更改的,修改设计就意味着部分或全部的报废和重新试制,因此常常要进行多次试制才能达到要求,试制周期长,费用高。而采用虚拟制造技术,可以在设计阶段就对设计的方案、结构等进行仿真,解决大多数问题,提高一次试制成功率。采用虚拟现实技术,可以方便、直观地进行工作性能检查。例如,美国的 John Deere 公司采用该技术,对新产品反铲装载机的三个技术方案进行建模仿真,结果否定了其中的两个方案,节约了大量的研制经费。

(6)产品广告与漫游。用虚拟现实或三维动画技术制作的产品广告具有逼真的效果,不仅可显示产品的外形,还可显示产品的内部结构、装配和维修过程、使用方法、工作过程、工作性能等,尤其是利用网络进行的产品介绍,广告效果很好。例如,在 Internet 上某汽车的产品介绍和用户使用说明,可在网上进行操作:改变车身的部分结构和颜色,打开调色板板,选择喜欢的颜色更换车身颜色;打开工具箱选择更换车轮的轮毂等操作,生动、直观。

5.6.2 汽车虚拟制造技术

一、虚拟制造技术

虽然,虚拟制造概念从提出到现在已有 10 多年的历史,但迄今为止国内外对于虚拟制造概念的含义还没有统一的定义。国内外许多学者曾经从不同的角度出发,对虚拟制造做出了相应的定义。各国学者对于虚拟制造是一个什么性质的概念这一基本问题存在着分歧。有些定义认为虚拟制造是一个过程,有些定义认为虚拟制造是一个系统或环境,还有少数定义则认为虚拟制造是其他性质的一个概念。汽车虚拟制造更多地倾向于描述一个过程,而不是一个系统或环境。对于承担虚拟制造这一过程的实际系统而言,通常用虚拟制造系统(virtual manufacturings system)来表示。

结合虚拟制造过程的内容、目的以及所依赖的软硬环境,可以将虚拟制造概念重新归纳定义为:虚拟制造是一个在计算机网络及虚拟现实环境中完成的,利用制造系统各个层次、不同侧面的数学模型,对包括设计、制造、管理、销售等各个环节的产品全生命周期的各种技术方案和技术策略进行评估和优化的综合过程。其目的是在产品设计阶段或产品制造之前,就能实时、并行地模拟出产品的未来制造全过程及其对产品设计的影响,预测产品的性能、成本和可制造性,从而有助于更有效、更经济和更灵活地组织生产,使工厂和车间的资源得到合理配置,使生产布局更合理、更有效,以达到产品的开发周期和成本的最优化、生产效率的最高化。

在虚拟制造定义的基础上,又可以对虚拟制造技术和虚拟制造系统分别定义。

虚拟制造技术(virtual manufacturing technology)是一门以计算机仿真技术、制造系统与加工过程建模理论、VR 技术、分布式计算理论、产品数据管理技术等为理论基础,研究如何在计算机网络环境及虚拟现实环境下,利用制造系统各个层次、各个环节的数字模型,完成制造系统各个环节的计算与仿真的技术。

虚拟制造系统是一个在虚拟制造技术的指导下,在计算机网络和虚拟现实环境中建立起来的,具有集成、开放、分布、并行、人机交互等特点的,能够从产品生产全过程的高度来分析和解决制造系统各个环节的技术问题的软硬件系统。

1. 虚拟制造的特点

虚拟制造具有集成性、反复性、并行性和人机交互性等特点。

（1）集成性。集成性首先表现在虚拟制造并不是一个单一的过程,它是一个具有不同目的的各类虚拟子过程的综合。这一特点是由实际制造过程的多样性决定的。实际的制造过程既要完成产品的设计,还要完成生产过程的规划、调度和管理等事务。与此相应,虚拟制造包含了虚拟设计、虚拟加工、虚拟装配等过程,以完成产品的设计、生产过程的优化调度等任务。其次,虚拟制造的集成性还表现在诸多子过程并不是独立运行的,而是彼此之间相互影响、相互支持,共同完成对实际制造过程的分析与仿真。

（2）反复性。反复性指的是虚拟制造大多数环节都遵循"方案拟订→仿真评价→方案修改"的一个多次反复的工作流程。在虚拟设计环节中,设计人员在网络和虚拟现实环境中,根据自己积累的经验以及计算机提供的各种知识,同时借助于计算机提供的各种设计工具,首先拟定出产品的设计方案。而产品可制造性和可装配性评价,是在对产品建模和对加工过程建模的基础上,通过仿真和虚拟来进行的。最后,可制造性和可装配性评价结果反馈给设计者,作为设计者修改设计方案的依据。一个成功的设计方案是上述过程多次反复、不断完善的结果。

（3）并行性。并行性指的是分布在不同节点的工程技术人员、计算仿真资源和数据知识资源,在计算机网络和分布式虚拟现实环境下,针对生产中的某一任务,群组协调工作。虚拟制造过程的这种并行性一方面是由虚拟制造系统中的人员、资源的分布性决定的,另一方面也是受目前的硬件条件限制,必须采取的提高仿真和计算速度的一种策略。因为实际制造系统是一个复杂的大系统,目前凭单一的计算机完成对复杂的实际制造系统的虚拟和仿真是不可能的,必然采用分布式计算和仿真理论,利用计算机网络,群组协调工作,完成实际制造系统的虚拟和仿真任务。

（4）人机交互性。虚拟制造通过虚拟现实环境将计算机的计算和仿真的过程与人的分析、综合和决策的过程有机地结合起来。虚拟制造的这种特点可以充分发挥人的定性思维和计算机的定量计算的各自优势,这在人工智能技术还没有充分发展的今天,是一种有效而现实的解决工程实际问题的办法。此外,在虚拟培训、虚拟原型评价等过程中,人机交互是一个必不可少的环节,操作者或者客户的参与就构成了一个人在回路(Human-in-the-Loop)的仿真过程,通过虚拟现实环境操作者或者客户就可以得到逼真的、具有沉浸感的虚拟场景。

2. 虚拟制造与实际制造的关系

实际制造过程包括产品设计、生产工艺拟定、生产管理、产品销售等环节。早先,这些环节都是由技术和管理人员根据自己掌握的知识和积累的经验来完成的。后来,随着计算机技术在制造业各个环节的渗透日益加强,出现了各种单项的计算机辅助技术,如计算机辅助设计(CAD)、计算机辅助工艺设计(CAPP)等,在此基础上还提出了计算机辅助工程(CAE)的较为综合的概念,使得传统的制造业发生了很大的变化。随着计算机技术在生产制造各个环节的渗透日益深入,产生了虚拟制造技术。但是虚拟制造不等同于原来的各种单项的计算机辅助技术,而是一种更高层次上的计算机技术在设计、制造、管理等各个环节中的应用,它能更加全面地实现原来各种单项的计算机辅助技术的功能。可以预计,随着虚拟制造技术的发展,实际制造过程中的设计、管理、决策等环节将逐步地引入虚拟制造技术,虚拟制造将成为未来制造过程有机的组成部分,这是虚拟制造与实际制造之间的第一层关系。

虚拟制造与实际制造之间的第二层关系可以表述为:虚拟制造是对实际制造活动的抽象,即虚拟制造是建立在实际制造过程数学模型的基础之上的。从虚拟制造的定义可知,虚拟制造是一个以实际制造数学模型为基础,对实际制造系统进行仿真和分析的过程。数学模型的准确性,对于虚拟制造过程分析结果的有效性和可靠性起着至关重要的作用。但是,应该指出的是并不是每一个虚拟制造子过程都要求建立实际制造过程的(包括几何、物理等全方位的数学模型),而只要根据其目的建立相应的反映实际制造过程的某些侧面的数学模型即可。例如,在虚拟培训过程中,观察者需要观察其所编制的数控程序的走刀轨迹是否正确,加工过程中是否存在碰撞干涉等问题,此时只要建立加工过程的几何模型即可,没有必要对加工过程中的切削热、切削力、加工表面质量等复杂的物理规律进行建模。虚拟制造与实际制造之间的第三层关系是:实际制造是虚拟制造的实例。也就是说,虚拟制造仿真、分析的最终目的是要为生产实践提供科学的、全面的指导依据。例如,对某FMS系统进行计算机仿真和分析,其目的就是为了优化实际FMS的运行过程。

二、虚拟制造技术分类

虚拟制造系统的功能多种多样,涉及生产制造过程的方方面面,如虚拟设计、生产过程优化与调度、厂区规划和车间布局、生产线设计与评价、生产工艺设计与评价、加工过程切削参数优化、数控设备软件的编制与验证、三维空间漫游、虚拟培训等。虽然,虚拟制造的这些功能较为繁杂,但是,根据它们的特点,可将其分别归类为三种类型的虚拟制造,即以设计为中心的虚拟制造、以生产为中心的虚拟制造和以控制为中心的虚拟制造,如图 5-30 所示。

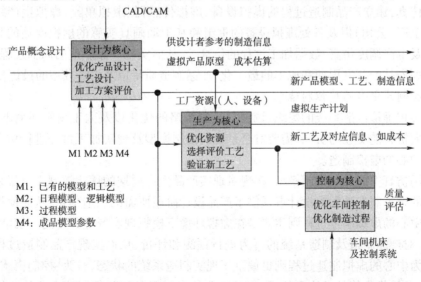

图 5-30 虚拟制造及其分类

1. 以设计为中心的虚拟制造

快速虚拟设计是虚拟制造中的主要支撑技术。由于产品设计过程的复杂性,以及设计

对制造全过程的重大影响,因此需要设计部门与制造部门之间在计算机网络的支持下协同工作。虚拟设计平台是在 Internet 的支持下工作的,其基本功能及模块包括产品异地设计、产品优化设计和产品性能评价等。异地,可以是同一地区的不同协作单位,亦可以是不同地区和不同国家,通过对产品信息综合分析,对产品实现建模以及产品的优化设计和零件的分析优化。这种综合分析,主要是对产品的性能进行分析,并通过反复迭代,达到产品零部件及产品整体的优化。在此基础上,通过产品性能评价及产品可制造性评价软件模块,对产品的结构、产品制造及产品装配和产品质量、产品可制造的经济性等进行全面分析,从而为用户提供全部制造过程所需要的设计信息和制造信息,以及相应的修改功能,并向用户提出产品设计修改建议。

整个设计过程是在一种虚拟环境中进行的,由于采用了虚拟现实技术,通过高性能、智能化的仿真环境,可以使用户达到高度的真实化。使用某些数字化仿真工具,可使操作者与虚拟仿真环境有着全面的感官接触与交融,使操作者有身临其境之感,从而可以直接感受所设计产品的性能、功能并不断加以修正,尽可能使产品在设计阶段就能达到一种真正的性能优化、功能优化和可制造性优化。此外还可通过快速原型系统输出设计的产品原型,进一步设计并进行评估和修改。

2. 以生产为中心的虚拟制造

它涉及虚拟制造平台和虚拟生产平台乃至虚拟企业平台,贯穿于产品制造的全过程,包括与产品有关的工艺、工具、设备、计划以及企业等,通过对产品制造全过程模型进行模拟和仿真,实现制造方案的快速评价以及加工过程和生产过程的优化,进而对新的制造过程模式的优劣进行综合评价。产品制造全过程的模型主要包括虚拟制造环境下产品/过程模型和制造活动模型,这是现实制造系统中的物质流和信息及各种决策活动在虚拟环境下的映射,包括生产组织、工艺规划、加工、装配、性能、制造评估等制造过程信息及相应活动。

通过仿真,建立产品制造过程的虚拟设备、虚拟传感器、虚拟单元、虚拟生产线、虚拟车间及虚拟工厂(公司)以及各处虚拟设备的重组和基于动画真实感的虚拟产品的装配仿真、生产过程及生产调度仿真、数据加工过程的仿真等,从而实现产品制造的局部过程最优或全局最优。如产品的开发周期和成本的最小化,产品制造质量以及生产效率的最优化等。

3. 以控制为中心的虚拟制造

为了实现虚拟制造系统的组织、调度与控制策略的优化以及人工现实环境下虚拟制造过程中的人机智能交互与协同,需要对全系统的控制模型及现实加工过程进行仿真,这就是以控制为中心的虚拟制造。

它利用仿真中的加工控制模型,实现对现实产品生产周期的优化控制。一般来说,以设计为中心的虚拟制造过程为设计者提供了产品设计阶段所需的制造信息,从而使设计最优;以产品为中心的虚拟制造过程则主要是在虚拟环境下模拟现实制造环境的一切活动及产品的全过程,对产品制造及制造系统的行为进行预测和评价,从而实现产品制造过程的最优;而以控制为中心的虚拟制造过程则更偏重于现实制造系统的状态、行为、控制模式和人机界面,通过全局最优决策的理论和技术,突破企业的有形界限和延伸制造企业的功能,根据最优原理,以及环境和目标的变化进行优化组合,动态地调整组织机构,创建地域上相距万里的虚拟企业集团,以全局优化和控制为目标,对不同地域的产品设计、产品开发、市场营销、加工制造、装配调试等,通过计算机网络加以连接和控制。

三、汽车虚拟设计制造关键技术

虚拟制造在工业发达国家,如美国、德国、日本等已得到了不同程度的研究和应用。在这一领域,美国处于国际研究的前沿。福特汽车公司和克莱斯勒汽车公司在新型汽车的开发中已经应用了虚拟制造技术,大大缩短了产品的发布时间。波音公司设计的777型大型客机是世界上首架以三维无纸化方式设计出的飞机,它的设计成功,已经成为虚拟制造从理论研究转向实用化的一个里程碑。

归纳起来,汽车虚拟设计制造的基础是建立在产品建模基础、汽车生产管理方式、数据转换与处理、网络环境下分布式产品数据库等先进制造技术基础上的。其中关键技术主要包括:①虚拟设计与装配技术,包含虚拟设计、虚拟现实仿真技术和虚拟样机技术;②虚拟产品实现技术,包含虚拟加工、虚拟测量、远程机器人操纵与控制等技术;③虚拟检测与评价技术,包含加工过程的检测、装配检测和工艺过程规划及仿真;④虚拟实验技术;⑤虚拟生产技术,包含基于虚拟现实的网络制造仿真与评价、数字化工厂建模技术、生产过程的虚拟仿真技术等。

在我国,清华大学、北京航空航天大学、哈尔滨工业大学等科研教学单位也已经开展了这一领域的研究工作。当前我国虚拟制造应用的重点研究方向是基于我国国情,进行产品的三维虚拟设计、加工过程仿真和产品装配仿真,主要是研究如何生成可信度高的产品虚拟样机,在产品设计阶段能够以较高的置信度预测所设计产品的最终性能和可制造性。在对产品性能具有高科技含量要求的行业中,如航空航天、军事、精密机床、微电子等领域,随着研究的不断深入和相关技术的发展,虚拟制造必将得到日益广泛的应用。基于产品的数字化模型,应用先进的系统建模和仿真优化技术,虚拟制造实现了从产品的设计、加工、制造到检验全过程的动态模拟,并对企业的运作进行了合理的决策与最优控制。虚拟制造以产品的"软"模型(Soft Prototype)取代了实物样机,通过对模型的模拟测试进行产品评估,能够以较低的生产成本获得较高的设计质量,缩短了产品的发布周期,提高了企业生产效率。企业的生产因为虚拟制造技术的应用而具有高度的柔性化和快速的市场反应能力,因而市场竞争能力大大增强。作为一种先进的制造模式,虚拟制造的应用范围必然会不断扩大,给更多的企业带来更大的收益。

5.7 汽车协同制造网格

5.7.1 网格的概念和体系结构

一、网格的产生与应用

网格是继万维网之后出现的新型网络计算平台,它的产生有这样几方面的背景:首先是随着求解问题领域的不断拓展,遇到的问题越来越复杂,规模越来越大,解决这些问题所需要的计算能力也大幅度提高,需要通过网格来提供足够的计算能力;其次是相关技术的发展为网格的产生奠定了基础;最后是网格的应用领域非常广泛,几乎各类人群都可以利用网格来解决他们面临的问题。

1. 网格的产生

随着计算机和计算方法的飞速发展,计算已经在科学研究和越来越多的社会和经济活动中成为一种重要甚至不可替代的解决问题的方法和工具。随着人们求解问题领域的不断拓展,所遇到的问题也越来越复杂,而且规模也越来越大,解决这些问题所需要的计算能力也在大幅度提高。在这些问题的求解过程中,局部计算资源无法满足这样的要求,需要使用广大的分布资源,将他们集中企业来协同解决问题。因此,网格这种以更大范围的资源共享为目的的计算方式也就是随之出现。

2. 网格的发展与工程应用

20世纪80年代,并行计算机的软、硬件研究、开发和部署成为热点研究内容。由于程序代码规模越来越大,计算机资源的使用也被推向了极限,即使使用最快的并行计算机情况也是如此。这时,一些工作组开始考虑通过分布式的方式,来突破单个计算机能力的局限,求解更大规模的问题。多学科领域的研究者开始联合起来,着手解决科学研究和工程开发中的关键问题,在大规模计算基础设施的基础上,管理多学科研究领域涉及的一些内在问题和地理位置分散情况下的协作研究,成为网格计算的核心概念——协调与分布。

与传统的分布式计算相比,利用广泛分布、平台异构的虚拟计算平台解决诸如天体运行、飞行器数字模拟以及核爆炸等需要超级计算能力的科学和工程问题。这类系统具有更复杂的特征,需要从总体上来管理系统的运行,网格就作为这样一种技术被提出来,用于实现资源管理、信息管理、作业管理、安全管理、用户管理等功能,保障计算机系统的稳定运行。

现在,网格的应用远远超出了计算的范畴,除了计算机网格外,可以通过数据网格、信息网格、知识网格、虚拟现实网格、服务网格等,网格得到广泛的应用。网格的应用包括:分布式超级计算、分布式仪器系统、数据密集型计算、基于广泛信息共享的人际交互和更广泛的资源交易。

二、网格的定义

网格的定义也是在应用过程中不断丰富和发展的,一些科学家、科研机构、甚至IBM公司都对网格做出了定义,这些定义从不同的视角和理解出发对网格进行描述。因此,网格在被提出之后的10多年间一直没有统一、准确的定义。

从多种多样的定义中,可以总结出网格是继万维网之后出现的新型网格计算平台,主要研究如何在分布、异构的网络环境中实现资源共享和协同工作,为用户提供安全、高效、高质量的服务,必须具备继承性、虚拟性、共享性、协商性的特点,同时要求网格能够具备开放、标准和简单、灵活的系统特质。

开放指网格系统能够面向所有系统设备开放,只要遵守网格规则,任何设备都可以加入网格,这就要求网格必须提供标准的接口,这种接口能满足不同系统、不同设备。从发展趋势来看,可扩展的标记语言用来定义网格接口更为合适。简单则是要求用户不需要经过专门训练,只要将网格设备接入网格"插座"就可以使用网格资源,而网格中的资源也同样来去自由,且不影响整个网格的使用。

三、网格的体系机构

网格体系结构是关于如何构建网格的技术,它包含两个层次的内涵。一是要标识出网格系统由哪些部分组成,清晰地描述出各个部分的功能、目的和特点。二是要描述各个组成部分之间的关系,如何将各部分有机地结合在一起,形成完整的网格系统,从而保证网格有效运转,也就是将各部分进行集成的方式或方法。

主流的网格结构主要有三个:①由网络技术权威伊安.福斯特(Ian Foster)提出的五层沙漏模型(Five-Level Sandglass Architecture);②在以 IBM 为代表的工业界的影响下,考虑到 Web 技术的发展和影响后,伊安·福斯特等结合五层沙漏结构和 Web 服务提出的 OGSA(Open Grid Services Architecture,开放网络服务体系结构);③由 Globus 联盟、IBM 和 HP 共同提出的 WSRF(Web Service Resource Framework,Web 服务资源框架),WSRF v1.2 规范已经在 2006 年被批准为 OASIS(结构化标准信息组织)标准。

5.7.2 协同设计、制造网格

一、网络化协同设计、制造

1. 网络化协同设计开发

目前,在设计制造的工程领域,由计算机支持的协同工作在设计与制造形成了协同设计(network-based collaborative design,NCD)。协同设计是对并行工程、敏捷制造等先进制造模式在设计领域的进一步深化。网络协同设计以协同工作环境为基础,以 PDM 系统为支撑,通过电子产品的系统设计子系统机型产品的异地协同设计,通过协同设计评价子系统对协同设计质量进行评价和决策。

在汽车设计过程中,企业中广泛使用的 CAD/CAPP/CAE/CAM 工具通常都是独立开发的,并未考虑集成,而且都已经建立了各自庞大的数据库,因此,任何大的改动都会遇到许多困难,因此借助前述的数据交换标准实现了计算机辅助工具的集成,结合互联网通信实现了异地的协同设计。这种基于网络的协同设计具备群体性、并行性、动态性、异地性和协同性的特点。

通过国内某汽车协同设计与网络化开发流程(图 5-31)可以看出,对于企业来说汽车产品的开发过程非常复杂。汽车网络化的协同设计就是要协同设计的各个部门之间按照汽车主机厂的数据标准和要求开展设计,产品的数据是基于统一规范的产品数据库管理系统。网络协同产品设计开发通过网络将地理上分散的企业和各种资源集成在一起,形成一个逻

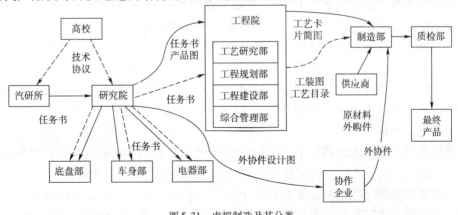

图 5-31 虚拟制造及其分类

辑上集中,位置上分散的系统,并通过系统的运作实现对市场的快速响应,提高参与网络化协同产品开发企业群体的市场竞争力。其组织机理概括为四个方向:从位置分散走向集中,从混沌无序走向有序,从独立自治走向系统,以及从单元支持走向集成。

2. 产品大规模定制

随着市场竞争的日益加剧,客户需求的多样化和个性化趋势,使得企业的竞争焦点逐渐集中在如何才能更好地满足客户多样化的需求上。在这种形势下,传统的大规模生产模式不再适应快速多变的市场需求,大规模定制这种崭新的生产方式应运而生。

大规模定制(mass customization,CM)又称大批量定制或批量化定制,是一种企业、客户、供应商和环境等于一体,在系统指导思想下,用整体优化的观点,充分利用企业已有的资源,在标准化技术、现代工程设计方法、信息技术和先进制造工艺等的支持下,根据客户的个性化需求,以大规模生产的低成本、高质量和高效率提供定制产品和服务的生产方式。其基本思想是通过产品重组和过程重组,运用信息技术、新材料技术、柔性制造等一系列高新技术,把定制产品的生产问题转化为或部分转化为规模生产问题,以大规模的生产成本和速度,为单个用户或小规模多品种市场定制任意数量产品。大规模定制虽然脱胎于大批量生产模式,但是在指导思想和具体措施上与后者有着本质区别。

大规模定制面临的挑战是如何减少定制成本,缩短定制时间,根据精益生产的指导思想,使定制产品能同大批量生产的标准产品相抗衡。需求分散性是大规模定制模式的关键特征,大规模定制把大规模生产和定制生产两种生产模式的优势有机地结合起来,在不牺牲汽车企业利益的前提下,了解并满足单个顾客的需要,从而使汽车企业获得成本、价格、销售、竞争、市场方面的优势,同时实现了反应敏捷和多方面共赢的结果。

二、协同设计、制造网格

1. 协同设计网格

无论是网络协同设计,还是大规模定制,都需要对资源进行有效的组合,合理分配和利用资源。但是,分析网络协同设计过程不难发现,这种产品设计开发方式较传统的设计方式有跨越式的进步。但是,在设计过程中要求各设计部门首先遵从于企业的数据标准,这就要求各个协同部门必须采用一致的建模软件,分析软件和文档格式。这种统一的数据格式随着大规模定制的施行,使得各部门中的数据必须进一步的协调一致。由于汽车设计开发过程中不可避免的有需要借助第三方试验、计算分析机构的力量,这些试验、计算分析机构的数据标准只能通过技术协议来保障。对于试验、计算分析机构来说,他们的优势在于试验的方法和研发的计算分析能力,这些优势可以服务于多个不同的汽车企业。数据标准的不同,使得这些试验和研发机构将更多的精力投入在数据的调整中,延长了试验、计算分析中的周期。这一矛盾可以通过前述的网格加以解决,在开放、灵活的网格中汽车企业和试验、研发机构通过标准的接口快速实现数据对接,可以极大地提高设计研发的效率。

2. 协同制造网格

大规模定制所面临的问题在于,实现大规模定制的前提是必须面向某一产品族,品种多的产品,生产线复杂,生产线上物流复杂,不能实现规模经济,从而不能大规模定制。大规模定制生产需要解决的问题是满足消费者的个性化需求和大规模生产之间的矛盾,解决这一矛盾的一个思路是确定客户订单的延迟点,但是这并不能从根本上解决问题。另一个解决

问题的思路是采用协同制造网格技术,系统制造网格的两个任务是:

(1)将分布在制造网格节点上的设备、材料、人员以及在产品生命周期中所涉及的软件和硬件综合,不同种类的资源有不同的信息和共享模式,将这些资源虚拟化并封装成服务,通过网格计算实现资源的均衡分布的同时兼顾定制规模,这种计算要远比一般计算要复杂得多。

(2)制造任务的协同,把制造过程中的各种需求设计成一系列密切联系的作业,资源通过作业的交换,变成各种客户需求的产品。

可以通过表5-5对制造网格和大规模定制的比较看出两者的差异。

制造网格与大规模定制的特征比较 表5-5

比较内容	制造网格	大规模定制
目的	实现资源共享和协同工作,促进制造系统自组织进化进程	实现资源共享和协同工作,促进制造系统自组织进化进程
途径	制定规则或规范,自愿遵守	加强管理,重视协调
组成成员	资源(包括企业)	企业
成员关系	竞争与合作并存,强调动态性和临时性	竞争与合作并存,成员基本固定
信息流通	重视信息的对称性和公开性,尽量提高信息的流通速度	重视信息的对称性和公开性,尽量提高信息的流通速度
防范措施	更注重防范,确保平台环境的公平性	重视程度不高,措施单一
管理方式	分布式管理	集中管理,需要管理中心
系统平台	统一的网格平台	没有统一平台
实现技术	Web Service 技术	没有统一的技术
标准规范	OGSA、WSRF 规范	没有统一的标准和规范
适用范围	全球制造	分布式集团或公司
扩展和开放性	只要遵循一定的规范将资源封装为服务,即可加入	需要大量的客户化工作,很难扩展

协同制造网格的理论和研究成果要应用到汽车领域,建立和实现基于网格的汽车协同制造平台,实现基于网格的汽车协同制造应用是工作中的重要环节,是当前汽车设计制造领域中的研究的关键问题。

5.8 本章小结

本章对先进制造技术中的先进制造体系做了系统介绍,简要介绍了先进制造系统中涉及的成组技术、计算机集成制造和并行工程原理,结合汽车生产介绍了生产管理中所广泛采用的 MRP、MRPII 和 ERP 原理,以及质量管理体系。结合汽车制造商管理技术介绍了精良生产和敏捷制造两种典型的先进制造管理系统;在简要介绍了先进工艺设计方法和制造工艺以及先进制造的支撑技术基础之后,进一步讲解了在汽车制造过程中正在不断完善和发展的虚拟制造和网格制造技术。通过本章的学习,可以建立起先进制造的全局概念,进一步理解 CAD/CAM 技术在现代汽车制造中的作用和工程应用背景。

思考与练习

1. 论述先进制造的特点,并结合先进制造技术体系结构说明其发展趋势。
2. 通过查阅文献,阐述成组技术在汽车设计制造中的应用。
3. 通过查阅文献,阐述计算机集成制造在汽车设计制造中的应用。
4. 通过查阅文献,阐述并行工程在汽车设计制造中的应用。
5. 对比 MRP、MRPII 和 ERP 的异同点,并查阅资料举例说明。
6. 阐述 ISO 9000、ISO 9001、ISO 9004 和 TS 16949 之间的关系。
7. 对比精良生产和敏捷制造的特点,说明相同和不同之处。
8. 查阅文献,举例说明不同的设计方法使用的具体案例。
9. 论述产品数据库实现的基础和特点。
10. 借助 CATIA 将零部件模型保存成不同的产品数据交换格式,并对比异同点。
11. 阐述汽车虚拟制造的实现基础和技术特点。
12. 对比阐述网络协同制造和制造网格的异同点。

第6章　汽车 CAD/CAM 应用

 教学目标

1. 知道 CAD/CAM 工程应用技术领域。
2. 学会逆向设计的基本思路和建模方法。
3. 掌握数控加工编程的基本思路和方法。
4. 理解计算机辅助工艺设计的基本理论。
5. 学会工程分析的基本理论和一般方法。
6. 了解模拟仿真技术和数字化工厂技术。

 教学要点

知识要点	掌握程度	相关知识
汽车逆向设计应用技术	掌握	CATIA 逆向设计工具,逆向设计思路
计算机辅助工程分析	掌握	有限元分析,车身优化设计
人机工程基础	掌握	汽车设计视野校核方法
计算机辅助工艺设计	掌握	CAPP 类型,数控加工技术
汽车数字化工厂应用	了解	数字化工厂应用领域和应用软件

在系统了解了先进制造技术的基础上,结合前述对 CAD/CAM 软件 CATIA 建模基础的介绍,可以理解在汽车设计制造过程中,实现精益生产或敏捷制造的前提是要获得汽车产品的设计数据。在汽车工程设计中除了正向设计方法之外,为了在验证过程中不断改进模型还要采用逆向工程建模和计算机辅助工程分析,CATIA 针对这一设计特点提供了相应的工具。对汽车产品来说,为了满足使用的要求,还需要考虑到人机交互操作的合理性,在 CAT-IA 中还提供了用于人机工程设计的工具,从而完成对产品人机工程的优化设计。

获得产品设计模型之后,为了实现上一章中的虚拟制造,通常借助软件完成计算机辅助工艺设计和数控加工的仿真,以实现对工艺的验证,同时对加工制造的过程实现仿真。对汽车产品来说,这些仿真结果也成为产品协同设计、结构分析和工艺规程的制定以及加工制造模拟的基础。最终通过以产品数据库管理为基础的软件实现数字化工厂的建模和仿真。

6.1 汽车逆向设计基础

正向设计是从产品功能描述开始,经概念设计、总体设计、详细设计、制定工艺、工装设计与制造、零部件加工及装配、产品检验与性能测试等过程完成的。正向设计出的产品更具原创性。

逆向工程则以实物为基础,通过了解标杆产品的设计意图,经三维重构后再经历再设计的过程完成的。

6.1.1 逆向工程基本理论

现在的产品设计过程中,正向设计与逆向设计是相互交汇在一起的。正向设计的过程中有时也要用到逆向的技术方法,作为验证、促进正向设计的有益补充。逆向设计的过程也不能单纯地依赖实物的特征,很多时候必须要以正向的思维来指导设计。以汽车设计为例,如要开发一款全新的无标杆车的车型,在遵循正向设计过程,完成概念设计、总体设计及详细设计后,制作出的样车需要运用逆向方法检测车身 A 级面是否合格。

一、逆向工程的主要流程及技术

逆向工程的流程,主要包括:实物坐标数据(即点云数据)采集、点云数据处理及产品模型重构。逆向过程中,各环节涉及的主要技术有以下几项。

1. 数据采集技术

有赖于传感技术、控制技术和制造技术等相关技术的发展,出现了多种数据采集的方法。根据采集方式不同,数据采集技术可分为接触式和非接触式两大类。

接触式采集中,一般采用三坐标测量设备,通过采样头与物体直接接触,获得接触点的坐标数据。这种方法具有通用性强、测量精确可靠等优点,也存在测量空间受限、对测量环境要求高等问题。适用于产品样件的检测环节。

非接触式采集,利用某种与物体表面发生相互作用的物理现象来获取物体表面的三维坐标信息。根据原理不同,又有光学仪、声学仪和电磁仪等几类。其中光学扫描仪和断层扫描仪是非接触式采集中较常用的设备。前者用于获取物体的表面几何信息,而后者多用于需要了解物体内部特征的场合。非接触式采集具有采集速度快、无须数据补偿处理并适用于较软易变形材质测量的优点,但其测量精度受环境光影响较大,对零件颜色、表面反光度等要求较高、对曲率变化大的细节位置信息采集不够等缺点,限制了其在更高精度场合的使用。

2. 数据处理技术

简单的采集后获得的数据,通常不能直接用于构建产品模型,而是需要先进行多种方式的处理。数据处理的内容主要包括:拼接点云、对齐坐标、删除噪点、简化数据、补缺点云等。

1)拼接点云

对于一般的采集对象(即实物样件),无论采用哪种采集方法,通常都不能一次将所有数据采集完,而需要从不同视角多次采集样件数据,为了获得完整的数据信息和模型,因此需要将不同视角下采集到的数据进行拼接。

2)对齐坐标

采集系统的坐标系(由采集环境、设备和方法等决定)和模型构建系统的坐标系(CAD软件)一般是不一致的。在重建模型的点、线、面之前,需要根据模型特点,将点云的坐标系与建模软件的系统坐标系进行对齐,以方便后期模型几何元素的重构。

有些技术参考书中,会将拼接点云与对齐坐标系的过程统一为对点云进行多视拼合的处理过程。

3)删除噪点

在数据采集过程中,受环境和人为等多种因素影响,采集到的点云中难免存在不需要的或坐标信息错误的噪点数据。这些噪点数据的存在可能会影响到曲面拟合的精度等,因此,有必要删除这些噪点数据。明显的噪点数据一般通过框选、删除的方式来去除。大片点云中的噪点则是借助软件命令在一定的滤波运算后来去除的。

4)简化数据

一般来说,利用光学原理采集到的数据会多到几十万、上百万之多,甚至更多。数据量大可能更真实地反映补测物体的信息,也可能带来更多干扰并造成数据冗余,给后续的建模运算带来负担,影响建模的效率。因此,需要根据被测物体的特点,降低测量数据的密度,减少点云数据量。数据的简化可以在扫描软件中完成,也可以在逆向建模之初,导入数据时完成,还可以在数据导入后根据实际情况来处理。

5)补缺点云

采集数据时,为了分辨被测物体特征、利于数据拼合等,常常会在物体表面贴上便于识别的标志点。贴有标志点的位置,将无法采集到数据信息。另外,由于被测物体本身的几何特点,有时无法将物体数据信息采集完全,存在缺损的情况。因此,在逆向建模过程中,需要将重要位置的数据信息,通过数据运算的方式得到并补全。

3. 模型重建技术

模型重建是将实物零件由点云数据到产生 CAD 模型的过程,是逆向工程中最关键、烦琐、复杂的一环。重建过程在相应 CAD 软件的辅助下完成,根据软件的不同,具体的操作命令会有所差异,但一般需经过以下步骤:

(1)离散点的三角网格化。

(2)提取特征。

(3)分割点云。

(4)拟合曲面片。

(5)编辑曲面片。

(6)曲面片间的过渡、相交、裁剪、倒圆等处理。

(7)最终接合成整体,并将曲面实体化,得到 CAD 模型。

二、逆向工程涉及的软硬件条件

1. 硬件条件

逆向工程所需的硬件条件,即数据采集设备。根据所采用测量技术的不同,可分为接触式和非接触式两大类。

1)接触式设备

目前市场上常见的接触式测量设备主要是三坐标测量机或三坐标划线机。这类设备通常具有较高的精度,一般用于产品样件的检测中,根据其是否可以移动操作的特点,有固定式和便携式两类。

(1)固定式设备。

固定式设备是利用装有测头的移动臂沿 XYZ 三个方向的特定导轨方向移动后,由光栅尺测得移动的尺度，而确定与物体接触的测头的坐标值的。固定式设备测量的高精度是靠精密制造的主机机械系统、控制精确的电气控制系统、精密可靠的测头系统及安装有相应处理软件的计算机处理系统来保证的。根据结构的不同，三坐标测量机有悬臂式、桥式、龙门式等形式，如图6-1所示。

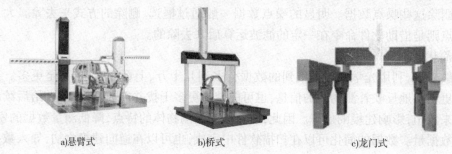

a)悬臂式　　　　　　b)桥式　　　　　　c)龙门式

图6-1　固定式三坐标测量机的结构形式

（2）便携式设备。

便携式三坐标测量机一般采用关节臂的形式，如图6-2所示。设备中具有多个角度编码器来获取测量时节臂在空间中旋转过的角度。由于设备臂长是固定的，计算机就可以利用三角函数将所测得的角度值转换成测头在空间中所处位置的XYZ坐标值。

关节臂式三坐标测量机，具有质量轻、便于移动、测头节臂角度可变等优点，可检测固定式三坐标测机无法探到的"死角"，更利于表面复杂和不规则物体的检测。

（3）非接触式设备。

非接触式设备主要运用光学原理进行数据的采样，根据其成像及数据处理的方式不同，分为激光三角测距法、结构光法、图像解析法及断层扫描成像法等。

①激光三角测距法。激光三角测距法是逆向工程中曲面数据采集运用最广泛的方法，它具有以下特点：

a. 不与样件接触，因而能对松软材料的表面进行数据采集，并能很好地测量到表面尖角、凹位等复杂轮廓。

b. 数据采集速度快，对大型表面可在CMM或数控机床上迅速完成数据采集，所采集的数据是表面的实际数据，无须探头补偿。

c. 价格较贵，杂散反色和垂直壁等因素会影响采样精度。激光三角测距仪器如图6-3所示。

图6-2　关节臂式三坐标测量机　　　　　　图6-3　激光三角测距仪

②结构光法。将一定模式的光照射到被测样件的表面,然后摄取反射光的图像,通过对比不同模式之间的差别来获取样件表面点的位置,典型的是 Shadow Moire 干涉条纹法。它的特点是不需要坐标测量机等精密设备,造价比较低,但精度低且操作复杂。

③图像解析法。与结构光方法的区别在于它不采用投影模板,而是通过匹配确定物体同一点在两幅图像中的位置,由视差计算距离,仪器如图6-4所示。由于匹配精度的影响,图像解析法主要采用形状上的特征点、边界线与特征描述物体的形状,故较难精确描述复杂曲面的三维形状。

④断层扫描成像法。该方法通过对产品实物进行 ICT 层析扫描后,获得一系列断层图像切片和数据。这些切片和数据提供了工件截面轮廓及其内部结构的完整信息,不仅可以进行工件的形状、结构和功能分析,还可以提取产品工件内部截面,并由工件系列截面数据重建工件的三维几何模型。ICT 的最大优点在于它能测量工件内部断面的信息,因而适用于任意的形状结构,但测量精度较低,其工作设备如图6-5所示。

 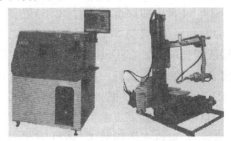

图6-4　图像解析测量仪　　　　图6-5　图像解析测量仪

一般说来,只测量尺寸、位置要素的情况下尽量采用接触式测量,如利用三坐标可以精确地计算出位置要素(如同轴度、斜度等);考虑测量成本且能满足要求的情况,尽量采用接触式测量;对产品的轮廓及尺寸精度要求较高的情况下尽量采用接触式扫描测量;对易变形、精度要求不高、要求测量时间短、需要大量测量数据的零件进行测量时最好采用非接触式测量系统。

2. 软件条件

逆向工程所需的软件分为两大类,一类是用于测量设备中的测量软件,一类是用于模型重建的 CAD 软件。

1)测量软件

用于测量设备中的测量软件一般是由各测量设备开发生产厂商自行开发并在相应设备上配套使用的。由于是各自独立开发,各测量软件的界面、数据格式都有所差异。但是测量功能中也存在共同的部分。如三坐标测量机的测量软件一般具有单次触发测量、连续测量等测量模式;非接触设备的测量软件一般都有标志点拼接测量的功能。

2)CAD 软件

在逆向工程的开始阶段,CAD 模型重建主要借助已商品化的正向 CAD/CAM 软件上的集成模块来完成,如 CATIA 的 QSR(快速曲面重建)/GSD(创成式外形设计)/DSE(数字曲面编辑器)等模块、Pro/E 的 SCAN-TOOLS 模块、UG 的 Point cloudy 模块等。后来随着数据处理要求的提高,出现了不少专门用于模型曲面重建的软件,如 EDS 公司的 Imageware、PTC 公司的 ICEM Surf、Geomagic 公司的 Geomagic Studio、DELCAM 公司的 CopyCAD、Paraform 公司的Paraform和浙江大学开发的RE-Soft等。这些专用软件各有特点和优势,在不同行业应用的范围和程度各不相同。根据目前使用的情况,Geomagic常用于点云的处理和对曲面质量要求不高的曲面快速成形,Imageware常用于模型重建中特征的提取、线框模型的建立和一般光顺曲面模型的重建,ICEM Surf则多用于汽车行业对主要A级型面的重建和编辑。

现在,随着技术发展和CAD软件行业的重组,有些专用逆向工程软件虽仍独立存在,但也渐渐地融合到了正向CAD/CAM软件中,如Imageware之于UG及ICEM Surf之于CATIA。融合加强了正向CAD/CAM软件的逆向设计能力,也正与将逆向设计作为正向设计的参考的要求趋向一致。

6.1.2 逆向设计案例

在CATIA中进行逆向设计,需在Digital Shape Editor(数字化外形编辑器,DSE)、Quick Surface Reconstruction(快速曲面重构,QSD)、Generative Shape Design(创成式曲面设计,GSD)、Free Style(自由曲面造型设计,FSS)等多个工作台中切换,各工作台在逆向设计中各有其主要功能和作用。在DSE工作台中,主要完成点云的处理,包括点云导入、点云补洞、点云选取、特征线提取等。在QSR工作台中,可根据所选取的点云快速生成特征曲面,如平面、圆柱面、球面、圆锥面或自由曲面等,其拟合后的面与点云贴合度高,但曲面质量未必很好。在GSD工作台中,可根据提取到的点云特征线,运用曲面正向建模的方法构造曲面。在FSS工作台中,同样能完成曲面的构造还可对曲面质量进行分析,并检查曲面与点云的贴合情况。另外,针对汽车曲面要求,还可用Automotive BiW Fastening(汽车白车身结合设计)和Automotive Class A(汽车A级面,ACA)进行高级曲面编辑。

汽车发动机进气道(点云数据如图6-6所示)是发动机部分的一个结构件,对曲面质量没有特别高的要求,但是进气道走向对发动机的布置、进气气流等有一定的影响。因此,主要是在DSE、GSD完成逆向设计。

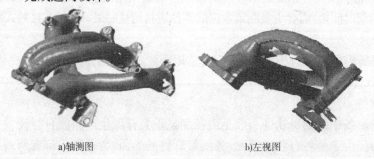

a)轴测图　　　　　　　　　　b)左视图

图6-6　发动机进气道点云

设计重点在于点云的对齐、气道中心线的逆向和曲面的连接处理。其逆向设计过程如下。

1. 点云对齐

由图6-6左视图可看出,点云在系统坐标中的位置不利于其两端面的构造,因此,需首先将点云坐标与系统坐标对齐。具体操作是:在大面上用3D曲面勾出一些点,画几条直线,尽量分布广一点。然后利用平面通过点,构建一个平面,如图6-7所示。利用这个平面,并结合一条直线,建立另外两个正交平面,从而建立一个坐标系,如图6-8所示。依据此坐标系,与默认坐标系进行轴变换,得到我们想要的位置,如图6-9所示。

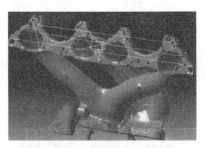

图 6-7 平面重构　　　　　　　　图 6-8 坐标构建

2. 在已建立平面上的草绘

(1) 选新建平面进行草绘,对照点云轮廓勾出进气管两端的外形轮廓。其中一端的轮廓如图 6-10 所示。

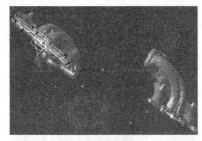
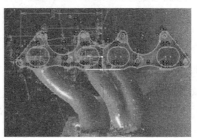

图 6-9 坐标系统变换　　　　　　图 6-10 端面轮廓草绘

(2) 用 GSD 的草绘工具绘制出一管心线的俯视图形状和左视图形状,如图 6-11 所示。同样的道理,勾出所有其他管的形状。如图 6-12 所示。

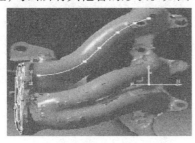
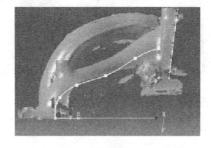

a) 俯视图　　　　　　　　　　　b) 左视图

图 6-11 一管中心线草图

(3) 利用混合曲线,将两两曲线混合,得到各管的中心线。如图 6-13 所示。

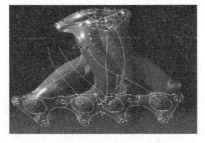
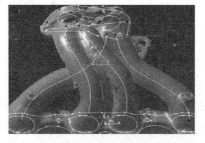

图 6-12 所有管形状　　　　　　图 6-13 一管中心线草图

(4) 用五个点均分一管中心线,并建立各点法向平面。同样道理,均分其他各管中心线。

曲面的线架、轮廓完成,结果如图 6-14 所示。

3. 构建各部分曲面

运用 GSD 中的拉伸、扫掠等工具绘制各部分曲面,并运用桥接工具处理曲面连接部分。结果如图 6-15 所示。

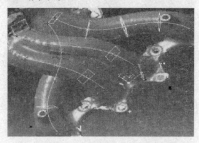

图 6-14　其余各管建立法向平面

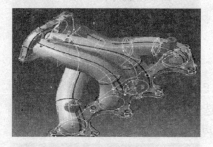

图 6-15　曲面逆向完成

4. 检查曲面

运用 FSS 的距离检查工具,检查各曲面与点云间的距离偏差,如图 6-16 所示。

5. 完成实体

对零件的结构细节进一步完善,得到图 6-17 所示的规则几何体。

图 6-16　检查曲面

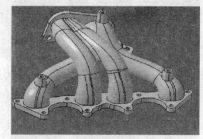

图 6-17　曲面逆向完成

6.2　计算机辅助工程分析

6.2.1　有限元分析基本理论

传统机械设计的分析与计算大都建立在理论力学、材料力学、弹性力学、弹塑性力学、流体力学以及工程热力学等基础上,由于在分析和计算中存在大量的简化和近似,致使计算精度不高。为了保证设备运行的可靠与安全,多采用加大安全系数的方法,其结果使机械产品结构尺寸加大,成本增加,还常常导致产品性能的降低。

有限元方法(Finite Element Method,FEM)的出现,使上述问题得到很好的解决。有限元方法是处理复杂工程问题的一种数值计算方法,它将一个形状复杂的连续体分解为有限个形状简单的单元,通过离散化,把求解连续体应力、应变、温度等问题转换为求解有限个单元的问题。有限元方法自 20 世纪 60 年代提出以后得到了迅速发展,目前已成为进行结构分析、应力应变分析、热传导分析、流体运动分析、电磁场分析的重要工具。

有限元分析方法是计算机辅助分析应用的产物,因为众多的单元求解与综合只能在计算机上才能实现。计算机辅助工程分析(CAE)常与有限元分析联系在一起。但是严格来说,计算机辅助工程分析不等于有限元分析,计算机辅助工程分析涵盖的内容更多。例如常用工程参数(物体的表面积、体积等)计算就不必进行有限元分析;又如分析物体受冲击或变负荷的运动状态时,单纯运用有限元方法不很理想,常要综合应用有限元方法和模态分析法。

关于CAE的含义还没有统一的界定。一般认为,凡是利用计算机系统辅助人来进行工程分析与仿真的技术均属于CAE范畴。除了有限元方法之外还有数值仿真技术、虚拟样机技术等。目前,CAE研究的热点仍集中在有限元分析技术上。国际上从20世纪60年代开始,就投入大量人力和物力开发具有强大功能的有限元分析程序。其中最为著名的是由美国国家宇航同(NASA)委托美国计算科学公司和贝尔航空系统公司开发的NASTRAN有限元分析系统。该系统发展至今已有几十个版本,是目前世界上规模最大、功能最强的有限元分析系统。从那时到现在世界上许多公司和大学也发展了一批规模较小但使用灵活、价格较低的专用或通用有限元分析软件,如德国的ASKA、英国的PAFEC、法国的SYSTUS、美国的ABAQUS、ADINA、ANSYS、SAP等。

当今国际上FEM方法和软件发展呈现出以下趋势:

(1)从单纯的结构力学计算向求解多种物理场问题发展。有限元分析方法最早是从结构化矩阵分析发展而来,逐步推广到板、壳和实体等连续体固体力学分析,实践证明这是一种非常有效的数值分析方法。近年来,有限元方法分析对象不断扩展,已实际应用于流场、温度场、电场、磁场、渗流和声场等问题的求解计算,最近又发展到求解几个交叉学科的问题。例如,当气流流过一个很高的铁塔会使铁塔产生变形,而塔的变形又反过来影响到气流的流动。这就需要用固体力学和流体动力学的有限元分析结果交叉迭代求解,即所谓"流固耦合"的问题。

(2)由求解线性工程问题进展到分析非线性问题。随着科学技术的发展,在许多情况下线性理论已经远远不能满足设计的要求,需要采用非线性的处理方法。而非线性的数值计算通常很复杂,它涉及许多专门的数学问题和运算技巧,很难为一般工程技术人员所掌握。为此,近年来国外一些公司投入大量人力和资源,开发诸如MARC、ABAQUS和AUINA等专长于求解非线性问题的有限元分析软件,并已应用于工程实践,这些软件的共同特点是:具有高效的非线性求解器以及丰富和实用的非线性材料库。

(3)增强可视化的前、后处理功能。早期有限元分析软件的研究重点在于推导新的高效率求解方法和高精度的单元。随着数值分析方法的逐步完善,尤其是计算机运算速度的迅速提高,整个计算系统用于求解运算的时间越来越少,而数据准备和运算结果的表现问题却日渐突出。因此,目前几乎所有的商业化有限元程序系统都有功能很强的前、后处理模块。在强调"可视化"的今天,绝大部分程序都建立了对用户非常友好的GUI(Graphics User Interface),使用户能以可视图形方式直观快速地进行网格自动划分,生成有限元分析所需数据,并按要求将大量的计算结果整理成变形图、等值分布云图等,便于极值搜索和所需数据的列表输出。

(4)与CAD软件的无缝集成。当今有限元分析系统的另一个特点是与通用CAD软件的集成使用,即在用CAD软件完成部件和零件的造型设计后,自动生成有限元网格并进行计算。如果分析的结果不符合设计要求,则重新进行造型和计算,直到满意为止,从而极大地提高了设计效率和设计质量。当今所有的商业化有限元系统都配置了著名的 CAD 软件（例如 Pro/E、Unigraphics、Solid Works、IDEAS 和 AutoCAD 等）接口。

（5）基于 PC 的有限元分析。早期的有限元分析软件都是在大中型计算机上开发和运行的，后来扩展到以工程工作站为平台，它们的共同特点都是采用 UNIX 操作系统。Microsoft Windows 操作系统和 64 位的处理器的推出，使 PC 用于有限元分析计算能力极大的提高。当前国际上著名的有限元程序厂商都纷纷将他们的软件移植到 Windows 平台上。

为了将在大中型计算机和工程工作站上开发的有限元程序移植到 PC 上，常常不能充分利用 PC 的软硬件资源，而且移植过程也很复杂。近来，许多公司开始直接在 Windows 平台上开发有限元程序，称作"Native Windows"版本，同时出现了基于 PC 的 Linux 操作系统的有限元程序包。

有限元的基本思想是：将形状复杂的连续体离散化为有限个单元组成的有效组合体，单元之间通过有限个节点相互连接；根据精度要求，有限个参数描述单元的力学或其他特性，而连续体的特性就是全部单元体特性的叠加；根据单元之间的协调条件，可以建立方程组，联立求解就可以得到所求的参数特征。由于单元数目是有限的，节点数目也是有限的，因而称为有限元法。有限元法具有很大的灵活性，通过改变单元数目可以改变解的精度，从而得到与真实情况相接近的解。

按照基本未知量和分析方法的不同，有限元法可以分为两种基本方法：位移法和力法。以应力计算为例，位移法是以节点位移为基本未知量，选择适当的位移参数，进行单元力学特征分析，在节点处建立单元的平衡方程，即单元的刚度方程，由单元刚度方程组成整体刚度方程，求解节点位移，再由节点位移求解应力；而力法是以节点力为基本未知量，在节点力上建立位移连续方程，在解出节点力后，再计算节点位移和应力，位移法相对简单，但是用力法求解的应力精度高于位移法。因此，有限元分析结构时，多采用位移法。有限元进行应力、应变分析的过程步骤基本相同，如图 6-18 所示。

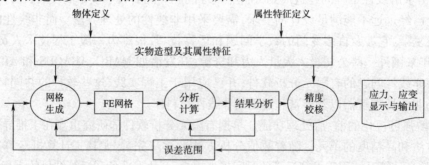

图 6-18　有限元分析流程图

第一步，问题及求解域定义，根据实际问题近似确定求解域的物理性质和零部件几何体。通常用户在实体模型中定义所要分析的结构，并确定分析结构的边界条件、载荷、材料特性和分析参数等属性特征，作为有限元分析的初始条件。

第二步，求解域离散化。将无限个质点构成的连续体转换为有限个元素集合体的过程，称为离散化，也称为划分网格。用来进行离散化的元素形状有多种，常用的平面元素有三角形、矩形、四边形得等；常用的立体元素多为六面体，包括规则直边六面体、不规则直边六面体、曲线边六面体等。结构离散化时，选用何种形状元素以及元素的大小，取决于被分析结构的几何形状、边界条件、精度要求及描述该物体所必须独立的空间坐标数等。

第三步,单元分析推导。单元分析推导的主要内容包括:由节点位移求内部任一点的位移,由节点位移求单元应变、应力和节点力。单元分析的步骤可由框图表示,如图 6-19 所示。为保证问题求解的收敛性,单元分析推导有许多原则要遵守。对工程应用而言,重要的是注意每一个单元的阶梯性能和约束。例如,单元形状应以规则为好,畸形时不仅精度低,而且可能会导致方程组缺秩而导致误解。

图 6-19 单元分析步骤

第四步,整体综合各单元求解方程联立,形成对整体的分析的联合方程组。这个线性方程组与外界载荷建立联系,用来揭示节点外载荷与节点位移的关系,从而用来求解节点位移。整体综合的依据是所有单元在公共节点上的位移相同,且每个节点上节点力和节点载荷保持平衡。建立刚度方程则主要是由各单元刚度矩阵集成整体结构刚度矩阵,建立由节点载荷和节点等效载荷组成的载荷矩阵。

第五步,引入约束条件与方程求解。联立方程组的求解可用直接法、迭代法和随机法,求解结果是单元节点处状态变量的近似值。对于计算结果的质量,通过与设计准则提供的允许值比较来评价并确定是否重复计算。

简单地说,有限元分析分为三个阶段:前处理、求解计算和后处理。前处理是建立有限元模型,完成单元网格划分;后处理则是采集处理结果,通过图形显示运算结果,便于用户提取计算结果信息。

6.2.2 汽车零件静态分析

一、静态分析实例

汽车发动机连杆受力和约束模式较为复杂,本例根据四缸发动机的参数,对模型做了相应的简化处理,目的在于说明 CATIA 中静力分析的过程和基本操作。

1. 分析工况

发动机连杆上连活塞销,下连曲轴;工作时,曲轴高速转动,活塞高速直线运动,且连杆工作时,主要承受两轴周期性变化的外力作用:一是由活塞顶传来的燃气爆发力,对连杆起压缩作用;二是连杆高速运动产生的惯性力,对连杆起拉伸作用。这两种力都在上止点附近发生。连杆失效主要是拉压疲劳断裂所致,所以通常分析连杆仅受最大拉力以及最大压力两种危险工况下的应力和应变情况。具体分析时,最大拉力取决于惯性力,所以用最大转速工况下对应的离心力加载;最大压力则根据燃气压力和惯性离心力的作用取标定工况或者最大转矩工况。

2. 对模型进行前处理

选择 CATIA 中的【Generative Structural Analysis】工作台,选择【Static Analysis】做静态分析,打开连杆模型如图 6-20 所示,选择目录树中的【Nodes and Element】打开对话框修改网格参数,以达到合适计算精度。

分析最大拉力工况,假定发动机最大转速为 5000r/min,认为连杆整体绕曲轴中心旋转,设置

Rotation Force 来添加作用力;添加连杆大头处的约束,选择 Clamp(夹紧)约束;如图 6-21 所示。

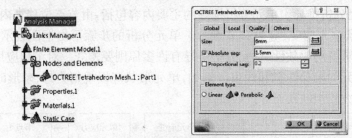

图 6-20 网格划分参数调整

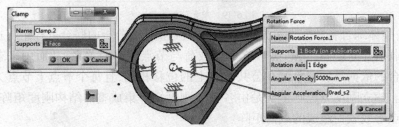

图 6-21 添加旋转载荷和约束

添加气体作用力,在连杆小头内孔添加柔性虚拟支撑,根据理论计算 $p = m \cdot R \cdot \omega^2(1 + \lambda)$,其中,$m$ 为活塞组质量,1.56kg;R 取曲轴的曲柄半径,0.06m;ω 为角速度,取 523.6rad/s;λ 为连杆比,即连杆大小端之间的中心距,计算得到离心力 $p = 32992$N。将获得的离心力施加在连杆小端的 X 方向,如图 6-22a)所示。

至此完成有限元分析的前处理,选择计算按钮开始计算,计算完成之后可以通过激活目录树中的计算结果方式查看米塞斯应力图、位移图等计算结果,如图 6-22b)所示。根据计算结果分析,称为有限元分析的后处理阶段。

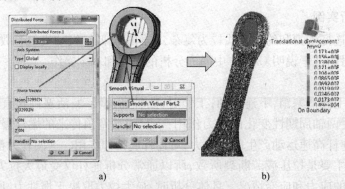

图 6-22 添加压力之后求解结果

有限元分析过程中,需要调整模型与实际工况结合加以分析,不断地调整参数或边界条件,使的计算的最终结果能够与实验结果趋向于一致时才是良好的计算模型,否则有限元计算仅仅是一种直观的参考,并不能有效地指导设计。

二、曲轴模态分析

本例利用汽车发动机曲轴模型进行自有模态分析和约束模态分析。自有模态分析是通过刚性虚件添加两个代表前后附件的质量,约束附件则是分析时加以一定的约束同时附加活塞组质量。

选择【Free Frequency Analysis】做自由模态分析,选择飞轮凸缘断面为 Rigid Virtual Part(刚性虚件),控制点设置在凸缘端和右侧铣平的轴端,并分别添加制造 2.46kg 和 1.8kg,完成前处理,如图 6-23 所示。在模型树的 Frequency Case Solution.1 中调整参数,包括要求解的模态,计算方法和参数开始求解。

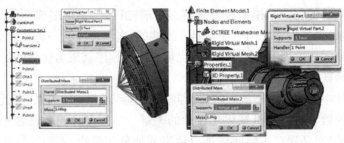

图 6-23 曲轴自由模态前处理

计算完成后进行后处理,选择目录树上的 translational displacement vector 调整显示模式和感兴趣的模态,可以调整显示的模态。曲轴在自有模态下直至 3 阶都呈现刚性,随着结束的增高,位移才逐渐增加。

接下来依次对主轴颈处施加约束,约束类型为圆锥铰约束,并依次添加刚性虚件至主轴颈的四个轴段。实际工作过程中,曲轴还有活塞作为柔性虚件的存在,因此在此基础上还可以添加活塞的作用,进一步计算曲轴的模态,提交计算可以得到如图 6-24 所示的计算结果。模态的计算目的是为了得到工件的动态特性,最终希望通过计算和实验验证零件的可靠性。本例中仅仅提供给读者 CATIA 中进行工程分析的前、后处理的基本流程。要深入地了解和掌握有限元工程分析方法,针对不同的工程需求,用相应的分析类型来获得结果。

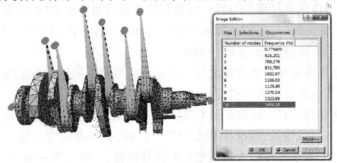

图 6-24 曲轴模态计算结果

6.3 汽车产品优化设计

6.3.1 优化设计基本理论

一、优化设计

1. 优化设计的基本思想

人们做任何事情,都希望以最小的付出取得最满意的结果,这就是最优化思想。工程设计中,设计者力求选择一个最佳的方案和一组合理的设计参数,以使在满足设计要求的前提下,获得最佳的经济效果,这便是工程优化问题。

工程优化技术的核心部分是优化问题的建模和优化问题的求解。所谓优化建模,就是将一个实际设计问题抽象成优化设计问题,并建立起相应的优化数学模型。这不仅要求熟悉和掌握优化设计的理论和方法,更需要该设计领域的丰富设计知识和经验。优化问题的求解就是对已建立的优化数学模型进行求解。目前,虽然已有很多成熟的优化方法和优化程序可供选择,但由于工程优化问题通常是非线性的,迄今还没有一种优化方法和程序能求解全部非线性规划问题。因此,选择适当的优化方法和程序就成为优化问题求解的关键。

2. 优化设计的数学模型

工程优化设计中的数学模型能反映设计问题中主要因素间的关系,因此,从机械设计问题中抽象出正确的数学模型是机械优化设计的关键。工程设计问题通常相当复杂,欲建立便于求解的数学模型,必须对实际问题加以适当的抽象和简化,不同的简化方法,会得到不同的数学模型和计算结果。

优化设计数学模型可分解为三要素:设计变量、目标函数和约束条件。

1) 设计变量

工程问题的一个设计方案通常是用特征参数表示的,一组特征参数值代表一个具体的设计方案。这种代表设计方案的特征参数一般应选作该问题优化设计的设计变量。一个工程问题的设计参数一般是相当多的,其中包括常量、独立变量和因变量三类。优化设计时,为了使建立的数学模型尽量简单易解,只能选择其中的独立变量作为设计变量。但是,一个设计问题中,独立变量和因变量的划分并不是一成不变的。同一设计问题,当设计条件或设计要求发生变化时,设计变量也应随之变化。

因此,设计变量应该选择那些与目标函数和约束函数密切相关的、能够表达设计对象特征的独立参数和尺寸。同时,还要兼顾求解的精度和复杂性方面的要求。一般说来,设计变量的个数越多,数学模型越复杂,求解越困难。

设计变量有连续变量和离散变量之分。可以在实数范围内连续取值的变量称为连续变量,只能在给定数列或集合中取值的变量称为离散变量。

几乎所有的优化理论和方法都是针对连续变量提出来的。而实际问题往往包含有各种各样的离散变量,如整数变量、标准序列变量等。目前,关于离散变量优化问题的理论和方法还很不完善,因此,对于各种包含离散变量的优化问题,一般先将离散变量当作连续变量,求出连续变量最优解后,再作适当的离散化处理。

2) 目标函数

在最优设计中,可将所追求的设计目标(最优指标)用设计变量的函数形式表达出来,这一过程称为建立目标函数。目标函数又称评价函数,是评价设计目标优劣的重要标志。在最优化设计问题中,可以只有一个目标函数,称为单目标函数,也可以有多个目标函数,这种问题称为多目标函数。在一般的机械最优化设计中,多目标函数的情况较多。

3) 约束条件

对任何设计都有若干不同的要求和限制,将这些要求和限制表示成设计变量的函数并写成一系列不等式和等式表达式,就构成了设计的约束条件,简称约束。约束条件的作用是对设计变量的取值加以限制。约束条件根据形式不同可分为不等式约束和等式约束,根据性质可分为边界约束和性能约束。

优化问题又称规划问题,根据数学形式的不同,可以将优化问题划分为线性规划,即目标函数和约束方程均为设计变量的线性函数,多用于生产组织和管理问题;非线性规划,在目标函数和约束方程中至少有一个与设计变量存在非线性关系;动态规划,这类规划的变量是成序列、多阶段的决策过程。

3. 汽车工程优化设计应用举例

车辆在高速时的紧急制动对制动器提出了新的要求,摩擦副的温度上升不能过高,以免发生热衰退现象,降低制动效能。另外,制动器有效尺寸的减小将给整车布局留下更广阔的空间。可以以摩擦副温升最低和制动器尺寸最小为目标,对鼓式制动器进行多目标优化设计,减小制动器尺寸并提高制动器工作的可靠性。

汽车结构耐撞性优化设计是一个寻求耐撞性最优和车身质量最轻的多目标优化问题。在进行耐撞性设计时,存在两方面的困难:

(1)多目标优化问题中的多目标相互冲突、竞争,通常不存在使所有目标函数同时达到最优的绝对最优解,一般通过如线性加权法或者理想点法等方法将多目标优化问题转换成单目标优化问题,从而求得 Pareto 解。

(2)由于汽车碰撞模拟是一个具有几何非线性、材料非线性和接触边界非线性的复杂瞬态动力学过程,采用基于梯度信息的寻优过程包含一系列的迭代计算,每一个迭代步骤都需要调用非线性动力学软件进行计算,耗费大量计算资源。

二、汽车的拓扑优化

结构优化设计大致可分为三类:尺寸优化、形状优化和拓扑优化。它们分别对应产品的详细设计阶段、基本设计阶段和概念设计阶段。尺寸优化是在给定结构的类型、拓扑、形状的基础上,对构件的尺寸进行优化,其设计变量可能是杆的横截面积、惯性矩、板的厚度等;形状优化是在给定结构的类型、拓扑的基础上,对结构的边界形状进行优化,属于可动边界问题,对于连续体结构通常是用一组参数可变的几何曲线(如直线、圆弧、样条等)描述结构的边界,调整了这些参数就改变了边界的形状,对于桁架结构则往往以节点坐标为设计变量;拓扑优化主要是在规定的设计区域内,在给定的外载荷和边界条件下,改变结构的拓扑以满足有关平衡、应力、位移等约束条件,使结构的某种性态指标达到最优。对于骨架类结构(包括桁了架和框架)来说,应关注结构中单元的数量和节点连接方式;对于连续体结构来说,应关注结构的外边界形状和内部有无孔洞及孔洞分布状况等特性。

目前,尺寸优化和形状优化理论已经发展得相当成熟,并且在生产实践中得到广泛应用,其中一些经典的优化算法已融入一些商用有限元软件中,如 NASTRAN、I-DEAS、ANSYS 等。结构拓扑优化在工程结构设计的初始阶段可以提供一个概念性设计,帮助设计者对复杂结构与部件能够灵活地、理性地优选方案,寻找结构最佳的传力路径。与尺寸优化和形状优化相比,结构拓扑优化确定的参数更多,取得经济效益更大,对工程设计人员更有吸引力,已经成为当今结构优化设计研究的一个热点。由于设计变量不再是具体的尺寸或节点坐标,而是具有独立层次的子区域的有元问题,拓扑优化的难度也是较大的,被公认为当前结构优化领域内最具有挑战性的课题之一。

拓扑优化通俗地讲就是根据一定的准则,在满足各种约束条件和使用功能的情况下,在给定设计空间内去除不必要的材料,找出最佳材料分布,使结构在规定范围内达到最优化。通过这项技术的应用,可以使用最少的材料、最简单的工艺实现结构的最佳性能。拓扑优化是一个迭代的过程,从预先定义的某种材料分布开始(如均匀分布),在多次迭代后,材料分布趋于稳定,优化即结束。我们知道拓扑优化理论最早应用在离散结构,如桁架,对这类简单的问题给予了比较好的解决,但是对连续体结构拓扑优化理论解决得不是很好,经过广大科研人员的艰苦努力和不断探索,提出了解决连续体结构拓扑优化的新方法,如变厚度法、均匀化方法、变密度法等。

汽车工业的拓扑优化问题所覆盖的车辆类型有轿车、公共汽车、货车等;优化对象包括车身本体构件(如前柱、发动机罩)、白车身总体、底盘和发动机上的连杆、支撑部件以及轴承结构等;优化对象的制造方法现包括钣金加工、铸造和锻造;制造约束包括最小和最大结构尺寸、拔模或锻压的角度和方向、各类对称性条件等;优化目标和约束包括质量、柔顺度、能量吸收、自然频率、应力和最大位移等;所涉及学科包括静力学、多体运动学、塑性力学、振动、噪声、疲劳、优化算法和高性能科学计算等。

拓扑优化理论虽然发展还不甚完善,将其运用到结构设计之中也是近一二十年才开始的,但将该方法运用到汽车的结构设计中,国内外的科学工作者均有涉及。如德国的 A. Diaz 运用拓扑优化设计方法对汽车发动机罩和小汽车的底板进行了拓扑优化设计。

美国三大汽车公司对这种设计方法的研究非常重视。福特汽车公司对汽车车架等关键部件进行了拓扑优化设计,但是只研究了受到整体约束的结构拓扑优化问题。实际结构中的应力约束是非常重要的,不考虑应力约束的设计一般是不够可靠的,而且应力约束和整体约束有较大区别,往往难以处理。拓扑优化方法作为汽车结构的设计虽然还不十分普遍,但将该方法引入到汽车结构设计的前景还是十分广阔的。

6.3.2 某车身结构的拓扑优化

某低碳轻型车辆的车身设计概念设计初步完成之后,得到如图 6-25 所示的车身模型,为了进一步得到合理的车身内部的支撑机构,要求对该车身的碰撞过程进行分析,在分析结果上需进一步对车身结构优化。

图 6-25 用于优化分析的车身模型

车身优化设计过程需要考虑的问题主要是存在于两个方面:一方面确保汽车行驶过程中的稳定舒适,即近年来被人们所重视的汽车 NVH;另一方面是当汽车行驶过程中的碰撞安全。这两方面都与驾驶员息息相关,同时为了确保车辆的稳定和安全不可以避免的要增加汽车制造过程中应用的材料。但是材料使用量的增加,或者高强度材料的使用使得汽车自身的质量和成本显著增加,于是车身的优化问题可以归纳为在确保汽车行驶的 NVH 和碰撞安全的前提下,尽可能地减少车身材料。车身与 NVH 和碰撞有关的部分可以参考表 6-1。

车身与 NVH 和碰撞安全相关权重　　　　　　表 6-1

序 号	工 况	属 性	权重(%)
1	驱动转矩	NVH	45
2	垂直载荷弯曲	NVH	5
3	车轮悬空弯曲	NVH	5
4	紧急制动承载	NVH	5
5	正面碰撞	安全	15
6	侧面碰撞	安全	10
7	尾部碰撞	安全	10
8	顶部碰撞	安全	5

从表 6-1 不难看出,对于 NVH 类的工况,其导致的车身变形都是非常小的,所以,在拓扑优化过程中,不需要考虑结构失效问题。而 Safety 工况对车身的影响都是大变形、非线性的,还有接触力存在。考虑到前后纵梁作为非设计空间,可以看作是刚度很硬的结构,这样对车身其他部位而言,Safety 工况的影响将限定在线性范围内。因此,在进行车身拓扑优化的时候,上述工况均作为小变形来处理。为了更好地反映不同工况对车身结构布置的影响,对以上 8 种工况组合成 4 种研究方案,分别为:①Safety 工况单独考察;②NVH 工况单独考察;③NVH 和 Safety 同时考察;④先 Safety 工况然后 NVH 工况。如表 6-1 所示,8 种工况中,每个工况在不同考察方案中的权重比率一致,比如对第一种方案,表 6-1 中 5~8 号工况的权重比例为:15:10:10:5,具体权重根据上述比例分配来设定,其余类似处理。通过将上述 NVH 约束条件输入分析软件可以得到车身拓扑优化的模型,如图 6-26 所示,考虑到对称约束可以取其一半作为抽取优化线框的基础。

 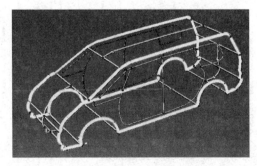

图 6-26　从拓扑优化结果中抽取车身线框

根据线框得到经过 NVH 优化的车身框架结构模型,现在可以用这个线框模型测试车身的碰撞安全,将线框模型导入 Hypermesh 分析不同安全工况下的车架应力应变,为部分区域的车身内板支撑件断面设计提供参考。如图6-27和图6-28所示,分别对优化的框架模型分析车声正碰、侧碰、追尾和驱动力矩工况下车身框架的有限分析结果。

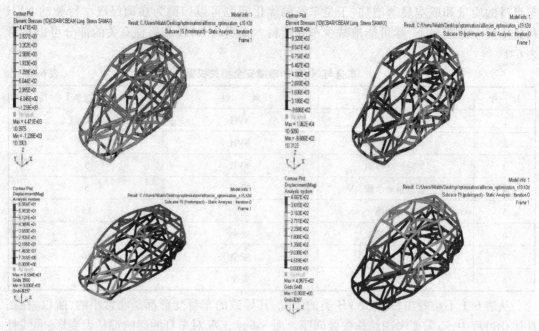

a)正面碰撞的应力与变形　　　　　　　　b)侧面碰撞的应力与变形

图6-27　正碰与侧碰的车身框架分析

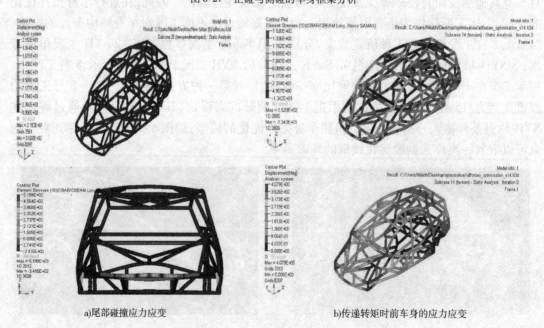

a)尾部碰撞应力应变　　　　　　　　b)传递转矩时前车身的应力应变

图6-28　正碰与侧碰的车身框架分析

经过安全性和占NVH系数较高的传动分析,可以得出车身断面用材要求较高的部位,可以有针对性的设计相关部分的内部结构,从而使设计目标更为明确。

6.4 人机工程应用设计

汽车人机工程学是汽车工程学的一个重要分支,汽车内部布置是汽车人体工程学在汽车设计中的具体运用之一,汽车视野设计则是汽车内部布置的重要内容。目前国内外有很多的汽车主机厂和汽车设计公司,根据不同的需求设计出许多款不同的汽车,而每设计一款汽车都必须花费大量的时间和资源。其中包括前方视野的重新建模,这样在一定程度上浪费了时间和资源。

6.4.1 视野校核理论基础

一、眼点的概念与定位

1. 国定标准中的驾驶员眼点 V 点

V 点是表征驾驶员眼睛位置的点,它与通过驾驶员乘坐中心线的纵向铅垂平面、R 点及设计座椅靠背角有关。此点用于汽车前方视野校核与前风窗刮扫校核的检查。通常用 V_1、V_2 点来表示 V 点的不同位置。

2. 确定 E 点和 P 点的坐标

E 点是指驾驶员眼睛的中心。P 点是指驾驶员眼睛高度上的头部中心点,通常以 P_1、P_2 两点表示驾驶员水平观察物体时 P 点的不同位置。P_m 点是指 R 点的纵向铅垂面与 P_1、P_2 连线的交点。此点用于 A 立柱盲区的校核。

二、视区与视野

汽车行驶时80%以上的交通信息是由驾驶员视觉得到的。因此驾驶员的视觉通道是最重要的信息通道。

1. 人眼的视区

眼睛是人们认识世界,获取外界信息的重要感觉器官之一。通过眼睛我们能辨别物体的大小、形状和颜色。这就是通常所说的视觉。视野则是指能看到的范围。

1) 眼睛和头部都不转动时的视区

一般来说视区可以分为以下三种:单眼视区,是指只用左眼或右眼单独观察时所能看到的区域;双眼视区,是指用左、右眼同时观察时两眼都能看到的区域;两单眼视区,左、右眼单独观察到的两个单眼视区的合成区。

眼睛保持向前直视,眼球和头部均不转动时,单眼水平视区为150°,即能看见直前视线一侧90°、另一侧60°的区域。双眼视区为120°,两单眼视区为180°,如图6-29所示。在垂直方向上双眼视区为:直前视线上方50°和−55°,下方60°和−70°,这样便构成了人眼视锥。锥顶是瞳孔距的中心,如图6-30所示。

运动状态下人的视野将缩小。车速与视野的关系为,车速为40km/h 时双眼视区为100°,其中能确认的范围为15°以下;车速为75km/h 时降为65°,100km/h 时为40°。

2) 眼睛和头部转动时候视区

驾驶员观察周围物体时,往往转动眼球和头部,以扩大视区范围。眼睛和头部的转动角度按转动时是否舒适分成自然转动和勉强转动。在自然转动时,眼睛和头部均无不舒适感。在勉强转动时,眼睛和头部会有不舒适感。

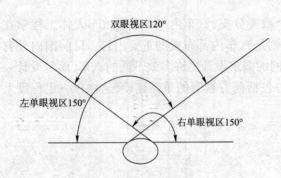

图 6-29 水平方向视区

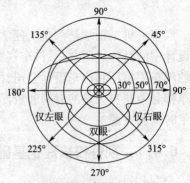

图 6-30 竖直方向视区

自然转动范围:如图 6-31 所示。
眼睛:水平方向左右各 15°;垂直方向上下各 15°。
头部:水平方向左右各 45°;垂直方向上下各 30°。
勉强转动范围:如图 6-32 所示。
眼睛:水平方向左右各 30°;垂直方向向上 45°,向下 65°。
头部:水平方向左右各 60°;垂直方向上下各 50°。

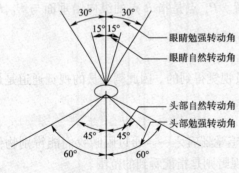

图 6-31 眼睛与头部水平方向转动角

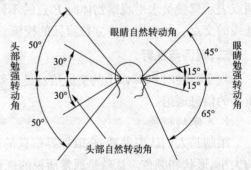

图 6-32 眼睛与头部垂直方向转动角

2. 驾驶员的视野

汽车驾驶员的视野是指驾驶员处于正常驾驶位置时,并且当其眼睛和头部在正常活动范围内时,能直接或借助于辅助设备看到的视野范围。驾驶员视野分为直接视野和间接视野。驾驶员直接视野是指驾驶员不通过后视镜等辅助设备而能直接看到的范围;驾驶员间接视野是指驾驶员要通过后视镜等辅助设备才能看到的范围。按照与驾驶室相对位置关系,驾驶员视野又可分为内部视野和外部视野。内部视野是指驾驶员看到的驾驶室内的范围,主要是驾驶员直接看到的范围,其中包括了转向盘在仪表板上形成的盲区以外的范围。外部视野是指驾驶员直接或间接看到的驾驶室之外的范围。运动状态下,驾驶员的眼睛和观察物体之间的视力关系有人动视力(驾驶员看标志)和全动视力(驾驶员看行驶中的其他车辆)。人动视力与静视力相比,在车速为 50~60km/h 时约降低 6%。全动视力降低更严重。

在汽车上阻碍驾驶员视线的物体称为视野障碍。被视野障碍挡住而使驾驶员看不见的区域称为盲区,用盲区角和盲区区域来表示。

按照人眼的观察情况,盲区也分为单眼盲区、双眼盲区和两单眼盲区。所谓单眼盲区,就是左眼或右眼单独观察时,由于视野障碍物对视线的阻挡而形成的左眼或右眼看不见的区域。双眼盲区是左眼和右眼同时观察时,由于视野障碍物对视线的阻挡而形成的两眼都看不见的区域。两单眼盲区是左右眼的单眼盲区之和。

盲区也有直接盲区和间接盲区之分。例如:由转向盘轮缘在仪表板上形成的盲区就是直接盲区;通过后视镜观察时由 B 或 C 立柱形成的盲区就是间接盲区。在检查盲区时,一般只需要知道双目障碍角或盲区区域之一即可。例如:确定汽车 A 立柱形成的盲区仅知道双目障碍角就足够了,求转向盘轮缘在仪表板工作平面上形成的盲区时,则只需要知道盲区分布范围即盲区区域就可以了。

三、驾驶员视野基本理论

驾驶员的直接视野是指驾驶员不通过后视镜等辅助设备而直接看到的范围。直接视野包括:前方视野、前风窗刮扫区视野、仪表板视野、A 立柱视野。驾驶员的直接视野是用两单眼视区进行度量的,即两只眼睛能看到的最大范围之和。因此,判断指定物体的可见性时,只要有一只眼睛能看见该物体,就认为此物体是可见的。

基于此,在俯视图上:当要确定透过开口看外部(例如:驾驶员在驾驶室内透过前风窗向前方看)的水平视野时,应该使用距离开口边缘最远的眼点,这样求得的水平视野角度是最大的。例如:测量开口右侧边缘以外的最大视角,则应该是左眼点。当要确定指定的点或指定的角度在眼睛或头部的转动范围内的可见性,但不是透过开口去看时(仪表板视野、A 立柱视野),应该使用距离最近的眼点,这时求得的眼睛或头部的转动角度是最小的,以便用较小的眼球和头部转动角就可以看到较大的范围。因此,看右侧的则用右眼点,看左侧的点则用左眼点。

1. 单个驾驶员水平方向视野区域

首先选定眼点。透过开口向左边看时,选用右眼点;透过开口向右边看时,则选用左眼点。当不是透过开口看时,如果看左边的点,应该使用左眼点,看右边的点则应该使用右眼点。选好眼点后,就可以在眼的极限转动范围内(指勉强转动范围30°)去看物体或透过开口向外看。

若是透过开口去看时,如果在眼的极限转动范围内能看到开口边缘,那么这一侧(左或右侧)的视域就是转动眼球到刚好能看见该侧开口边缘时眼睛的转角范围。如果在眼睛的极限转动范围内看不到开口边缘,则应该再转动头部(眼睛仍然在极限转动位置)。如果加上头部的转动后能看见开口边缘,此时的视域就是转动头部到刚好看见该侧开口边缘时眼睛和头部转角之和。如果还看不到开口边缘,那么这一侧的视域就是眼睛和头部的极限转角之和。若不是透过开口去看时,如果在眼睛的极限转动范围内能看到指定物体,那么这一侧的视域就是刚好能看见时眼睛的转角。如果在眼睛的极限转动范围内看不到指定物体,则应该再转动头部,如果加上头部的转动后能看到指定物体,此时的视域就是刚好能看见时眼睛和头部转角之和。如果还看不到指定物体,那么这一侧的视域就是眼睛和头部的极限转角之和。直前视线左右两侧的视域之和就是单个驾驶员水平方向的视野区域,如图6-33所示。

2. 一定百分位 P 条件下驾驶员的水平视野

为满足 P% 的驾驶员都能够满足要求,这时要用到 P 百分位眼椭圆以及它的切平面(俯视图上为直线)。切平面同视线的作用相同,用来度量眼睛或头部的转动情况。选好眼椭球的切平面或眼点后,就可以在眼睛的极限转动范围内(指勉强转动范围30°)转动切平面(切平面始终与眼椭球相切),去看物体或透过开口向外看。如图6-34是以下两种视野的比较。

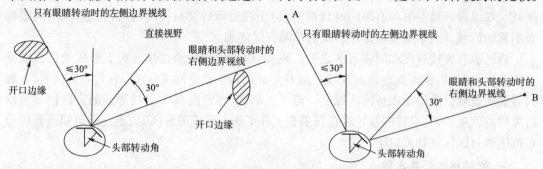

图6-33　驾驶员是否透过开口观察的视野区别

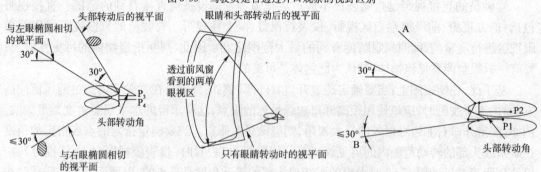

图6-34　一定百分位下驾驶员是否透过开口观察的视野区别

（1）当透过开口去看时,应该使用距离该侧开口边缘最远的眼椭球或眼点,以求得最大的视野范围。但要使用距离开口边缘最近一侧的切平面,以保证 P% 的驾驶员都能看到那么大的视野区域范围。若是透过开口去看时,如果在眼睛的极限转动范围内切平面与开口边缘相交,那么这一侧的视域就是此时切平面转角范围。如果在眼睛的极限转动范围内切平面仍不能与开口边缘相交,则应该再转动头部,即将切平面绕头部转动点转动。如果加上头部的转动后切平面能与开口边缘相交,也就是能看见开口边缘,此时的视域就是切平面转角。如果还看不到开口边缘,那么这一侧的视域就是眼睛和头部的极限转动角之和。

（2）如果不是透过开口去看时,应该使用距离指定点最近的眼椭球或眼点,但要使用距离该指定点最远一侧的切平面。若不是透过开口去看时,如果在眼睛的极限转动范围内转动,切平面就能与物体相交,那么这一侧的视域就是此时切平面的转角。如果在眼睛的极限转动范围内切平面不能与物体相交,则应该再转动头部,即将切平面绕头部转动点转动。如果加上头部的转动后切平面能与物体相交,此时的视域就是切平面转角。如果还不能与物体相交,那么这一侧的视域就是眼睛和头部的极限转动角之和。直前视线左右两侧的视域之和就是满足 P% 驾驶员水平方向的视野。

3. 一定百分位 P 条件下驾驶员的垂直视野

一定百分位条件下驾驶员垂直方向视野,向上方向视野局限于前风窗透明区上缘,向下方向的视野局限于前风窗透明区下缘或发动机罩,由此就得到两个极限切平面(俯视图上为两条切线)。因此,如果判断指定点是否在垂直视野内可见,可以从这个点向眼椭圆做切线。通过判断切线是否在上述两个极限切平面范围内,就可以知道点是否在垂直视野范围内可见。

6.4.2 视野校核应用

汽车视野校核的基本理论主要依赖于标准;视野校核包括前风窗刮扫校核数模;建立眼椭圆模型;前方180°内视野;上下视野;仪表板盲区数模;A立柱盲区数模等。利用CATIA的人机工程模块,可以对驾驶员的视野进行校核。

1. 驾驶员坐姿和眼点建模

三维坐标系指汽车制造厂在最初设计阶段确定的由三个正交的基准平面组成的坐标系统。这三个基准平面是：

X 基准平面——垂直于 Y 基准平面的铅垂平面,通常规定通过左右前轮中心。

Y 基准平面——汽车纵向对称平面。

Z 基准平面——垂直于 Y 和 X 基准平面的水平面。

二维坐标系用来决定图样上设计点的位置和实车上这些点位置之间的尺寸关系。可以参考视野校核基本理论建立眼椭圆,如图6-35所示。

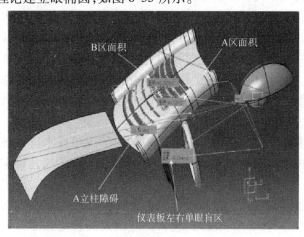

图6-35　CATIA中建立眼椭圆综合检验前方视野

2. 眼椭圆的用途

眼椭圆配合汽车的前风窗玻璃和驾驶室的转向盘等,可以根据视野理论确定前风窗玻璃的A、B区域,转向盘导致的仪表板盲区,汽车A柱的盲区,汽车后视镜区域等。为汽车车身及内饰设计提供人机工程硬点。

6.5　计算机辅助工艺设计和数控加工

6.5.1　计算机辅助工艺设计

一、计算机辅助工艺设计的概念

计算机辅助工艺过程设计(Computer Aided Process Planning,CAPP)是指用计算机辅助

人来编制零件的机械加工工艺规程。

传统上,工艺过程设计(或工艺规程编制)依靠工艺设计人员的个人经验,采用手工方法完成。人工设计方法存在以下问题。

(1)设计效率低,周期长,成本高。据美国的一项调查称,在中小批量生产中,工艺过程设计所花费的费用约占零件生产总成本的8%,我国某军工单位的一份报告显示,编制一个中等复杂程度零件的工艺规程需要大约一个月/人。

(2)不必要的花色繁多,不利于管理。由于工艺过程设计完全凭个人经验进行,其设计结果一般各不相同。据辛辛那提铣床厂的一份统计资料表明,该厂425种直齿轮,有377种不同的工艺规程。

(3)设计质量参差不齐。工艺规程编制的好坏完全取决于工艺设计人员的个人经验和水平,难于实现优化设计。特别是对于一些技术力量薄弱的企业,工艺规程设计的质量很难保证,这无疑将严重影响工艺水平的提高。

(4)工艺人员老化和短缺是全球机械制造业面临的共同问题。工艺人员像医生一样,需要有丰富的经验,一个合格的工艺人员至少要有15年以上的现场工作经验,而这样的人目前严重老化,年轻一代又不大喜欢这项工作,造成工艺人员严重短缺。

为了解决上述问题,采用计算机辅助工艺过程设计是一种有效方法。计算机辅助工艺过程设计不仅可以从根本上解决人工设计效率低、周期长、成本高的问题,而且可以提高工艺过程设计的质量,并有利于实现工艺过程设计的优化和标准化。计算机辅助工艺过程设计可以使工艺设计人员从烦琐重复的工作中解放出来,集中精力去提高产品质量和工艺水平。此外,计算机辅助工艺过程设计还是连接CAD和CAM系统的桥梁,是发展计算机集成制造的不可缺少的关键技术。

CAPP所采用的基本原理是借助5.1.2节中阐述的成组技术(GT)分析零件特征信息,将零件从类型、毛坯选择和制造工艺上进行分类,再按照不同的工艺确定各自的工艺参数计算和分析,最终生成零件的工艺文件。

CAPP的核心问题是研究工艺过程设计中各类问题的决策规律和方式,探索如何利用计算机进行求解。通常采用数学模型决策、逻辑推理决策和智能思维决策三类。数学模型决策根据建立数学模型的不同分为系统性数学模型、随机性数学模型和模糊性数学模型三种,多用于处理数值计算为主的问题,如工艺尺寸链计算、切削参数计算等。只能思维决策依靠人工智能的应用,通过建立CAPP专家系统来解决问题。

二、典型的计算机辅助工艺设计系统

目前,实际使用的CAPP系统的工作原理可划分为三种类型,即派生式CAPP系统、创成式CAPP系统和半创成式CAPP系统。

1. 派生式CAPP系统

派生式(也称变异式或样件法)CAPP系统,以成组技术为基础。通过应用成组技术,将工艺相似的零件汇集成零件组,然后使用综合零件法或综合路线法,为每一个零件组制定适合本企业的成组工艺规程,即零件组的标准工艺规程。这些标准工艺规程以一定的形式存储在计算机的数据库中。当需要设计一个零件的工艺规程时,计算机根据输入的零件成组编码(也可以根据输入的零件有关信息,由计算机自动进行成组编码),查找零件所属的零件组(零件组通常以码域矩阵的形式存储在计算机内),检索并调出相应零件组的标准工艺规程。在此基础上,根据每个零件的结构和工艺特征,对标准工艺规程进行删改和编辑,便可得到该零件的工艺规程。

对标准工艺规程删改和编辑的工作可通过人机交互的方式完成,也可以按事先存入计算机的编辑修改规则,根据输入零件的有关信息自动实现。图 5-36 表示派生式 CAPP 系统工作过程。

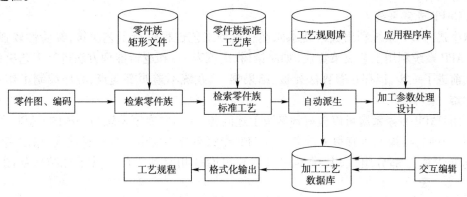

图 6-36　派生式 CAPP 工作过程

派生式 CAPP 系统程序设计简单,易于实现,特别适用于回转类零件的工艺规程设计,目前仍是回转类零件计算机辅助工艺规程设计的一种有效方式。由于派生式 CAPP 系统常以企业现有工艺规程为基础,具有较浓厚的企业色彩,因而有较大的局限性。

2. 创成式 CAPP 系统

创成式 CAPP 系统不采用对标准工艺规程的检索和修改为基础,而是由计算机软件系统根据加工工艺知识库和工艺数据库中的加工工艺信息和各种工艺决策逻辑,自动设计出零件的工艺规程,用户不需或略加修改即可,工作过程如图 5-37 所示。

虽然,在理论上,创成式 CAPP 系统是一个完整的系统,它的软件或知识库中应含有一切工艺决策逻辑,系统具有工艺规程设计所需要的所有信息。但这种系统需要作大量的准备工作,要广泛搜集生产实际中的工艺知识建立庞大的工艺数据库与知识库。由于产品品种的多样化,各种零件的描述方法和加工过程有很大的不同,每个生产环境都有它特殊的生产条件,工艺决策逻辑也不一样。所以现有的创成式 CAPP 系统都是针对某一产品或某一工厂专门设计的,到目前为止,还没有一种创成式 CAPP 系统能适用于所有类型的零件,也没有一种系统能全部自动化。所以即使是创成式 CAPP 系统,也不能完全排除适

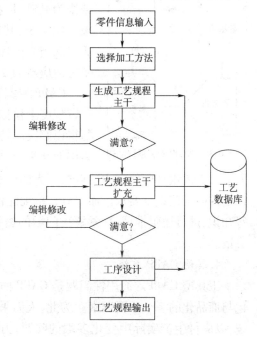

图 6-37　创成式 CAPP 工作过程

当的人机交互。

创成式CAPP系统核心是构造适当的工艺决策算法,需解决两个方面的问题,即零件工艺路线的确定(也称为工艺决策)与工序设计(也称为决策表)。前者的目的是生成工艺规程主干,即指明零件加工顺序(包括工序与工步的确定)以及各工序的定位与装夹表面;后者主要包括工序尺寸的计算、设备与工装的选择切削用量的确定、工时定额的计算以及下序图的生成等内容。

3. CAPP专家系统

派生式CAPP系统利用成组技术原理和典型工艺过程进行工艺决策,经验性较强。创成式CAPP系统利用工艺决策算法(如决策树、决策表等)和逻辑推理方法进行工艺决策,较派生式前进了一步,但存在着算法死板、结果唯一、系统不透明等弱点,程序编制工作量大,修改困难。

采用CAPP专家系统可以较好地解决上述问题。CAPP专家系统与一般的CAPP系统的工作原理不同,结构上也有很大的差别,CAPP专家系统主要由零件信息输入/输出模块、推理机与知识库三部分组成,其中推理机与知识库是相互独立的。其系统结构如图5-38所示。

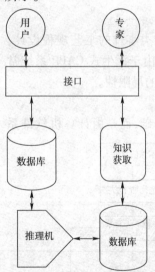

图6-38 CAPP专家系统结构

CAPP专家系统不再像一般CAPP系统那样,在程序的运行中直接生成工艺规程,而是根据输入的零件信息去频繁地访问知识库,并通过推理机中的控制策略,从知识库中搜索能够处理零件当前状态的规则,然后执行这条规则,并把每一次执行规则得到的结论部分按照先后次序记录下来,直到零件加工到终结状态,这个记录就是零件加工所要求的工艺规程。专家系统以知识结构为基础,以推理机为控制中心,按数据、知识、控制三级结构来组织系统,其知识库和推理机相互分离,这就增加了系统的灵活性。当生产环境变化时,可通过修改知识库并加入新的知识,使之适应新的要求。因而,解决问题的能力大大增强。

CAPP专家系统有处理多义性和不确定性的知识,并且可以一定程度上模拟人脑进行工艺设计,使工艺设计中的许多模糊问题得以解决。特别是对箱体、壳体类零件的工艺设计,由于它们结构形状复杂,加工工序多,工艺流程长,而且可能存在多种加工方案。工艺设计的优劣主要取决于人的经验和智慧,因此,一般LAPP系统很难满足这些复杂零件的工艺设计要求。而CAPP系统能汇集众多工艺专家的经验和智慧,并充分利用这些知识,进行逻辑推理,探索解决问题的途径与方法,因而能给出合理的甚至是最佳的工艺决策。

4. 其他CAPP系统

工具型CAPP。通用性问题是CAPP面临界的主要难点之一,也是制约CAPP系统实用化与商品化的一个重要因素。为此,人们采用CAPP开发工具的模式,建立工具型CAPP系统,以应付生产实际中变化多端的问题,力求使CAPP系统也能像CAD系统那样具有通用性。与前面所述的专用型CAPP系统相比,工具型CAPP系统的基本特征是其工艺决策方法和其他系统功能是通用化的。

混合式 CAPP 系统。将传统的变异法、创成法和人工智能相结合,构造所谓的混合式或综合式 CAPP 系统,以解决十分复杂工艺决策问题。

CAPP 系统与 CAD 系统的集成,这是解决零件信息输入问题的根本途径。实现集成主要有两种方法:一种是采用数据接口的方法,即利用数据传输标准将 CAD 系统的数据直接传输给 CAPP 系统;另一种是共享数据库的方法。采用前一种方法要求 CAD 系统具有特征造型的功能,否则需要利用特征识别技术,补充输入工艺信息,采用后一种方法需要建立统一的基于产品的数据模型,这也是实现 CAPP 系统与其他系统(如管理信息系统、质量信息系统、制造自动化系统等)集成所必要的。在计算机集成制造系统中,CAPP 处于核心的位置,因为它不仅是连接 CAD 和 CAM 桥梁,还要为 MIS 提供工艺路线、设备、工装、工时定额、材料定额等信息,向 MAS 提供各种工艺规程文件及工装信息,同时也要接收 MAS 的反馈信息,随时进行必要的调整和变更。

基于知识工程(KBE)的 CAPP。工艺过程设计中经验的东西偏多,以及工艺理论的不完备一直是制约 CAPP 技术发展的重要因素。有人曾试图利用图论等方法,建立统一的工艺过程模型,但不成功。工艺理论本身就是实践经验的总结,由于工艺知识包含了许多直觉和经验的成分,有些甚至于带有潜意识的性质,使工艺知识的获取相对困难,工艺专家系统因此具有较大局限性,但这并不意味着专家系统的无效。相反,需要深入研究真正适合于 CAPP 的专家系统。不断提升和完善工艺理论,将经验和直觉转变成为知识工程库,支撑起基于知识工程的 CAPP 系统。

6.5.2 数字化加工技术

一、数字化工艺规划

数字化工艺规划是指在数字化制造平台上对产品的工艺进行规划,即以数字化加工资源和工艺方法为基础,通过自动识别零件的工艺特征,为产品设计加工工序,自动选择最佳的加工参数和刀具,生成 NC 刀具路径乃至 NC 程序,并为生产线上的工位分配优化的工序。数字化工艺规划在数字化工厂系统中所处的地位是非常关键的:一方面,产品设计部门的零件制造特征和零件的三维模型以及企业工艺部门的工艺知识、工艺经验和机床刀具的相关信息都是在工艺规划子系统中得到汇集和整理;另一方面,数字化工厂的其他模块要从工艺规划子系统中获得相关的数据,同时工艺规划子系统还能够输出工艺卡片信息供实际生产所用。

在工艺规划系统中零件的信息占有十分重要的地位,如何处理好零件的信息将会是部署工艺规划系统成败的关键。目前对于零件信息的处理比较可靠的方式就是采用特征识别技术。所谓特征识别就是从产品的实体模型出发,自动地识别出其中具有一定工程意义的几何形状即特征,进而生成产品的特征模型。加工特征是包含了零件加工所必需的加工工艺信息的特征,可以通过对几何特征的识别转换得到。

加工方法库和加工资源库是进行数字化工艺规划的基础,在进行工艺规划之前需要首先构建加工方法库和加工资源库。加工方法库具有较强的企业关联性,不同的企业所制造的产品不同,即使是相同的产品在不同的企业中所表现出的制造工艺也不一样。企业的加工方法根据不同企业的加工资源针对相同的特征有可能采用不同的加工工艺,如加工孔,可用钻头或复合钻来完成。因此,要建立企业加工方法库首先必须构建企业制造知识库框架。企业的加工知识库的框架结构是用节点和联系来表示的,形成树状结构,根节点下面分为加工特征、刀具、工件材料、机床、机床运动五个节点。可以为各节点定义参数,参数可以是变量也可以是常数,子节点对父节点的参数具有继承性(特征继承)。

　　加工资源库中包含机床、刀具、夹具以及相关切削技术等数据。机床分为机床本体、控制系统、换刀装置以及托板四部分,对机床本体,需要定义机床的运动轴(X,Y,Z 等)以及行程范围,主轴孔的类型,以及其他的一些机床参数等。刀具部分是以刀具装配体的形式定义,包括刀片、刀具体、接长杆和刀柄等部分的定义;刀具的集合称之为刀具集,刀具是以刀具集的形式分配给机床的。夹具是由基础件、定位件、夹紧件和连接件组成,可以分别对其进行定义;由于在进行工艺规划时,生成刀具轨迹时要防止刀具与夹具之间的干涉,因此,夹具需要以三维模型的形式进行定义。相关的切削技术包括车、铣、钻、铰、攻螺纹切削技术,实际上对切削技术的定义是由切削工艺的类型、工件材料的类型以及刀片材料的类型所决定,可以对其所对应的进给量、切削速度(或主轴速度)以及是否需要切削液进行定义。在加工知识库和资源库构建完毕后,就可以进行工艺规划了。在进行工艺规划时,需要以人机交互的形式对机床、夹具以及装夹方式进行定义。

二、数字化数控加工技术

　　数字化工艺规划系统中所产生的数控程序是否正确,或者能否加工出正确的工件,这需要仿真验证。在数字化平台上对数控加工技术进行仿真的技术,称为数字化数控加工技术。数字化数控加工系统一般由两大模块组成:仿真环境和仿真过程,如图 6-39 所示。

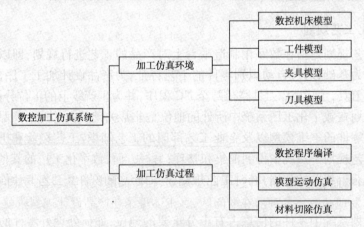

图 6-39　数控加工仿真系统总体结构框图

　　仿真环境由机床、工件、夹具和刀具构成,采用 CAD 软件系统对机床、夹具、刀具和工件进行特征建模。加工过程仿真就是在加工环境中,通过数控文件对数控代码进行解释,系统对机床运动进行控制,完成切削加工过程的仿真,包括换刀动作、进给运动、切削运动等。数控加工仿真能够真实反映出加工过程中遇到的各种问题,包括加工编程的刀具运动轨迹、工件过欠切情况和刀具、夹具运动干涉等错误,甚至可以直接代替实际加工过程的试切工作,并且提供对刀位轨迹和加工工艺优化处理的功能。

数控加工的仿真过程的具体实施步骤如下：

(1)虚拟机床模型的建模。分别建立代表机床三维形状与尺寸的几何模型与运动学模型,并确立几何模型和运动学模型的对应关系。

(2)毛坯与夹具的建模。比较简单的毛坯和夹具模型可以直接在系统内定义,相对复杂的毛坯和夹具模型可以在其他 CAD 系统建好后导入并完成装配。

(3)加工刀具的定义。包括铣刀、车刀、钻头、复合刀具等的形状与尺寸的描述,一般分别定义刀头、刀柄和刀夹三部分并完成装配。可以在系统内直接定义,或按照相应格式编写参数文档导入,并为刀具添加刀具号。

(4)机床参数的设置。包括机床轴初始位置、编程零点、工件坐标偏置等在内的初始参数,碰撞检测设置,运动轴分配与运动轴行程极限设置等。

(5)定制或调用机床控制模型并添加至机床模型。

(6)机床运动调试。如 X、Y、Z 轴线性运动和对应的旋转运动以及换刀动作等。

(7)调入 NC 程序,设置编程方式与换刀方式,并启动仿真。

6.6 数字化工厂

6.6.1 数字化工厂技术

一、数字化工厂产生的背景

(1)制造信息化的需求。制造业信息化是指采用先进成熟的管理思想和理念,依靠现代电子信息技术,对制造业进行资源整合、管理流程的分析与再造。

数字化工厂系统作为一个制造企业综合的工艺信息系统,包含工厂规划、工艺规划、仿真优化等内容,成为企业信息化平台的组成部分。解决在产品设计阶段或产品设计完成之后,如何组织生产制造过程,包括制造过程中所面临的一系列问题,填补了产品设计自动化、加工自动化等系统间存在的技术鸿沟,有效地解决了制造业信息化过程遇到的问础。

(2)数字化工厂是并行工程的体现。并行工程是对产品及其相关过程(包括制造过程和支持过程)进行并行、一体化设计的一种系统化的工作模式。在数字化工厂的虚拟环境下,通过规划部门、产品研发部门、生产工程部门和生产车间的信息共享,实现各部间的并行协同作业。将制造过程与设计过程同步规划,在产品的设计阶段就考虑可制造性、可装配性问题,尽早发现并解决各种潜在的问题,真正体现了在产品设计规划阶就可以预测产品全生命周期的并行工程理念。

(3)虚拟制造发展的必然趋势。虚拟制造是数字化工厂的基础,数字化工厂是虚拟制造发展的必然趋势。数字化工厂系统是一个集成的虚拟制造平台。在这个平台上,工艺规划人员可以采用组群工作方式和计算机仿真技术,预先呈现和模拟产品的整个生产制造过程,并把这一过程用二维或三维方式展示出来,从而验证设计和制造方案的可行性,尽早发现并解决潜在的问题,从而为生产组织工作做出前瞻性的决策和优化。这对于缩短新产品开发周期、提高产品质量、降低开发和生产成本,降低决策风险都是非常重要的。

(4)数字化工厂是计算机辅助工程发展的高级阶段。制造过程的计算机辅助生产工程

（CAPE）是一种迅速发展的信息技术，是通过制造工艺设计、资源、管理而实现生产全过程的规划设计方法。数字化工厂与 CAPE 的关系是：CAPE 提供给规划人员一个虚拟的三维环境，完成设计、仿真和离线编程等大量的制造活动，包括装配、加工、质量检查、焊接等，进而完成人机工程学分析、装配规划、制造系统性能评估等。但是目前 CAPE 的应用散布于生产工程中各个环节，缺乏系统性和集成性，数字化工厂通过引入分布分层集成化思想、基于仿真的优化技术和虚拟现实技术，有效地扩展了传统 CAPE 的功能和应用。数字化计算机辅助工程发展趋势的最高阶段为数字化工厂。

二、数字化工厂的定义

数字化工厂从应用和研究方面分为广义和狭义两个方面，具有各自的定义。

广义的数字化工厂是以制造产品和提供服务的企业为核心，由核心企业以及一切相关联的成员构成的、使一切信息数字化的动态组织方式，是对产品全生命周期的各种技术方案和技术策略进行评估和优化的综合过程。

在广义的数字化工厂中，核心制造企业主要对产品设计、零件加工、生产线规划、物流仿真、工艺规划、生产调度和优化等方面进行数据仿真和系统化，实现虚拟制造。广泛使用 IT 技术，通过有效地管理和利用该组织的数字化信息和数字化信息流，利用、控制、管理该组织的工作流、物流和资金流，实现组织内所有成员之间的高度协同工作和资源共享，提高该组织和组织内成员的敏捷性，为客户提供满足其需求的产品、全方位的服务和最大的附加值，同时实现该组织的成员共同和各自的目标。

狭义的数字化工厂是以资源、操作和产品为核心，将数字化的产品设计数据，在现有实际制造系统所映射的虚拟现实环境中，对产品生产过程进行计算机仿真和优化的虚拟制造方式。狭义数字化工厂与虚拟制造系统具有很多相似之处，但侧重点有所不同。狭义的数字化工厂根据虚拟制造系统的原理，通过提供虚拟产品开发环境，利用计算机技术和网络技术，实现产品生命周期中各个阶段的功能，达到缩短新产品的上市时间、降低成本、优化设计、提高生产效率和产品质量的目的。

由此可以得到数字化工厂的定义：数字化工厂是以产品全生命周期的相关数据为基础，根据虚拟制造原理，在虚拟环境中，对整个生产过程进行规划、仿真、优化和重组的新的生产组织方式。其经济学本质是通过对生产知识的有效管理来实现产品增值。

三、数字化工厂技术概述

在数字化工厂中，一切数据及信息都是数字化的，无论是生产计划，还是产品结构图形图像、成本数据等都能以二元数码的形式在计算机及网络上通过各种存储、传递和处理系统进行自由地存储、转换、传递、分析、综合和应用。

产品开发过程数字化带动了产品制造过程、产品销售与服务、经营决策全方位的数字化，这其中产品制造过程的数字化是最难于实现的部分。从数字化制造广义的角度来说需要建立起制造网格，从狭义的制造过程来看，将生产数字化分为四个层次：工厂车间、生产线、单元层和操作层。四个层次中相邻层次或非相邻层次之间并不是简单的上层对下层产生影响的单向关系，各层次的规划都与多种因素有关，所以必须从并行工程角度对各个层次进行优化设计。例如，工厂车间层的布局规划就与后续的生产线层的物流系统参数规划、控制系统参数规划以及生产管理等因素有关,所以综合的并行规划是很有必要的。

四、数字化工厂的功能模块

(1)工厂布局模块。该模块是实施数字化工厂的前提和基础,主要是按照建筑规划、生产纲领、产品技术和人机工程等要求,对制造装备和工装夹具等主要制造资源进行合理的空间布局,以此在计算机中建立数字化的生产线平台。因而该模块分成了组件库管理、厂房布局设计、设备布局、工装夹具布局等四个子模块。另外,由该功能模块输出的关于生产线分布的信息(工厂布局模型)将作为工艺规划模块的输入数据。

(2)工艺规划模块。在数字化工厂技术中,工艺规划基础的实质是将产品数据、制造资源、加工操作和对象特征四者联系起来建立工艺过程模型。该模块在工厂布局模块输出的虚拟生产线平台上,在满足生产计划与工艺要求的情况下,将产品数据(部件和零件)、制造资源(厂房、制造设备、工装夹具等)和加工操作(装配、机加工)三个基本要求关联起来,完成合理的加工工艺(加工方法和加工顺序)和装配过程的设计。根据实际生产需要,首先与工艺库中已有的典型生产工艺方案进行匹配,匹配成功可以实现快速构建生产线全局工艺模型。由此可以看出,工艺规划模块是实现产品从设计到制造的枢纽,是整个制造系统中的重要环节,极大地影响着产品质量与制造成本。在进行工艺规划时,一般进行以下五个过程:项目说明、数据导入(CAPP系统数据导入)、工艺设计、工艺预规划、项目报告。最终生成的预规划工时、PERT图、Gantt图等形式的工艺模型数据将作为仿真分析模块的输入数据。

(3)仿真优化模块。该模块是数字化工厂的最终目的,在工厂布局模块的输出结果(虚拟生产线)平台,基于工艺规划模块的输出结果,对生产线进行包括物流、工时分配、线平衡、加工操作、装配以及人际工程在内的仿真,进而对工艺规划方案进行验证、更改以及优化,提高生产效率;同时输出生产工艺报表、操作手册以及生产决策支持报表。

6.6.2 数字化工厂在汽车开发制造中的应用

汽车行业是数字化工厂技术应用的一个重要领域,许多数字化工厂技术的新概念和技术首先在汽车行业得到应用,并且围绕着汽车行业制造的特点,形成了专门针对汽车制造的解决方案。

一、汽车白车身规划与仿真

数字化工厂可以实现对分布的自车身生产线、装配单元和工艺过程进行设计、规划、方案验证及详细的设计和仿真、优化,并保证信息及时更新、交流和共享。

eM-Power白车身解决方案主要由计划包、工程包和实施及协作三部分组成。

(1)计划工具类。其主要功能包括工艺过程的定义、二维布局草图、工时估算、行为分析(产量、资源利用率、瓶颈、节拍等对装配线的能力分析)、成本估算、物流计划和变型产品管理。主要模块有 eM-Planner(Process Planner)和 eM-Plant。

(2)工程应用类工具(eM-Weld、eM-Workplace、eM-Human 等)。用于工位和生产线的详细设计和优化。包括装配顺序计划、动态装配验证、三维工位布局、点焊工艺设计、机器人和人体仿真、周期时间优化、人机工程学研究、运动学研究、夹具和刀具设计生产线行为优化、

物流分析和生产线三维动态可视化。

(3)操作工具(eM-Work Instructions等)。用于过程信息存档和生成工艺文件,包括离线编制机器人运行程序、PLC程序编程、电子化操作规程和生产顺序定义。

(4)协同工具(EBOP、eM-Reports)。用于通信和工艺信息交流,包括基于网络的过程计划的定义、基于网络的项目和计划的审查以及用户化的报告、电子化操作规程向车间的分发。

白车身数字化规划与仿真主要分为四个阶段,即项目的评估与初步规划、工艺过程规划、工程细节仿真以及生产线规划与物流仿真。利用eM-Power软件进行白车身规划仿真时的主要流程如下:

(1)输入装配结构和零件的制造特征。将产品的三维几何信息、结构信息以及焊点清单和图形信息经过CAD/PDM或手工输入eM-Planner。还可通过Excel、XML和eM-Planner定义的PPD格式将数据导入。可通过软件提供的3D浏览功能对输入进行校验。

(2)初始的工艺规划。将产品的EBOM转化为制造MBOM,即将设计结构树定义成装配结构树,eM-Planner软件也提供简便的方法定义操作次序和物流,通过鼠标的拖曳以及PERT图工具来实现,完成向工位分配零件和操作,向操作分配零件和资源,并可进行初步的生产线平衡分析。

(3)工艺设计。通过eM-Weld和ROBCAD软件分配焊点到零件,进行工位布局的设计,并将焊点分配到各个工位,将焊接资源(焊炬、控制器、变压器)分配到各个焊接工位,定义焊接的详细操作,确定操作的最佳顺序,检查操作过程中的运动特性,机器人或焊接工人是否能在指定空间范围内对焊点进行操作。

(4)工艺验证与确认(焊接研究)。建立工艺数据,包括操作、资源、零件和每个工位的焊点以及零件和资源的3D信息,从而得到经过优化的焊接工艺、机器人焊接路径、多截面的焊炬设计、焊接工时仿真和经过优化的焊接工位布局。检查焊点是否被分配到零件,检查有无重复分配的焊点,进行成本分析,检查水、电、压缩空气等资源。

(5)工程细节仿真。将数据从eM-Server中调入ROBCAD创建和更新机器人(人工)焊接工位,得到精确的布局数据,对焊接路径及其干涉情况进行校验,还可对焊接可接近性、焊接时间、工位操作时间以及焊接效率进行分析和校验。

二、数字化工厂汽车冲压解决方案

冲压解决方案使制造商能够在计算机上建立一个完全虚拟的冲压生产线,包括进料器、方向定位机构以及操纵机器人等。

汽车车身是由冲压线多阶段冲压而成,在每个阶段,零件都将会发生拉伸或变形。在设计阶段利用有关的计算机辅助软件CAD/CAE/CAM对设计方案进行分析和优化。冲模设计完成后需要实际安装试模,直至达到生产要求的质量和生产率。数字化冲压技术的出现使冲压规划有了虚拟的制造过程仿真,可在营造出的虚拟现实环境中进行冲压过程的计算机模拟。

首先可进行冲模的装配模拟检验,在计算机中将冲模安装到压机的移动小车上,可检验模具的安装定位是否合适,然后将小车移进冲压机中进行定位,这个过程可检验是否存在干涉现象,然后移动压机滑块,进行上模的安装检验和压机运动行程的校验。装模检验完成后,进行滑块及落料区分析,检验滑块的运动和废料槽是否满足要求。

另一项重要的工作是压机线输送装置的校验,包括运动分析和干涉检查。一般冲压线是由 5~6 台压机和辅助设备组成,冲压件经过这 5~6 次冲压形成最后的冲压产品,冲压件通过输送装置从储料仓逐步被输送到最后一台压机。自动冲压线承担输送任务的是穿梭小车和输送机械手。穿梭小车、输送机械手和压机滑块之间保持一定的运动关系,通过软件建立的虚拟环境,可以对压机及其附属设备的机械及动力学特性进行分析,还可对干涉问题进行仿真检验。

软件为模具和冲压线交互设计和优化提供了一个虚拟的三维环境,用于包含冲模、工序件、运动装置、夹具、吸盘及机器人的整个冲压线仿真。可以在冲压线上验证冲模并进行运动学分析,以适应工序件的运动。可以通过对驱动器与滑块的定义实现对凸轮组的定义。打开或关闭冲模时,eM-Press 会计算和仿真驱动器与滑块之间正确的相对运动,来分析和验证冲模功能。可视化的工序件扫掠空间体积生成,能设计出无干涉的冲模。DMU 能够检验余料是否会落到排屑斜槽,以帮助斜槽设计。

三、数字化工厂应用软件

数字化工厂软件系统的主要对象包括产品数据、制造资源、工序操作和制造特征等,它们之间是相互关联的,因此在建立工艺过程模型的时候要把其联系起来作为工艺规划的基础。在这个基础上实现对工艺规划、生产线布局等的设计、仿真与优化。还可以综合利用各种工具,例如用二维或三维图形显示零件及生产线布局;用图示来分析工序或平衡生产线以达到工艺过程优化的目的。

1. eM-Power

eM-Power 软件是原 Tecnomatix 公司发布的数字化工厂应用软件,是基于制造过程管理软件构架的计算机辅助生产工程(computer aided production engineering,CAPE)软件,是对一个完整的工厂从生产线、加工单元到工序操作的所有层次进行设计、仿真和优化的集成软件平台。

eM-Power 通过建立统一的工艺数据库(EMS)来支持计划人员和工艺人员完成复杂的生产工程管理和优化任务,以产品数据管理为平台将产品、工艺、工厂和资源进行有效的关联,同时保证数据信息的一致、有效和重用。下面介绍 eM-Power 的各个模块及其功能。

1)机器人生产工程仿真工具 eM-Workplace(ROBCAD)

主要特点如下:能够与多种 CAD 软件(例如 UG、IDEAS)实现无缝集成;能够实现对生产线和工作单元的交互设计;机器人、设备和人的三维运动可以实现三维可视化;通过仿真生产单元可以对机器人及手动任务的设置和编程进行测试、校验和优化;可以离线建立加工程序并下载到机器人控制系统。

eM-Workplace(ROBCAD)各模块主要功能如下:Line 能集中管理控制焊点,可在同一环境下建立、执行对机器人与人、零部件流与机械操作的仿真,可以快速有效地从库或以前项目中检索出装配体单元并绘制生产线和单元图;Spot 能完成点焊工艺的设计与离线编程,还可以自动放置机器人和建立焊点,自动从库中选择理想的焊炬装配体,自动检测干涉范围并进行焊接分析;Man 能对半自动加工操作进行设计、仿真和分析;Fixtures 能对夹具工作过程进行设计、仿真和测试;Onsite 能适合于在车间离线编制和维护程序;Paint 能对喷漆和覆盖

工艺的设计、优化和离线编程;Arc 能对弧焊、密封、抛光及其他循迹工艺进行设计和离线编程;Drill 能自动钻孔和焊接,适用于飞机机架制造;Laser 能自动对激光切割机进行离线编程。

2) 公差管理和质量工具 eM-Tolmate(VALISYS)

该软件主要用于产品制造过程中公差的定义、预测、测量和分析,能够进行装配过程的叠加分析,生成离线的检测程序,该模块能够与 UG 和 CATIA 软件完全集成。

eM-Tolmate(V ALISYS)各模块主要功能如下:Design 能根据各种国际设计标准对 CAD 模型添加加工公差;Assembly 能实现 3D 公差链分析;Reverse 能从真实零部件或样件创建精确的三维 CAD 模型;Programming 可生成能在 CMM 及 NC 机床上运行的数控程序;CMM 能生成与机床相关的 DMIS 程序;Inspection 能检查和分析在车间的零部件;Analyze 能把测量到的检测数据与 CAD 模型进行比较。

3) 动态装配和检验工具 eM-Assembler(DYNAMO)

eM Assembler(DYNAMO)软件可以动态地研究产品的装配工艺计划,能够进行维护过程设计。eM-Assembler(DYNAMO)使用户能够发现设计错误并在产品离开设计室前进行制造工艺的审查。eM-Assembler(DYNAMO)与主 CAD 系统可以无缝集成,能够直接访问 CAD 系统中的产品数据,避免了数据的转换与复制。

4) 工厂和生产线仿真和优化工具 eM-Plant(SIMPLE + +)

eM-Plant 可以对各种规模的工厂和生产线,包括大规模的跨国企业建模、仿真和优化生产系统,分析和优化生产布局、资源利用率、产能和效率、物流和供需链,以便于承接不同大小的订单与混合产品的生产。使用面向对象的技术和可以自定义的目标库来创建具有良好结构的层次化仿真模型,这种模型包括供应链、生产资源、控制策略、生产过程、商务过程。用户通过扩展的分析工具、统计数据和图表来评估不同的解决方案并在生产计划的早期阶段做出迅速而可靠的决策。在综合考虑企业内外供给链、生产资源和商业过程的基础上,采用面向对象的技术生成结构合理的企业模型。eM-Plant(SIMPLE + +) 还能够根据产品的批量分析机床的缓存和工人的工作效率,确定瓶颈可能出现的位置,对生产线进行优化。具有与 CAD、CAPE 和 ERP(Enterprise Resource Planning)软件实时通信和集成的能力。

5) 机械加工工艺规划工具 PART

PART 根据 CAD 系统生成的零件模型,自动识别零件特征,安排加工工序,选择装夹方案,自动从数据库中选择合适的刀具和工装;对数控设备可生成优化的刀位文件和数控程序。

2. Delmia

Delmia 是达索系统公司提供的数字化制造子系统,其重点工作是利用前端 CAD 系统的机数据,结合制造现场的资源,通过三维图形仿真发动机对整个制造、维护过程进行仿真和分析,得到可视性、可达性、可维护性、可制造性以及最佳效能等方面的最优化数据。

Delmia 数字化制造解决方案包括以下内容:白车身制造(Body in White),车体总装(Final Assembly),零件冲压、喷涂(Press and Painting),发动机零件加工和机体组装(Power Train Machining & Assembly),质量检测(Inspection)等。

按功能模块来划分,Delmia 的体系结构包括面向制造过程设计的 DPE、面向物流过程分析的 Quest、面向装配过程分析的 DPM、面向人机工程分析的 Huma、面向虚拟现实仿真的 Envision、面向机器人仿真的 Robotics、面向虚拟数控加工仿真的 VNC、面向系统数据集成的 PPR Navigator 等。

1）DPE

DPE（Digital Process Engineer，数字工艺工程）是一个工艺和资源规划应用环境，通过导入产品设计各阶段产生的 EBOM 或 DMU 产品数据，资源数据，并编制或重用已有的工艺，产生总工艺设计计划、工艺图表、工艺细节规划、工艺路径等。同时，作为数字化工艺规划平台，DPE 还可进行工厂或车间流程的规划，能有效地对产品、资源、工艺数据进行统一管理，实现产品分析，产品工艺流程的定义，总体工艺方案的规划、评估，数据统计以及产品工艺结果的输出。DPE 作为基于 Oracle 数据库的协同工艺设计管理信息平台，在数据库的支撑下，用户可以根据项目分工实现协同并行作业和集中的项目管理。结合 VB 语言的宏程序，在 DPE 中可以快速实现 EBOM 的导入和 3D 浏览。在统一的数据库中，项目小组可以实现共同浏览产品结构和对其工艺结构 BOM 划分的讨论分析。其主要模块有 Delmia Process Engineer（工艺工程）、Delmia Process and Resource Planner（工艺及资源规划）、Delmia Layout（车间布局）等。

2）DPM

DPM（Digital Process Manufacture，数字制造维护工艺）是一个工艺（流程）细节规划和验证应用 3D 环境。结合生产制造规则将 DPE 产生的结构和图表转化为三维虚拟制造环境，以实际产品的 3D（或 DMU）模型，构造 3D 工艺过程，分析产品的可制性、可达性、可拆卸性和可维护性，实现 3D 产品数据与 3D 工艺数据的同步并行。DPM 以 DPE 中规划的产品工艺流程、产品的三维数学模型、各种资源为基础进行数字化装配过程的仿真与验证。通过仿真与验证的结果来分析工艺规划的可行性，实现工艺规划的优化和改进。其主要模块有 Delmia DPM Assembly（装配）、Delmia DPM Shop（3D 工艺指令）、DeimiaCAX（各种 CAD 系统数据接口）、Delmia Cell Control（工位控制）等。

3）Resource Modeling and Simulation

Resource Modeling and Simulation（资源与仿真）是创建和实施与工艺规划和工艺细节规划应用相关的辅助工具。将人机工程、机器人、3D 设备/工装/夹具、生产线等资源均定义并加入到 DPE，DPM 环境中，构建虚拟的生产环境，仿真工厂作业流程，分析一个完整数字工厂（车间/流水线）环境。其主要模块有 Delmia Robotics（机器人仿真/操作分析）Delmia Quest（工厂作业流程分析）、Delmia Human（人机工程仿真分析）、Delmia In-spect（零件检测分析）。

4）DPH Human

DPH Human（人工焊接仿真）Delmia V5 人体模型解决方案，可提供一系列的人体仿真模拟和人性因素（HF）工具的体系结构，提供人员及其制造、安装、操作和维护的产品之间的关联。

Delmia 人体模型解决方案，以两种程序包的形式出现：第一，Delmia 人体基本行为解决方案，是一个入门级的人体仿真模拟解决方案。该产品程序包向用户提供一组有效的工具组合，可以创造和熟练操作精确的标准数字化人体模型，称之为"工人"。还可以在 Delmia 工艺模拟平台上，模拟作业行为，进而在制造和装配早期分析工人的生产过程。该解决方案程序包,以其他 Delmia 解决方案的插件形式进行配置。第二,Delmia 完成人体模型建造解决方案,是一套高级的、全功能的人体模型建造解决方案。向用户提供全套 Delmia 人体模型建造技术的捷径,创造和熟练使用先进的、用户定义的数字化人体模型,称之为"工人"。在 Delmia 工艺模拟平台上,模拟作业行为,进而在制造和装配早期分析工人的生产过程。该解决方案程序包允许用户针对预期的目标人群,创建详细的自定义模型,明确地分析在虚拟环境中人体模型与目标间的相互作用方式,进而判断在新设计的环境中操作人员的舒适度和执行能力。

3. Delmia 在汽车白车身焊装领域的应用

Delmia 在汽车白车身焊装领域的应用主要体现在白车身焊装项目的前期工艺规划与仿真验证过程。白车身焊装项目的前期工艺规划主要完成焊装产品数据的集中管理、焊点管理、焊接资源的管理、产品工艺过程的分配、焊钳的初选与验证、焊装工厂的工艺规划、焊接工位的能力分析、工位产品装配仿真、产品与焊装资源的仿真、输出各种焊装工艺文档等工作。

1) EBOM 的输入

EBOM 是指焊装产品工艺分配明细表,通常各汽车主机厂提供的产品三维数据在文件格式上是有差异的,因此在通过宏脚本程序将其输入到 DPE 之前需要经过细致的产品整理过程。如果没有 Delmia E5,也可以在 Delmia V5 中以基于文件的形式创建车身产品的 EBOM,但这种管理形式要比 E5 松散、薄弱得多,E5 对产品的管理功能更强大、更系统、更规范。

2) 焊点文件的输入

焊装项目中有效的焊点管理无论对主机厂还是夹具供应商都是非常重要的。目前,大多数主机厂提供的点焊文件均不能直接被 Delmia 接受,都要通过宏程序或手工整理成 Delmia 的标准格式。

DPE 中通过宏来处理焊点列表的输入、焊点和零件的关联。用 DPE 能够处理诸如焊点的修改和编辑。这些功能在单纯的 V5 环境中是很难处理的。焊点数据的管理在 DPE 中是可行的。

如果只应用 Delmia V5 也要通过整理好的标准格式的 TXT 文件将焊点输入到 V5 中。标准的焊点文件要包含焊点标签、焊点数量、点焊归属的 Group、焊点的中心点坐标 X、Y、Z 坐标值以及 Y、P、R 角度值等内容。

3) 焊装线及焊接夹具的工艺规划

在 DPE 软件中要预先定义好相对完善、通用性强的焊装工艺规划模板,将产品 EB-OM 导入到 DPE 后,利用焊装工艺规划模板进行实际的焊装工艺规划。规划过程中要同时将各种焊接资源和焊装厂房结构、工艺节拍、工装夹具布局、工艺物流、焊接设备等因素统一考虑,形成真实的焊装工艺流程,通过软件的分析功能对焊装生产线的生产能力进行平衡分析,并对产品的工艺分配、焊点分配、工位数量、人员分配、工装自动化程度等内容进行不断地优化。最后,将规划结果通过 PPR Hub 存入数据库中保存,同时可作为今后相近车型工艺规划的参考资料。在 DPM 中也可利用工艺规划模板完成相应的分析工作,但脱离了目的数据库很难将最终的工艺规划结果系统保存,今后参考使用也非常不便。

4) 三维工艺规划的仿真验证

(1) 产品在工位的装配顺序仿真。通过模拟产品零件在工装夹具上的装配顺序过程

(包括产品上件与卸件过程)来发现产品分配工艺是否合理,零件上件顺序是否使其互相干涉,同时也要检验零件上件与卸件是否与夹具结构干涉。这会对进行焊装工艺分配起到很好的辅助作用。

(2)各个工位资源间相互匹配仿真。

(3)焊装工厂布局仿真。在三维环境下仿真出焊装线、工装夹具的真实布置,从而直观地分析出焊装线、焊接夹具与厂房的钢结构是否干涉,工装与夹具钢结构间的布置是否匹配,工位器具与工装的布局是否合理,焊钳的布置与夹具摆放是否恰当,操作人员是否方便进行工序内容操作等。对优化焊装工艺布局起到了积极作用。

(4)焊装线及夹具工位的时序分析及仿真验证。焊装工位的产品、焊点、人员、设备器具摆放等工艺内容确定后要进行工序的时序分析,用以验证是否满足工艺节拍的要求。时序分析可在 DPM 中直接进行,也可通过宏程序输出到外部 Excel 软件中进行调整分析。时序分析对焊装工艺规划非常重要,很多规划内容需要参考时序分析结果进行优化。

(5)焊钳的仿真验证。焊钳与焊装夹具、工位产品之间的仿真验证对焊装设计非常重要。在 DPM 中通过 TSA(焊钳选择工具助手)工具条下的命令可方便地进行焊钳与焊装夹具、工位产品之间的干涉检查。通过仿真结果来优化焊钳形式、焊接姿态、焊钳焊接路径等内容,从而优化工装设计质量。

(6)人机工程仿真。将定义好的三维人体模型放入工位环境中进行动态仿真,包括仿真操作者从取零件到将零件放入夹具中的过程、仿真操作者操作焊钳的姿态及可达性、仿真操作者操作高度是否与夹具匹配等。在焊装夹具制造出来前就进行生产现场操作状态模拟,可最大限度地满足实际生产需要,避免设计失误给操作者带来不便。

(7)机器人焊接装配过程仿真。Delmia 软件 Robot Task Definition 模块中的 Robot Management 工具条下的命令可方便地进行机器人的焊接仿真。通过直接仿真机器人的焊接动作与顺序,从而确定机器人的放置位置是否合适,机器人焊钳与产品、夹具是否干涉,焊接路径、焊接动作时间等众多内容。通过离线编程模块,可将仿真结果输出供焊装调试现场示校机器人时使用。这对验证机器人选型、焊钳选型的正确性、优化焊接路径、提高现场调试速度和质量尤为重要。

(8)机构运动仿真。Delmia 中 Device Building 模块可非常方便地实现焊装夹具的机构运动模拟。通过运动仿真模拟可及时发现机构及零部件之间的干涉情况,并能直观再现实际生产过程中焊接夹具的运动状态,为焊接工装的制造、安装、调试带来益处。

(9)三维数字化工厂的建立。将利用 Delmia 软件规划的工艺结果及准备的各种资源进行有效组合后,利用 Plant Layout 模块即可创建出焊装三维数字化工厂。通过虚拟现实设备真实的再现焊装工厂的三维立体工艺规划全貌,这是以往二维规划所无法体现的,充分表现了三维焊装工艺规划的强大优势。

6.7 本章小结

本章在已有的 CAD/CAM 知识和先进制造系统的理论和实践基础之上,介绍了在汽车设计制造过程中的 CAD/CAM 工程应用技术。工程应用技术的基础还是需要将产品数字

化,因此熟练掌握数字化建模是步入先进制造系统的第一步。随着数字化技术的发展,我国的制造工业对掌握 CAD/CAM 基础的人才需求量必然与日俱增,同时 CAD/CAM 技术也将逐步成为从事生产制造的工程技术人员必备的基本技能之一。

思考与练习

1. 汽车逆向设计的应用与汽车设计有哪些环节?
2. 请查阅相关文献,详细阐述计算机辅助工程分析应用领域。
3. 汽车产品优化设计的方法有哪些?
4. 人机工程在汽车设计过程中具有什么样的作用?
5. 计算机辅助制造工艺有哪几种典型的系统,各有什么特点?
6. 综合阐述数字化工厂技术涵盖哪些领域。

参考文献

[1] [韩]Kunwoo Lee. CAD/CAM/CAE 系统原理[M]. 袁清珂,译. 北京:电子工业出版社,2006.
[2] 姜立标. 汽车数字开发技术[M]. 北京:北京大学出版社,2010.
[3] 北京兆迪科技有限公司. CATIA V5 宝典[M]. 北京:电子工业出版社,2009.
[4] 欧长劲. CAD/CAM 技术[M]. 杭州:浙江科学技术出版社,2003.
[5] 刘文剑,常伟,金天国,柏合民. CAD/CAM 集成技术[M]. 哈尔滨:哈尔滨工业大学,2000.
[6] 孙大涌,屈贤明,张松滨. 先进制造技术[M]. 北京:机械工业出版社,2000.
[7] 李蓓智. 先进制造技术[M]. 北京:高等教育出版社,2007.
[8] 张世昌. 先进制造技术[M]. 天津:天津大学出版社,2004.
[9] 王登峰,黄博. CATIA V5 机械(汽车)产品 CAD/CAE/CAM 全精通教程[M]. 北京:人民交通出版社,2007.
[10] 袁清珂. CAD/CAE/CAM 技术[M]. 北京:电子工业出版社,2010.
[11] 张英杰. CAD/CAM 原理及应用[M]. 北京:高等教育出版社,2007.
[12] 陈鑫. 车身 CAD 技术[M]. 2 版. 北京:人民交通出版社,2012.
[13] 谭继锦. 汽车有限元法[M]. 2 版. 北京:人民交通出版社,2012.
[14] [德]Gunter Spur. 虚拟产品开发技术[M]. 宁汝新,译. 北京:机械工业出版社,2000.
[15] 严隽琪,蒋祖华,鲍劲松. 机械设计手册:第 13 篇,虚拟设计[M]. 北京:机械工业出版社,2003.
[16] 王从军,黄树槐. 由三位离散数据反求 STL 数据文件[J]. 中国机械工程,2000,11(10).
[17] 刘军. CAD/CAM 技术基础[M]. 北京:北京大学出版社,2010.
[18] 凯德设计. CATIA V5 从入门到精通[M]. 北京:中国青年出版社,2008.
[19] 谢龙汉. CATIA V5 CAD 快速入门[M]. 北京:清华大学出版社,2006.
[20] 李长春. CATIA V5P3R17 应用与实例教程[M]. 北京:中国电力出版社,2008.
[21] 詹熙达. CATIA V5 产品设计实例教程[M]. 北京:机械工业出版社,2008.
[22] 顾吉仁,周华军. CATIA V5P3R17 案例精解[M]. 北京:中国电力出版社,2008.
[23] 羊玢. 汽车 CAD/CAE 技术基础与实例[M]. 北京:国防工业出版社,2013.
[24] 林清福,李建桦,许玮宗,黄勤. CATIA V5R13 逆向工程产品设计[M]. 北京:中国铁道出版社,2007.
[25] 郑午,王智明. 三维工厂设计[M]. 北京:化学工业出版社,2005.
[26] 鲁君尚,张安鹏,王书满. 无师自通 CATIA V5 之装配设计与实时渲染[M]. 北京:北京航空航天大学出版社,2007.
[27] 鲁君尚,张安鹏,冯登殿. 无师自通 CATIA V5 之工程制图[M]. 北京:北京航空航天大学出版社,2007.
[28] 尤春风. CATIA V5 高级应用[M]. 北京:清华大学出版社,2006.
[29] 毛恩荣,张红,宋正河. 车辆人机工程学[M]. 北京:北京理工大学出版社,2009.
[30] 王宵. CATIA 逆向工程实用教程[M]. 北京:化学工业出版社,2006.
[31] 曹源,姜恺,武殿良,戴轶. 汽车协同制造网格[M]. 北京:国防工业出版社,2010.